Schriftenreihe der Sektion
Politische Theorie und Ideengeschichte in der DVPW
Studies in Political Theory

herausgegeben von | edited by
PD Dr. Oliver Eberl
PD Dr. Frauke Höntzsch

Band | Volume 40

Frieder Vogelmann | Martin Nonhoff [Hrsg.]

Demokratie und Wahrheit

 Nomos

Onlineversion
Nomos eLibrary

Die Deutsche Nationalbibliothek verzeichnet diese Publikation in
der Deutschen Nationalbibliografie; detaillierte bibliografische
Daten sind im Internet über http://dnb.d-nb.de abrufbar.

ISBN 978-3-8487-8645-9 (Print)
ISBN 978-3-7489-3016-7 (ePDF)

1. Auflage 2021
© Nomos Verlagsgesellschaft, Baden-Baden 2021. Gesamtverantwortung für Druck
und Herstellung bei der Nomos Verlagsgesellschaft mbH & Co. KG. Alle Rechte, auch
die des Nachdrucks von Auszügen, der fotomechanischen Wiedergabe und der Übersetzung, vorbehalten. Gedruckt auf alterungsbeständigem Papier.

Inhalt

Inhalt

Wahrheit und Demokratie:
Zum Stand einer schwierigen Beziehung

Frieder Vogelmann/Martin Nonhoff

Etwas hat sich verändert, so scheint es. Die jüngst in der öffentlichen Diskussion und in Gegenwartsdiagnosen so präsenten Schlagworte »postfaktisches Zeitalter«, »fake news« und »Verschwörungstheorien« teilen zumindest einen Befund: Die Wahrheit ist im politischen Diskurs auf dem Rückzug, wenn sie nicht ganz ersetzt wurde durch »gefühlte Wahrheiten«, »alternative Fakten« oder unverhohlene Lügen. Das hat Konsequenzen für die demokratische Öffentlichkeit, die demokratischen Institutionen und ihre Funktionsweise, so die ebenfalls vielfach geteilte Schlussfolgerung: Ohne Wahrheit verliert die Demokratie ihr Fundament; ohne solide Absicherung durch eine geteilte Welt von Tatsachenwahrheiten droht demokratische Politik sich von der Wirklichkeit abzukoppeln und ihre eigenen Realitäten zu konstruieren.[1] Eine ursprünglich von Ron Suskind berichtete Anekdote aus der Präsidentschaft von George W. Bush, die seither oft und mit einer gewissen Angstlust zitiert wird, illustriert diese Sorge:

> Der Berater [Karl Rove; FV und MN] sagte, Leute wie ich bewegten sich »in dem, was wir das realitätsbasierte Lager nennen«, das er dann definierte als solche, »die glauben, Lösungen erwachsen aus eurer wohlüberlegten Untersuchung der ersichtlichen Wirklichkeit«. Ich nickte und murmelte etwas von Prinzipien der Aufklärung und Empirismus. Er unterbrach mich: »So funktioniert die Welt nicht mehr«, und fuhr fort: »Wir sind jetzt ein Imperium, und wenn wir handeln, erzeugen wir unsere eigene Wirklichkeit. Während du noch dabei bist, die Wirklichkeit zu untersuchen – wohlüberlegt wie immer –, handeln wir schon wieder und erzeugen neue Wirklichkeiten, die du dann auch wieder untersuchen kannst. So wird es weitergehen. Wir sind die Akteure der Geschichte... und ihr alle zusammen müsst euch damit begnügen zu untersuchen, was wir tun.« (Suskind 2004;

---

1 So gerne in Anlehnung an Arendt (1972 [1967]).

deutsche Übersetzung zitiert nach Hendricks und Vestergaard 2017: 160)[2]

Das Verhältnis von Wahrheit und Demokratie hat sich verändert, so lautet also die erste Behauptung dieser Debatte, weil Unwahrheiten in der Politik auf dem Vormarsch, ja zum Normalfall geworden sind. Das ist schädlich für die Demokratie, so die zweite Behauptung, da ihr Gelingen auf Wahrheit angewiesen ist.

Beide Behauptungen treffen freilich auf Widerspruch: Hat die Quantität von Falschheiten in der Politik wirklich so stark zugenommen, dass die Demokratie in einen qualitativ anderen Zustand – »postfaktische Demokratie« (Hendricks und Vestergaard 2017: 158) – umschlägt? Wann erfolgte dieser Umschlag? Je genauer man auf die politische Geschichte blickt, desto schwieriger scheint es, diese These aufrecht zu erhalten: Verschwörungstheorien sind zwar derzeit in aller Munde – aber immer noch seltener als zu fast allen anderen Zeiten (vgl. Butter 2018: bes. 16 f., 190, 218). Wissenschaftsfeindlichkeit äußert sich lautstark nicht nur auf der Straße, sondern auch in den Parlamenten[3] – und doch wurde die Politik nie so stark von wissenschaftlichen Erkenntnissen angeleitet wie heute.[4] Falschmeldungen zirkulieren planmäßig in ungeahntem Ausmaß durch die sozialen Netzwerke – zugleich war es nie so einfach, seriöse Informationen zu beschaffen.[5]

Auch die zweite Behauptung, wonach der Verlust an Wahrheit in der Politik die Demokratie schädige, wird bezweifelt: Wie sehr ist Demokratie wirklich auf Wahrheit angewiesen?[6] Schon Arendt betont nicht nur die

---

2 Die Geschichte wird auch von McIntyre (2018: 113 f.) und D'Ancona (2017: 54 f.) wiedergegeben.

3 Vgl. z. B. die Einlassungen des AfD-Abgeordneten Karsten Hilse zum Klimawandel in Deutscher Bundestag (2018: 2200 f.).

4 Das galt bereits vor der Corona-Krise, und umso mehr in ihr, zumindest der politischen Selbstbeschreibung nach: »Wissenschaftliche Erkenntnisse leiten die Politik und leiten uns wie selten zuvor. Die wissenschaftliche Erkenntnis ist das Fundament unseres Handelns in diesen Tagen.« (Karliczek 2020) – Zu einer nüchternen Bestandsaufnahme des Verhältnisses von Demokratie und Wissenschaft vgl. Hagner (2012).

5 Zum Einstieg in die Diskussion über den Wandel der Öffentlichkeit in der »digitalen Konstellation« aus Perspektive der Politischen Theorie vgl. Berg, Rakowski und Thiel (2020: 182–187).

6 Drei Positionen seien hier genannt: Rorty (1997) sieht Wahrheit kategorisch als unnötig und/oder schädlich für Politik an; Brunkhorst (2019: 47) hält einen »universellen (also absoluten) Wahrheitsanspruch« für unabdingbar; Habermas (2008) verteidigt eine Mittelposition.

Notwendigkeit einer geteilten Welt von Tatsachenwahrheiten, sondern auch die Tyrannei der Wahrheit, die in der Politik zwangsläufig »despotisch« auftrete, da sie keine Meinung neben sich dulde: »Die Schwierigkeit liegt darin, daß Tatsachenwahrheit wie alle Wahrheit einen Gültigkeitsanspruch stellt, der jede Debatte ausschließt, und die Diskussion, der Austausch und Streit der Meinungen, macht das eigentliche Wesen allen politischen Lebens aus.« (Arendt 1972 [1967]: 61) Braucht demokratische Politik also weniger Wahrheit und mehr (begründete) Meinungen? Muss man die Demokratie gar vor Wahrheit schützen?

1. Wahrheit in der Politischen Theorie

Die im vorliegenden Band dokumentierte Tagung, die 2019 in Bremen unter dem so schlichten wie überfordernden Titel »Demokratie und Wahrheit« stattfand, ging von der banalen Einsicht aus, dass die »glückliche« Beziehung zwischen Demokratie und Wahrheit schon aus den dargestellten Gründen wesentlich schwieriger ist, als der Großteil der öffentlichen Debatte vermuten lässt. Sie unterstellte zudem die ebenso banale Prämisse, dass darüber in der Politischen Theorie keine Einigkeit herrscht. Im Gegenteil potenzieren die Fachdebatten schon deswegen die Schwierigkeiten, das Verhältnis von Demokratie und Wahrheit zu bestimmen, weil sie die Vielfalt der Demokratie- und Wahrheitsbegriffe in Rechnung stellen müssen.

Besonders eindrücklich lässt sich das am Wahrheitsbegriff verdeutlichen. So dürfte nahezu niemand der Minimaldefinition von Aristoteles widersprechen, der zufolge gilt: »Zu sagen [...], das Seiende sei nicht oder das Nicht-Seiende sei, ist falsch, dagegen zu sagen, das Seiende sei und das Nicht-Seiende sei nicht, ist wahr.« (Aristoteles 1995: 1011b) Doch folgt daraus noch nicht unbedingt das, was man als einen korrespondenztheoretischer Wahrheitsbegriff bezeichnet, auch wenn dies immer wieder angenommen wird. Von einer Korrespondenztheorie der Wahrheit würde man erst sprechen, wenn man Wahrheit als relationale Eigenschaft auffasst, die eine zweistellige Beziehung zwischen ontologisch unterschiedlichen Bereichen – grob: Aussagen und Wirklichkeit – bezeichnet (vgl. dazu und zu den im Folgenden aufgelisteten Optionen Künne 2005 [2003]: 3–6 und Kapitel 3). Dann muss man allerdings mindestens drei Fragen beantworten: Was sind erstens die Träger der relationalen Eigenschaft »wahr«? Sind es Sätze, Propositionen (d. h. der Gehalt von Sätzen) oder gibt es auch Wahrheitsträger jenseits davon? Was ist zweitens das andere Element der zweistelligen Relation: Korrespondieren die Wahrheitsträger mit Fakten,

Objekten oder Ereignissen? Wie ist schließlich drittens die Korrespondenz-
beziehung selbst zu verstehen: als Isomorphismus, konventionelle Festlegung oder gar als Identität? Wolfgang Künne illustriert exemplarisch die
Differenzen in der Auffassung der Wirklichkeit, die mit der zweiten Frage
nach den »Wahrmachern« zusammenhängen:

> Angenommen, ich habe die wahre Überzeugung, dass der Vesuv im
> Jahr 79 ausbrach. Besteht die Korrespondenz dann (i) zwischen dem
> Konzept, dass vom Prädikat »brach im Jahr 79 aus« ausgedrückt wird,
> und dem Berg, auf den sich meine Überzeugung bezieht? Oder zwi-
> schen (ii) meiner Überzeugung insgesamt und dem Fakt, dass der
> Vesuv im Jahr 79 ausbrach? Oder (iii) zwischen meiner Überzeugung
> und einem Ereignis, das im Jahr 79 stattfand? (Künne 2005 [2003]: 6)[7]

Man sieht, dass sogar die vermeintlich einfache Korrespondenztheorie
der Wahrheit noch sehr verschiedene Auffassungen zulässt, selbst wenn
man sich auf die Varianten beschränkt, die in der analytischen Philosophie diskutiert werden. Weitet man den Blick noch einmal auf korrespon-
denztheoretische Wahrheitsbegriffe jenseits der analytischen Philosophie,
findet man zudem materialistische Konzeptionen wie Max Horkheimers
Versuch, die Korrespondenzrelation als soziale Praxis der Bewährung in
der Wirklichkeit zu verstehen:

> Die Übereinstimmung ist ja weder nur ein Faktum, eine unmittelbare
> Tatsache, als die sie in der Evidenz- und Intuitionslehre und der Mys-
> tik erscheint, noch kommt sie in der reinen Sphäre geistiger Imma-
> nenz zustande, wie es in der metaphysischen Legende Hegels aussieht,
> stets wird sie vielmehr durch reale Vorgänge, durch menschliche Akti-
> vität hergestellt. (Horkheimer 1988 [1935]: 292 f., vgl. auch 303–311)

Weitere Möglichkeiten ergeben sich, sobald man die Korrespondenztheorie der Wahrheit verlässt und beispielsweise kohärenztheoretische oder de-
flationistische Wahrheitsbegriffe in den Blick nimmt, die Wahrheit nicht
als Beziehung zwischen zwei ontologisch unterschiedlichen Bereichen verstehen (müssen). Dass diese Unterschiede für das Verhältnis von Wahrheit
und Demokratie bedeutsam sind, zeigt schon die einfache Überlegung,
dass der von den Diagnostiker_innen eines »postfaktischen Zeitalters« be-
fürchtete Verlust der Wirklichkeit nur dann aus der Preisgabe des Wahr-
heitsbegriffs folgt, wenn dieser korrespondenztheoretisch und realistisch
gedacht wird. Damit ist nicht gesagt, dass die Zunahme von Unwahrheit

---

7 Übersetzung englischer Texte hier und im Folgenden von FV und MN.

in der Politik automatisch unproblematisch ist, wenn man beispielsweise mit Robert Brandom einen expressiv-deflationistischen Wahrheitsbegriff oder mit Linda Alcoff einen kohärenztheoretischen Wahrheitsbegriff vertritt (vgl. Brandom 2000 [1994]: Kapitel 3; Alcoff 1996: Kapitel 7). Doch besteht das Problem dann nicht in einer »verlorenen Wirklichkeit«.[8] Für Brandom, für den »… ist wahr« auf die assertorische Kraft einer Behauptung hinweist und uns als Prosatz-bildender Operator Wiederholungen erspart (z. B. in »Alles, was die Anarchistin sagte, ist wahr.«), würde der Verlust des Wahrheitsbegriff nur die expressive Kraft unserer Sprache reduzieren, aber nichts am Kontakt unserer sprachlichen Praktiken mit der Wirklichkeit verändern. Für Alcoff, die Wahrheit als Kohärenz nicht nur von Überzeugungen, sondern auch von den materiellen Elementen der sozialen Praktiken versteht, in denen wir Wahrheitsansprüche erheben, würde der Verlust von Wahrheit einen Verlust an Kritikfähigkeit bedeuten, aber wiederum nicht an Wirklichkeit.

Wenig überraschend bestimmen in der Politischen Theorie allerdings eher die Verschiedenheiten im Demokratiebegriff die Diskussion. Für die Beiträge dieses Bandes ist vor allem die Differenz zwischen liberaler und radikaler Demokratietheorie entscheidend, also ob Demokratie in erster Linie als Staatsverfassung verstanden wird, in der mit subjektiven Rechten ausgestattete Bürger_innen im Parlament repräsentiert werden, oder ob Demokratie in erster Linie als Form ent-gründeter Gesellschaften begriffen wird, d. h. als Konsequenz für die Politik in einer Gesellschaft, die erkannt hat, dass sie sich auf keine Fundamente stützen kann, die ihr eine Form vorgeben.[9] Im Kontext der Diskussion um das Verhältnis von Wahrheit und Demokratie rückt insbesondere diese Kontingenzannahme radikaler Demokratietheorien ins Rampenlicht, da sie mit einer ausgeprägten Ablehnung fundamentaler Wahrheitspostulate, manchmal sogar mit einer Skepsis gegen Wahrheitsbehauptungen *tout court* einhergeht (vgl. z. B. Nonhoff 2013; Flügel-Martinsen 2017: bes. Kapitel 3). Wenn jeder Anspruch auf Wahrheit nur als versuchte Machtausübung durch Einführung verbindlicher Fundamente betrachtet wird, muss Wahrheit automatisch zur Gefahr für eine Demokratie werden, die als postfundamentalistische politische Form von Gesellschaft verstanden wird. Freilich bringt dieses Verständnis die epistemische Dimension diskursiver Auseinandersetzun-

---

8 *Reality Lost* wurde als Titel der englischen Ausgabe von Hendricks und Vestergaard (2017) gewählt.

9 Für differenzierte Betrachtungen aus liberaler Perspektive vgl. Colliot-Thélène (2011); Habermas (2006 [1992]); Dahl (1971), aus radikaldemokratischer Perspektive Comtesse et al. (2019); Lefort (1990).

gen insgesamt zum Verschwinden. Wer diesen Preis nicht zahlen will, sieht sich vor die Herausforderung gestellt, die gegenteilige Gefahr einer Wahrheitsfixierung vermeiden zu müssen, die jede nicht wissenschaftlich gedeckte Aussage als unwahr oder doch zumindest als epistemisch mangelhaft abwehrt und daher droht, einer Epistokratie oder einer Technokratie das Wort zu reden.

2. Zu den Beiträgen

Ob stärker an der liberalen oder radikalen Demokratietheorie orientiert, arbeiten sich unsere Beiträger_innen an dieser doppelten Aufgabe ab, das Verhältnis von Wahrheit und Demokratie so zu bestimmen, dass weder die eine noch die andere Seite überhand gewinnt. Ihre Beiträge lassen sich in zwei Teile sortieren: Im ersten Teil – mit dem Titel »Zur Beziehung von Wahrheit und Demokratie« – widmen sich Frank Nullmeier, Frieder Vogelmann, Oliver Hidalgo, Franziska Martinsen, Oliver Flügel-Martinsen und Lucas von Ramin dem grundsätzlichen Verhältnis von Demokratie und Wahrheit. Im zweiten Teil – überschrieben mit »Zum Schicksal von Wahrheiten in der Demokratie« – verhandeln Eva Marlene Hausteiner, Samuel Salzborn, Anna Hollendung, Hagen Schölzel, Gundula Ludwig, Floris Biskamp, Dominik Klein und Johannes Marx spezifische Probleme der Thematik, wobei einige besonders relevante Theoriebestände genauer in Augenschein genommen werden (z. B. Ansätze von Alain Badiou, Michel Foucault oder Bruno Latour).

Frank Nullmeier nimmt in seinem Beitrag Stellung gegen die gelegentlich in Antwort auf Post-Truth-Diagnosen um sich greifende Tendenz, schlicht nach wissenschaftlicher Wahrheit als Gegengewicht zu Unwahrheit und Lüge zu rufen. Gegen eine solchermaßen vereinfachende Wahrheitswahrnehmung argumentiert er, dass man verschiedene Wahrheitsansprüche differenzieren muss, um zu verstehen, wo genau das Problem der öffentlichen Kommunikation liegt. Bloß wissenschaftliche Wahrheit zu verlangen, gebe noch keine befriedigende Antwort auf das Unterlaufen aller ausgemachten Wahrheitsansprüche. Im Beitrag werden, angelehnt an Habermas' Typologie der Geltungsansprüche, zunächst drei Wahrheitsverständnisse differenziert: Wahrheit als »Geltungsmaßstab« von empirischen Aussagen, Wahrheit als Gegenteil der Lüge (Wahrhaftigkeit) und Wahrheit im Sinne normativer Richtigkeit. Ein viertes, von Geltungsansprüchen entkoppeltes Wahrheitsverständnis bildet Wahrheit im Sinne bloßer Wirksamkeit – eine Aussage zieht bestimmte Konsequenzen nach sich und es kommt dabei nicht auf ihren Wahrheitsgehalt an. In einem zweiten Schritt setzt sich Nullmeier damit auseinander, was es bedeutet, wenn sich in politischen Diskursen eine Tendenz zur Verwissenschaftlichung durchsetzt. Als Hauptkritikpunkt formuliert er, dass dadurch der Raum des politischen Meinens eingeschränkt würde. Seine Relegitimation des Meinens weist auf zwei Aspekte hin: einerseits die Vorläufigkeit des Meinens, welche Revision zulässt, und andererseits die Tatsache, dass Meinungen Erfahrungen zum Ausdruck bringen, die in wissenschaftlichen Diskursen nur schwer formuliert werden können. Der Beitrag schließt mit der institutionellen Forderung, dass es geschützter Bereiche der politischen Öffentlichkeit zum Austausch von Meinungen unter Bedingungen der politischen Gleichheit bedarf.

Frieder Vogelmann interveniert in die Diskussion um Kritik und wendet sich gegen zwei Gegner_innen von Kritik, die diese entweder als selbstgerechte Ermächtigungsgeste zurücklassen wollen (so die Befürworter_innen eines »postkritischen« Denkens) oder als Wegbereiterin »postfaktischer Politik« denunzieren (so die Diagnostiker_innen eines »postfaktischen Zeitalters«). Beiden Gegner_innen von Kritik ist gemeinsam, dass sie auf Realismus beharren: Kritik müsse jene Grenze beachten, die uns von der Realität gesetzt werde. Vogelmann sieht darin die Wiederholung einer alten Einhegungsgeste gegenüber radikaler Vernunftkritik, gegen die er für deren Möglichkeit und Notwendigkeit argumentiert: Möglich sei radikale Vernunftkritik, wenn sie von ihren Praktiken her verstanden wird, wenn sie auf einen souveränen epistemischen Standpunkt verzichtet und wenn sie Vernunft pluralisiert, ohne sie zu trivialisieren. Notwendig ist eine solche radikale Vernunftkritik, weil sie präzisere Analysen der zunehmenden Unwahrheiten in der Politik liefert, über die beide Gegner_innen von Vernunftkritik zu Recht besorgt sind. Um das zu belegen, untersucht Vogelmann abschließend die politische und epistemische Funktion einiger beispielhafter politischer Unwahrheiten.

Oliver Hidalgos Beitrag argumentiert, dass Demokratie in einer aporetischen Beziehung zu Wahrheit steht, weil sie sich weder einfach auf Wahrheit beziehen noch sich völlig von Wahrheitsansprüchen lösen kann. Hidalgo zeigt, dass Demokratien von widersprüchlichen normativen Maßstäben geprägt sind. Diese spiegeln sich insbesondere in der Spannung zwischen Pluralität bzw. Partikularität einerseits und Allgemeinheit bzw. Universalität andererseits. Insbesondere mit Ernesto Laclau lässt sich argumentieren, dass Demokratien zwar universale Normdiktionen verweigern müssen, aber nicht ganz ohne einen universalen Fluchtpunkt auskommen. Der Beitrag zeichnet eine Reihe von demokratischen Antinomien nach, neben der zwischen Partikularität und Universalität z. B. jene zwischen Gleichheit und Freiheit und jene zwischen Volkssouveränität und Repräsentation. Hidalgo argumentiert, dass der Kern der Demokratie gerade in der Aufrechterhaltung dieser Antinomien liegt (und nicht in ihrer Auflösung in die eine oder andere Richtung). Die Wahrheit über die Demokratie ist also eine paradoxe Wahrheit: Sie umfasst immer auch das, was sie gerade nicht ist. Wahrheit kann demnach in Demokratien immer nur als Aporie firmieren.

Franziska Martinsen und Oliver Flügel-Martinsen setzen sich mit der Rolle auseinander, die die Wahrheitsskepsis in der radikalen Demokratietheorie spielt. Dabei gehen sie von der nie völlig verstummten, aber seit einigen Jahren deutlich lauter gewordenen Kritik aus, die an wahrheitsskeptischen Theorien geübt wird. Gegenüber der pauschalen Verurteilung, dass wahrheitsskeptische Methoden wie Genealogie oder Dekonstruktion zu Relativismus und Beliebigkeit führen und damit dem Rechtspopulismus Tür und Tor öffnen würden, betonen Martinsen und Flügel-Martinsen das herrschaftskritische und das selbstkritische Moment wahrheitsskeptischer politischer Theorien: Diese würden nicht nur die vermeintlich neutralen Wahrheits- und Rationalitätsunterstellungen dominanter Diskurse hinterfragen, sondern zugleich auch die eigenen Annahmen. Mit Blick auf diese selbstkritische Dimension ließe sich radikaldemokratische Theorie nicht nur gegen rechtspopulistische Vereinnahmungsversuchen ihrer Argumente verteidigen, sondern durch eine genaue Beschreibung ihres Umgangs mit Kontingenz auch ihr oft zu wenig beachteter positiver Bezug auf Wahrheit präzise bestimmen. Für diesen letzten Schritt in ihrer Argumentation gehen Martinsen und Flügel-Martinsen insbesondere auf die Praxis des freimütigen Wahrsprechens (*parrhesia*) ein, die Foucault in seinen letzten Vorlesungen untersucht hat. Sie heben daran die grundsätzliche Bedeutung von Gleichheit hervor, die weder wahr noch falsch, sondern unabdingbar für und Garant der gleichen Freiheit aller ist.

Normative Probleme einer grundsätzlichen Wahrheitsskepsis wirft *Lucas von Ramin* in seiner ausführlichen Diskussion postfundamentalistischer Theorien des Politischen auf. Dazu arbeitet er anhand von Oliver Marcharts Position exemplarisch drei Schwierigkeiten unter den Titeln »Formalisierung«, »Ästhetisierung« und »Vermachtung« heraus: Postfundamentalistische Theorien seien damit konfrontiert, durch übersteigerte Formalisierung letztlich das bloße Zustandekommen irgendeiner politischen Entscheidung als normativen Maßstab anerkennen zu müssen, würden einer Ästhetisierung der Politik Vorschub leisten und gerieten in Gefahr, Macht und Gewalt in der Politik nicht nur zu entlarven, sondern insgeheim zu bewundern. Allerdings will von Ramin mit seiner Kritik postfundamentalistische Theorien der Politik nicht verabschieden, sondern dabei helfen, die von ihm diagnostizierten Missstände zu vermeiden. Dazu sei es nötig, das große Interesse an Wahrheit anzuerkennen, das in der hypertrophen Wahrheitsskepsis postfundamentalistischer Theorien der Politik verborgen sei.

An diese sehr grundsätzlichen Überlegungen schließen in Teil II eine Reihe von Beiträgen an, die sich spezifischer mit dem Kämpfen für, um und gegen Wahrheiten in der Demokratie befassen. Der Beitrag von *Eva Marlene Hausteiner* thematisiert den sich wandelnden Einfluss von Verschwörungstheorien bzw. Verschwörungsgerüchten in zeitgenössischen Demokratien. Nach einem Überblick über die Forschungsliteratur zu Verschwörungstheorien und einige in ihr stattfindende Kontroversen wendet sich der Text den Besonderheiten jüngerer, insbesondere internetbasierter Verschwörungskommunikation zu. Denn anders als in der Literatur oft angenommen, so Hausteiner, gibt es markante Unterschiede zwischen früheren Formen von Verschwörungstheorien und internetbasierter Verschwörungskommunikation. Insbesondere fehlt letzterer regelmäßig die wissenschaftliche Form und die Konsistenz, die die Rede von der »Theorie« erlauben würde. An ihre Stelle tritt eine »hochfragmentierte Narrativität« (bestehend etwa aus Bildern, Memes und Textbausteinen von Message Boards), die kein kohärentes Deutungsmuster produziert, sondern ganz im Gegenteil zu »fundamentaler Desorientierung« führt. Die analysierten Beispiele sind die Reichsbürgerideologie (die nach Hausteiner noch am ehesten einer Verschwörungstheorie gleicht), die These vom »großen Bevölkerungsaustausch« sowie die QAnon-Gerüchte. Im Ergebnis konstatiert Hausteiner die Gefahren eines allgemeinen Vertrauensverlustes in demokratische Prozesse und einer Polarisierung zwischen relativ abgeschotteten Bereichen, die kaum noch miteinander kommunizieren. Aus demokratischer Perspektive kann ihrer Ansicht nach Besserung nicht aus einer offensiven Verteidigung von Wahrheit seitens der Eliten resultieren, sondern allein aus einer Vielzahl von Partizipationsangeboten.

Mit einer Analyse des politischen Denkens von Aleksandr Dugin bringt *Samuel Salzborn* einen weiteren interessanten Aspekt des Verhältnisses von Demokratie und Wahrheit ins Spiel. An Dugin kann man nämlich zeigen, dass sich auch Politik betreiben lässt, indem man sich explizit *gegen* einen wissenschaftlich-rationalen Begriff von Wahrheit wendet. In gewisser Weise erlaubt das auch eine Immunisierung gegen die üblichen Formen wissenschaftlicher Kritik, weil diese ja selbst im Register der rationalen Wahrheit auftritt und als solche immer schon delegitimiert ist. Unwahrheit und Wahrheit werden dadurch klar zu instrumentellen Begriffen, und es zeigt sich an Dugin besonders gut, wie sie als Kampfbegriffe eingesetzt werden können. Salzborn rekonstruiert dazu Dugins explizit positiven Mythos- und Magiebezug und weist darauf hin, dass die von Dugin solchermaßen vertretene mystische Anti-Aufklärung als Stichwortgeber für neurechte Tendenzen weltweit dient.

Anna Hollendungs Überlegungen zum »Zwangscharakter von Wahrheit« sind Alain Badious Politik der Wahrheit gewidmet. Aus der Sicht einer an Hannah Arendt geschulten radikaldemokratischen Auffassung, die Wahrheit aufgrund ihrer unbedingten Zustimmungszumutung nur als Rahmen oder Grenze von Politik begreifen kann, müsse Badious Begriff von Politik als Wahrheitsprozedur irritieren. Diesen rekonstruiert Hollendung ausführlich: Wahrheit ist für Badiou ein in Situationen einbrechendes Ereignis, dem Subjekte entweder treu bleiben und damit wahrhaft politische Subjekte werden, oder das sie verdecken bzw. verleugnen und so »obskure« respektive »reaktionäre« Subjekte werden. Während Hollendung den Absolutheitsanspruch von Politik als Wahrheitsprozedur als antipluralistisch und antidemokratisch kritisiert, arbeitet sie anhand einer Badiou'schen Interpretation der *Fridays for Future*-Bewegung heraus, was radikaldemokratische Theorien gleichwohl von Badiou lernen könnten.

Der Beitrag von *Hagen Schölzel* argumentiert unter Rückgriff auf Bruno Latours Akteur-Netzwerk-Theorie, dass wissenschaftliche und politische Wahrheitsproduktion sehr viel mehr miteinander gemein haben als oft angenommen wird. Zwar sei die »Verfassung der Moderne« mit Politik und Wissenschaft durch zwei getrennte Sphären geprägt. Doch die Trennung ist keineswegs vollkommen. Zum einen lenken Staaten über Finanzierung und Aufträge die Wissenschaft, zum anderen ist wissenschaftliche Erkenntnis nie autonom, sondern stets darauf angewiesen, innerhalb eines politischen Rahmens generiert zu werden und unter politischen Umständen Akzeptanz zu finden. Die Wissenschaft generiert in diesen Prozessen kein objektives Wissen und keine erhabene Wahrheit, sondern trägt dazu bei, die Welt auf bestimmte Weise zu ordnen, erzeugt also neue Realitäten. Aus diesem Wissenschaftsverständnis folgt die Forderung nach einer »ontologischen Politik«, die sich dessen bewusst ist, dass es keine unumstößlichen Tatsachen gibt (auch keine wissenschaftlichen), sondern dass Politik immer auch »Dingpolitik« ist, also eine Politik, die Tatsachen ebenso wie Normen anordnet und (ggf. neu) zusammensetzt. »Kontroverse Dinge« ziehen konkurrierende Anordnungen nach sich. Das Resultat einer solchen Perspektive auf das Verhältnis von Politik und Wahrheit ist die Forderung nach einem neuen Experimentalismus.

Gundula Ludwig macht in ihrem Beitrag die buchstäbliche Verkörperung politischer Wahrheiten anhand einer Genealogie demokratischer Körperpolitik plastisch. Dazu präsentiert sie Ausschnitte einer historischen Diskursanalyse medizinischer Abhandlungen, in denen sichtbar wird, wie die Medizin zeitgleich mit der Revolution von 1848 ihr Wahrheitsregime über Körper in die politische Ordnung einzuschreiben versucht. Obgleich dieses Unterfangen zusammen mit der Revolution scheiterte, greife die Soziale Hygiene das Vorhaben, aus medizinischen Wahrheitsregimen demokratiepolitische Konsequenzen zu ziehen, Ende des 19. Jahrhunderts erneut auf. Im Rahmen der Weimarer Republik, so Ludwigs These, gelänge es der Medizin, ihre größtenteils undemokratische Vorstellung von Demokratie tatsächlich als »Wille zur Demokratie« in den Körpern der Bürger_innen zu verankern. Für radikale Demokratietheoretiker_innen zeige sich daran die Notwendigkeit, aus einer antiessentialistischen Perspektive auch die subtilen Machttechniken vermeintlich demokratischer Körperpolitik auf Basis naturwissenschaftlicher Wahrheitsregime aufzudecken und zu kritisieren.

Einen konkreten Fall demokratischer Körperpolitik greift *Floris Biskamp* in seinem Beitrag auf: Ist die Beschneidung von Jungen aus religiösen Gründen Körperverletzung? Anhand der 2012 hitzig geführten Debatte über kulturelle Differenz argumentiert Biskamp mit und gegen Habermas, dass solche öffentlichen Debatten zwar notwendig einer Orientierung an Wahrheit bedürfen, diese jedoch noch nicht hinreicht, um politische Legitimität für daraus hervorgehende Entscheidungen herzustellen. Dafür müssten solche Debatten kritisch daraufhin überprüft werden, inwiefern sie nur den ideologischen Anschein von Legitimität erzeugen. Um die entsprechenden Konzepte für eine solche Prüfung bereitzustellen, brauche es gesellschaftstheoretische und ideologiekritische Reflexionen in der Politischen Theorie, die auch die übermäßige Betonung von Wahrheitsorientierung problematisieren müssten, wenn sie mit der Chancengleichheit auf diskursive Beteiligung kollidiert.

Im Beitrag von *Dominik Klein und Johannes Marx* schließlich wird mithilfe einer agentenbasierten Computersimulation die epistemische Leistungsfähigkeit demokratischer Regime mit der von autokratischen Regimen verglichen. Insbesondere werden der Einfluss von Gleichheit im Entscheidungsverfahren sowie von deliberativen Elementen in Situationen untersucht, in denen es um das ideale Bereitstellungsniveau öffentlicher Güter geht. Es zeigt sich erstens, dass sich die in großen Gruppen gegebenen Wissensunterschiede positiv auswirken. Zweitens stellen die Autoren fest, dass gemäß der Modellierung Umfang und Qualität öffentlicher Güter dann steigen, wenn die Bürger_innen ihre eigenen Präferenzen bei der Entscheidung priorisieren. Drittens verbessern zeitlich begrenzte Deliberationsphasen die Qualität kollektiver Abstimmungsprozesse.

3. Danksagung

Wie die Tagung ist auch dieser Tagungsband ein kollektives Produkt, das »in Wahrheit« weit mehr helfende Hände (und Köpfe) hatte als die beiden Herausgeber. Unser Dank gilt einerseits den Beiträger_innen für ihre Texte sowie für ihre Geduld mit uns und unseren Überarbeitungswünschen. Andererseits möchten wir uns herzlich bei Peter Arnold, Hannes Hardell, Annika Lüttner, Philip Jahnke und Hanna Schnieders bedanken, ohne deren Hilfe in allen Belangen eine Durchführung der Tagung 2019 unmöglich gewesen wäre. Für die finanzielle Unterstützung danken wir der Thyssen-Stiftung, der Stiftung der Universität Bremen sowie dem Institut für Politikwissenschaft und dem Institut für Interkulturelle und Internationale Studien an der Universität Bremen. Lea Burmeister schließlich danken wir dafür, dass sie uns bei der Korrektur und Einrichtung des Manuskripts geholfen hat.

Literaturverzeichnis

Alcoff, Linda Martín 1996: Real Knowing. New Versions of the Coherence Theory. Ithaca, NY.

Arendt, Hannah, 1972 [1967]: Wahrheit und Politik, in: dies.: Wahrheit und Lüge in der Politik. Zwei Essays. München, 44-92.

Aristoteles 1995: Metaphysik, in: Philosophische Schriften in sechs Bänden. Übersetzt von Bonitz, Hermann. Hamburg.

Berg, Sebastian/Rakowski, Niklas/Thiel, Thorsten, 2020: Die digitale Konstellation. Eine Positionsbestimmung, in: Zeitschrift für Politikwissenschaft 30:2, 171-191. doi: 10.1007/s41358-020-00207-6.

Brandom, Robert B. 2000 [1994]: Expressive Vernunft. Frankfurt a. M.

Brunkhorst, Hauke, 2019: Entkopplung von Wahrheit und Demokratie. Autoritärer Liberalismus im globalen Strukturwandel der Öffentlichkeit, in: WestEnd. Neue Zeitschrift für Sozialforschung 16:2, 47-76.

Butter, Michael 2018: »Nicht ist, wie es scheint«. Über Verschwörungstheorien. Berlin.

Colliot-Thélène, Catherine 2011: Demokratie ohne Volk. Hamburg.

Comtesse, Dagmar/Flügel-Martinsen, Oliver/Martinsen, Franziska/Nonhoff, Martin, 2019: Demokratie, in: Comtesse, Dagmar/Flügel-Martinsen, Oliver/Martinsen, Franziska/Nonhoff, Martin (Hrsg): Radikale Demokratietheorie. Ein Handbuch. Berlin, 457-483.

D'Ancona, Matthew 2017: Post-Truth. The New War on Truth and How to Fight Back. London.

Dahl, Robert A. 1971: Polyarchy. Participation and Opposition. New Haven.

Deutscher Bundestag 2018: Plenarprotokoll 19/24. Stenografischer Bericht der 24. Sitzung am 23. März 2018. Berlin.

Flügel-Martinsen, Oliver 2017: Befragungen des Politischen. Subjektkonstitution – Gesellschaftsordnung – Radikale Demokratie. Wiesbaden.

Habermas, Jürgen 2006 [1992]: Faktizität und Geltung. Beiträge zur Diskurstheorie des Rechts und des demokratischen Rechtsstaats. 3. Auflage. Frankfurt a. M.

Habermas, Jürgen, 2008: Hat die Demokratie noch eine epistemische Dimension? Empirische Forschung und normative Theorie, in: ders.: Ach, Europa. Kleine politische Schriften XI. Frankfurt a. M., 138-191.

Hagner, Michael, 2012: Wissenschaft und Demokratie oder: Wie demokratisch soll die Wissenschaft sein?, in: Hagner, Michael (Hrsg): Wissenschaft und Demokratie. Berlin, 9-50.

Hendricks, Vincent F./Vestergaard, Mads 2017: Postfaktisch. Die neue Wirklichkeit in Zeiten von Bullshit, Fake News und Verschwörungstheorien. Übersetzt von Borchert, Thomas. München.

Horkheimer, Max, 1988 [1935]: Zum Problem der Wahrheit, in: ders.: Gesammelte Schriften Bd. 3: Schriften 1931-1936. Frankfurt a. M., 277-325.

Karliczek, Anja 2020: Die Stunde der Erklärer, in: Frankfurter Allgemeine Zeitung vom 1. April 2020, N1.

Künne, Wolfgang 2005 [2003]: Conceptions of Truth. Oxford.

Lefort, Claude, 1990: Die Frage der Demokratie, in: Rödel, Ulrich (Hrsg): Autonome Gesellschaft und libertäre Demokratie. Frankfurt a. M., 281-297.

McIntyre, Lee 2018: Post-Truth. Cambridge, MA/London.

Nonhoff, Martin, 2013: Demokratisches Verfahren und politische Wahrheitsproduktion. Eine radikaldemokratische Kritik der direkten Demokratie, in: Buchstein, Hubertus (Hrsg): Die Versprechen der Demokratie. 25. wissenschaftlicher Kongress der Deutschen Vereinigung für Politische Wissenschaft. Baden-Baden, 313-332.

Rorty, Richard 1997: Truth, Politics and »Post-Modernism«. Assen.

Suskind, Ron 2004: Faith, Certainty and the Presidency of George W. Bush, in: New York Times vom 17. Oktober 2004. https://www.nytimes.com/2004/10/17/magazine/faith-certainty-and-the-presidency-of-george-w-bush.html, 20.04.2021.

Teil I:
Zur Beziehung von Wahrheit und Demokratie

Wahrheit, Öffentlichkeit und Meinung[1]

Frank Nullmeier

Dem »Bekenntnis zu Recherche, Differenzierung und Abwägung, gegen Unwissen, Grobschlächtigkeit und falsche Vereinfachung« des Bundespräsidenten Frank-Walter Steinmeier, das er in seiner Eröffnungsrede zur Konferenz re:publica im Sommer 2019 vorgetragen hat, ist aus demokratietheoretischer Sicht sicher nur zuzustimmen (Steinmeier 2019). Angesichts von Fake News, Hate Speech und gesteuerten Manipulationen, von rechtspopulistischer Mobilisierung bis hin zu rassistischer Propaganda in den sozialen Medien bedarf es derartiger Plädoyers zugunsten einer entwickelten Debattenkultur.

Jedoch hat sich parallel zu dieser Verteidigung argumentativer Auseinandersetzung auch eine Position entwickelt, in der die Berufung auf »Fakten« und »wissenschaftliche Wahrheit« zur Grundlage demokratischer Prozesse erklärt wird. Ein emphatisch wissenschaftsorientiertes Wahrheitsverständnis wird als Gegenmodell zum »Post-Truth Age« zu etablieren gesucht. In Reaktion auf den Aufstieg des Rechtspopulismus, die Angriffe auf die Geistes-, Sozial- und Umweltwissenschaften und die bekannten Phänomene in den neuen Medien werden Wahrheit und Wissenschaft auf der eher linksliberalen Seite des politischen Spektrums zu rettenden Vokabeln. In der March for Science-Bewegung (March for Science Germany 2019) kommt diese keineswegs unproblematische Entwicklung vielleicht am deutlichsten zum Ausdruck (Durnova 2019).

Dieser Beitrag will zeigen, dass ein wissenschaftszentriertes Wahrheitsmodell nicht die demokratietheoretisch angemessene Reaktion auf Post-

1 Bei diesem Text handelt es sich um eine überarbeitete Fassung eines Beitrags zur Bremer Tagung der Sektion »Politische Theorie und Ideengeschichte« der Deutschen Vereinigung für Politikwissenschaft (12. bis 14. März 2019) zum Thema »Demokratie und Wahrheit«, veranstaltet von Prof. Dr. Martin Nonhoff und Dr. Frieder Vogelmann. Ich danke für die kritischen und äußerst hilfreichen Bemerkungen der beiden Veranstalter sowie die Anmerkungen von Frauke Hamann, Oliver Eberl, Thomas Saretzki und Martin Saar. In einer gekürzten Fassung ist der Beitrag am 28.5.2019 als Essay bei Soziopolis unter dem Titel »Bloße Meinung« erschienen. Ich danke Stephanie Kappacher von der Soziopolis-Redaktion für die Lektorierung jener Fassung, von der auch diese Buchfassung profitiert hat.

Truth- und Alternative-Facts-Bestrebungen sein kann. Die scharfe Entgegensetzung von Wahrheit und Lüge, Fake und Fakten übersieht nämlich die demokratisch zentrale Kategorie des »Meinens« oder ordnet diese umstandslos der Seite der zu bekämpfenden alternativen Fakten oder der rein emotional getriebenen Äußerungen zu. Auch in der Rede des Bundespräsidenten stehen sich »der überprüfte Fakt und die bloße Meinung« gegenüber (Steinmeier 2019). Die Kategorie der »bloßen« Meinung markiert traditionell eine Abwertung des Meinens, obwohl dieses doch ein zentraler Begriff demokratischen Denkens ist. Nicht umsonst wird von Meinungsfreiheit als Voraussetzung für politische Öffentlichkeit gesprochen und der Prozess demokratischer Auseinandersetzung als »Meinungs- und Willensbildung« bezeichnet (jüngst auch: Lafont 2020).

Einen ähnlichen öffentlichen Stellenwert wie in den letzten Jahren hatte ein wahrheits- und wissenschaftszentriertes Demokratieverständnis zuletzt in den frühen 1960er-Jahren. Wissenschaft war der technologische Treiber, der nicht nur die bemannte Raumfahrt ermöglichte und die Energiefrage durch den Bau von Atomkraftwerken zu lösen schien. Es war die Zeit, in der wissenschaftliche Wahrheiten als unhinterfragbare Grundlage politischen Handelns gewertet wurden und »Technokratie« als positives Modell einer zukunftsorientierten Politik gelten konnte. Gegen diese Selbstabdankung der Politik hatten sich seit den 1960er-Jahren Wissenschaftssoziologie, Wissenschaftstheorie und -philosophie, Diskurstheorie, Science and Technology Studies sowie etliche Strömungen vom Sozialkonstruktivismus bis zum Poststrukturalismus gewendet und die soziale (aber nicht nur soziale) Bedingtheit wissenschaftlichen Wissens auf unterschiedlichste Weise erforscht (Weingart 2003; Bauer, Heinemann und Lemke 2017; Oreskes 2019: 39-54).

Wahrheit war nach diesen wissenschaftsreflexiven Vorstößen nichts, das einfach erscheint, auf der Hand liegt, klar erkennbar ist oder sich unmittelbar aus Beobachtungen oder direkt aus wissenschaftlich-technischen Operationen ergibt. Wahrheit galt nunmehr als Ergebnis eines sozialen Prozesses, der im günstigsten Fall aus einem vorrangig diskursiv bestimmten kommunikativen Austausch bestehen kann, ein Prozess, in dem immer wieder neue Argumente zur Prüfung zugelassen sind und die Zuordnung der Wahrheitsqualität permanent auch wieder infrage gestellt wird. Die Betrachtung der Wissenschaft als fortlaufender Kommunikation entzieht der Rede von der Wahrheit aber jede Emphase. Wahrheit ist ein mühsamer, potenziell endloser Prozess kontinuierlicher kommunikativer Anstrengung bei Hinzuziehung aller nur erdenklichen Beiträge, benötigt also Offenheit, Auseinandersetzung und die Fähigkeit zur Revision einmal als Wahrheit angesehener Aussagen. So betrachtet kann Wissenschaft gar nicht als unbefragt gültige Autorität erscheinen. Sie ist selbst ein potenziell irrtumsanfälliges Geschehen, in dem auch nicht-diskursive Prozesse der sozialen Schließung, Fraktionierung, Instrumentalisierung und Hegemoniebildung eine bedeutende Rolle spielen.

Seit der Jahrtausendwende hat das Selbstbewusstsein als Wahrheitsproduzent in einigen Wissenschaftsdisziplinen an Boden gewonnen. Auch die Kritik an manchen verfehlten Formen poststrukturalistischer Theoriebildung und amerikanischer Universitätspolitik dürfte zu dieser Stärkung eines recht selbstgewissen Wissenschaftsverständnisses beigetragen haben. Meinungen erscheinen dann nur noch als Negativum von Wahrheit.

Die Problematik dieser Position soll im Folgenden in zwei Schritten untersucht werden. Erstens wird gezeigt, dass mit dem Begriff Wahrheit, so wie er in Öffentlichkeit und Wissenschaft verwendet wird, sieht man von einer platonisierenden Tendenz ab (man denke an Badiou; u. a. Badiou und Ranciére 1996, siehe dazu in diesem Band auch den Beitrag von Anna Hollendung), mindestens *vier Fassungen des Wahrheitsbegriffes* verbunden sind. Diese Differenzierung kann helfen, Antworten auf Post-Truth-Tendenzen genauer zu fassen. In einem zweiten Schritt wird der legitime Raum des Meinens gegen eine Verwissenschaftlichung politischer Auseinandersetzung zu bestimmen gesucht.

1. Wahrheitsverständnisse

Wenn heute in der Öffentlichkeit über »Wahrheit« und »Unwahrheit« diskutiert wird, können mit diesem Begriff ganz unterschiedliche Geltungsansprüche verbunden werden. Um die Debatte zu sortieren und zu erkennen, was genau zu verteidigen ist gegen Fake-News und Post-Truth-Strategien, wird hier die Theorie der Geltungsansprüche von Jürgen Habermas zu Rate gezogen (Habermas 1984, 1999, 2009). Das geschieht auch deshalb, weil Hannah Arendts Unterscheidung von Vernunftwahrheiten, gegen die sie die Rolle des Meinens in der Politik verteidigt, und Tatsachenwahrheiten, die kein Meinen zulassen, die Analyse der verschiedenen Bedeutungsaspekte von Wahrheit und die demokratietheoretische Beurteilung der Meinung eher erschwert hat (Arendt 1972; vgl. Vogelmann 2019).

1.1 Wahrheit und Analytik der Geltungsansprüche

Wahrheit kann erstens als der *Geltungsmaßstab von deskriptiven, explanatorischen und prognostischen Aussagen* (im Folgenden: *empirischen Aussagen*) verstanden werden, als Frage von Wahrheit oder Falschheit einer Behauptung über die »objektive Welt«, über etwas, von dem angenommen werden kann, dass es existiert hat, existiert oder existieren wird. Wenn von Fakten als Gegenteil von Fake-News gesprochen wird, so wird dieser Wahrheitsbegriff in Anspruch genommen. Fakten sind als »Tatsachenwahrheiten« aber nur ein kleiner Teil dessen, was unter empirischen Aussagen zu verstehen ist. Fakten sind deskriptive Aussagen zu Vorgängen mit einer bestimmten Raum-Zeit-Stelle. Komplexe Ursachen-Wirkungs-Beziehungen und Prognosen sind ebenso Bestandteil des empirischen Wissens und treten mit dem Anspruch auf Wahrheit auf, werden aber üblicherweise nicht als Fakten bezeichnet. Für komplexe Theorien wie für einfache Beobachtungsaussagen gilt, dass in sie jeweils eine Fülle an Voraussetzungen eingehen, die jeweils einem intersubjektiven Prozess der Erzeugung von Wissen unterliegen. Die Wahrheit auch von Fakten, soweit sind die Ergebnisse der Wissenschaftssoziologie gegen die jüngsten Anti-Fake-News-Kampagnen zu wahren, liegt nicht auf der Hand.

Der Wahrheitsbegriff wird aber auch dann verwendet, wenn es um den *Gegensatz zur Lüge* geht, dem bewussten Vorbringen von Behauptungen, von denen jene, die diese Äußerung tätigen, wissen, dass sie in einem empirischen Sinne nicht wahr sind. Für diesen Geltungsanspruch hat sich der Ausdruck »*Wahrhaftigkeit*« mit dem Gegenbegriff der Lüge durchgesetzt, um den Unterschied zu einem Irrtum, einem Unwissen oder einer falschen empirischen Behauptung kenntlich zu machen. Um Unwahrhaftigkeit identifizieren zu können, muss zwischen der Äußerung als einer raumzeitlich bestimmten Sprechhandlung und der Aussage als sprachlichem Inhalt dieser Äußerung unterschieden werden. Wahrhaftigkeit betrifft das äußernde Subjekt oder Kollektiv, das letztlich mit zwei empirischen Aussagen hantiert: Zum einen der geäußerten Aussage und zum anderen mit einer nicht-vorgebrachten gegenteiligen Aussage zum gleichen Gegenstand, wobei die Geltungszuweisung als wahr der nicht geäußerten Aussage zukommt und die als falsch der geäußerten Aussage, die aber nach außen mit dem Anspruch auf Wahrheit vorgestellt wird. Nicht-Wahrhaftigkeit setzt auf dem Geltungsanspruch der empiriebezogenen Wahrheit parasitär auf. Die Lüge weiß um die Falschheit der geäußerten Aussage, stellt sie aber wider besseres Wissen als wahr dar. Eine Täuschungsabsicht ist konstitutiv für die Lüge (Lenz 2019: 26). Unwahrhaftigkeit steht daher in enger Beziehung zum Geltungsanspruch der Wahrheit. Der Skandal der alternativen Fakten liegt daher nicht darin, dass sie tatsächlich falsch sind, sondern vielmehr darin, dass ihre Falschheit bekannt ist und sie zu Täuschungszwecken gezielt eingesetzt werden.

Ein dritter Geltungsanspruch kommt ins Spiel, wenn der Wahrheitsbegriff sich auf die Geltung von normativen und evaluativen Darlegungen (im Folgenden: normativen Aussagen) bezieht, also um die Frage der *Richtigkeit* oder Unrichtigkeit einer praktischen Behauptung oder eines bewertenden Urteils. Hier wird keine Aussage über die objektive Welt gemacht, sondern über die – gemäß einer durchaus problematischen Kategorisierung von Jürgen Habermas – »soziale Welt«. Diese Version hat ihre Wurzeln in der antiken Philosophie und musste sich gegen eine positive bis positivistische, rein auf empirische Aussagen bezogene Wissenschaftsorientierung erst seit den 1960er-Jahren wieder etablieren. Die Kritik des technokratischen Wissenschaftsglaubens erbrachte den Nachweis, dass empirische Wahrheiten nur Deskriptionen, Erklärungen und Prognosen umfassen und daraus, rein logisch, keine Schlüsse auf Antworten zu normativen Fragen gezogen werden können. Das hatte gravierende Folgen für die politische Relevanz von Wissenschaft. Eine jede politische Entscheidung bedarf danach zweier Urteile: 1) eines Urteils über die empirischen Aussagen, die in die Entscheidung eingehen, und 2) eines Urteils über die Angemessenheit jener Normen und Werte, die die normative Ausrichtung einer Entscheidung bestimmen. Naturwissenschaftlich-technische Wahrheiten können logisch den Kontingenzspielraum des Politischen nicht auflösen. Normative Fragen schienen daher aus dieser wissenschaftszentrierten Sicht dem subjektiven Belieben und einem Wertepluralismus überlassen zu sein (z. B. McCarthy 1980: 15). Die normative Ausrichtung politischer Entscheidungen ergab sich schlicht aus den vorherrschenden subjektiven Überzeugungen.

Die entscheidende Wendung in den 1960er-Jahren bestand darin, auch Normatives als etwas zu erachten, das wissenschaftlich zu bearbeiten und zu beantworten war. Normative Fragen waren nicht nur als Ausdruck von politischen Meinungen, ideologischen Vorlieben oder letzten subjektiven Wertentscheidungen zu verstehen, sondern konnten selbst Gegenstand einer wissenschaftlich-argumentativen Prüfung sein. Die entscheidende Formel lautete: »Wahrheitsfähigkeit praktischer Fragen« (Habermas 1973: 378). Damit wurden normative Aussagen ebenso mit dem ›Ehrentitel‹ Wahrheit ausgezeichnet, wie es etwa David M. Estlund formuliert: »But when I speak of moral truth here, I mean only the following very minimal thing: if gender discrimination is unjust, then it is *true* that gender discrimination is unjust« (Estlund 2008: 5). Der Raum des Normativen konnte sich damit Kategorien aneignen, die lange einer allein empirisch ausgerichteten Wissenschaft vorbehalten waren. Aus der asymmetrischen Gegenüberstellung von Wissenschaft und Wahrheit auf der einen Seite und Werten, Subjektivität und Ideologie auf der anderen Seite wurde eine symmetrische Auseinandersetzung: Den empirischen Fragen entspricht eine empirische Wahrheitsgeltung, den normativen Fragen eine praktische Wahrheitsgeltung, für die innerwissenschaftlich neben »Wahrheit« zur Abgrenzung die Begriffe »Richtigkeit« oder »Angemessenheit« verwendet wurden. Auch wenn eine »objektive Welt« als Grenze von Argumentationen im Bereich normativer Aussagen nicht existiert, so kann es doch eine partiell wahrheitsanaloge Logik mit der Annahme einer Richtig-Falsch-Binarität sowie der Vorstellung einer letztlich allein richtigen Aussage geben. Der Unterschied zwischen empirischen Aussagen und deren Wahrheit einerseits sowie normativen Aussagen und deren Richtigkeit andererseits bleibt aber zu beachten: Der Sinn von Richtigkeit erschöpft sich, so eine bekannte Formulierung, »in ideal gerechtfertigter Behauptbarkeit« (Habermas 2009: 445).

Diese drei Weisen der Verwendung von »Wahrheit« als Wahrheit, Wahrhaftigkeit und Richtigkeit sind auseinanderzuhalten, wenn es um die Kritik aktueller Kommunikationsinhalte oder politischer Äußerungen geht. Es ist *kein* grundlegendes theoretisches Problem, Wahrheitsfragen von Wahrhaftigkeitsfragen in einer Diskussion über Fake-News zu trennen oder empirische Aussage zur Entwicklung des Weltklimas von normativen Aussagen zur Angemessenheit des Wertmaßstabes der Nachhaltigkeit zu unterscheiden. Die Social Media-Kommunikation mit einem Zuwachs an Lügen und Manipulationen stellt damit keine prinzipiell neuen *theoretischen* Probleme.

1.2 Erweiterungen einer Analytik der Geltungsansprüche

Da Lüge und Unwahrhaftigkeit das eigentliche Hauptthema der Post-Truth-Tendenzen darstellen, sollte man über die bisherigen Differenzierungen hinaus in Ergänzung der Typologie von Jürgen Habermas noch zwei weitere Unterformen der (Un-)Wahrhaftigkeit unterscheiden:

Unwahrhaftigkeit im Bereich des Normativen: Wenig beachtet ist bisher ein Phänomen, das man vielleicht als »normative Lüge« bezeichnen kann. Es gehört zur Geltungssphäre der Wahrhaftigkeit. Auch eine Lüge im Bereich der praktischen Aussagen betrifft das sich äußernde Subjekt oder Kollektiv, das in diesem Fall mit zwei normativen Aussagen hantiert: zum einen mit der geäußerten Norm oder Wertung und zum anderen mit einer gegenteiligen Wertung oder Norm zum gleichen Problem, wobei die als normativ nicht richtig angesehene Aussage geäußert und die als richtig angesehene Wertung verschwiegen wird. Die normative Lüge nutzt ebenso parasitär eine andere Geltungssphäre, hier die der Richtigkeit, um bewusst unrichtige Aussagen mit dem Anspruch auf Richtigkeit in der Welt zu verbreiten.

Authentizitätsvorspiegelung: Mit dem Begriff der »Authentizität« wird meist eine gesteigerte und besondere Form von Wahrhaftigkeit bezeichnet. Die »subjektive« Welt der Sprecher*innen kommt dabei gleich in doppelter Hinsicht zum Tragen: Zum einen soll eine wahre Aussage über die je eigene Welt gemacht werden, über eigene Gefühlszustände und Einstellungen. Zum Zweiten soll diese Aussage mit besonderem Nachdruck als wahrhaftig vertreten werden, weil diese subjektive Welt für andere Personen nicht direkt erfahrbar ist. Authentizität betrifft Äußerungen, die mit dem doppelten Anspruch von empirischer Wahrheit über die je eigene subjektive Welt und betonter Wahrhaftigkeit der Selbsterforschung und Selbstbeobachtung gemacht werden. Eine Lüge liegt in diesem Bereich vor, wenn eine empirische Wahrheit über einen Gefühlszustand etc. bewusst durch eine falsche Aussage ersetzt wird, diese falsche Aussage aber mit dem Anspruch auf Authentizität vorgebracht wird. Eine Lüge liegt auch dann vor, wenn die Darstellung des eigenen Seelenlebens nicht falsch ist, aber mit einem Anspruch auf Ernsthaftigkeit vorgetragen wird, der gar nicht besteht, die subjektive Welt viel variabler und ungewisser ist und daher eine Tiefe der Eigenerkundung nur vorgespielt wird. Man kann dies *Unaufrichtigkeit* nennen (Eco 2019: 242-243).

Damit sind bisher Wahrheitsverständnisse der öffentlichen Debatte skizziert, die sich der bekannten Logik der Geltungsansprüche zuordnen lassen. In der aktuellen Diskussion ist aber noch eine weitere grundlegende Form des Umgangs mit dem Wahrheitsbegriff zu identifizieren (zur Übersicht siehe Tabelle 1), die auf die Unterscheidung von Wahrheit, Wahrhaftigkeit und Richtigkeit und auf das Erheben von Geltungsansprüchen gänzlich verzichtet: »Wahrheit« liegt danach bereits dort vor, wo sich eine Äußerung in politischer und ökonomischer Hinsicht als wirksam erweist. Allein die Konsequenzen einer Äußerung zählen, nicht der Gehalt der Aussage. Was öffentliche Aufmerksamkeit, Verbreitung und Zustimmung zu erzeugen vermag, gilt danach als »wahr«. Die Geltungsansprüche und deren Prüfung werden schlicht zur Seite gestellt. Ob den Sprecher*innen dabei im Einzelnen bekannt und bewusst ist, dass es sich um falsche und oder unrichtige Aussagen handelt, ist in diesem Denkansatz nicht mehr relevant. Hier liegt eine potenzierte Form der Unwahrhaftigkeit vor, die auch noch den Gedanken an argumentativ einlösbare Geltung zu verdrängen sucht. Was immer funktioniert, gilt als wahr genau deshalb, weil es

wirksam ist. Wahrheit, als bloße Wirksamkeit verstanden, ist die Aufhebung der Orientierung an Geltungsansprüchen. Ein solches Wahrheitsverständnis, das vielleicht der ehemaligen Trump-Administration unterstellt
werden darf, macht jede Kommunikation in Verständigungsabsicht zu-
nichte.

Tabelle 1: Geltungsansprüche und Wahrheitsverständnisse

Weltbezug der Aussage / Relation Aussage – Akteur	Objektive Welt	Subjektive Welt	Soziale Welt
Aussage	**Wahrheit** versus Falschheit/Irrtum	**Authentizität** versus Authentizitätsvorspiegelung	**Richtigkeit** versus Verfehltheit
Haltung des Akteurs zur eigenen Aussage	**Wahrhaftigkeit** versus bewusste Unwahrheit/Lüge		**Wahrhaftigkeit** versus normative Lüge
Rein instrumentelle Verwendung von Aussagen	»Wahrheit« als bloße **Wirksamkeit**, wirksame Äußerungen versus unwirksame Äußerungen		

Quelle: Eigene Zusammenstellung

Die Antwort auf die beklagten politischen Tendenzen muss unterschiedlich ausfallen, je nachdem ob Lüge, normative Lüge, empirische Falschheit, normative Unrichtigkeit, Authentizitätsvorspiegelung oder die Um-
stellung auf reine Wirksamkeit als das jeweils relevante politische Problem
angesehen werden müssen. Ein bloßer Rekurs auf Wissenschaftlichkeit
antwortet nicht hinreichend auf diese unterschiedlichen Ausprägungen
einer Post-Truth-Konstellation. Der Nachweis der Falschheit von angeblichen Fakten kann ein reines Wirksamkeitsdenken nicht erschüttern, es
bedarf dazu einer energischen Verteidigung der Differenzierung der drei
Geltungsansprüche und des Diskurses als der angemessenen Form ihrer
Einlösung und Prüfung.

Wenn sich die Gegenbewegung zur Post-Truth-Konstellation dagegen
nur hinter einem Wahrheitsbegriff als Autorisierung von Wissenschaft versammelt und damit die Tendenz einer monopolisierenden *Verwissenschaftlichung des Diskursiven* stützt, erwächst daraus an anderer Stelle und auf
andere Art auch eine Demokratiegefährdung.

1.3 Verwissenschaftlichung der Diskurse

Ein Ergebnis der wissenschaftstheoretischen, -soziologischen und -philosophischen Selbstaufklärungen der 1960er-Jahre war die Fassung von Geltungsfragen als Fragen sozialer Kommunikation. Es sind bestimmte Formen von Intersubjektivität, die es erlauben, über die Wahrheit empirischer Aussagen und die Richtigkeit normativer Äußerungen allgemein geltende Urteile fällen zu können. Diese Intersubjektivitätsform wird als »Diskurs« bezeichnet. Die Diskursivierung der Geltungsfrage intersubjektiviert und prozessualisiert die Verwendung der Begriffe von Wahrheit und Richtigkeit. Damit wird die Vorläufigkeit und jederzeitige Revidierbarkeit der Zuweisung der Qualität als »wahr« hervorgehoben. Die Wahrheitsfrage ist ständig offen, neue Argumente können im Austausch von Argumentationen auch die Wahrheitsqualität einer Aussage revidieren. Während die Diskursivierung den konstruktiven, intersubjektiven und prozessualen Charakter von Kommunikation über Geltungsfragen betont hatte, mithin immer eine Skepsis mit sich führte, ob das, was gerade als Wahrheit angesehen wurde, auch wirklich den Wahrheitstitel verdient, setzte seit den 1980er-Jahren eine Bewegung der Verwissenschaftlichung ein. In einigen naturwissenschaftlichen Bereichen wurde die diskursiv-prozessuale Dimension zwar anerkannt, aber angesichts der technischen Umsetzbarkeit wissenschaftlicher Innovationen in den Hintergrund gerückt und relativiert durch den Verweis auf das Funktionieren der neu geschaffenen technischen Artefakte. Die Wahrheit zeichnete sich durch ihre Interventionsfähigkeit aus und so ließ sich auch die Symmetrie mit der Frage der normativen Richtigkeit immer wieder bestreiten (dazu Habermas 1999: 271-318).

Im Bereich der Geistes- und Sozialwissenschaften schuf die Diskursivierung praktischer Fragen dagegen neue Möglichkeiten der Expansion wissenschaftlicher Arbeit. Der praktische Diskurs konnte aus den Fängen des bloß Subjektiven oder nur Politisch-Ideologischen in eine wissenschaftliche Thematik überführt und methodisch kontrolliert bearbeitet werden. Diese Expansion ist vielleicht am stärksten ausgeprägt auf den Feldern der Gerechtigkeitstheorie und der angewandten Ethik. Demokratietheoretisch problematische Folgen hat nicht die Diskursivierung, sondern die Verwissenschaftlichung von Geltungsfragen: Nicht die Annahme der Wahrheitsfähigkeit praktischer Fragen ist der entscheidende Punkt, sondern die Verwissenschaftlichung praktischer Diskurse. Die Folge der wissenschaftlichen Produktion von Antworten auf normative Fragen ist das Auftreten von wissenschaftlich autorisierten Richtigkeiten, von großen philosophischen Theorien über Teiltheorien für Migration, Sezession, Intervention bis hin zu Gerechtigkeitsindizes und Nachhaltigkeitsrankings, die von der Wissenschaft in die politische Öffentlichkeit getragen werden. Wenn aber sowohl die Wahrheitsfindung über empirische Fragen als auch über normative Fragen von der Wissenschaft bearbeitet werden kann, wo bleibt dann der Raum für Politik und für Meinungen?

2. Wahrheit und Meinung in der Demokratie

2.1 Meinungsbildung und politische Gleichheit

In einer Demokratie beruht die herausgehobene Rolle der politischen Öffentlichkeit darauf, dass alle Bürger*innen die Möglichkeit besitzen müssen, sich zur Ausübung ihres Wahlrechts an der Diskussion öffentlicher Angelegenheiten zu beteiligen, sich mit öffentlichen Angelegenheiten aktiv durch eigene Beiträge oder auch in einer eher rezeptiven Haltung zu beschäftigen. Diese Zugangsmöglichkeit steht den Bürger*innen über die Formen konventioneller und unkonventioneller Partizipation, über die zahlreichen Medien sowie digitale und analoge Kommunikationswege zur Verfügung. Was die Bürger*innen einbringen und was sie zur Beteiligung qualifiziert, wird als »ihre Meinung« bezeichnet. Politische Gleichheit in einer demokratischen Gesellschaft ist dadurch charakterisiert, dass es auf jede einzelne Person und ihre jeweils eigene Meinung ankommt, dass also jede Bürger*in eine eigene Sicht, eine Meinung, einen Willen und Partikularinteressen haben und einbringen kann. Diese Meinung drückt etwas aus, das seitens der Meinungsträger*innen auf keinen Fall delegiert werden kann: das eigene Nachdenken über öffentliche Angelegenheiten. Das »Meinen«, wie immer spezifiziert, steht im Zentrum eines demokratischen Geschehens – sowohl in partizipativen wie pluralistischen Demokratiekonzeptionen.

Auch wenn die Rechtswissenschaft sich auf der Basis eines sehr weit gefassten Meinungsbegriffs stärker um die Reichweite und die Grenzen der Meinungsfreiheit bemüht und die Politikwissenschaft sowie politische Theorie eher die Rolle der *öffentlichen Meinung* in einem demokratischen politischen System akzentuiert (Hölscher 1978; allerdings findet sich bei Habermas 1990: 355-357 eine differenzierte Analyse des Öffentlichkeitsgrades von Meinungen), so blieb doch die Annahme ein gemeinsames Wissensgut, dass jede Bürger*in über eine eigene Sicht, eine eigene Meinung (wie immer elaboriert) verfügt und diese auch in den politisch-kommunikativen Prozess einbringen kann.

Die Formulierung vom »bloßen Meinen« zeigt aber an, dass es vermehrt Stellungnahmen gibt, die dem Meinen generell seinen Wert absprechen. Wenn aber das Meinen nicht wirklich legitim ist, sondern nur auf Wahrheit und wissenschaftsnahen Vernunftgebrauch ausgerichtete Beiträge zur öffentlichen Diskussion als wertvoll angesehen werden, dann wird die Inklusion aller in die öffentliche Auseinandersetzung und die politische Gleichheit als Fundament eines demokratischen Systems infrage gestellt. Wenn alle empirischen Fragen von den entsprechenden Wissenschaften vorläufig abschließend beantwortet werden können und international anerkanntes wissenschaftliches Wissen die einzige legitime epistemische Autorität darstellt, dann wäre für ein Meinen auf der Ebene der Wahrnehmung der Welt kaum noch ein sinnvoller Raum. Mit der Betonung wissenschaftlicher Wahrheitsproduktion als Garant guter politischer Entscheidungen bleiben für die Bürger*innen nur Hinnahme oder Nachvollzug übrig, ein Mitdiskustieren und Einbringen eigener Beiträge scheint sich dann nicht mehr zu lohnen, ist auch für das Gedeihen des politischen Systems letztlich überflüssig. Bei einer Szientifizierung der öffentlichen Debatte steht immer schon eine ›wahrere‹ und ›richtigere‹ (wissenschaftliche) Aussage zur Verfügung, die Auseinandersetzung zwischen Meinungen wird funktionslos. »Meinen« bleibt dann nur als emotionale Haltung, als Skepsis und Misstrauen oder als vertrauensvolle und freudige Unterstützung erhalten, aber etwas ›Substanzielles‹ kann eine Meinung nicht mehr beitragen. Den Meinungen bleibt nur übrig, die wissenschaftlichen Wahrheiten zu begleiten und nachzuvollziehen.

Demokratie beruht aber aufgrund des Grundgedankens politischer Gleichheit auf der Möglichkeit, seine eigenen Sichten, seine Meinung in die öffentliche Auseinandersetzung einzubringen. Das ist zumindest der Anspruch eines partizipatorisch ausgerichteten Demokratieverständnisses (zusammenfassend Schmidt 2019). Nur bei Einbeziehung auch nicht wissenschaftsnaher, nicht vernünftig vorgeklärter Beiträge ist die Inklusion aller Bürger*innen denkmöglich. Sicherlich kann man hoffen, dass immer mehr Gesellschaftsmitglieder aufgrund fortschreitender Akademisierung Nähen zur Wissenschaft aufweisen werden. Dass dieser Umstand aber in quasi logischer Konsequenz zu einer sehr breiten und überwiegend wissenschaftsorientierten Meinungs- und Willensbildung führen wird, ist kaum zu erwarten, denn eine akademische Ausbildung richtet sich auf einzelne Wissensgebiete und trotz akademischer Ausbildung werden die eigenen Einstellungen und Äußerungen nicht frei von Emotionen, Eigeninteressen, Polemiken, Vorurteilen und Vorbehalten, Kurzschlüssen oder bloßem Vertrauen auf Gehörtes sein. Soll Demokratie als sozial offener Prozess gelingen, muss es auch möglich sein, nicht hinreichend reflektierte und wissenschaftlich umstrittene Positionen öffentlich zu bekunden. Verwissenschaftlichte Wahrheiten schaffen soziale Asymmetrien und exkludieren die Bürger*innen vom Meinungsbildungsprozess. Bewegen sich dagegen alle auch im Medium dessen, was Meinung heißt, dann können die Grundkonzepte demokratischer politischer Auseinandersetzung gewahrt werden.

2.2 Wissenschaftsemphase und Demokratie

Demokratie wird nicht nur durch rechtspopulistische Bestrebungen, sondern langfristig auch durch die Monopolisierung des Raums öffentlicher Auseinandersetzung zugunsten wissenschaftlicher Eliten und akademisch gebildeter sozialer Schichten gefährdet. Wenn allein ein wissenschaftsemphatisches Verhalten gegen Fake-News und manipulative Kommunikation einsteht, wenn es nur um »Truth versus post-truth« geht, wenn die Politik nur noch befolgen soll, was die Wissenschaft als Wahrheit festgestellt hat, dann werden demokratische Errungenschaften auch von denen verspielt, die sich gegen manipulierte Öffentlichkeiten, gegen Hass und Unvernunft in den sozialen Medien wehren.[2] Wenn wissenschaftliche Wahrheit zu dem ausschlaggebenden Medium politischer Auseinandersetzungen erklärt und Politik ihrer Ausrichtung nach an Wissenschaft delegiert wird, schwindet politische Gleichheit.

Sicherlich ist die Brücke zwischen wissenschaftlichem und politisch-öffentlichem Diskurs dank der Bildungsexpansion wesentlich breiter geworden. Im Jahr 2016 hatten 31 Prozent der bundesdeutschen Bevölkerung im Alter von mehr als 15 Jahren eine Hochschulzugangsberechtigung, 17 Prozent einen Hochschulabschluss (Autorengruppe Bildungsberichterstattung 2018: 55). Aus der ehemals kleinen Elite mit Kontakt zu Hochschulsystem

---

2 Das Klimathema neigt zu einer solchen Perspektive auf das Wissenschafts-Politik-Verhältnis. So auch in dem bekannten Video Rezos »Die Zerstörung der CDU«. Dort hieß es, dass CDU und SPD eigentlich nur das umsetzen müssen, was die Wissenschaftler*innen sagen (https://www.youtube.com/watch?v=4Y1lZQsyuSQ , Minute 15:33). In der Klimapolitik mag das angesichts eines überwältigenden Konsenses in der Wissenschaft eine plausible Ansicht sein, man darf diese Rolle aber sicherlich nicht generell der Wissenschaft zuordnen, man denke an die Ökonomie mit ihrer Vorliebe für rein marktwirtschaftliche Lösungen oder die eher missglückten Versuche, Wissenschaftler*innen verschiedener Disziplinen zu einer Empfehlung in der Corona-Krise zusammenzubringen (Nationale Akademie der Wissenschaften Leopoldina, https://www.leopoldina.org/publikationen/detailansic ht/ publication/leopoldina-stellungnahmen-zur-coronavirus-pandemie-2020/).

und Wissenschaft ist inzwischen je nach Altersgruppe ein Fünftel bis ein Drittel der Kohorte geworden, das intensiv mit Wissenschaft in Berührung gekommen ist oder auch wissenschaftsnah tätig ist. Die Qualifizierungsanforderungen im Arbeitsmarkt sind gestiegen, die akademische Vorbildung ist in einer Vielzahl von Berufen und Tätigkeitsfeldern erforderlich. Diese *Akademisierung* der Gesellschaft hat nicht zuletzt auch Folgen für die Art der öffentlichen Auseinandersetzung und die Sozialstruktur einer Gesellschaft (Reckwitz 2017). Damit werden Normen der Argumentativität und Wissenschaftlichkeit in der Öffentlichkeit gestützt. Wissenschaftlichkeit kann so auch als politische Währung der neuen akademischen Mittelschichten fungieren und setzt sie gegen jene gesellschaftlichen Gruppen ab, die über derlei Ressourcen nicht oder nicht im gleichen Maße verfügen. Eine Konsequenz dieser Entwicklungen läge darin, dass ein wirklich inklusiver Diskurs nur noch schwer stattfinden kann. Eine auf Meinungsäußerungen und nicht auf Wahrheiten ausgerichtete Öffentlichkeit ist deshalb sowohl gegen die Verwissenschaftlichung der öffentlich-politischen Auseinandersetzung zu verteidigen als auch von Post-Truth-Tendenzen und Antiwissenschaftlichkeit abzuheben. Im Folgenden wird daher ein Versuch einer *Relegitimation der Meinung* unternommen, der sich auf zwei Überlegungen stützt:

- Politische Öffentlichkeit als *Raum des Vorläufigen* bedeutet, dass auch Meinungen legitim sind, die nicht einer Gemeinwohlorientierung folgen und emotional sind, jedoch revidierbar und einer wechselseitigen Kommunikation zugänglich sind sowie geprüftes Wissen zulassen (2.3).
- Politische Öffentlichkeit als *Raum der Äußerung von Erfahrungen* bedeutet, dass es eine Sphäre der öffentlichen Auseinandersetzung gibt, in der ausschließlich Meinungen legitim sind und diese nicht durch wissenschaftliche Diskurse ersetzt werden können (2.4).

Damit diese beiden Ausprägungen von Öffentlichkeit zur Geltung kommen können und zugleich die Brückenfunktion zur institutionalisierten Politik gewahrt werden kann, bedarf es der *Schaffung von verfahrensförmig geschützten Bereichen politischer Öffentlichkeit*, die dazu beitragen, argumentativ disziplinierte Formen der Meinungsauseinandersetzung unter den Bedingungen politischer Gleichheit stattfinden zu lassen (3).

2.3 Öffentlichkeit als Raum des Vorläufigen

Man neigt im Zuge deliberativer Demokratietheorien und der neuen Wissenschaftsemphase dazu, Äußerungen nur dann als legitimen Beitrag zum demokratischen Diskurs anzusehen, wenn sie ohne Emotionen und nicht von einem partikularen Standpunkt aus vorgetragen werden. Das gilt für die Theoriediskussion zum »öffentlichen Vernunftgebrauch« (Rawls 1992) ebenso wie für die politischen Reaktionen auf die höchst bedenklichen Vorgänge im Netz. Legitim erscheint danach nur noch ein öffentliches Statement, wenn die Überlegungen schon vorsortiert und verfeinert sind, einen inneren Reflexionsprozess erkennen lassen sowie über ein persönliches ökonomisches Interesse, eine bestimmte religiöse Orientierung, ein Gruppeninteresse oder dergleichen hinausweisen auf ein anzustrebendes Gemeinwohl (beispielhaft Mendes 2013: 14).

Im Sinne politischer Gleichheit ist dieser Haltung zu widersprechen: Eine Beschränkung der öffentlichen Meinungsbildung durch internalisierte Mechanismen der Vorsortierung zöge weitere soziale Schließung nach sich. Legitime Meinungsäußerungen liegen auch dann vor, wenn sie nicht vorab auf einen öffentlichen Vernunftgebrauch abgestimmt sind. Meinungen können egozentrisch, partikularistisch und eigeninteressiert sein, nicht das allgemeine Wohl im Auge haben, sich religiösen Denksystemen, esoterischen Lebenslehren oder sonstigen »merkwürdigen« Ansichten verdanken, die in der Wissenschaft als überholt oder falsch angesehen werden, die auf bornierten Formen der Identitätsbildung samt Abgrenzungen und Ressentiments beruhen. Wenn dagegen jede Äußerung durch eine bereits in der Wissenschaft diskutierte oder sogar innerwissenschaftlich konsentierte Aussage ohne Weiteres übertrumpft wird, dann kann auch in der Selbstwahrnehmung die eigene Meinung nicht mehr als diskursfähig angesehen werden. Die subjektiven Zugangshürden sind hoch, Selbst-Exklusion ist eine mögliche Folge. Oder, so das aktuell breit diskutierte Phänomen, die eigene Äußerung wird als rein expressiver Akt verstanden und kann sich – von Verantwortung für den demokratischen Prozess subjektiv freigesetzt – aller Formen der Hasskommunikation bedienen. Wenn kein Raum für ›unqualifizierte‹ Äußerungen mehr zugestanden wird, dann mögen Parallelwelten entstehen. Öffentliche Diskussion kann nur gelingen, wenn sie auch Raum für das Vorläufige und Unfertige lässt. Es kann und darf dabei nicht unterstellt werden, dass Debatten immer einen Lernprozess befördern oder sich den Normen eines deliberativen Demokratieverständnisses fügen. Aber auch eine solche Öffentlichkeit des Vorläufigen muss so gestaltet sein, dass sie Möglichkeiten der Korrektur vorläufiger Meinungen eröffnet und bereithält.

2.4 Öffentlichkeit als Raum der Äußerung von Erfahrungen

Das Meinen braucht zudem eine Sphäre, die nicht von der Wissenschaft besetzt werden kann und zugleich einen Eigenwert in der politischen Auseinandersetzung und Entscheidungsfindung besitzt. Diese Öffentlichkeit muss ein Bereich sein, der der Äußerung von eigenen oder kollektiven Erfahrungen, Wahrnehmungen, Empfindungen und Erlebnissen Raum gibt. Meinungen, betreffen sie empirische oder normative Fragen oder beides, müssen eine eigene Qualität besitzen, die nicht durch wissenschaftliche Aussagen übertrumpft und ausgeschieden werden kann. Eine Relegitimation des Meinens beruht darauf, dass Erfahrungen, unmittelbare Wahrnehmungen, Empfindungen und Erlebnisse einzelner Ereignisse und Situationen gegenüber wissenschaftlichen Aussagen eine eigene Berechtigung besitzen.

Das sei für den Bereich des Normativen kurz ausgeführt: Wann immer über die Richtigkeit von Normen oder Wertungen diskutiert wird, sind begriffliche Klärungen erforderlich. Wer beispielsweise wissen will, ob die Ausgestaltung der sozialen Grundsicherung gerecht ist, muss Gerechtigkeit, speziell »Bedarfsgerechtigkeit« definieren und wird bald darauf stoßen, dass Bedarf das ist, was in einer Gesellschaft als »notwendig« anerkannt werden kann: Wenn weiter gefragt wird, wie sich »Notwendigkeit« bestimmen lässt, trifft man auf Kriterien wie physisches Überleben, Vermeidung ernsthafter Schädigungen oder großen Elends, Teilhabe am gesellschaftlichen Leben, Sicherstellung basaler Befähigungen und dergleichen (Thomson 1987; Hamilton 2003). Fragt man noch weiter, so erzeugt das einen Zwang zur Konkretisierung: Was sind ernsthafte im Unterschied zu nicht ernsthaften Schädigungen? Je mehr man vordringt, desto wichtiger werden Beschreibungen konkreter Situationen oder auch einzelne Erlebnisse, Erzählungen von als exemplarisch angesehenen Fällen. Normative Kraft gewinnt ein Begriff wie Bedarfsgerechtigkeit erst durch den Reichtum solcher Beschreibungen von Elend, ernsthaften Schädigungen und Nicht-Teilhabe. Es sind die einzelnen Bilder eines konkreten schlechten und ungerechten Lebens, die, über mehrere Abstraktionsstufen vermittelt, den Gehalt des Begriffs Bedarfsgerechtigkeit ausmachen. Wenn dieser Verweis auf Konkretes als ein allgemeines Phänomen der Argumentationsführung in normativen Fragen gelten darf, dann sind es diese *Bilder eines schlechten und ungerechten Lebens*, die das Material wissenschaftlicher normativer Diskussion bilden, aber nicht selbst durch wissenschaftliche Diskussion geklärt werden können. Was als paradigmatischer Fall eines bestimmten Begriffsverständnisses gelten soll, beruht auf Erzählungen und Bildern, die auf Erlebnissen, Erfahrungen und eigenem Erleiden beruhen.

Hier liegt der legitime Kern des Meinens: in der Bezugnahme auf konkrete Beschreibungen, Erzählungen und Wertungen. In der Äußerung solcher Bilder und ihrem Austausch liegt die Sphäre der Meinung. Hier kann keine Verwissenschaftlichung auftreten, weil die Äußerung nur einem Geltungsanspruch unterliegt, nämlich authentischer Ausdruck dessen zu sein, was subjektiv wahrgenommen, erlebt, erfahren, empfunden oder auch nur gehört wird. Zu überprüfen ist sicherlich, ob hier eine authentische Rede oder nur Authentizitätsvorspiegelung (siehe Tabelle 1) vorliegt. Die authentische Darlegung subjektiver Welten strahlt auf die Diskussion insbesondere normativer Fragen aus. Bewertungen, die sich aus diesen Äußerungen zu subjektiven Zuständen ergeben, lassen Richtigkeit und Authentizität in einen engeren Zusammenhang rücken. Das erlaubt und befördert Auseinandersetzung, Debatte, Argumentation, aber lässt keine Verwissenschaftlichung zu.

Damit wäre eine Möglichkeit der Relegitimation von Meinung für normatives Wissen angedeutet. Es bleibt offen, ob eine analoge Ausführung auch für empirisches Wissen gemacht werden kann. Hier sind es vielleicht die lebensweltlichen Wahrnehmungen und Erfahrungen, die eine ähnlich legitime Sphäre der Meinung darstellen. Kausalitäten, Deskriptionen und Prognosen, Modelle und Theorien können und werden oft nicht den differenten Wahrnehmungen unterschiedlicher Personen entsprechen. Die Artikulation von Eigenwahrnehmungen und Erlebnissen kann aber auch dann als legitim gelten, weil die Inkongruenzerfahrung zwischen wissenschaftlichen Modellen und Eigenerfahrung nicht wissenschaftlich ausgeräumt, sondern nur überbrückt werden kann. Der Austausch zwischen subjektiven Wahrnehmungswelten und wissenschaftlichen Formen der Produktion empirischen Wissens ist erforderlich, aber so, dass Erfahrung nicht sofort hinter Wissenschaftlichkeit zurücktreten muss.

3. Schaffung von verfahrensförmig geschützten Bereichen politischer Öffentlichkeit

Eine Relegitimation des Meinens gegen eine Wissenschafts- und Wahrheitsstrategie verlangt auch die Auseinandersetzung mit demokratietheoretischen Konzeptionen, die auf den Beitrag öffentlicher Diskussion zur Qualität und Legitimität von demokratischen Systemen vertrauen und dazu einen inneren Rationalitätsbezug öffentlicher Diskussion annehmen (z. B. Habermas 2008: 138). Durch die Netzkommunikation ist die institutionell als Ganze ja nie verfasste Öffentlichkeit sicher noch weniger strukturiert und organisiert. Statt Verfahren, also normativ explizit geregelten Aktivitätsabläufen, liegen in dieser weiten Öffentlichkeit nur Netzwerke, Subkulturen und vielfältigste Kommunikationsflüsse vor.[3] Die besondere Qualität der Öffentlichkeit liegt in der Form spontaner Strukturbildung: »Die von Beschlüssen entkoppelte Meinungsbildung vollzieht sich in einem offenen und inklusiven Netzwerk von sich überlappenden subkulturellen Öffentlichkeiten mit fließenden zeitlichen, sozialen und sachlichen Grenzen. Die Strukturen einer solchen pluralistischen Öffentlichkeit bilden sich, innerhalb eines grundrechtlich garantierten Rahmens, mehr oder weniger spontan. [...] Insgesamt bilden sie einen ›wilden‹ Komplex, der sich nicht im Ganzen organisieren lässt. Wegen ihrer anarchischen Struktur ist die allgemeine Öffentlichkeit einerseits den Repressions- und Ausschließungseffekten von ungleich verteilter sozialer Macht, struktureller Gewalt und systematisch verzerrter Kommunikation schutzloser ausgesetzt als die organisierten Öffentlichkeiten des parlamentarischen Komplexes. Andererseits hat sie den Vorzug eines Mediums uneingeschränkter Kommunikation, in dem neue Problemlagen sensitiver wahrgenommen, Selbstverständigungsdiskurse breiter und expressiver geführt, kollektive Identitäten und Bedürfnisinterpretationen ungezwungener artikuliert werden können als in den verfahrensregulierten Öffentlichkeiten« (Habermas 1992: 373/4).

Das Vertrauen in diese spontane Strukturbildung wird man aber kaum noch hegen können. So muss im Sinne des Versuchs der Relegitimation des Meinens überlegt werden, ob es nicht angemessener ist, die Legitimität eines politischen Systems von der Qualität allein der institutionalisierten Verfahren der politischen Entscheidungsfindung bei weiterhin vorhandener Anbindung und Offenheit gegenüber der Meinungs- und Willensbildung zu erwarten, ohne Letzterer aber noch eine besondere Rationalitätskraft zuzusprechen. Nicht die den Entscheidungsverfahren fernstehenden

---

3 Die Selbstbezeichnung der Habermasschen Demokratietheorie als prozeduralistisch ist verfehlt: Habermas (1992: 372f.) unterscheidet deutlich zwischen institutionalisierten demokratischen Verfahren und den informellen Meinungsbildungsprozessen in der Öffentlichkeit. Zwar wird auch den demokratischen Verfahren in Gremien und Parlamenten zugebilligt, Teil der Öffentlichkeit zu sein, freilich einer veranstalteten und sozial abgegrenzten Öffentlichkeit, die zudem auf Entscheidungen und die Rechtfertigung gewählter Themen und Lösungen spezialisiert ist. Diese Gremien- und Parlamentsöffentlichkeiten sind verfahrensregulierte Öffentlichkeiten. Breiter ist dagegen die nicht in veranstalteten Formaten statthabende Öffentlichkeit, die getragen vom allgemeinen Publikum der Bürger auch die Entdeckung von Themen, Aufmerksamkeiten und Lösungen leisten kann. Sie kennzeichnet aber, dass sie gerade nicht durch Verfahren reguliert ist (Habermas 1992: 373).

Prozesse der Öffentlichkeit gewährleisten die Legitimität demokratischer Systeme, sondern die Qualität ihrer Entscheidungsverfahren. Wenn Demokratie auf der Idee politischer Gleichheit im Sinne von »one person, one vote« beruht, können öffentliche Kommunikationsprozesse auch deshalb nicht die Legitimität der Demokratie verbürgen, weil sie keine Strukturen besitzen, die auf politische Gleichheit ausgelegt wären. Politische Gleichheit in dieser basalen Form kann nur durch Abstimmungen und Wahlen gewährleistet werden. Politische Öffentlichkeit, der solche Momente der Anerkennung jedes Einzelnen als eines Gleichen unter Gleichen durch das Fehlen von institutionalisierten Verfahren der Inklusion aller grundlegend fremd sind, kann keine höhere demokratische Legitimationskraft zukommen als den direkt auf politischer Gleichheit beruhenden Entscheidungsverfahren. Einem Netzwerk von offenen Kommunikationskanälen wie der Öffentlichkeit kann daher auch nicht das Attribut »demokratisch« zugeschrieben werden, wenn in diesem Kommunikationsraum keinerlei Formen und Mechanismen zur Sicherung politischer Gleichheit existieren. Es sind erst die formellen Verfahren, die in strikter Weise politische Gleichheit sicherstellen – und damit auch ein Gegengewicht zu den wachsenden Asymmetrien und Verzerrungen im öffentlichen Raum bilden können. Eine stark auf die Rolle der Öffentlichkeit zentrierte Demokratietheorie, die den verfahrensmäßig nicht verfassten Prozessen der öffentlichen Meinungsbildung Fähigkeiten zuspricht wie die Fähigkeit zur Identifikation relevanter Themen, geeigneter Argumente und hinreichender Information sowie die Ausbildung einer „öffentlichen", hegemonialen Meinung, kann angesichts der Entwicklungstendenzen der Öffentlichkeit im Netz nur noch schwer vertreten werden. Aus normativen Gründen der Sicherung basaler politischer Gleichheit sollte sie das auch nicht.

Gerade um eine offene Sphäre der Meinungszentrierung zuzulassen, wäre zu überlegen, ob nicht – als Gegengewicht – einzelne Bereiche öffentlicher Auseinandersetzung selbst stärker verfahrensförmig gestaltet werden können. Die Legitimität und Qualität eines auf politischer Gleichheit basierenden demokratischen politischen Systems könnte jenseits der bestehenden Entscheidungsverfahren in den Verfassungsinstitutionen dadurch erhöht werden, dass für gewichtige Themen öffentliche Kommunikation auch in der Form geregelter Verfahren entwickelt wird. Wenn Öffentlichkeit unter den Bedingungen der Netzkommunikation nicht mehr die Vermutung von Rationalität zulässt, wäre eine Teil-Prozeduralisierung der öffentlichen Meinungsbildung ein wichtiger Beitrag zur Erhaltung demokratischer Legitimität. Dabei kann es sich um zu verstetigende Formen aus dem Arsenal der deliberativen Verfahren handeln (Neblo 2015; Bächtiger et al. 2018; Lafont 2020) oder ein ›Ausgreifen‹ parlamentarischer

Arbeit in die Öffentlichkeit durch an die Parlamentsarbeit angebundene Formate politischer Kommunikation. Eine dritte Variante wäre eine öffentlich-rechtliche Verfassung bestimmter Segmente medialer Kommunikation auch im digitalen Raum.

Eine offene, anarchische, meinungszentrierte, aber rationalitätsentlastete Öffentlichkeit wirkt dann mit in die Öffentlichkeit ausgreifenden politischen Verfahren zusammen an einer weder den Post-Truth-Tendenzen noch der Verwissenschaftlichung ausgelieferten Gestalt von Demokratie. Entscheidend ist, dass eine solche Kombination aus meinungsoffenen Öffentlichkeiten und in die Öffentlichkeit hinein erweiterten politischen Verfahren eine Alternative dazu darstellt, in Reaktion auf Emotionalisierung und Entgrenzung öffentlicher Auseinandersetzung mit Formen von Hate Speech, Ressentiment, Ausgrenzung, Beleidigung und Beschimpfung sowie der Instrumentalisierung durch Bots, Big Data und andere Möglichkeiten der Manipulation nur noch nach Wissenschaft und wissenschaftlicher Wahrheit zu rufen und damit Inklusion und politische Gleichheit als Pfeiler der Demokratie zu gefährden oder aufzugeben.

Literaturverzeichnis

Arendt, Hannah 1972: Wahrheit und Lüge in der Politik. Zwei Essays, München: Piper.

Autorengruppe Bildungsberichterstattung 2018: Bildung in Deutschland 2018. Ein indikatorengestützter Bericht mit einer Analyse zu Wirkungen und Erträgen von Bildung, in: https://www.bildungsbericht.de/de/autorengruppe-bildungsbericht/autorengruppe.

Badiou, Alain/Rancière, Jacques 1996: Politik der Wahrheit. Herausgegeben und aus dem Französischen übersetzt von Rado Riha, Wien, Berlin: Verlag Turia + Kant.

Bächtiger, André/Dryzek, John S./Mansbridge, Jane/Warren, Mark E. Warren (eds.) 2018: The Oxford Handbook of Deliberative Democracy, Oxford: Oxford University Press.

Bauer, Susanne/Heinemann, Torsten/Lemke, Thomas (Hrsg.) 2017: Science and Technology Studies. Klassische Positionen und aktuelle Perspektiven, Berlin: Suhrkamp.

Durnova, Anna 2019: Der ›March for Science‹ als Schauplatz der gesellschaftspolitischen Polarisierung zwischen Elite und Volk: ein interpretativer Beitrag zur Analyse von Postfaktizität, in: Zeitschrift für Politikwissenschaft 29:2, 345-360.

Eco, Umberto 2019: Auf den Schultern von Riesen. Das Schöne, die Lüge und das Geheimnis, München: Hanser.

Estlund, David M. 2008: Democratic Authority. A Philosophical Framework, Princeton, Oxford: Princeton University Press.

Habermas, Jürgen 1973: Kultur und Kritik. Verstreute Aufsätze, Frankfurt a.M.: Suhrkamp.

Habermas, Jürgen 1984: Vorstudien und Ergänzungen zur Theorie des kommunikativen Handelns, Frankfurt a.M.: Suhrkamp.

Habermas, Jürgen 1990: Strukturwandel der Öffentlichkeit. Untersuchungen zu einer Kategorie der bürgerlichen Gesellschaft. Mit einem Vorwort zur Neuauflage 1990, Frankfurt a.M.: Suhrkamp.

Habermas, Jürgen 1992: Faktizität und Geltung. Beiträge zur Diskurstheorie des Rechts und des demokratischen Rechtsstaats, Frankfurt a.M.: Suhrkamp.

Habermas, Jürgen 1999: Wahrheit und Rechtfertigung. Philosophische Aufsätze, Frankfurt a.M.: Suhrkamp.

Habermas, Jürgen 2008: Hat die Demokratie noch eine epistemische Dimension? Empirische Forschung und normative Theorie, in: ders.: Ach Europa. Kleine Politische Schriften XI, Frankfurt a.M.: Suhrkamp, 138-191.

Habermas, Jürgen 2009: Philosophische Texte, Studienausgabe in fünf Bänden, Diskursethik Bd. 3, Frankfurt am Main: Suhrkamp.

Hamilton, Lawrence A. 2003: The Political Philosophy of Needs, Cambridge: Cambridge University Press.

Hölscher, Lucian 1978: Öffentlichkeit, in: Brunner, Otto/Conze, Werner/Koselleck, Reinhart (Hrsg.): Geschichtliche Grundbegriffe. Historisches Lexikon zur politisch-sozialen Sprache in Deutschland. Band 4: Mi – Pre, Stuttgart: Klett-Cotta, 413-467.

Lafont, Cristina 2020: Democracy without Shortcuts: A Participatory Conception of Deliberative Democracy, Oxford: Oxford University Press.

Lenz, Karl 2019: Die Unvermeidlichkeit der Lüge. Zur Mikrosoziologie eines besonderen Sprachspiels, in: Mittelweg 36. Zeitschrift des Hamburger Instituts für Sozialforschung 28:5, 21-43.

March for Science Germany 2019: Der »March for Science« in Deutschland, in: https://marchforscience.de/.

McCarthy, Thomas 1980: Kritik der Verständigungsverhältnisse. Zur Theorie von Jürgen Habermas, Frankfurt a.M.: Suhrkamp.

Mendes, Conrado Hubner 2013: Constitutional Courts and Deliberative Democracy, Oxford: Oxford University Press.

Neblo, Michael A. 2015: Deliberative Democracy between Theory and Practice, Cambridge, New York: Cambridge University Press.

Oreskes, Naomi 2019: Why Trust Science? Princeton, Oxford: Princeton University Press.

Rawls, John 1992: Die Idee des politischen Liberalismus. Aufsätze 1978-1989. Herausgegeben von Wilfried Hinsch, Frankfurt a.M.: Suhrkamp.

Reckwitz, Andreas 2017: Die Gesellschaft der Singularitäten. Zum Strukturwandel der Moderne, Berlin: Suhrkamp.

Schmidt, Manfred G. 2019: Demokratietheorien. Eine Einführung. 6. Auflage, Wiesbaden: Springer VS.

Steinmeier, Frank-Walter 2019: Rede zur Eröffnung der re:publica 2019 am 6. Mai 2019 in Berlin, Bundespräsidialamt, in: https://www.bundespraesident.de/Share dDocs/Reden/DE/Frank-Walter-Steinmeier/Reden/2019/05/190506-Eroeffnung-Republica.html.

Vogelmann, Frieder 2019: Zur Aktualität von Vernunftkritik, in: WestEnd. Neue Zeitschrift für Sozialforschung 16:2, 25-46.

Thomson, Garett (1987): Needs, London, New York: Routledge und Kegan Paul.

Weingart, Peter 2003: Wissenschaftssoziologie, Bielefeld: transcript.

Realismus statt Kritik?
Eine Verteidigung radikaler Vernunftkritik

Frieder Vogelmann

Vernunftkritik ist in Verruf geraten, und das nicht erst, aber doch mit neuer Kraft, seitdem vom »Postfaktischen« die Rede ist, von »Fake News« und »alternativen Fakten«.[1] Bruno Latour wütete schon in »Elend der Kritik« (2007 [2004]), dass Schluss zu machen sei mit dem Geschäft der Kritik – denn Kritik sei ein schmutziges Geschäft geworden, das in erster Linie Selbstgerechtigkeit für Kritiker_innen und Immunität gegenüber der Realität verkaufe. Dazu gesellt sich inzwischen der stimmgewaltige Chor jener Wächter_innen der Wahrheit, die Kritik als Ursache unseres gegenwärtigen »postfaktischen Zeitalters« ausgemacht haben, weil ihre fortwährende Dekonstruktion von Fakten den König_innen der »postfaktischen Politik« und ihren Schmeichler_innen in den »Fake News« den Weg gebahnt habe. Da Vernunftkritik uns in das heutige Schlamassel geführt habe, wäre weitere Vernunftkritik kontraproduktiv; heute müssten wir stattdessen den Wissenschaften zu neuer Autorität und der Politik zumindest zu ein wenig Wahrheit verhelfen. Dazu sollten wir uns wieder der Realität zuwenden, darin stimmen die beiden Gegner von Vernunftkritik überein, auch wenn sie sehr unterschiedliche Vorstellung von dieser Wirklichkeit haben.

Dieser Attacke gegen Vernunftkritik werde ich die These entgegenstellen, dass Vernunftkritik so dringend nötig ist wie nie, gerade weil wir der immer unverschämter auftretenden Unwahrheit in der Politik Einhalt gebieten müssen. Dabei hilft uns weder die Glorifizierung von Vernunft noch die Absage an Kritik. Im Gegenteil, wir brauchen eine Vernunftkritik, die fähig ist, die interne Verschränkung von Wahrheit und Politik angemessen zu analysieren.[2] Für diese – zugegebenermaßen steile – These

---

1 Dieser Aufsatz ist eine überarbeitete Übersetzung von Vogelmann (2019a). Die auf der Bremer Tagung »Demokratie und Wahrheit« vorgetragenen Gedanken (inzwischen abgedruckt in Vogelmann 2019b) finden sich vor allem in Abschnitt 2 und 3.

2 Dabei ist mein Vernunftbegriff sehr weit, weil sie einerseits ein ganzes Genre von Kritik ist, mit einer Vielzahl verschiedener Modelle von Kritik. Andererseits wird »Vernunft« sehr unterschiedlich bestimmt. Mein Argument erfordert jedoch keine Festlegung, weshalb ich darauf verzichte.

werde ich im Folgenden argumentieren, indem ich zunächst genauer auf die beiden genannten Gegner von Vernunftkritik eingehe (Abschnitt 1), ehe ich Vernunftkritik als möglich, d. h. als nicht selbstuntergrabend (Abschnitte 2 und 3), und zuletzt als nötig verteidige (Abschnitt 4). Während uns die ersten drei Schritte in die luftigen Abstraktionen kritischer Theorie und feministischer Erkenntnistheorie führen, landen wir im letzten Schritt auf den harten Boden der gegenwärtigen Politik. Denn wir brauchen Vernunftkritik, so möchte ich zeigen, um jenes Auftreten von Unwahrheit in der Politik besser zu verstehen, durch das die beiden Gegner der Vernunftkritik zurecht beunruhigt sind.

1. Realismus gegen Kritik: Vernunftkritik im Kreuzfeuer

Als einer der führenden »postkritischen« Denker nennt Bruno Latour angenehm deutlich die Gründe, derentwegen er die Praxis der Kritik verabschieden will.[3] Er sorgt sich um die politischen Wirkungen von Kritik und fragt, absichtlich überspitzt,

> worin eigentlich der Unterschied [besteht] zwischen Verschwörungstheorien und einer popularisierten, will sagen lehrbaren Version von sozialer Kritik, die von einer allzu flüchtigen Lektüre etwa eines so herausragenden Soziologen wie Pierre Bourdieu inspiriert wäre [...]? (Latour 2007 [2004]: 14)

Kritik spiele Klimawandelleugner_innen und Verschwörungstheoretiker_innen in die Hände, da sie einen Generalverdacht gegen die Wirklichkeit ausbrüte. Dieser resultiere wiederum aus ihrer Fixierung auf die Aktivität der »Entlarvung« (Latour 2007 [2004]: 22). Latour zufolge besteht Kritik paradigmatisch aus zwei Schritten, die herausstellen sollen, dass die Kritisierten blind dafür sind, was wirklich vor sich geht. Zuerst wird der naive Glaube der Kritisierten an ein Objekt oder überhaupt an objektive Fakten entlarvt, indem die Kritiker_innen ihnen demonstrieren, dass dieses Objekt bzw. diese Fakten nichts anderes sind als ihre eigene verdinglichte Handlungsmacht. Doch das führt nicht etwa zur Ermächtigung der Kritisierten, denn der zweite Schritt der Kritik entlarvt diese Handlungsmacht als nichts anderes als das Spiel fremder Kräfte (Diskurse, die Ökonomie, soziale Macht etc.). Wie die Kritisierten auch reagieren, die Kriti-

---

3 Zur Diskussion über postkritisches Denken vgl. Anker und Felski (2017) und Boland (2019).

ker_innen haben immer Recht und sind ihnen immer einen Schritt voraus (Latour 2007 [2004]: 38 f.).

Das klingt, als wolle Latour die Praxis der Kritik insgesamt verabschieden. Doch versichert er wiederholt, dass es ihm nur darum gehe, selbstkritisch zu überprüfen, ob die Praxis der Kritik noch in die richtige Richtung zielt und sie neu auszurichten, falls das nicht der Fall sein sollte (Latour 2007 [2004]: z. B. 21, 59 f.). Beide Interpretationen seiner Position stoßen auf Probleme. Wenn wir Latour so deuten, dass er Kritik zugunsten eines »postkritischen« oder »akritischen« Denkens verabschieden will (so z. B. Boland 2019: 144–150), stellt sich die Frage, warum er trotz seiner Polemik gegen die Entlarvung selbst davon Gebrauch macht, um die von uns so geliebte Praxis der Kritik als das zu entlarven, was sie »wirklich« ist: nichts als ein doppelter Trick, um die privilegierte Position der Kritiker_innen zu verteidigen.[4] Wollte Latour der Praxis der Kritik wirklich den Rücken kehren, weil sie eine Praxis der Entlarvung ist, so scheitert er grandios. Dazu kommt seine problematische Ungenauigkeit, denn Kritik ist keine einheitliche Praxis, wie er nahelegt. Vielmehr gibt es eine Vielzahl verschiedener Praktiken der Kritik, deren unterschiedliche Funktionsweise von zentraler Bedeutung ist, wenn wir eine bestimmte Vorstellung von Kritik – Entlarvung – kritisieren möchten. Latour erkennt diese Differenzen zwar rhetorisch an, wenn er sein Argument auf »neunzig Prozent der heutigen kritischen Szene« (Latour 2007 [2004]: 36) einschränkt, nimmt sie aber an keiner Stelle ernst und verfehlt so ein differenziertes Verständnis kritischen Praktiken, das doch für seinen Ausbruch aus der Kritik notwendig wäre.

Interpretieren wir Latour dagegen so, dass es ihm tatsächlich um eine neue Orientierung für die Praxis der Kritik geht (so z. B. Moi 2017: 32), um die gefährliche Sackgasse zu vermeiden, in die sich seiner Meinung nach hineinmanövriert hat, dann ist seine rasch hingeworfene Skizze der Gefahr zu unpräzise, um dieses Ziel zu erreichen (ähnlich Fassin 2019 [2017]: 6 f.). Latours politische Diagnose greift die beliebte Plattitüde auf, wonach die Autorität der Wissenschaften in den letzten Jahren erodiert sei (Latour 2007 [2004]: 10–17). Leider ist die Popularität dieser Feststellung keine Garantie für ihre Wahrheit. Empirische Studien zeigen sowohl für die USA als auch für Deutschland, dass das »Vertrauen der Öffentlichkeit

---

4 Latours eigene Praxis der Entlarvung beschränkt sich nicht auf den diskutierten Artikel. Die Moderne als instabile Übereinkunft über den Ausschluss nichtmenschlicher Aktanten zu entlarven, ist immerhin so etwas wie Latours Markenzeichen geworden (vor allem in Latour 2008 [1991]). Damit möchte ich nicht seine erhellende Kritik der Moderne abwerten, sondern seiner irreführenden Analyse von Kritik widersprechen.

in die Wissenschaften seit den 1970er-Jahren nicht zurückgegangen ist, au
ßer unter Konservativen und regelmäßigen Kirchgängern« (Gauchat 2012:
182; vgl. Wissenschaft im Dialog 2020).[5] Die Gefahr eines amoklaufenden
Sozialkonstruktivismus lässt sich angesichts solcher Befunde nur mit viel
kreativer Konstruktion diagnostizieren, zumal Klimawandelleugner_innen
oder Kreationist_innen meist kein sozialkonstruktivistisches, sondern ein
positivistisches Wissenschaftsverständnis vortragen (vgl. dazu Flatscher
und Seitz 2018: 14 f.).

Auch Latours Ausweg aus dem herbeikonstruierten Elend der Kritik,
nämlich die Empfehlung einer »unbeirrt realistischen Haltung« (Latour
2007 [2004]: 21), bringt schwerwiegende Probleme mit sich. Denn sie
basiert auf einem eigenwilligen Begriff von Realität, für den er zunächst
die uns vertraute Vorstellung von Wirklichkeit als falsch entlarven muss:

> Die Wirklichkeit ist nicht durch Tatsachen definiert. Tatsachen, *mat
> ters of fact*, machen nicht die ganze Erfahrung aus. Tatsachen sind nur
> eine sehr partielle und, wie ich meine, sehr polemische, sehr politische
> Wiedergabe der Dinge, die uns angehen, der *matters of concern*, und
> bloß eine Teilmenge dessen, was man auch den »state of affairs«, den
> Stand der Dinge nennen könnte. (Latour 2007 [2004]: 21)

Latours Realität besteht aus »Dingen von Belang« (*matters of concern*): kontroversen Dingen, die uns zwingen, zusammenzukommen und gemeinsam
einen Umgang mit ihnen zu finden. Tatsachen (*matters of fact*) sind dagegen bereits vorentschiedene Dinge von Belang, die schon ohne Hinzuziehen der Öffentlichkeit eine Form erhalten haben.[6] Insofern ist Latours
Wirklichkeit keineswegs die Realität, die in der Philosophie und der Sozialtheorie gemeint ist, wenn von Realismus die Rede ist (wie Latour nur
zu gut weiß[7]). Deshalb ist Latours Strategie, Kritik vor der Fixierung auf
Entlarvung mit einer realistischen Haltung zu retten, die ihrerseits den
gewöhnlichen Begriff von Realität als falsch entlarven muss, stets in Gefahr, politisch missbraucht zu werden. Nichts verdeutlicht dies besser als

---

5 Übersetzungen englischer Texte hier und im Folgenden von FV.
6 Latour (2007: 21–32). Mehr zur Unterscheidung von Dingen von Belang und
   Tatsachen findet sich in Latour (2005).
7 »Jedesmal, wenn ein Philosoph sich einem wissenschaftlichen Gegenstand nähert,
   der zugleich historisch und interessant ist, ändert sich eigenartigerweise seine
   Philosophie, und die Bestimmungen einer realistischen Haltung werden zugleich
   stringenter und doch ganz anders als es die sogenannte realistische Wissenschaftsphilosophie mit routinemäßigen und langweiligen Gegenständen will.« (Latour
   2007 [2004]: 27).

der Angriff auf die Kritik, den die Diagnostiker_innen des »postfaktischen Zeitalters« derzeit unternehmen – der zweite der in der Einleitung genannten Gegner.

»Postfaktisch« ist kein präzise definierter Begriff. 1992 von Steve Tesich erfunden, wurde er erst 2016 prominent, um zu verstehen oder zumindest zu benennen, was viele für eine neue Quantität und Qualität von Unwahrheit in der Politik halten. Berühmte Beispiele, um das Konzept »postfaktisch« zu illustrieren, sind Donald Trumps falsche Behauptung, seiner Amtseinführung hätten 1,5 Millionen Menschen beigewohnt, oder die falschen Zahlen, die die *Leave*-Kampagne vor dem Brexit-Referendum verbreitete (vgl. z. B. D'Ancona 2017: 10–23). Die nach wie vor ungelösten Probleme der Diagnose eines »postfaktischen Zeitalters« lassen sich auf drei miteinander verbundene Aufgaben zurückführen, die sie als Zeitdiagnose erfüllen muss: Erstens muss sie den Beginn des »postfaktischen Zeitalters« datieren (die historische Aufgabe), wofür sie zweitens ein Kriterium braucht, um das Vorher vom Nachher zu unterscheiden (die konzeptuelle Aufgabe) – und das sollte besser nicht darauf hinauslaufen, das Vorher als ein »Zeitalter der Wahrheit« zu bestimmen, wie ein kurzer Blick in die Geschichte zeigt. Drittens braucht die Diagnose eine epistemologische Rechtfertigung dafür, warum ihre Vertreter_innen Zugang zur Wahrheit haben, was eine notwendige Voraussetzung ist, um denjenigen den Respekt vor und das Interesse an Wahrheit absprechen zu können, die »alternative Fakten« ventilieren. Da die Wahrheit »nicht einfach auf der Straße in der Sonne liegt, darauf wartend, von jedem entdeckt zu werden, der grob in ihre Richtung blickt« (Geuss 2014: 140), ist die Rechtfertigung von Ansprüchen auf Wahrheit harte Arbeit. Doch die Diagnostiker_innen des »postfaktischen Zeitalters« ersetzen sie ironischerweise durch den Aufruf, den Wissenschaften wieder mehr Vertrauen zu schenken (vgl. z. B. D'Ancona 2017; Hendricks und Vestergaard 2017; McIntyre 2018).

Das wäre schon problematisch genug, da ohne eine Erklärung, wie wir blindes von legitimem Vertrauen unterscheiden können, eine leichtgläubige Haltung besonders dann nachteilig wäre, wenn wir wirklich in einem »postfaktischen Zeitalter« leben würden. Aber es kommt noch schlimmer, denn diese Diagnose ist mit einem generellen Angriff auf selbstkritische Ansätze in den Wissenschaften verbunden, ob es sich dabei um kritische Theorien, Gender Studies, Postkoloniale Theorie oder auch nur um Wissenschaftsgeschichte und -philosophie handelt.[8]

---

8 Varianten dieser Attacke finden sich u. a. in Keyes (2004: Kapitel 9); McIntyre (2018: Kapitel 6); D'Ancona (2017: Kapitel 4).

Ein Beispiel liefert Lee McIntyre. Nachdem er ehrlicherweise seine Unkenntnis bezüglich dessen bekannt hat, was er »Postmodernismus« nennt, reduziert er diesen unbekümmert auf die beiden Thesen, dass es keine objektive Wahrheit gebe und dass daher jeder Wahrheitsanspruch bloß die »politische Ideologie der Person ausdrücke, die ihn erhebt« (McIntyre 2018: 126).[9] Großzügig erlaubt er »postmodernistische« Kritik dort, wo sie Unwichtiges betrifft und keinen Schaden anrichten kann:

> Wenn die Postmodernisten damit zufrieden gewesen wären, literarische Texte oder meinetwegen die symbolische Dimension unseres kulturellen Verhaltens zu interpretieren, wäre das in Ordnung gewesen. Doch sie blieben nicht dabei. Als nächstes griffen sie die Naturwissenschaften an. (McIntyre 2018: 127)

Niemand anderes als Bruno Latour ist der Erzfeind, den McIntyre hier vor Augen hat. McIntyre ist vollkommen unbeeindruckt von Latours Versuch, dem Begriff »Realismus« eine neue Bedeutung zu verleihen, liest seinen Aufruf für eine realistische Haltung als Bankrotterklärung und merkt höhnisch an, Latours Reaktion sei »nicht unähnlich der eines Waffenhändlers, der lernt, dass seine Waffen zum Töten von Unschuldigen benutzt werden« (McIntyre 2018: 142)

Beide Gegner von Kritik plädieren also für mehr Realismus, verstehen darunter aber sehr unterschiedliches. Latours Aufsatz können wir als einen (wenn auch höchst problematischen) Aufruf für eine Erneuerung von Kritik in einem affirmativen Register verstehen; er will die Realität dadurch anreichern, dass wir die unzähligen Weisen analysieren, in denen sie historisch geworden ist und wieder vergeht. Die Diagnose des »postfaktischen Zeitalters« soll dagegen einen neuen Positivismus etablieren, wozu sie autoritär alle selbstkritischen Betrachtungsweisen verwirft, die sich in den Wissenschaften selbst herausgebildet haben. Mit dem Schlachtruf »Es gibt keine Alternative!« votieren die Diagnostiker_innen der Postfaktizität für

---

9 In Vogelmann (2018a: 27 f.) habe ich ein generelles Argument gegen die Reduktionen und Erfindungen vorgestellt, die notwendig sind, um diesen Strohmann namens »Postmodernismus« zu errichten. McIntyre verwendet eine andere Strategie, die man »selektive Qualitätskontrolle« nennen könnte. Seine Erklärung der beiden Thesen des »Postmodernismus« sind derartig konfus (und falsch), wie es McIntyre sich nie erlauben würde, wenn er Theorien aus der analytischen Philosophie diskutieren würde. Nicht nur wird Foucault zum Vertreter des Ideologiebegriffs, den er zeitlebens vehement abgelehnt hat (z. B. Foucault 2003 [1977]: 196–198), dieser wird auch noch individualistisch verstanden und damit entgegen der gesamten Tradition der Ideologietheorie (vgl. Eagleton 2000 [1991]). Wenn es um Angriffe auf den »Postmodernismus« geht, gilt anscheinend: anything goes.

einen Realismus, der jene historische Komplexität verwirft, die Latour so wichtig ist. Ihre realistische Haltung soll die Wirklichkeit in ein Bollwerk gegen Kritik verwandeln.

2. Vernunftkritik – entweder unkritisch oder unvernünftig?[10]

Lesen wir Latours Angriff auf Kritik als missglückten Versuch, Kritik umzuorientieren, drängt sich die Schlussfolgerung auf, dass wir eine Verteidigung von Kritik anders angehen müssen – insbesondere dann, wenn wir nicht nur Kritik im Allgemeinen, sondern Vernunftkritik im Besonderen verteidigen wollen. Aber warum eigentlich sich um Vernunftkritik bemühen? Weil die Behauptung der beiden Gegner von Kritik, dass wir Kritik durch Realismus einhegen sollten, auf verdeckte Weise Vernunft gegen Kritik in Stellung bringt. Schließlich kann nur jene Wirklichkeit legitime Autorität über uns beanspruchen, die von den Wissenschaften als real bestätigt wird, also gemäß jenen Praktiken, in denen Vernunft exemplarisch verkörpert ist.[11] Deshalb bedeutet Realität zur Begrenzung von Kritik zu nutzen stets, Kritik durch Vernunft zu begrenzen. Und deshalb muss jede Verteidigung von Kritik am Ende eine Verteidigung von Vernunftkritik sein. Andernfalls fände sie sich auf jenen rasch schrumpfenden Raum einer »vernünftigen Kritik« eingepfercht, den die Wissenschaften und vor allem ihre philosophischen Herolde ihr gnädig überlassen.

Allein, Vernunftkritik ist vieles: die von Immanuel Kant (1998 [1781]) inszenierte Gerichtsverhandlung, in der die Vernunft über sich selbst urteilt, ebenso wie Friedrich Nietzsches (2010 [1887]) fröhliche Ausgrabungen der niederen Herkünfte der Vernunft in Gewalt und Rachsucht, Max Horkheimers (1988 [1947]) Anklage der instrumentellen Vernunft ebenso wie Theodor W. Adornos (2003 [1966]) negative Dialektik, Jürgen Habermas' (1992 [1981]) sprachtheoretische Fundierung kommunikativer Vernunft gegen ihre systemische Kolonisierung ebenso wie Michel Foucaults (2004 [1975]) Analyse der systematischen Verknüpfungen von Machttechnologien und Wissensproduktionen, Bruno Latours (2014 [2012]) dezidiert »nicht-moderne« Ontologie ebenso wie Donna Haraways (1991)

---

10 Dieser Abschnitt sowie Abschnitt 3 reproduzieren Material aus Vogelmann (2019b).

11 Diese Unterstellung, die sich prominent in den Schriften der Diagnostiker_innen eines »postfaktischen Zeitalters« findet und einer in der Öffentlichkeit häufig anzutreffenden Annahme Ausdruck verleiht, halte ich in genau dem Maße für richtig, in dem man die Idealisierung wissenschaftlicher Praktiken aufgibt.

feministische Wissenschaftskritik. Und damit sind nur einige wenige Positionen genannt, die zu ordnen ein eigenes Forschungsvorhaben wäre (Jamme 1997; Welsch 2007 [1995]: Teil I).

Für meine Argumentation reicht es zum Glück aus, zwei Traditionen der Vernunftkritik anhand der Frage zu unterscheiden, ob Vernunft insgesamt kritisiert werden darf. Das mag seltsam klingen (was sonst sollte Vernunftkritik tun?), doch der dominante Strang der Vernunftkritik setzt voraus, dass es einen idealen Kern der Vernunft als stabiles Fundament von Vernunftkritik gibt. In dieser ersten Tradition ist uns Vernunft zunächst nur »unrein« gegeben, und die Vernunftkritiken fungieren als Reinigungsverfahren. Von Kant bis Habermas postulieren die Vertreter_innen dieser Tradition einen idealen Kern von Vernunft, den die reinigende Vernunftkritik freilegen muss, der aber selbst keiner weiteren Kritik mehr bedarf. Ihre Begründung dieser »reinigenden« Vernunftkritik beruht auf dem ansonsten scheinbar unvermeidlichen Selbstwiderspruch, dass eine »totale« Vernunftkritik sich selbst den Boden unter ihren Füßen entzöge (klassisch: Habermas 2004 [1985]: 390 f.). Nur unter der Voraussetzung eines idealen Vernunftkerns ist Vernunftkritik als vernünftige Praxis möglich – und unter der Voraussetzung, dass wir schon hier und jetzt Zugriff auf ihn haben.[12] Denn abermals wäre reinigende Vernunftkritik ohne diese Voraussetzung nur auf unvernünftige Weise möglich. Reinigende Vernunftkritik nimmt also an, dass es einen idealen Kern von Vernunft gibt, dass sie Zugang zu diesem von Kritik ausgesparten Vernunftkern hat und dass Vernunft demnach nicht im Ganzen zu kritisieren ist.

Werfen wir einen Blick zurück auf die beiden Gegner von Kritik, könnte eine wohlwollende Interpretation von McIntyres Argument, dass die von den Wissenschaften entdeckte Realität unsere Kritik beschränken sollte, dies als kompatibel mit reinigenden Vernunftkritiken verstehen. Er verlangt ja nicht den vollständigen Verzicht auf Vernunftkritik, so könnte man argumentieren, sondern nur, dass diese die beste unserer Verwirklichungen von Vernunft in den wissenschaftlichen Praktiken nicht antastet.

Genau diese Voraussetzung teilen die Vernunftkritiken der radikalen Tradition nicht. Die Annahme, Zugriff auf einen idealen Kern von Vernunft zu haben und daher all die Privilegien zu genießen, die mit dem

---

12 Darin besteht eine Parallele zu Rawls' Unterscheidung zwischen idealer und nichtidealer Theorie. Auch Rawls setzt voraus, ideale Theorie schon unter nichtidealen Bedingungen betreiben zu können. Dass er dabei nicht mitreflektiert, welche Verzerrungen ungerechte Umstände in seine philosophische Praxis des Überlegungsgleichgewichts einführen, hat ihm zu Recht den Ideologievorwurf eingebracht (Mills 2005).

Besitz nicht-kritisierbarer Vernunft einhergehen (nicht zuletzt die volle Legitimation der eigenen Praxis), ist den Vernunftkritiken der zweiten Tradition zufolge gerade die Quelle von Überzeugungen und Praktiken, die Vernunftkritik so dringlich machen. Da die Annahme, selbst bereits Zugriff auf die ideale Vernunft zu haben, Hybris ist und nur zu häufig gewaltsame Konsequenzen hat, wenden radikale Vernunftkritiken gegen reinigende ein, dass sich für Vernunftkritik die Annahme eines idealen Kerns von Vernunft verbietet. Vernunftkritik kann man ganz oder gar nicht üben – wer sich des Zugriffs auf nicht mehr der Kritik bedürftige Vernunft sicher ist, hat der Vernunftkritik schon den Rücken gekehrt.

Wenn wir McIntyre in die Tradition reinigender Vernunftkritik einordnen, kann eine ebenso wohlwollende Interpretation von Latour diesen in die Tradition radikaler Vernunftkritik einsortieren. Zwar wird die Realität, mit der er Kritik begrenzen will, ebenfalls von den Wissenschaften entdeckt, doch diese werden gerade nicht von Kritik ausgenommen. Abermals müssten wir dazu seine Kritik an (moderner) Vernunft in der subversiven Affirmation eines alternativen Begriffs von Realität situieren. Dass diese Subversion misslingt, habe ich bereits dargestellt: Die Äquivokation von »Realismus« erlaubt den Gegnern radikaler Vernunftkritik (wie McIntyre), Latour gegen seine eigene Intention als Kronzeugen für ihren neuen Positivismus zu mobilisieren. Politisch ist Latours Attacke also ein Rückschlag, und sie hilft auch nicht dabei, seine im Realismusbegriff verborgene Vernunftkritik zu verteidigen. Begrifflich bringt seine Intervention also diejenigen, die seine Überzeugung teilen, dass es radikale Vernunftkritik braucht, kein Stück weiter, schon gar nicht gegen den politischen Missbrauch von Vernunftkritik, der Latour beunruhigt.

Deshalb halte ich es für erforderlich, die Strategie zu wechseln und Vernunftkritik direkt zu verteidigen. Dazu setze ich an der scheinbaren Aporie an, in der die Vernunftkritik festzustecken scheint, wenn wir die gegenseitigen Beschuldigungen der reinigenden und der radikalen Tradition zusammen betrachten. Einerseits behaupten reinigende Vernunftkritiken, dass radikale Vernunftkritik keinen festen Standpunkt für ihre eigene Praxis ausweisen kann. Jeder mögliche Standpunkt würde der radikalen Vernunftkritik zum Opfer fallen, eben weil sie auf einen idealen Kern von Vernunft verzichtet. Andererseits argumentieren radikale Vernunftkritiken, dass reinigende Vernunftkritik unkritisch bleibt, da sie einen Teil der Vernunft von ihrer Kritik ausnehmen. Ist damit also eine Aporie der Vernunftkritik beschrieben, weil Vernunftkritik entweder unkritisch eine ideale Vernunft (und Zugang zu ihr) postulieren oder kritisch auf Vernunft ganz verzichten muss?

3. Kritische Praxis, epistemologische Revolution und die Pluralisierung von Vernunft

Aus dieser vermeintlichen Sackgasse kommen wir heraus, wenn wir Kritik *prozessualisieren*, indem wir sie von der Vorstellung *fester* Standorte befreien, Epistemologie *revolutionieren*, indem wir sie von der Vorstellung eines *souveränen* epistemischen Standorts befreien, und Vernunft *pluralisieren*, indem wir uns von der Vorstellung *trivialer* Standorte befreien.

(a) *Kritik prozessualisieren.* Der erste Schritt besteht darin, die Vorstellung aufzugeben, Kritik brauche einen festen Standpunkt. Schließlich kann Kritik auch dann erfolgreich sein, wenn sie ihre eigenen Voraussetzungen mitkritisiert. Das bedeutet nicht, einer rasenden Selbstkritik das Wort zu reden, die sich in ihrem Furor selbst verzehrt, sondern eine Kritik zu befürworten, die im Erfolgsfall nicht in derselben Weise wiederholt werden kann. Michel Foucault und Ludwig Wittgenstein haben das in einprägsamen, konträren Bildern beschrieben: Für Wittgenstein (2000 [1921]: 6.54) ist seine Kritik im *Tractatus logico-philosophicus* eine Leiter, die nicht mehr benötigt, wer sie hinaufgegangen ist, und die von ihrem anderen Ende aus betrachtet sinnlos erscheint, weil sie nur zurück in die Verwirrung führt, der man dank ihr entkommen ist. Für Foucault (2001 [1967]: 776) führt die Kritik hinab, weil sie eine Ausgrabungsarbeit unter den eigenen Füßen ist, die einem zeigt, worauf man stand – und dazu führt, dass man jetzt nicht länger dort steht. Nicht mehr meint ›Kritik prozessualisieren‹ als die Einsicht, dass Kritik nicht entwertet wird, weil man dank ihr anderswo ankommt und neu beginnen muss.

Allerdings wirft dieser erste Schritt aus der vermeintlichen Aporie hinaus die Frage auf, was »Erfolg« eigentlich für Kritik bedeutet. Ist Kritik erfolgreich, wenn sie zeigen kann, dass das von ihr Kritisierte – ob nun eine soziale Praxis, eine Institution, eine Lebensweise etc. – die Normen verletzt, mit der die Kritik es misst, und wenn sie zeigen kann, dass diese Normen die einzigen oder zumindest die relevantesten für die normative Beurteilung des Kritisierten sind? Oder ist Kritik erfolgreich, wenn sie das von ihr Kritisierte aufrüttelt, diejenigen verunsichert und zu Skepsis aufstachelt, die routiniert mit dem kritisierten Objekt interagieren oder an den kritisierten Praktiken beteiligt sind? Die richtige Antwort lautet: Es kommt darauf an. Denn wenn wir Kritik prozessualisieren, richten wir unsere Aufmerksamkeit auf die Praktiken des Kritik-Übens – und müssen erkennen, dass es eine Vielzahl solcher Praktiken gibt. Je nachdem, welches Bild wir uns vom Kritik-Üben machen, wird unsere theoretische Reflexion auf diese Praktiken anders ausfallen.

Auf die verschiedenen »Bilder von Kritik« aufmerksam zu machen, ist einem Gedanken Wittgensteins verpflichtet, der in seine *Philosophischen Untersuchungen* argumentiert, dass das »Bild von dem Wesen der menschlichen Sprache« (Wittgenstein 2000 [1953]: § 1), das Wörter als Namen für Dinge vorstellt, auf unhinterfragte Weise unsere Reflexionen über Sprache anleitet. (Was Wittgenstein für desaströs hält.) Analog dazu verhält es sich mit den Bildern der Kritik, die unsere Theorien über Kritik meist unhinterfragt anleiten (vgl. dazu Vogelmann 2017). Das Standardbild, das die Debatten über Kritik dominiert,[13] stellt uns Kritik als eine Tätigkeit des Vermessens vor: Kritik zu üben bedeutet, das Objekt der Kritik mit normativen Maßstäben zu vermessen und ein Urteil zu fällen. Doch es gibt andere Bilder der Kritik, die wir leicht finden, wenn wir darauf achten, wie die Praktiken des Kritik-Übens jeweils vorgestellt werden. Dann erkennen wir beispielsweise, dass Judith Butler und Jacques Rancière mit dem Bild erschütternder Kritik operieren, in dem Kritik-Üben als das Destabilisieren von Routinen verstanden wird. Oder wir finden das Bild emanzipierender Kritik, etwa bei Theodor W. Adorno und Michel Foucault, die beide auf sehr verschiedene Weise Kritik als eine (kurze, temporäre) Befreiung derjenigen verstehen, an die diese Kritik adressiert ist: von ideologischen Vorstellungen (Adorno) oder von gegenwärtigen notwendigen Wahrheiten (Foucault).[14] Nur wenn wir diese Vielfalt der Bilder von Kritik ausblenden, können wir auf den Gedanken kommen, alle Kritik müsse zwingend einen festen normativen Standpunkt beziehen.

In allen drei Bildern – und selbstverständlich gibt es mehr – meint erfolgreiche Kritik etwas anderes, weil die verschiedenen Praktiken des Vermessens, des Erschütterns und des Emanzipierens jeweils eigene interne Kriterien für Erfolg und Misserfolg haben.[15] Wenn das Bild der Kritik, das uns beim Üben und Reflektieren von Kritik anleitet, darauf angewiesen ist, dass die kritischen Urteile in einem festen normativen Standpunkt verortet sind, dann besteht der erste Schritt aus der vermeintlichen Aporie der Vernunftkritik in der Anerkennung der Vielfalt von Bildern der Kritik.

---

13 Vgl. die Beiträge etwa in Jaeggi und Wesche (2009); de Boer und Sonderegger (2012); Sinnerbrink et al. (2006); Ellmers und Hogh (2017).

14 Das habe ich in einem tentativen Vergleich von Horkheimers, Adornos und Foucaults Kritikmodell näher erläutert. Vgl. Vogelmann (2018b).

15 Praxisinterne Normen werden von nahezu allen Praxistheorien betont, selbst von so unterschiedliche wie die von Stahl (2013: Kapitel 5.6, bes. 360 f.) und Rouse (1996a: Kapitel 5).

(b) *Erkenntnistheorie revolutionieren.* Epistemologisch betrachtet, erzwingt dieser erste Schritt allerdings als zweiten, die Fiktion eines souveränen epistemischen Standpunkts aufzugeben. ›Epistemologie revolutionieren‹ ist also wörtlich zu verstehen: Man muss den Souverän absetzen, ohne ihn bloß durch einen neuen zu ersetzen. Mit einem souveränen epistemischen Standpunkt ist die Vorstellung gemeint, Wahrheit sei nur von einem neutralen Standpunkt jenseits der sozialen Praktiken zu haben, in denen wir über unsere Meinungen streiten, von einem Standpunkt also, von dem aus wir diesen Streit beurteilen könnten, ohne selbst in ihn verstrickt zu werden. Der letzte Zusatz ist für die Vorstellung des souveränen epistemischen Standpunkts entscheidend: Selbst wenn die Wahrheit sich im Konflikt der Meinungen für die eine oder andere Seite entscheidet, wird sie der Fiktion eines souveränen epistemischen Standpunkts zufolge niemals Partei im Konflikt, weil sie unabhängig von ihm ist. Politik und Wahrheit sind grundlegend getrennt und unterhalten allenfalls eine externe Beziehung miteinander.

Die feministische Epistemologie insistiert seit Langem darauf, dass dieser Standpunkt eine Fiktion sei, ein »Gottestrick« (Haraway 1995 [1988]: 81),[16] weil sie beizubehalten bedeutet, die Möglichkeit eines Standpunkts einzunehmen, der kein Standpunkt ist. Aber etwas zu sehen oder zu wissen, ohne einen Standpunkt zu beziehen, ist genauso unmöglich, wie alle Standpunkte gleichermaßen einzunehmen. Auch der Relativismus ist ein »Gottestrick« (vgl. Haraway 1995 [1988]: 84), weder der souveräne epistemische Standpunkt noch die Gleichsetzung aller Standpunkte sind real verfügbare Optionen. Wir sind niemals epistemisch souverän gewesen!

Damit wird die Vorstellung hinfällig, Politik und Wahrheit seien nur extern miteinander verbunden. Wenn Wahrheit nicht von einem souveränen epistemischen Standpunkt aus über Konflikte urteilt, mit denen sie vollkommen unverbunden ist, sondern nur in diesen Konflikten erkämpft werden kann, also stets selbst an einen Standpunkt gebunden ist, ohne davon entwertet zu werden, dann sind Politik und Wahrheit intern miteinander verknüpft. Wahrheit entwickelt sich in und ist abhängig von konkreten sozialen Praktiken; Wahrheit zu verteidigen bedeutet daher, sich in diesen sozialen Praktiken und ihren Kämpfen zu engagieren, anstatt sich auf die vermeintlich neutrale Position des Souveräns zurückzuziehen. Ein

---

16 Die deutsche Übersetzung von »god trick« ist »göttlicher Trick«, was mir sehr missverständlich erscheint. »Gottestrick« verdanke ich einem Vorschlag von Martin Nonhoff.

solcher Rückzug gaukelt vor, einen Standpunkt der Standpunktlosigkeit beziehen zu können, und ist damit selbst als politischer Schachzug in den Konflikten zu verstehen, der im Erfolgsfall großen Einfluss garantiert (vgl. Rouse 1996b: 412 f.).

(c) *Vernunft pluralisieren.* Diese Revolution der Epistemologie ist seit Langem in Gange, und die feministische Erkenntnistheorie hat daran entscheidenden Anteil. Es ist daher kein Zufall, dass ich in den beiden bisherigen Schritten – Kritik prozessualisieren, Epistemologie revolutionieren – die Metaphorik des Standpunkts gewählt habe, um zu beschreiben, wie radikale Vernunftkritik möglich ist. Ich stütze mich damit auf feministische Standpunkttheorie, die ich mit Alison Wylie (2012: 61–63) als Kombination von zwei Behauptungen und einer Erklärung verstehe. Die erste These von der Situiertheit allen Wissens haben wir bereits kennengelernt: »[U]nsere soziale Position formt und beschränkt, was wir wissen – implizites ebenso wie explizites Wissen und Erfahrungen –, was wir für Wissen halten und dessen spezifischen epistemischen Gehalt« (Wylie 2003: 31).

Aus dieser ersten begrifflichen These über die Perspektivität von Wissen folgert die zweite Behauptung, dass bestimmte Phänomene von manchen sozialen Positionen aus besser erkennbar sind als von anderen. Dabei ist »besser« epistemisch zu verstehen, obwohl keine Einigkeit darüber besteht, wie dies auszubuchstabieren ist, etwa als objektiver (Harding 1991) oder als genauer geprüft (Longino 2002). Anders als eine häufige Kritik feministischer Standpunkttheorie nahelegt (z. B. Bar On 1993), werden damit keine automatischen epistemischen Privilegien an bestimmte soziale Positionen gebunden (Wylie 2012: 59 f.). Die meisten Standpunkttheoretiker_innen argumentieren (nicht: setzen voraus!), dass bestimmte marginalisierte Positionen ein besseres Verständnis der sozialen Strukturen von Herrschaft und Ungerechtigkeit ermöglichen.[17] Die zweite Behauptung sollten wir daher als die These verstehen, dass die epistemischen Vor- und Nachteile ungleich zwischen den sozialen Positionen verteilt sind und dass es eine empirische Frage ist, welche Phänomene von welchen Positionen aus besser zu verstehen sind.

Spätestens an dieser Stelle wird drittens die Erläuterung wichtig, dass eine soziale Position noch kein Standpunkt ist. Feministische Standpunkt-

---

17 Das scheinbare Paradoxon, die epistemischen Vor- und Nachteile von Positionen gegeneinander abzuwägen, während man zugleich alles Wissen als sozial situiert ansieht, ist nur dann problematisch, wenn wir daran festhalten, dass solche Urteile konstitutiv an einen unparteilichen, souveränen epistemischen Standpunkt gebunden sind. Siehe dazu Rolin (2006).

theorien betonen, dass kein Individuum und keine Gruppe allein aufgrund ihrer sozialen Position oder Identität einen Standpunkt einnehmen, sondern dass erst die Reflexion auf die epistemischen Vor- und Nachteile der jeweiligen sozialen Position und der daraus erwachsende kritische Umgang mit vermeintlich objektiven Wissen jenen Standpunkt schafft, der feministischer Standpunkttheorie ihren Namen gibt:

> Standpunkttheorie zielt also nicht nur auf die epistemischen Effekte sozialer Positionen, sondern auf die Effekte und das emanzipatorische Potenzial eines kritischen Standpunkts in Bezug auf die Wissensproduktion. So verstanden, ist Standpunkttheorie ein Projekt, dass systematisch untersucht, welche epistemischen Effekte das Eingebettet-Sein in verschiedene Arten sozialer Beziehungen und in konkrete Aktivitäten in Systemen hierarchisch strukturierten sozialer Differenzierungen hat. (Wylie 2012: 63)

Die epistemischen Vorteile einer marginalisierten sozialen Position zu nutzen, erfordert sowohl politische als auch epistemische Anstrengungen.

Alison Wylies Fassung der Standpunkttheorie hat den großen Vorteil, dass sie viele der in der Diskussion besonders virulenten Missverständnisse vermeidet, insbesondere die Vorstellungen, feministische Standpunkttheorie müsse die Kategorie »Frau« essenzialistisch gebrauchen oder ihnen qua sozialer Position epistemische Privilegien zuerkennen. Beides ist falsch, wenngleich feministische Erkenntnistheorie selbstverständlich für sich in Anspruch nimmt, empirisch demonstrieren zu können, dass sie die unterschiedlichen Erfahrungen verschiedener Geschlechter, durchkreuzt von Rassifizierungen und Klassenzuschreibungen, in Erkenntnisgewinne ummünzen kann. Entgegen der Erwartung, die der Name wecken mag, sind feministische Standpunkttheorien längst intersektional:

> [...] Da Gender als ein abstrakter Universalbegriff keine analytisch brauchbare Kategorie ist und da die Forschung eine Fülle von verschiedenen Arten der Unterdrückung in den Produktionsprozessen von Wissen aufgedeckt hat, entsteht feministische Epistemologie als ein Forschungsprogramm mit multiplen Dimensionen. Feministische Epistemologie sollte nicht so verstanden werden, als beinhalte sie eine Festlegung auf Gender als die primäre Unterdrückungsachse, in egal welchem Sinn von »primär«, oder als setze sie voraus, dass Gender eine theoretisch von den anderen Unterdrückungsachsen zu separierende

Variable sei, die einer besonderen Analyse bedürfe. (Alcoff und Potter 1993: 3 f.)[18]

Wenn damit die Tendenz feministischer Erkenntnistheorie richtig beschrieben ist, so ist sie eine Form nicht-souveräner politischer Epistemologie und demonstriert, wie wir die Pluralität von Vernunft anerkennen können, ohne sie zu trivialisieren. Einerseits zerstört die feministische Erkenntnistheorie das Bild eines einzelnen, souveränen epistemischen Standpunkts und damit einer einzigen Form von Vernunft. Andererseits warnen uns feministische Standpunkttheorien davor, soziale Positionen oder Identitäten mit Standpunkten zu verwechseln. Vernunft wird zwar pluralisiert, aber nicht beliebig vervielfältigt; die Pluralisierung ist nicht schon bloßer Effekt ungleicher Machtstrukturen. Jede existierende Form von Vernunft ist eine soziale Errungenschaft, die ständiger politischer und epistemischer Pflege bedarf, um fortzubestehen.[19]

Das Argument, warum die Abschaffung des souveränen epistemischen Standpunkts keinen Relativismus einführt, habe ich bereits vorgetragen, aber es lohnt sich, es nochmals in etwas anderer Form vorzubringen. Relativismus besteht aus den beiden Behauptungen, dass Vernunft in vielfältigen Formen anzutreffen ist und dass wir keine Möglichkeit haben, diese Formen zu bewerten, sodass wir ihnen gegenüber indifferent sein müssen. Diese zweite Behauptung verneint die feministische Standpunkttheorie und überhaupt jede Form nicht-souveräner Epistemologie: Obwohl sie Vernunft pluralisieren, folgt nicht, dass alle Formen von Vernunft gleich wären und wir indifferent gegenüber ihren Unterschieden sein müssten.

4. Gegen Unwahrheit in der Politik

Ausgegangen bin ich von der Diagnose, dass Kritik derzeit von zwei Gegnern angegriffen wird, die beide für mehr Realismus gegen den vermeint-

---

18 Weiterführende Diskussionen, wie man die verschiedenen Formen der Überkreuzung von sozialen Strukturen beforschen kann und wie man mit den Unterschieden und Gemeinsamkeiten feministischer sowie anderer Standpunkttheorien umgehen kann, finden sich bei Harding (1991: Kapitel 8); Pels (1996: 67–71); Medina (2013).

19 Eine gute Analogie (wenn auch nicht mehr) ist es, sich die Anstrengungen vor Augen zu halten, die nötig sind, um jene »politische Rationalitäten« zu erfinden, die Foucault in seinen Gouvernementalitätsvorlesungen untersucht, beispielsweise die Staatsräson, den klassischen Liberalismus des 19. Jahrhunderts oder die verschiedenen Formen des Neoliberalismus (Foucault 2004a, b).

lichen Exzess an Kritik plädieren. Darin verborgen ist ein Appell an Vernunft, denn Wirklichkeit ist, was die Wissenschaften als real entdecken, und wissenschaftliche Praktiken sind exemplarische Verkörperungen von Vernunft. Insofern wollen beide Gegner Kritik durch Vernunft zähmen, und deshalb habe ich argumentiert, dass eine Verteidigung von Kritik letztendlich eine Verteidigung von Vernunftkritik sein muss.

Unter dieser Ähnlichkeit beider Gegner verbergen sich allerdings deutliche Unterschiede, weil Latour und McIntyre ganz Verschiedenes mit »Realismus« meinen. Wohlwollend gelesen, können wir McIntyre in die Tradition reinigender Vernunftkritik einordnen, die einen idealen Kern von Vernunft postulieren, der keiner Kritik bedarf. Vernunftkritik, die diese Grenzziehung überschreitet, wird dieser Tradition zufolge unvernünftig; McIntyre würde demnach auf den Wissenschaften als idealen Kern von Vernunft insistieren, der für Vernunftkritik tabu ist. Latour gehört einer ebenso wohlwollenden Interpretation zufolge zur Tradition radikaler Vernunftkritik, die gerade die Voraussetzung eines idealen Kerns von Vernunft zurückweist. So verstanden, ist seine Kritik der Kritik nur ein etwas lauterer Familienstreit. Allerdings versteckt Latour seine radikale Vernunftkritik in einer subversiven Umdeutung von »Realismus«, die von der reinigenden Vernunftkritik leicht politisch missbraucht werden kann.

Deshalb sollten wir radikale Vernunftkritik direkt verteidigen. Um aus der vermeintlichen Aporie auszubrechen, dass Vernunftkritik entweder reinigend und unkritisch oder radikal und unvernünftig ist, müssen wir zuerst die Vorstellung eines festen Standpunkts von Kritik aufgeben. Das fällt leicht, sobald wir Kritik prozessualisieren und die Vielfalt der Bilder von Kritik anerkennen. Zweitens müssen wir Epistemologie insofern revolutionieren, als wir sie von der falschen Vorstellung eines souveränen epistemischen Standpunkts befreien müssen – denn nur dann können wir die interne Verschränkung von Wahrheit und Politik denken. Drittens ist diese Revolution dank der feministischen Erkenntnistheorie bereits in Gange; insbesondere von feministischer Standpunkttheorie können und sollten wir lernen, dass wir Vernunft pluralisieren können, ohne sie dadurch zu trivialisieren.

Zusammengenommen zeigen diese drei Schritte, dass und wie radikale Vernunftkritik möglich ist, ohne unvernünftig zu werden. Aber warum sollte radikale Vernunftkritik für eine Welt wichtig sein, in der Unvernunft an der Tagesordnung zu sein scheint? Um diese Frage nicht nach der Möglichkeit, sondern nach der Notwendigkeit radikaler Vernunftkritik zu beantworten, werde ich einige der Beispiele betrachten, die der US-amerikanische Präsident großzügig zur Verfügung stellt und die sowohl für die Kritiker_innen des »postfaktischen Zeitalters« als auch für Latour eine wichtige Rolle spielen. Auf zwei Gruppen von Falschbehauptungen möchte ich eingehen: erstens auf einige besonders offensichtlich falsche Aussagen und zweitens auf Falschbehauptungen zum Klimawandel.

Die Tatsache, dass falsche Behauptungen offen als solche vorgebracht werden und dass Politiker_innen selbst basalen Fakten widersprechen, steht im Zentrum der Kritik von den Diagnostiker_innen des »postfaktischen Zeitalters«. Manche von ihnen sehen Zynismus sogar als den wichtigsten Unterschied zu den traditionellen politischen Lügen, die wir bis dato gewohnt waren (z. B. McIntyre 2018: 9–16; D'Ancona 2017: 26–34). Aber kaum jemand berücksichtigt, dass es Arbeit erfordert, wirklich offensichtliche Falschbehauptungen aufzustellen. Wenn Raymond Geuss recht damit hat, dass Wahrheit niemals einfach ist, weil das, »was ›da draußen‹ ist, [...] normalerweise ein Durcheinander aus Wahrheiten, Halbwahrheiten, Fehleinschätzungen, gleichgültigen Erscheinungen und Illusionen [ist], das beträchtlich bearbeitet werden muss, bevor man irgendetwas davon als ›wirklich‹ akzeptieren kann« (Geuss 2014: 140), dann liegt die besondere Qualität von Trumps Unwahrheiten darin, dass alle sie auf den ersten Blick als falsch erkennen können. Die wohl besten Beispiele sind seine häufig wiederholten Aussagen über unwichtige Details wie die Menge von Zuschauern bei seiner Amtseinführung oder bei einer ganzen Reihe von Veranstaltungen während der Mid-Term-Election 2018 (vgl. Fandos 2017; Rizzo 2018). Wenn wir also davon ausgehen müssen, dass die offenkundige Falschheit kein Zufall ist, wozu ist sie dann gut?

Schon diese Frage stellen die an einem idealen Kern der Vernunft festhaltende, reinigende Vernunftkritiker_innen nicht. Sie beziehen den fiktiven, souveränen epistemischen Standpunkt, von dem aus sie die Öffentlichkeit als zu emotional (z. B. zu wütend) abqualifizieren, um sich für Wahrheit überhaupt noch zu interessieren, und die aufgrund dieser Irrationalität ihre eigenen Lebensbedingungen verschlechtern, etwa durch die Protestwahl lügender Populist_innen. Radikale Vernunftkritiker_innen, die von der internen Verschränkung von Wahrheit und Politik ausgehen, analysieren dagegen die Konflikte, in denen die offensichtlich falschen Aussagen gemacht werden – und deren Rolle darin. Statt sich an der Dummheit Trumps mit Angstlust zu ergötzen oder die geistige Beschränktheit derjenigen zu verdammen, die seinen offensichtlichen Falschaussagen zu glauben scheinen, stellen sie drei epistemische und politische Funktionen von Falschaussagen heraus, die diese nur erfüllen können, wenn die Aussagen offensichtlich falsch sind.

Erstens ist es eine altbekannte Technik, die eigene Macht öffentlich zu demonstrieren, indem man andere dazu zwingt, Aussagen zuzustimmen, von denen alle wissen, dass sie falsch sind (ähnlich Miller 2018: 24–26).

Anders als viele derjenigen glauben, die ein »postfaktisches Zeitalter« diagnostizieren, zielen Trumps offensichtliche Falschaussagen weder darauf ab, die Unterscheidung von wahr und falsch zu verwischen und so eine neue Realität zu erschaffen, noch darauf, eine neue Form von Vernunft durchzusetzen.[20] Im Gegenteil hält Trump eisern am Status quo fest, da Macht zu demonstrieren, indem man andere dazu zwingt, die eigenen Falschaussagen zu wiederholen oder zu verteidigen, nur funktioniert, solange alle – derjenige, der Macht ausübt, diejenigen, die sich dieser Macht unterwerfen, und die Öffentlichkeit, an die sich die Machtdemonstration richtet – wissen, dass diese Aussagen falsch sind. Die Gewöhnung an offensichtliche Falschaussagen mag die Relevanz der Unterscheidung von wahr und falsch aufweichen, doch weil dieser Nebeneffekt die Machtdemonstration durch offenkundige Falschaussagen bedroht, müssen in diesem Fall immer neue Falschheiten erfunden werden. Und diese müssen offensichtlich falsch sein – eine Bedingung, die Trumps ansonsten unerklärlich albernen Behauptungen über die Größe seines Publikums hervorragend erfüllen. Ihre energische Wiederholung verliert aus dieser Perspektive alles Rätselhafte.

Eine zweite Funktion offensichtlicher Falschaussagen ist es, diejenigen einzufangen, die sich ihnen durch Wiederholung, Bestätigung oder Verteidigung unterwerfen. Falsche Behauptungen auf diese Weise zu verwenden ist eine verwässerte Variante der von Dostojewski in *Die Dämonen* beschriebenen psychologischen Technik, mit der Nikolai Stavrogin Zusammenhalt erzwingen will:

> [B]ereden Sie vier Mitglieder des Komitees, das fünfte zu ermorden […], und sogleich werden Sie durch das vergossene Blut alle wie mit einem Tau zusammenketten. Sogleich werden alle Ihre Sklaven sein, werden nicht wagen, sich zu empören oder Rechenschaft zu fordern. Ha-ha-ha! (Dostojewskij 1971 [1873]: 440; erhellend dazu die Ausführungen von Reemtsma 2007).

Besonders deutlich wird die Ähnlichkeit von Trumps Technik offensichtlicher Falschaussagen in einem Kommentar des ehemaligen FBI-Direktors James Comey in der New York Times vom 1. Mai 2019. Darin versucht sich Comey an einer Erklärung, warum so viele Menschen in Trumps Nä-

---

20 Vgl. dagegen McIntyre (2018: Kapitel 1); Hendricks und Vestergaard (2018: 10 f.) und den *locus classicus*, Arendt (2006 [1967]: 252–259). Wenn meine Analyse zutrifft, haben auch Krasmann (2018) und van Dyk (2017) Unrecht.

he so rückgratlos agieren (was auch sein eigenes Verhalten entschuldigen soll):

> Es beginnt, wenn Sie still bleiben, während Donald Trump lügt, ob privat oder in der Öffentlichkeit, und Sie so durch Ihr Schweigen zum Komplizen werden. In Treffen mit ihm überschwemmen Sie seine Behauptungen, was »alle denken« und was »offensichtlich wahr ist« – unangefochten, wie bei unserem privaten Abendessen am 27. Januar 2017, denn er ist der Präsident und er hört kaum jemals auf zu reden. Im Ergebnis zieht Herr Trump alle Anwesenden in einen schweigenden Kreis der Zustimmung hinein.
>
> Stakkatoartig sprechend und ohne Pausen zu lassen, in der andere etwas sagen könnten, macht Herr Trump jeden zum Mitverschwörer seiner bevorzugten Fakten oder Wahnvorstellungen. Ich habe erlebt, wie der Präsident mit seinen Worten das Netz einer alternativen Realität webt, das alle von uns im Raum einfing.
>
> Ich muss wohl zugestimmt haben, dass er die größte Zuschauermenge bei der Amtseinführung jemals hatte, denn ich habe es nicht angefochten. Jeder muss zustimmen, dass er besonders unfair behandelt wird.
>
> Das Netze-Weben hört nie auf. Vom privaten Zirkel der Zustimmung zieht es sich bis zu öffentlichen Treuebekundungen bei Anlässen wie Kabinettssitzungen. Während die gesamte Welt zuschaut, tun Sie, was jeder andere am Tisch tut – Sie sprechen darüber, wie großartig der Anführer ist und was für eine Ehre es ist, mit ihm zusammenzuarbeiten. (Comey 2017)

Natürlich, Kompliz_in in einem Mord zu werden ist etwas anderes, als die Lügen des US-Präsidenten unwidersprochen hinzunehmen. Doch die Logik der Komplizenschaft, die genutzt wird, um enge Bindungen zwischen den Gruppenmitgliedern herzustellen, bleibt dieselbe. Dafür müssen allerdings die Falschaussagen als solche erkennbar sein – es müssen offensichtlich falsche Behauptungen sein, so dass diejenigen, die (stillschweigend oder lauthals) einverstanden sind, später nicht so tun können, als hätten sie nicht gewusst, welchen Falschheiten sie zugestimmt und gegen Kritik verteidigt haben.

Die dritte Funktion von Trumps Falschbehauptungen, die ebenfalls voraussetzt, dass diese von allen sofort als falsch erkannt werden, ist eine epistemische Funktion. Sie funktionieren als politischer Lackmustest, der sichtbar macht, wer loyal ist und Trumps Lügen über die Zuschauermassen, die seinen Veranstaltungen beiwohnen, verteidigt – und wer nicht. Kellyanne Conways berüchtigter Satz über die »alternativen Fakten« (zitiert in Fandos 2017) war nicht an den Journalisten vor ihr oder die Öffentlichkeit gerichtet. Vielmehr vollzog sie eine Geste der Unterwerfung, die allein an Trump adressiert war und ihre Loyalität beweisen sollte. Diese Geste in der Öffentlichkeit zu vollführen, sollte ihre Aufrichtigkeit demonstrieren, indem sie sich selbst jeden möglichen Rückzugsweg verbaute.

Brauchen wir für diese Diagnose radikale Vernunftkritiken? Ja, denn wir müssen dafür den souveränen epistemischen Standpunkt abschaffen. Erst dann können wir die Verschränkung von Vernunft und Macht, von Wahrheit und Politik analysieren, ohne die drei Funktionen von Trumps falschen Behauptungen zu übersehen und seine Lügen stattdessen seiner psychischen Disposition zuzuschreiben oder ihre Affirmation durch seine Anhänger_innen als Befund zu verwenden, um abwertende Massenpsychologie zu betreiben. Beides setzt einen idealen Vernunftkern voraus, den diese Machtausübung verzerrt und verdeckt, an den wir aber in unserer Kritik appellieren können. Doch diesen idealen Vernunftkern gibt es nicht – was nicht bedeutet, so haben wir gesehen, dass wir auf Kritik verzichten müssen. Aber sie muss und kann ohne jenen festen Standpunkt eines idealen Vernunftkerns auskommen: Es muss radikale Vernunftkritik sein.

Nicht nur die Diagnose verändert sich, sobald wir den souveränen epistemischen Standpunkt räumen, den wir nur in unserer Fantasie einnehmen können, sondern auch die Strategie, mit der wir auf diese Unwahrheiten in der Politik reagieren. Zwar bleibt es wichtig, den Falschaussagen zu widersprechen, doch automatisierte Fakten-Checks helfen uns nicht dabei, diejenigen zu unterstützen, die den Falschaussagen zu unterwerfen sich weigern, und diejenigen zu befreien, die sich bereits darin verstrickt haben. Radikale Vernunftkritik betont die Notwendigkeit politischer Solidarität mit denen, die kämpfen, und muss es auf sich nehmen, Aussteigerprogramme für diejenigen zu entwickeln, die erst zu spät begriffen haben, worein sie geraten sind. Sie erspart ihnen keine Kritik, doch diese Kritik darf keine kategorialen Unterscheidungen zwischen »ihnen« und »uns« errichten, die jede Rückkehr unmöglich macht. Radikale Vernunftkritik postuliert keine kognitiven Defizite, sie kritisiert die Bereitschaft, sich unterdrückerischen Lügen zu unterwerfen und analysiert deren soziale Genese.[21]

Was aber ist mit der Sorge, dass radikale Vernunftkritiken diesen Unwahrheiten nicht standhalten können, weil sie keine feste Basis haben,

---

21 Anschlussfähig sind daher die Analysen der autoritären Bewegungen, die auf neue Weise auf Erkenntnisse der frühen kritischen Theorie zurückgreifen, beispielsweise in Brown, Gordon und Pensky (2018); Brown (2019).

um ihnen wahren Aussagen entgegenzuhalten? Hat Latour nicht recht damit, dass radikale Vernunftkritik am Ende die Wirklichkeit aus den Augen verliert, bis wir beispielsweise den Klimawandelleugnern hilflos gegenüberstehen?

Das ist, wie wir inzwischen erkennen sollten, eine Fangfrage. Wahrheit ist nicht verschwunden oder entwertet, wenn die Erkenntnistheorie vom Gottestrick des souveränen epistemischen Standpunkts emanzipiert wird. Wahrheit wird nicht bedeutungslos, wenn wir erkennen, dass sie aus den sozialen Praktiken emergiert, in denen wir um sie kämpfen. Im Gegenteil, es ist die Abgehobenheit souveräner Wahrheit jenseits dieser Praktiken, die erst das Gespenst eines relativistischen Wahrheitsnihilismus heraufbeschwört. Radikale Vernunftkritik rettet die politische Signifikanz von Wahrheit.

Die Frage, die wir der radikalen Vernunftkritik stellen sollten, ist, wie sie deren politische Signifikanz herausarbeitet und worin diese besteht. In dieser Hinsicht ist *Das terrestrische Manifest* (Latour 2018) ein gutes Beispiel, weil Latour darin die politische Bedeutung von Trumps Leugnung des Klimawandels darlegt. Latour ist davon überzeugt, dass die Erkenntnis anthropogenen Klimawandels die Politik insgesamt transformieren kann (und sollte), weil sie anzuerkennen uns dazu zwingen würde, das Projekt der Moderne mit seiner ambivalenten Tendenz vom Lokalen zum Globalen aufzugeben.[22]

Das wirkliche Problem sei aber, dass die Klimawandelleugner_innen dies zuerst verstanden hätten. Die organisierte Bewegung der Klimawandelleugner_innen sei die Reaktion einiger Eliten auf die Erkenntnis, dass Globalisierung in der heutigen Form unmöglich ist, weil die Erde sie schlicht und einfach nicht aushält. Latours politische Hypothese ist, dass diese Eliten entschieden haben, dass nicht sie, sondern andere den Preis für diese Globalisierung zahlen sollen, und dass ihre Strategie dafür in der Leugnung des Klimawandels besteht.

> Die Eliten waren dermaßen überzeugt, dass es keine gemeinsame Zukunft für alle geben könne, dass sie beschlossen, sich schleunigst von der gesamten Last der Solidarität zu befreien (daher die Deregulie-

---

22 »Globalisierung« ist laut Latour (2018: 21–25 und 35–43) ambivalent, weil es sowohl bedeuten kann, die Perspektiven, Entitäten und Situationen, denen man begegnet, zu vervielfältigen, als auch eine einzige Perspektive, Ontologie und Lebensweise zu universalisieren. In beiden Fällen meint das Lokale als Gegenpol etwas anderes: entweder ist es eine Heimat, in die man andere einlädt, oder eine Festung, um andere fernzuhalten.

rung); dass eine Art goldene Festung für jene Happy Few errichtet werden müsse, die in der Lage wären, sich aus der Affäre zu ziehen (daher die Explosion der Ungleichheiten); und dass der bodenlose Egoismus einer solchen Flucht aus der gemeinsamen Welt nur vertuscht werden konnte, indem sie die Ursache dieser verzweifelten Flucht schlichtweg negierten (daher die Leugnung der Klimaveränderung). (Latour 2018: 27 f.)

Die »obskurantistischen Eliten« (Latour 2018: 30) orientieren sich also am Fakt des Klimawandels, aber auf negative Weise. Latour schließt daraus, dass wir stattdessen eine positive Orientierung am Klimawandel erfinden müssen, hin zu einer geteilten Welt, oder in Latours Vokabular: hin zum »Terrestrische[n] als neue[m] Politik-Akteur« (Latour 2018: 51).

Wir müssen Latours Argumentation nicht weiterverfolgen. Seine robuste Verteidigung der wahren Erkenntnis, dass der Klimawandel menschengemacht ist, und ihrer politischen Bedeutung kann und muss von radikaler Vernunftkritik unterstützt werden. Allerdings nicht uneingeschränkt. Denn der internen Verschränkung von Wahrheit und Politik Rechnung zu tragen, erfordert eine differenziertere politische Analyse als Latours Geschichte. Das irritierende Ergebnis seiner intentionalistischen Deutung der Handlungen von einer Teilmenge der globalen politischen und ökonomischen Eliten ist, dass weder Ökonomie noch politische Strukturen noch Kräfteverhältnisse irgendwie relevant zu sein scheinen. Das Problem ist also nicht, dass Latours Geschichte eine »politisch-fiktionale [...] Hypothese« (Latour 2018) ist, sondern dass sie absurd verkürzt ist. Warum sollten wir unser Wissen über die Komplexität politischer und ökonomischer Praktiken derart ignorieren, wenn wir doch von Latour gelernt haben, wie wichtig die Aufmerksamkeit für all die feinen Details in wissenschaftlichen Praktiken ist? Mag sein, dass Latour auf Kriegsfuß mit der politischen Philosophie oder Theorie steht und sich nicht für Wirtschaft interessiert.[23] Wer aber vom Neoliberalismus als der heutigen politischen Rationalität nicht reden will, sollte auch vom menschengemachten Klimawandel schweigen.

Wie diese kurzen Schlussüberlegungen zu Unwahrheiten in der Politik andeuten, ist radikale Vernunftkritik eine dringende und notwendige Aufgabe. Gegen diejenigen, die sie als Verursacherin des »postfaktischen Zeitalters« dämonisieren, zeigt sie deren epistemischen wie politischen Autoritarismus und entlarvt ihre Analyse von Unwahrheiten in der Poli-

---

23 Zur Kontroverse um Latours Politikverständnis vgl. die Beiträge in Gertenbach, Opitz und Tellmann (2016) sowie grundlegend Harman (2014).

tik als oberflächlich. Gegen die Attacke auf die »Praxis der Kritik« im Namen einer realistischen Haltung gegenüber Dingen von Belang verlangt die radikale Vernunftkritik dieselbe Aufmerksamkeit für Details in Bezug auf politische Praktiken, die Latour den wissenschaftlichen Praktiken zugedacht hat. Kritik durch Konzentration auf ihre Praktiken zu prozessualisieren, Epistemologie durch Abschaffung des souveränen epistemischen Standpunkts zu revolutionieren und Vernunft durch feministische Standpunkttheorien auf nicht-trivialisierende Weise zu pluralisieren sind die drei Schritte, die wir dafür gehen müssen. Die Möglichkeit radikaler Vernunftkritik gegen die Tradition reinigender Vernunftkritik zu erweisen und ihre Notwendigkeit anhand der konkreten Analyse von Unwahrheiten in der Politik zu belegen, gibt uns zudem einen Vorgeschmack darauf, was eine revolutionierte, d. h. eine nicht-souveräne politische Epistemologie leisten könnte. In den kommenden Kämpfen werden wir auf keine ihrer Einsichten verzichten können.

Literaturverzeichnis

Adorno, Theodor W. 2003 [1966]: Negative Dialektik, in: ders.: Gesammelte Schriften, Band 6, Hrsg. von Rolf Tiedemann, Frankfurt a. M.: Suhrkamp.

Alcoff, Linda Martín/Potter, Elizabeth 1993: Introduction: When Feminisms Intersect Epistemology, in: Alcoff, Linda Martín/Potter, Elizabeth (Hrsg.): Feminist Epistemologies, London/New York: Routledge, 1–14.

Anker, Elizabeth S./Felski, Rita (Hrsg.) 2017: Critique and Postcritique, Durham: Duke University Press.

Arendt, Hannah 2006 [1967]: Truth and Politics, in: idem: Between Past and Future. Eight Exercises in Political Thought, New York: Penguin, 223–259.

Bar On, Bat-Ami 1993: Marginality and Epistemic Privilege, in: Alcoff, Linda Martín/Potter, Elizabeth (Hrsg.): Feminist Epistemologies, London/New York: Routledge, 83–100.

Boland, Tom 2019: The Spectacle of Critique. From Philosophy to Cacophony, London: Routledge.

Brown, Wendy 2019: In the Ruins of Neoliberalism. The Rise of Antidemocratic Politics in the West, New York: Columbia University Press.

Brown, Wendy/Gordon, Peter E./Pensky, Max 2018: Authoritarianism. Three Inquiries in Critical Theory, Chicago: University of Chicago Press.

Comey, James (2017): How Trump Co-opts Leaders Like Bill Barr, New York Times, 1. Mai 2019, in: https://www.nytimes.com/2019/05/01/opinion/william-barr-testimony.html,20.10.2019.

D'Ancona, Matthew 2017: Post-Truth. The New War on Truth and How to Fight Back, London: Ebury Press.

de Boer, Karin/Sonderegger, Ruth (Hrsg.) 2012: Conceptions of Critique in Modern and Contemporary Philosophy, New York: Palgrave Macmillan.

Dostojewskij, Fjodor M. 1971 [1873]: Die Dämonen. Übersetzt von Marianne Kegel, München: Winkler Verlag.

Eagleton, Terry 2000 [1991]: Ideologie. Eine Einführung. Übersetzt von Anja Tippner, Stuttgart: Metzler.

Ellmers, Sven/Hogh, Philip (Hrsg.) 2017: Warum Kritik? Begründungsformen kritischer Theorien, Weilerswist: Velbrück Wissenschaft.

Fandos, Nicholas 2017: White House Pushes »Alternative Facts.« Here Are the Real Ones,New York Times, 22. Januar 2017, in: https://www.nytimes.com/2017/01/2 2/us/politics/president-trump-inauguration-crowd-white-house.html, 28.05.2017.

Fassin, Didier 2019 [2017]: Der lange Atem der Kritik, in: WestEnd. Neue Zeitschrift für Sozialforschung 16:1, 5–32.

Flatscher, Matthias und Sergej Seitz 2018: Latour, Foucault und das Postfaktische: Zur Rolle und Funktion von Kritik im Zeitalter der »Wahrheitskrise«, in: Le foucaldien 4:1, 5–30.

Foucault, Michel 2001 [1967]: »Wer sind Sie, Professor Foucault?« (Nr. 50), in: Dits et Écrits I, Frankfurt a. M.: Suhrkamp, 770–793.

Foucault, Michel 2003 [1977]: Gespräch mit Michel Foucault (Nr. 192), in: Dits et Écrits III, Frankfurt a. M.: Suhrkamp, 186–213.

Foucault, Michel 2004a: Geschichte der Gouvernementalität I: Sicherheit, Territorium, Bevölkerung. Vorlesung am Collège de France 1977/78, hrsg. von Michel Senellart. Übersetzt von Claudia Brede-Konersmann und Jürgen Schröder, Frankfurt a. M.: Suhrkamp.

Foucault, Michel 2004b: Geschichte der Gouvernementalität II: Die Geburt der Biopolitik. Vorlesung am Collège de France 1978/79, hrsg. von Michel Senellart. Übersetzt von Jürgen Schröder, Frankfurt a. M.: Suhrkamp.

Foucault, Michel 2004 [1975]: Überwachen und Strafen. Die Geburt des Gefängnisses. Übersetzt von Walter Seitter, 15. Aufl, Frankfurt a. M.: Suhrkamp.

Gauchat, Gordon 2012: Politicization of Science in the Public Sphere, in: American Sociological Review 77:2, 167–187.

Gertenbach, Lars/Opitz, Sven/Tellmann, Ute 2016: Bruno Latours neue politische Soziologie – Über das Desiderat einer Debatte, in: Soziale Welt 67:3, 237–248.

Geuss, Raymond 2014: A Note on Lying, in: ders.: A World without Why, Princeton, N.J.: Princeton University Press, 135–144.

Habermas, Jürgen (1992 [1981]): Theorie des kommunikativen Handelns, zwei Bände, 3. Aufl., Frankfurt a. M.: Suhrkamp.

Habermas, Jürgen 2004 [1985]: Der philosophische Diskurs der Moderne. Zwölf Vorlesungen. 9. Aufl, Frankfurt a. M.: Suhrkamp.

Haraway, Donna J. 1991: Simians, Cyborgs, and Women. The Reinvention of Nature, New York, N.Y.: Routledge.

Haraway, Donna J. 1995 [1988]: Situiertes Wissen, in: dies.: Die Neuerfindung der Natur. Primaten, Cyborgs und Frauen, Frankfurt a. M./New York: Campus, 73–97.

Harding, Sandra 1991: Whose Science? Whose Knowledge? Thinking from Women's Lives, Milton Keynes: Open University Press.

Harman, Graham 2014: Bruno Latour. Reassembling the Political. Modern European thinkers, London: Pluto Press.

Hendricks, Vincent F. und Mads Vestergaard 2017: Postfaktisch. Die neue Wirklichkeit in Zeiten von Bullshit, Fake News und Verschwörtungstheorien. Übersetzt von Thomas Borchert, München: Blessing.

Hendricks, Vincent F. und Mads Vestergaard 2018: Reality Lost. Markets of Attention, Misinformation and Manipulation, New York: Springer Nature

Horkheimer, Max 1988 [1947]: Zur Kritik der instrumentellen Vernunft, in: ders.: *Gesammelte Schriften*, Band 6: »Zur Kritik der instrumentellen Vernunft« und Notizen 1949–1969, Hrsg. von Alfred Schmidt, Frankfurt a. M.: Fischer, 19–186.

Jaeggi, Rahel und Tilo Wesche (Hrsg.) 2009: Was ist Kritik?, Frankfurt a. M.: Suhrkamp.

Jamme, Christoph (Hrsg.) 1997: Grundlinien der Vernunftkritik, Frankfurt a. M.: Suhrkamp.

Kant, Immanuel 1998 [1781]: Kritik der reinen Vernunft, Hrsg. von Jens Timmermann, Hamburg: Meiner.

Keyes, Ralph 2004: The Post-Truth Era. Dishonesty and Deception in Contemporary Life, New York: St. Martin's Press.

Krasmann, Susanne 2018: Secrecy and the Force of Truth. Countering Post-Truth Regimes, in: Cultural Studies Online First, 1–21.

Latour, Bruno 2005: Von der Realpolitik zur Dingpolitik oder wie man Dinge öffentlich macht. Übersetzt von Gustav Roßler, Berlin: Merve.

Latour, Bruno 2007 [2004]: Elend der Kritik. Vom Krieg um Fakten zu Dingen von Belang. Übersetzt von Heinz Jatho, Zürich/Berlin: Diaphanes.

Latour, Bruno 2008 [1991]: Wir sind nie modern gewesen. Versuch einer symmetrischen Anthropologie. Übersetzt von Gustav Roßler, Frankfurt am Main: Suhrkamp.

Latour, Bruno 2014 [2012]: Existenzweisen. Eine Anthropologie der Modernen. Übersetzt von Gustav Roßler, Berlin: Suhrkamp.

Latour, Bruno 2018: Das terrestrische Manifest. Übersetzt von Bernd Schwibs, Berlin: Suhrkamp.

Longino, Helen E. 2002: The Fate of Knowledge, Princeton, NJ: Princeton University Press.

McIntyre, Lee 2018: Post-Truth, Cambridge, MA/London: MIT Press.

Medina, José 2013: The Epistemology of Resistance. Gender and Racial Oppression, Epistemic Injustice, and Resistant Imaginations, Oxford: Oxford University Press.

Miller, Patrick Lee 2018: Truth, Trump, Tyranny. Plato and the Sophists in an Era of »Alternative Facts«, in: Jaramillo Torres, Angel/Sable, Marc Benjamin (Hrsg.): Trump and Political Philosophy. Leadership, Statesmanship, and Tyranny, Cham: Palgrave Macmillan, 17–32.

Mills, Charles W. 2005: »Ideal Theory« as Ideology, in: Hypatia 20:3, 165–184.

Moi, Toril 2017: »Nothing Is Hidden«: From Confusion to Clarity; or, Wittgenstein on Critique, in: Anker, Elizabeth S./Felski, Rita (Hrsg.), Critique and Postcritique, Durham: Duke University Press, 31–49.

Nietzsche, Friedrich 2010 [1887]: Zur Genealogie der Moral. Eine Streitschrift. Kritische Studienausgabe, Band 5, Hrsg. von Giorgo Colli und Mazzino Montinari, 11. Aufl., Berlin/München: dtv/de Gruyter.

Pels, Dick 1996: Strange Standpoints. Or, How to Define the Situation for Situated Knowledge, in: Telos 108, 65–91.

Reemtsma, Jan Philipp 2007: Lust an Gewalt. Die Zeit, 8. März 2007.

Rizzo, Salvatore 2018: President Trump's Crowd-Size Estimates: Increasingly Unbelievable, in: The Washington Post, 19. November 2018. https://www.washingtonpost.com/politics/2018/11/19/president-trumps-crowd-size-estimates-increasingly-unbelievable/?utm_term=.46fc9281b6bf, 22.03.2021.

Rolin, Kristina 2006: The Bias Paradox in Feminist Standpoint Epistemology, in: Episteme 3.1/2, 125–136.

Rouse, Joseph 1996a: Engaging Science. How To Understand Its Practices Philosophically, Ithaca: Cornell University Press.

Rouse, Joseph 1996b: Beyond Epistemic Sovereignty, in: Galison, Peter/Stump, David (Hrsg.):The Disunity of Science. Boundaries, Contexts, Power, Stanford: Stanford University Press, 398–416.

Sinnerbrink, Robert, Jean-Philippe Deranty, Nicholas H. Smith und Peter Schmiedgen (Hrsg.) (2006): Critique Today, Leiden/Boston: Brill.

Stahl, Titus 2013: Immanente Kritik. Elemente einer Theorie sozialer Praktiken, Frankfurt a. M./New York: Campus.

Tesich, Steve 1992: A Government of Lies, in: *Nation* 254:1, 12–14.

van Dyk, Silke 2017: Krise der Faktizität? Über Wahrheit und Lüge in der Politik und die Aufgabe der Kritik., in: *PROKLA* 47:3, 347–367.

Vogelmann, Frieder 2017: Measure, Disrupt, Emancipate. Three Pictures of Critique, in:Constellations 24:1, 101–112.

Vogelmann, Frieder 2018a: The Problem of Post-Truth. Rethinking the Relationship between Truth and Politics, in: Behemoth. A Journal on Civilisation 11:2, 18–37.

Vogelmann, Frieder 2018b: Biopolitics as a Critical Diagnosis, in: Beverley Best, Werner Bonefeld und Chris O'Kane (Hrsg.), Handbook of Frankfurt School Critical Theory, Band III: Contexts, London/Thousand Oaks/New Delhi: SAGE, 1419–1435.

Vogelmann, Frieder 2019a: Should Critique be Tamed by Realism? A Defense of Radical Critiques of Reason, in: Le foucaldien 5:1, 1–34.

Vogelmann, Frieder 2019b: Mit Unwahrheit kämpfen. Zur Aktualität von Vernunftkritik, in: WestEnd. Neue Zeitschrift für Sozialforschung 16:2, 25–46.

Welsch, Wolfgang 2007 [1995]: Vernunft. Die zeitgenössische Vernunftkritik und das Konzept der transversalen Vernunft, 4. Aufl., Frankfurt a. M.: Suhrkamp.

Wissenschaft im Dialog 2020: Wissenschaftsbarometer 2019, in: https://www.wissens chaft-im-dialog.de/fileadmin/user_upload/Projekte/Wissenschaftsbarometer/Do kumente_19/Tabellenband_Wissenschaftsbarometer2019.pdf, 22.03.2021.

Wittgenstein, Ludwig 2000 [1921]: Tractatus logico-philosophicus, in: ders.: *Werkausgabe*, Band 1, Frankfurt a. M.: Suhrkamp, 7–85.

Wittgenstein, Ludwig 2000 [1953]: Philosophische Untersuchungen, in: ders.: Werkausgabe, Band 1, Frankfurt a. M.: Suhrkamp, 225–580.

Wylie, Alison 2003: Why Standpoint Matters, in: Figueroa, Robert/Harding, Sandra G. Harding (Hrsg.): Science and Other Cultures: Issues in Philosophies of Science and Technology, New York/London: Routledge, 26–48.

Wylie, Alison 2012: Feminist Philosophy of Science: Standpoint Matters, in: Proceedings and Addresses of the American Philosophical Association 86:2, 47–76.

Demokratie zwischen Universalität und Partikularität oder: Die normative Dimension demokratischer Antinomien jenseits der Aporien der »Wahrheit«[1]

Oliver Hidalgo

1. Einführung

Demokratische Politik befindet sich, wie neben Hans Kelsen auch Autor:innen wie Hannah Arendt, Claude Lefort oder Jacques Rancière dargelegt haben, unweigerlich in Nähe eines epistemischen Relativismus. Nur dort, wo die ›Autorität der Wahrheit‹ unterbrochen und eine Vielzahl politischer Alternativen grundsätzlich möglich ist, können genuin demokratische Prinzipien wie Freiheit, Volkssouveränität, Majorität oder Pluralität überhaupt greifen. Genealogisch betrachtet lässt sich die Demokratie daher seit ihren Anfängen als Emanzipationsbewegung von Wahrheitsansprüchen jeder Art rekonstruieren. Andererseits kommt – wie Ernesto Laclaus *Emancipation(s)* unterstreichen – keine Demokratie ohne einen ›Horizont‹ des Universalen aus, wenn sie sich nicht in einem starren Partikularismus verfangen will, der in seinen drastischen Konsequenzen eine selbstzerstörerische Ader entwickelt.

Indes bezeichnen, wie vor allem Derridas Begriff der *démocratie á vénir* nahelegt, die Selbstzerstörung und Selbstübersteigung der Demokratie ohnehin zwei Seiten derselben Medaille. Entsprechend will der vorliegende Beitrag demonstrieren, dass es gerade die unlösbare demokratische Antinomie zwischen Universalität und Partikularität ist, die als gleichermaßen paradoxer wie konstitutiver ›Rahmen‹ die Herrschaft des Volkes nicht nur der Beliebigkeit entreißt, sondern ebenso allen populistischen Instrumentalisierungsversuchen widersteht, denen eine ›Demokratie ohne jede Wahrheit‹ unterliegen müsste. Damit soll die Demokratie als ein Diskurs transparent gemacht werden, der entlang der Dichotomie von ›wahr‹ und ›falsch‹ nicht zu erfassen ist. Stattdessen ist zu zeigen, dass die normativen Ansprüche der Demokratie ihre Charakteristik aus einer komplexen

---

[1] Eine sehr stark gekürzte Fassung des vorliegenden Beitrags ist 2019 in der Zeitschrift *Amos international* erschienen. Siehe Hidalgo (2019a).

›Anwesenheit‹ der widersprüchlichen demokratischen Prinzipien in ihrer ›Abwesenheit‹ beziehen.

2. Demokratie, normativer Pluralismus und universaler Horizont

Dass Theorie und Praxis der Demokratie mit einem epistemischen Pluralismus verknüpft sind, hat sich im Laufe der Politischen Ideengeschichte kontinuierlich bestätigt. Schon die antike Volksherrschaft lässt sich als Emanzipationsbewegung von feststehenden metaphysischen Maßstäben auffassen, welche nicht nur den Fokus weg vom göttlichen (Natur-)Gesetz und hin zur freien Entscheidung des ›Demos‹ als Grundlage für die Geltung von Normen verlegte (Meier 1983: 275-325), sondern die zugleich das »Könnensbewusstsein« des Volkes dokumentierte, als Subjekt (statt Objekt) der Geschichte das politische Zusammenleben autonom zu regeln (ebd.: 435-499). In ihrem an der Antike orientierten Verständnis des Politischen betonte deswegen Hannah Arendt (1999, 2019) die zentrale Bedeutung von Kontingenz und Ambivalenz als Hauptmerkmal des (kollektiv-demokratischen) Handelns, dessen Dynamik sich grundsätzlich von verabsolutierten, epistemischen wie normativen Wahrheitsansprüchen gelöst hat. Wer daher »nichts will als die Wahrheit sagen, steht außerhalb des politischen Kampfes, und er verwirkt diese Position und die eigene Glaubwürdigkeit, sobald er versucht, diesen Standpunkt zu benutzen, um in die Politik selbst einzugreifen« (Arendt 2019: 86). Zugleich macht Arendts in diesem Zusammenhang geäußerte Kritik an Platon (sowie mit Abstrichen auch an Hobbes oder Hegel) deutlich, dass theoretische wie praktische Ansätze, die das Politische gleichwohl auf ein unverrückbares moralisch-metaphysisches Fundament verpflichten wollen, undemokratischer kaum sein könnten.

Wer es wie etwa Carl Schmitt, Alain Badiou[2] und andere dennoch auch fürderhin versucht hat, die Kluft zwischen ›Wahrheit‹ und ›Demokratie‹ zu schließen, konnte dies allen begriffspolitischen Winkelzügen zum Trotz niemals überzeugend leisten, ohne den eigentlichen ›Rahmen‹ der Demokratie zu verlassen. Das Diktum von Hans Kelsen, das die unvermeidliche Distanz der Demokratie zu allen überpositiven Norm- und Wahrheitsansprüchen unterstreicht, ist daher bis zum heutigen Tag wie ein (paradoxes) Manifest der demokratischen Idee als solcher zu lesen.

---

2 Zur gleichwohl möglichen Einordnung Badious als Theoretiker ›radikaler‹ Demokratie siehe Hollendung (2019).

Wenn die Frage nach dem, was sozial richtig, was das Gute, das Beste ist, in einer absoluten, objektiv gültigen, für alle unmittelbar verbindlichen [...] Weise beantwortet werden könnte: dann wäre die Demokratie schlechthin unmöglich. Denn was könnte es für einen Sinn haben, über eine Maßnahme, deren Richtigkeit über allem Zweifel erhaben feststeht, abstimmen und die Mehrheit entscheiden zu lassen? Was könnte es gegenüber der Autorität des absolut Guten anderes geben als den dankbaren und bedingungslosen Gehorsam? (Kelsen 2006: 236)

Jene von Kelsen hypostasierte und radikalisierte Position verlangt nicht nur im Sinne von Hannah Arendt, die Bereiche von Wahrheit und Politik/Demokratie getrennt zu halten, sondern insistiert überhaupt auf der Unmöglichkeit, im Bereich des Sozialen eine allgemein verbindliche ›Wahrheit‹ formulieren zu können. Der epistemische und normative Pluralismus avanciert dadurch zur Konstitutionsbedingung der Demokratie schlechthin, was sich theoretisch in der verstärkten Herausbildung radikaler und agonaler Erklärungsansätze,[3] politisch im Mehrparteiensystem und dem permanenten Nebeneinander politisch legitimer Alternativen sowie moralphilosophisch in der Toleranz als Basistugend der demokratischen Bürger:in niederschlägt. Soziologisch betrachtet korrespondiert mit einem solchen (Werte-)Pluralismus zudem die Säkularisierung und Ausdifferenzierung der Gesellschaft, ein Aspekt, den insbesondere Niklas Luhmann stark gemacht hat, indem seine Theorie der sozialen Systeme von der Ablösung des traditionellen, religiösen, stratifikatorisch und hierarchisch organisierten Gemeinwesens durch die moderne, egalitäre, sozial ausdifferenzierte und demokratische Gesellschaft ausgeht.[4] Ideengeschichtlich flankiert wurde diese Entwicklung vom *linguistic turn* in der Philosophie

---

3 Für einen Überblick über das breite Spektrum an radikalen Demokratietheorien siehe vor allem das einschlägige Handbuch von Comtesse et al. (2019), das so illustre Namen wie Claude Lefort, Jacques Rancière, Etienne Balibar, Miguel Abensour, Judith Butler, Bonnie Honig oder Chantal Mouffe unter diesem Begriff subsumiert. Mit Blick auf weitere Überblickswerke zu normativen Demokratietheorien (z. B. Lembcke et al. 2012) kann hier mit Fug und Recht davon gesprochen werden, dass der Zweig der radikal-pluralistischen Demokratietheorien die theoretische Reflexion des Gegenstands mittlerweile dominiert.
4 Vgl. Luhmann (1971, 2002: 94-97). Explizit betont Luhmann die »Aporie«, dass die Demokratie zum einen »universelle Anerkennung« als »Norm für politische Systeme« beanspruche, zum anderen jedoch berechtigte »Zweifel« an ihrer »Möglichkeit« im wörtlichen Sinne bestehen. Deswegen will er sich darauf beschränken, »begreiflich zu machen, weshalb und in welchem Sinne gerade bei hoher Komplexität« (das heißt bei sozialer Ausdifferenzierung und Wertepluralität) »Demokratie zur Norm wird« (Luhmann 1971: 35f.).

und Metaphysik sowie der postmodernen und poststrukturalistischen Infragestellung bis dato geltender epistemischer und normativer Maßstäbe. Falls letztere infolgedessen nicht gänzlich abzulehnen sind, werden sie doch zumindest pluralisiert, wohingegen die Möglichkeit eines Fixpunktes, von dem aus ein allgemein verbindlicher, *universaler* Wissens- und Legitimitätsanker zu gewinnen wäre, entfällt.

Allerdings haben sogar die Vertreter von radikalen, pluralistischen Demokratietheorien fast durchweg registriert, dass die moderne Volksherrschaft in ihren Verfahrensweisen und Entscheidungen auf die Geltung von (universalen) Normen sowie die daraus resultierenden verfassungsrechtlichen und/oder moralischen Begrenzungen der Volkssouveränität angewiesen ist, um nicht zum Spielball für Populisten und Extremisten zu werden. Ohne dies hier ausführlicher zu belegen, ließe sich zeigen, dass die Demokratie sowohl in ihren postmodernen und poststrukturalistischen, als auch ihren postkolonialen und anderweitig differenzsensiblen Lesarten zwar das Vertrauen in epistemische und normative Maßstäbe der ›Wahrheit‹ insgesamt erschüttert hat, sofern die dahinterstehenden Machtstrategien und Begriffspolitiken freigelegt werden konnten; die einschlägigen Ansätze haben die Demokratie selbst jedoch keineswegs normativ entkleidet.[5] In den politiktheoretischen Denkbewegungen bei Autor:innen wie Jacques Derrida, Jean-François Lyotard, Gayatri Spivak oder Stuart Hall nimmt die Demokratie vielmehr unverändert eine normative Schlüsselstellung ein, die den genannten Ansätzen performativ zu widersprechen scheint, sich bei näherem Hinsehen jedoch als geradezu unerlässlich erweist. Versucht wird in den einschlägigen Theorieansätzen lediglich, die konzedierte Normativität und Legitimität der Demokratie nicht dadurch zu unterhöhlen, dass Definitionen und Aneignungen des Demokratie*begriffs* den Respekt vor der generellen Offenheit, Vorläufigkeit und Unvollkommenheit aller demokratischen Praxen aushebeln, egal, ob die Volksherrschaft in diesem Zusammenhang als »démocratie à vénir« (Derrida), Politik des Widerstreits (Lyotard), als »Pharmakon« (Spivak) oder als »unvollendeter Prozess« (Hall) tituliert wird. Gemeinsam ist solchen Positionierungen, dass sie sich als aufgeschlossen erweisen, wie stark sich die Idee der Demokratie einzig gegen jede ethisch-normative *Vor*entscheidung sträubt, deren Zustandekommen demokratietheoretisch stets zweifelhaft bleiben muss. Dies

---

5 Siehe dazu Hidalgo (2014: Kap. 3.6). Analog hat vor allem Marchart (2010) das zumindest ›politische‹ Gründungsmoment in Differenztheorien der Demokratie herausgearbeitet, wie sie von ›postfundamentalistischen‹ Autoren wie Nancy, Lefort, Badiou, Laclau und Agamben vertreten werden.

dispensiert die (pluralistische) Demokratie mitsamt den Ergebnissen ihrer Entscheidungsmechanismen zwar nicht von der ihnen innewohnenden Ambivalenz, bewahrt sie jedoch vor Beliebigkeit sowie dem klassischen Vorwurf, ein Euphemismus für das ›Recht des Stärkeren‹ zu sein.

Angesichts solcher und weiterer Überlegungen zählt es Ernesto Laclau zu den unauflösbaren Aporien der Demokratie, sich auf der einen Seite universalen Normdiktionen zu verweigern, um auf der anderen Seite eine solche universale Dimension (insbesondere in Form eines ›Horizonts‹ der Menschenrechte) als ›Fluchtpunkt‹ zu verlangen. Denn die epistemische und normative Verpflichtung der Demokratie gegenüber dem »Partikularen« und »Pluralistischen« provoziere im Gegenzug einen »konstitutive[n] Mangel, der das Partikulare unaufhörlich dazu zwingt, mehr als es selbst zu sein«, sprich: »eine universale Rolle anzunehmen«. Letztere bleibe jedoch ihrerseits »prekär und unvernäht« und sei entsprechend so zu deuten, dass sich »demokratische Politik« entlang der erwähnten Aporie zwischen Universalität und Partikularität manifestiert (Laclau 2007: 41). Die »Annahme eines reinen Partikularismus« und Pluralismus sowie der fehlende »Appell an eine transzendierende Universalität« stürze die Demokratie hingegen in »Segregationismus« und »Selbstapartheid« und sei mithin als »selbstzerstörerische Unternehmung« zu interpretieren (Laclau 2007: 53, 60).

Diese Aporie, die wie soeben erwähnt das Grundproblem der radikalen und differenzorientierten Demokratietheorie insgesamt erfasst, avanciert bei Laclau schließlich zur eigentlichen Bedingung der Möglichkeit der ›Volksherrschaft‹:

> Totalität ist unmöglich und wird zugleich vom Partikularen erfordert: In diesem Sinn ist sie im Partikularen als das gegenwärtig, was abwesend ist […]. Genau aus diesem Grund kann es demokratische Politik geben: Eine Abfolge finiter und partikularer Identitäten, die eine universale Aufgabe zu übernehmen versuchen, die über sie hinausgeht; die aber folglich niemals in der Lage sind, die Distanz zwischen Aufgabe und Identität zu überdecken und die jederzeit durch alternative Gruppen ersetzt werden können. Unvollständigkeit und Vorläufigkeit gehören zur Essenz der Demokratie. (Laclau 2007: 41)

Die Demokratie, die sich nicht nur aufgrund ihrer historischen Entwicklung, sondern auch ihrer Theorie und Praxis nach gegen universale Wahrheitsansprüche wendet, ist folgerichtig ihrerseits nicht jenseits der Universalität zu denken. Dies zeigt selbstredend einen inneren Widerspruch der Demokratie als solcher an, der nicht nur mit ihrer eigenen »Unvollständigkeit und Vorläufigkeit« korrespondiert, sondern der genauso wenig in ihrer theoretischen Reflexion vernachlässigt werden darf. Bezeichnenderweise gelangt deswegen auch die an Habermas' »epistemischen Optimismus«[6] angelehnte Auseinandersetzung von Julian Nida-Rümelin mit der Frage nach »Demokratie und Wahrheit« zu einem letztlich sehr ähnlichen Spagat zwischen ›universaler‹ philosophischer und ›partikularer‹ politischer Vernunft, wobei die Herstellbarkeit eines demokratischen Konsenses der Einfachheit halber als ›Wahrheit‹ der Demokratie gedacht wird. Eine »Einheit« von Universalität und Partikularität ergibt sich bei Nida-Rümelin (der bei dieser Gelegenheit zusätzlich Rawls' aporetischen »Integrationsversuch« zwischen universalem Liberalismus und partikularem Kommunitarismus aufgreift) dennoch nur in der »Lebenswelt« der Demokratie, ohne dass der Gegensatz in der ›Theorie‹ zu lösen wäre. Gleiches gilt für die »Verteidigung von Freiheit und Gleichheit« als dem seinerseits widersprüchlichen normativen Gerüst der Demokratie, das bei Nida-Rümelin (2006: Kap. 1 III bis VI, Kap. 2, Kap. 4 VII) in »Balance« zu halten ist.

Aus durchaus sehr unterschiedlichen (demokratie-)theoretischen Richtungen drängt sich somit ein Widerspruch zwischen Universalität und Partikularität im Hinblick auf den ›Wahrheitsanspruch‹ der Demokratie förmlich auf. Dieser Befund aus Abschnitt 2 soll in den weiteren Abschnitten vertieft werden.

3. Selbsttranszendierung, Autoimmunität und Strukturdefekte der Demokratie

Indem die Demokratie mit Laclau und anderen nicht ohne Bezug zur Universalität bleiben darf, wenn sie nicht in ein ›selbstzerstörerisches‹ Unternehmen münden soll, ist sie angesichts ihrer parallelen Affinität zu Pluralität und Partikularität unweigerlich dazu gezwungen, ›mehr‹ zu sein, als sie eigentlich sein dürfte. Dass sich die Demokratie infolgedessen selbst permanent in Richtung einer (unmöglichen) Universalität transzendiert, macht sie im Gegenzug allerdings nicht etwa zu einer eigenen Form der Religion/der religiösen Autorität. Ihre Dynamik führt die Demokratie hingegen dazu, über ihre inhärente Partikularität und normative Unsicherheit hinauszuweisen, ohne sie abstreifen zu können.

Als Kehrseite jener aporetisch bleibenden Selbsttranszendierung der Demokratie ist insofern ihre unabweisliche *Autoimmunität* zu nennen (Derrida 2006: 54ff.). Weil sich ›demokratische‹ Entscheidungen, die qua

---

6 Dazu auch die nochmalige Klarstellung bei Habermas (2008).

Mehrheitsprinzip oder auch Konsens erfolgen, paradoxerweise *gegen* die Demokratie bzw. den demokratischen Rechtsstaat richten und ihre bzw. seine Werte und Prozeduren aushebeln können, trägt und behält eine der Partikularität und Pluralität verpflichtete Volksherrschaft den Keim zu ihrer Selbstzerstörung stets in sich. In den Worten Hans Kelsens (2006: 237): »Eine Demokratie, die sich gegen den Willen der Mehrheit zu behaupten, gar mit Gewalt sich zu behaupten versucht, hat aufgehört, eine Demokratie zu sein. Eine Volksherrschaft kann nicht gegen das Volk bestehen bleiben.« Zwar rechtfertigt die Selbsttranszendierung der Demokratie durchaus eine verfassungsrechtlich fixierte, an universalen Normen wie Menschenrechten und Menschenwürde ausgerichtete Beschneidung der Verfügungsgewalt des Volkes bzw. seiner Repräsentanten, wodurch das rein formalrechtliche, funktionale Verständnis der Volksherrschaft im Sinne von Kelsens konsequentem Positivismus und normativem Relativismus zu überwinden wäre. Doch ist im Umkehrschluss nicht zu übersehen, dass die Inanspruchnahme ›höherer‹, überpositiver Werte, mit denen dann sogar ›nicht-demokratische‹ Mittel wie ein Parteienverbot, die Regulierung der Meinungs- und Versammlungsfreiheit usw. zum (Selbst-)Schutz der Demokratie legitimierbar werden, unvermeidlich einen ›äußeren‹, verallgemeinernden Maßstab an die Volksherrschaft anlegen würde, welcher der Prämisse ihrer Pluralität und Partikularität widerspricht (Derrida 2006. 56ff.). Hieraus folgt nicht, dass die Demokratie sich nicht effizient gegen ihre inneren Feinde zur Wehr setzen könnte und dürfte. Doch gilt es in diesem Zusammenhang zugleich anzuerkennen, dass eine solche Justierung demokratieerhaltender Maßnahmen auf nicht-demokratischem Wege am Ende einer Quadratur des Kreises gleicht. Eben deswegen drohen ›wehrhafte‹ Demokratien die Volksherrschaft buchstäblich ›zu Tode‹ zu schützen – und es existiert kein intersubjektiv verbindlicher und konsistenter Ausweg aus dem besagten Dilemma.[7]

Wie sehr die zwangsläufig defizitäre, ja autoimmune Demokratie die negative Kehrseite ihrer parallel stattfindenden Selbsttranszendierung darstellt, wird dadurch verdeutlicht, dass die Volksherrschaft der *Selbst*zerstörung überhaupt erst ausgesetzt ist, wenn sie ihre Prinzipien in bitterer Konsequenz auch auf das ›Nicht-mehr-Demokratische‹ ausdehnt. Analog zum Demokratieverständnis, das Jean-François Lyotard in seiner Schrift *Der Widerstreit* entfaltet hat, muss die Demokratie somit einerseits als ein *partikularer* politischer Diskurs unter vielen anderen Politiken gelten,

---

7 »Das bedeutet, dass sich die Demokratie schützt und erhält, indem sie sich beschränkt und damit selbst bedroht« (Derrida 2006: 59).

der andererseits zu einem im Grunde unmöglichen (*universalen*) ›Meta-Diskurs‹ avanciert. Als partikulare Politik steht die Demokratie mit nicht-demokratischen Diskursen zwar im Konflikt,[8] bietet diesem Konflikt jedoch zugleich einen ›Rahmen‹, einen Modus der Austragung an,[9] was sie die eigene Partikularität einsichtig übersteigen lässt, umso mehr, als sie den Konflikt eben deswegen zu ›verlieren‹ droht, wenn sie sich selbst ›treu‹ bleibt (und auf eine Zuhilfenahme nicht-demokratischer Mittel verzichtet). Als konstitutiver Rahmen für die Pluralität der politischen Diskurse und somit als Manifestation des Widerstreits ist die Demokratie *mehr* als Vielheit und stimmt eben vor dem Hintergrund der in ihr virulenten, tendenziell selbstzerstörerischen Konflikte mit sich selbst überein. Eine Gleichsetzung der Demokratie mit Pluralität und Partikularität würde es hingegen versäumen, jenes Moment der Übereinstimmung/der Einheit der (widersprüchlichen) Demokratie mit sich selbst zu registrieren.

Theoretische Reflexionen über die Demokratie kommen mithin nicht darum herum, die Aporie, dass die Volksherrschaft zwischen Universalität und Partikularität, Selbsttranszendierung und Autoimmunität oszilliert, zu akzeptieren. Anstatt solche und andere Paradoxien auflösen zu wollen, scheint es angebracht, in ihnen das eigentliche Erkennungs- und Alleinstellungsmerkmal der Demokratie zu vermuten. Denn indem die Aporie offensichtlich nicht aufzuheben ist, kommt ihr ein konstitutiver Charakter für die ›Substanz‹ der Demokratie zu, was wiederum eine Art der *Balance* zwischen ihren widersprüchlichen Polen verlangt, das heißt ein *sowohl als auch* anstatt eines *entweder oder*.

Bei näherem Hinsehen ist hier jedoch beileibe nicht nur eine womöglich ›undemokratisch‹ votierende Mehrheit dazu geeignet, die Volksherrschaft intern zu unterlaufen. Abgesehen vom *Majoritätsprinzip* bzw. von den (Gegen-)Maßnahmen zur Sicherung der ›Wehrhaftigkeit‹ der Demo-

---

8 Nach Lyotard sind *alle* »Gestalten der Politik« – also auch die »demokratische Deliberation« – zugleich »Hegemonien von Diskursarten«, indem »eine [politische] Diskursart – ganz gleich welche – die anderen ausschließt« (Lyotard 1987: 236). Auch die Demokratie umfasst damit ein hegemoniales Projekt, das sich gegen andere Politikformen behauptet und das sich ebenso wie andere Politiken der Aporie zu stellen hat, dass eine konsistente [demokratische] »Legitimation der Autorität« letzten Endes unmöglich ist (ebd.: 237).

9 Infolge der in der Demokratie erreichbaren ›Einigkeit‹ über die diskursive Regelung (nicht Lösung) von politischen Konflikten, »exponiert« sich nach Lyotard in der »deliberativen, der beratenden Politik, in der Politik der modernen Demokratien [...] ein Widerstreit, obwohl der transzendentale Anschein einer alleinigen Zweckmäßigkeit, die ihn meistern würde, ihn fortwährend vergessen und erträglich macht« (Lyotard 1987: 245).

kratie können sich stattdessen auch (alle) andere(n) gängige(n) Prinzipien der Demokratie unter Umständen gegen sie selbst richten. Dies wäre z. B. der Fall, wenn *Freiheit* exklusivistisch zum Privileg der sozial Höhergestellten degeneriert oder *Gleichheit* umgekehrt für eine illiberal-autoritäre Form der Volksherrschaft instrumentalisiert wird; wenn Lobbygruppen und Machtkartelle das an sich legitime Prinzip der *Repräsentation* zur Aushebelung der *Volkssouveränität* forcieren oder aber im Gegenzug die Idee des souveränen Volkes alle repräsentativen Verfahren (sowie rechtsstaatlichen Bindungen) der politischen Macht konterkariert; wenn eine pluralistisch-multikulturell verfasste Gesellschaft ihren *sozialen Zusammenhalt* bzw. eine geteilte kollektive Identität verliert bzw. letztere vice versa zur Unterdrückung der gesellschaftlichen *Vielheit* dient; wenn *individuelle Rechte* und Garantien im Namen der *Gemeinschaft* verletzt werden oder aber der (moderne) Fokus auf das (nach seinen rationalen Interessen handelnde) Individuum Solidarität und gemeinwohlorientierte Ziele verunmöglicht; und wenn schließlich die *Universalität* der Demokratie zu einem gewaltsamen Export demokratischer Prinzipien einlädt bzw. im Gegenteil das Pochen auf die *Partikularität* und Eigenständigkeit jeder (realen) Demokratie einen normativen Ausverkauf bewirkt, der einem Etikettenschwindel gleichkommt. Die genannten Schieflagen, die von Populisten und Autokraten genutzt werden, um (tendenziell) undemokratische (oder besser: ›nicht mehr‹ demokratische) Regime mit dem Legitimitätsgehalt der traditionellen Demokratieidee zu versorgen, resultieren auf je eigene Weise aus einer Vereinseitigung und Verabsolutierung der kursiv gesetzten demokratischen Prinzipien, die sich allesamt in einem unlösbaren Spannungsverhältnis zueinander befinden.

Die hiervon indizierten inneren *Strukturdefekte*[10] sind jeder Demokratie inhärent und werden aktualisiert, wann immer die angeführten demokratischen Prinzipien die Balance zu ihrem Gegenprinzip torpedieren, also Gleichheit *ohne* Freiheit, Volkssouveränität *ohne* Repräsentation, Majorität *ohne* Rechtsstaatlichkeit, Einheit *ohne* Pluralität, Gemeinschaft *ohne* Schutz

---

10 Ausführlich hierzu Hidalgo (2018a: 36-48) sowie Hidalgo (2019b). In dieser Hinsicht lässt sich demonstrieren, dass insbesondere der Populismus sowie eine postdemokratische Verkürzung der Demokratie geradezu spiegelbildliche Strukturdefekte der Demokratie bedeuten, die aus einer Aufhebung *aller* genannten notwendigen Aporien und Spannungsmomente innerhalb der Volksherrschaft resultieren. Siehe hierzu auch den Ausblick in Abschnitt 6. Ein weiterer Strukturdefekt der Demokratie, der vor diesem Hintergrund rekonstruierbar wird, ist ein Mangel an Nachhaltigkeit und ökologischer Zukunftsorientierung (vgl. Hidalgo 2018a: 48-52; Hidalgo 2019b: 270f.).

individueller Interessen und Ansprüche, Partikularität *ohne* Universalität entsteht oder jeweils umgekehrt. Jene potenziellen Defekte der Demokratie erhärten die Auffassung, dass es bei der demokratischen Idee zuallererst um das Aushalten von Widersprüchen sowie die Herstellung und Wahrung von Balancen zwischen ihren gegensätzlichen Polen geht. Unter dieser Bedingung entfaltet die fragile, von Selbstzerstörung bedrohte Demokratie im Gegenzug das Potenzial, tatsächlich ›mehr‹ zu sein als ein politisches Regime unter vielen und fließt, wie noch auszuführen ist, exakt aus ihren unauflösbaren Spannungen und Gegensätzen ihre eigentliche Normativität und Legitimität heraus.

4. Das Konzept der demokratischen Antinomien

Dass die Demokratie angeblich zu den »essentially contested concepts« (Gallie 1956) zählt, für deren Definition und Applikation sich keine einheitlichen Standards herausgebildet haben, wird oft als unmissverständliche Absage an eine epistemische und normative Dimension des Demokratischen interpretiert. Tatsächlich verfängt sich jede theoretische Auseinandersetzung mit der Demokratie in dem bereits von Jean-Jacques Rousseau (1996: 324) oder auch von Robert Michels' ›ehernem Gesetz der Oligarchie‹ lancierten Diktum, dass es eine ›Volksherrschaft‹ im strengen Sinne des Wortes gar nicht geben kann, weil dies der notwendig hierarchischen Organisation und Verfassung eines Herrschaftsverbands widerspricht. Eine kritische, unvoreingenommene Analyse der Demokratie wird deswegen stets (auch) ihre Unzulänglichkeiten und ›gebrochenen Versprechen‹ aufdecken, beispielsweise, was den realen Abbau von Ungleichheiten und Ungerechtigkeiten oder die umfassende Implementierung von Partizipationschancen in Staat und Gesellschaft betrifft (Bobbio 1988, Zolo 1998). Etwas Ähnliches ist über den Umstand zu sagen, dass die Demokratie, die – insbesondere im Zeitalter der globalen Migration – zum einen überzeugend als permanente, grenzenlose Inklusionsbewegung zu denken ist (z. B. Balibar 1993, Derrida 2002, 2003, Carens 2013, Cassee 2016), zum anderen die Option behalten muss, Grenzen zu setzen, will sie ihre politische Handlungsfähigkeit nicht verlieren (z. B. Walzer 2006: Kap. 2, Miller 2007, Nida-Rümelin 2017). Darüber hinaus erhellt bereits Alexis de Tocquevilles *De la démocratie en Amérique* (1987), dass sogar die beiden zentralen, gemeinhin anerkannten normativen Grundprinzipien der Demokratie – Freiheit und Gleichheit – einen fundamentalen, der Sache nach unauflösbaren »Zielkonflikt« (Schmidt 2010: 113) beschreiben, insofern die Akzeptanz individueller und sozialer Freiheit stets (neue) Hierarchien verursachen wird, während die Gewährleistung von gesellschaftlicher ›Gleichheit‹ und Gleichberechtigung ohne sozial- und wohlfahrtsstaatliche Eingriffe (und damit Freiheitseinschränkungen) ins Leere laufen würde. Solche und ähnliche theoretische wie praktische ›Unzulänglichkeiten‹ können zwar das Vertrauen in die Demokratie erschüttern, die in sie gesetzten normativen Hoffnungen und Erwartungen zu erfüllen. Eine aufwendige genealogische Betrachtung gibt jedoch Aufschluss darüber, dass sich die unter dem Demokratiebegriff subsumierbaren Gegensätze[11] zumindest wechselseitig die Waage zu halten vermögen. Im Ganzen wird die Demokratie dadurch als historisch gewachsene Idee sichtbar, deren überambitionierter, selbsttranszendierender Anspruch politisch eigentlich Unvereinbares zusammenfügen will. Dies erklärt, warum eine Demokratie niemals eindeutig definierbar ist, sondern in legitimer Manier auf gegensätzliche Weise interpretier- und gestaltbar bleibt. Die Demokratie ist dadurch zwar in ihren Kernbereichen und, wenn man so will, ›Essenzen‹ umstritten, doch lassen sich an ihren Rändern dennoch klare Konturen aufzeigen, die den unlösbaren Streit in der Demokratie anschaulich verorten, sprich: die Fragen und Problemkreise adressieren, um die sich die politischen Auseinandersetzungen in einer Demokratie permanent drehen.

Konkret ist dazu aus der Ideen-, Begriffs- und Theoriegeschichte zu ersehen, dass die dort nachweisbaren semantischen Bedeutungszuschreibungen ein Netz aus unlösbaren Widersprüchen aufspannen, die den Demokratiebegriff insgesamt als Konzept ausweisen, das Unvereinbares vereinbaren will. Über die generelle Umstrittenheit politischer Begriffe hinaus verlängern sich dadurch gegensätzliche normative Ansprüche in das Demokratiekonzept hinein und sind unter diesem folgerichtig in legitimer Manier subsumierbar. Bezeichnenderweise hat das Demokratiekonzept im Laufe seiner wechselhaften Entwicklung gerade diejenigen widersprüchlichen Semantiken auf einen/ihren Nenner gebracht, die in Abschnitt 3 für die Identifikation von *Strukturdefekten* der Volksherrschaft hilfreich waren: Gleichheit vs. Freiheit (1), Volkssouveränität vs. Repräsentation (2), quantitatives (Mehrheits-) vs. qualitatives (Rechtsstaats-)Prinzip (3), soziale Einheit vs. Pluralität (4), Gemeinschaftsverantwortung vs. individuelle Ansprüche (5) sowie einmal mehr Universalität vs. Partikularität (6) (Hidalgo

---

11 Für eine umfassende Rekonstruktion der Geschichte des Demokratiebegriffs siehe z. B. Keane (2009) und Nolte (2012), die Entwicklung der Demokratie als politischer Grundbegriff wird nachgezeichnet bei Meier et al. (2004).

2014: Kap. 3).[12] Folgerichtig kreist die theoretische wie praktische Debatte über die Demokratie seit ihren expliziten Anfängen in der griechischen Antike bis in die Gegenwart um die genannten Gegensätze, ohne dass eine Entscheidung, welcher der genannten Pole die Demokratie jeweils ›authentischer‹, ›adäquater‹ oder ›legitimer‹ abbildet als sein Pendant, intersubjektiv nachvollziehbar zu treffen wäre. Dies leuchtet auch deswegen unmittelbar ein, weil sich weiter oben schon enthüllt hatte, dass jede *Aufhebung* eines der sechs Spannungsmomente durch die Verabsolutierung eines Poles zulasten des anderen die autoimmunen Schattenseiten der Demokratie zutage fördert, die sich dadurch in eine illiberale (Pseudo-)Demokratie, eine Tyrannei der Mehrheit, eine totalitäre Art der Volksherrschaft, eine desintegrierte Gesellschaft usw. verwandeln würde. Um derartigen Strukturdefekten der Demokratie zu entgehen, kommt es also darauf an, zu vermeiden, dass die skizzierten Gegensätze einseitig aufgelöst werden.

Hieraus ergibt sich die Plausibilität, letztere als ›Gegengesetze‹ oder ›Antinomien‹ des Demokratiebegriffs zu erfassen. Mit der Applikation des Antinomie-Begriffs zur Bezeichnung der normativen Widersprüche, die das Demokratiekonzept seit seiner Entstehungsgeschichte konturieren, wird dem Umstand Ausdruck verliehen, dass es sich um dezidiert *unaufhebbare* Gegensätze und Paradoxien handelt – zwar nicht gemäß der strengen Regeln der philosophischen Logik,[13] wohl aber im Hinblick darauf, dass die gegensätzlichen Pole der Demokratie eine gleichberechtigte Legitimität anzeigen, eben weil sie sich nicht im Sinne Hegels in eine konsistente, theoretisch modellierbare, auf höherer Ebene angesiedelte Synthese überführen lassen.[14] Möglich und authentisches Merkmal jeder Demokratie ist es lediglich, den widersprüchlichen Normen und Prinzipien *parallel* Geltung zu verschaffen, da wie gesagt nicht zu entscheiden ist, welcher Pol jeweils ›wahrer‹ oder ›falscher‹ für die Demokratie ist als der andere. In der

---

12 Diese Liste erhebt keinerlei Anspruch auf Vollständigkeit. Inwieweit noch zusätzliche Strukturdefekte und Antinomien der Demokratie feststellbar sind, muss der weitere demokratietheoretische Diskurs klären.

13 Zur grundsätzlichen Unterscheidung zwischen semantischen und (formal-)logischen Antinomien, wie sie vor allem von Bertrand Russell diskutiert wurden, siehe von Kutschera (1971) und Lorenz (2005).

14 Zu den (vier) semantischen Antinomien bei Kant, deren Pole sich jeweils gegenseitig logisch ausschließen und die deswegen in eine *Kritik der reinen Vernunft* münden, siehe Kant (1911: 426-461). Zur Verwendung des Antinomie-Begriffs zur Kennzeichnung von unauflösbaren Widersprüchen im Rahmen des historisch-semantischen Diskurses über die Demokratie jenseits eines metaphysisch-transzendentalen Argumentationsgehalts siehe z. B. Müller (2002), Derrida (2006: 58) und Marchart (2010: 332).

demokratischen Praxis führt dies, wie schon im Abschnitt 2 gesehen, bestenfalls zu einer Art *Balance*[15] zwischen den mindestens sechs Antinomien, die jedoch keinesfalls mit einer simplen Schnittmenge zu verwechseln ist. Stattdessen lässt sich vor dem Hintergrund der demokratischen Antinomien ein Diskurs*rahmen* aufspannen, in dessen Konturen sich Demokratien in der Praxis weitgehend offen und flexibel sowie mit unterschiedlichen Schwerpunktsetzungen realisieren. ›Demokratische‹ Entscheidungen pro Gleichheit *oder* Freiheit, Volkssouveränität *oder* Repräsentation, Individuum *oder* Gemeinschaft, gemäß qualitativem Rechtsstaats- *oder* quantitativem Mehrheitsprinzip usw. oszillieren in diesem Zusammenhang um ein ›leeres Zentrum‹ im Sinne Claude Leforts (1990). Die politische Vielheit der Meinungen und Positionen gelangt dabei zur (symbolischen) Einheit, indem die jeweils (unterlegene) Gegenposition als grundsätzlich legitim anerkannt wird und so für die (alternative) Zukunft eine Option bleibt.

Die genannten antinomischen demokratischen Prinzipien spiegeln sich konsequenterweise in einer weitgehend variablen Ausgestaltung von empirischen Demokratien wider, ohne dass die den Diskursrahmen der Demokratie aufspannenden, eng miteinander verwobenen Gegensätze als solche aufgelöst werden dürften. Dies heißt beispielsweise, dass selbst eine grundsätzlich auf Gleichheit ausgerichtete, sozialstaatlich verfasste Demokratie das freie, marktwirtschaftliche Spiel der individuellen Interessen und sozialen Kräfte nicht eliminieren darf (1); dass trotz der evidenten Legitimität von Referenden, Bürgerinitiativen etc. die repräsentativen Verfahren, Organe und Institutionen der Demokratie nicht abzuschaffen sind, sofern die organisierte Interessensvertretung nicht das klassische demokratische Prinzip *one (wo)man, one vote* zerstört (2); dass jede plausible Maßnahme, die getroffen wird, um die ungebremste Verfügungsgewalt des Volkes durch qualitative Normen, Werte und rechtsstaatliche Bindungen zu begrenzen, das Prinzip des Mehrheitsentscheids oder gar die ungehinderte öffentliche Diskussion als solche nicht beschädigt (3); dass jedes noch so entschiedene Pochen auf sozialen Zusammenhalt, kollektive Identität und Homogenität des Volkes den pluralistischen Grundcharakter der Demokratie respektiert (4); dass die Belange der Gemeinschaft bzw. die Anforderungen bürgerlicher Solidarität in den garantierten Rechten und Interessen des Einzelnen einen unwiderrufbaren Vorbehalt finden, ohne dass das eine dem anderen prinzipiell übergeordnet wäre (5); schließlich, dass

---

15 Dass sich solche pragmatischen Balancen zwischen den demokratischen Antinomien auch als *Trade-Offs* zwischen konkurrierenden normativen Zielen beschreiben lassen, habe ich an anderer Stelle dargelegt (vgl. Hidalgo 2019b).

jede Demokratie ein einzigartiges, unverwechselbares politisches Gebilde darstellt, obwohl sich die diversen Demokratien trotzdem untereinander ähneln (6). Das Gleiche ließe sich jeweils auch umgekehrt formulieren (1–6).

Jene Koexistenz von antinomischen, normativ gleichberechtigten Ansprüchen an die bzw. in der Demokratie ist theoretisch auf zweierlei Weisen zu unterfüttern: Erstens, indem die im Archiv der Ideengeschichte versammelten Autor:innen wie Tocqueville und Judith Butler (1), Rousseau, Schumpeter, Barber (2), Lefort, Rancière, Derrida, Luhmann (3), Hermann Heller und Hannah Arendt (4) bzw. auch Diskurse wie der Kommunitarismusstreit (5) oder poststrukturalistische und postkoloniale Ansätze der Demokratie (6) sie im Grunde durch die Bank explizit oder implizit bestätigen; und zweitens, indem die ohnehin seltenen, einschlägigen ›Gegenmodelle‹ wie z. B. die unsichtbare Hand bei Adam Smith (5), die ›Gleichursprünglichkeit‹ von Volkssouveränität und Menschenrechten bei Habermas (1–3) oder auch die strikte Verlagerung von Pluralität und Heterogenität auf die außenpolitische Welt bei Carl Schmitt (4) das Dilemma offensichtlich nicht lösen, sondern performativ fortsetzen. Ein weiteres Indiz für die Stichhaltigkeit der Existenz demokratischer Antinomien wird zudem durch die in der Demokratietheorie übliche *Klassifizierung* divergierender Demokratie*typen* transparent, die eine solche binäre Codierung gegensätzlicher demokratischer ›Legitimitäten‹ gleichfalls nahelegt: Auch das (normativ unauflösbare) Nebeneinander von republikanischer vs. liberaler (1), direkter vs. repräsentativer (2), partizipatorischer vs. elitärer (3), konsensueller vs. pluralistischer (4), antiker vs. moderner (5), westlicher vs. nicht-westlicher (6) oder auch deliberativer vs. agonaler (4, 6) Demokratie deutet darauf hin, dass *innerhalb* der Demokratie gleichermaßen legitime normative Dynamiken am Werk sind, die lediglich unterschiedliche (und vorläufig bleibende) Schwerpunktsetzungen erlauben.

Außerhalb des skizzierten Rahmens der demokratischen Antinomien sind hingegen die vielgestaltigen »Entartungsmöglichkeiten« und »Selbstzerstörungen« des Demokratischen anzusiedeln, die vorhin zur Sprache kamen und die dadurch gekennzeichnet sind, wenigstens *eine* der widersprüchlichen Seiten der Demokratie zu *verabsolutieren* und demnach das notwendige Gegenprinzip der jeweiligen Antinomie zu absorbieren.

Die in Abschnitt 2 detailliert skizzierte sechste demokratische Grundantinomie zwischen Universalität und Partikularität bildet nun nicht zufällig eine Art *Fluchtpunkt* der identifizierten fünf weiteren Antinomien der Demokratie, der die davon angesprochenen Gegensätze bis zu einem gewissen Grad in sich aufnimmt:

So verweisen die klassisch liberalen Prinzipien der Repräsentation, der (rechtsstaatlichen) Qualität sowie der individuellen (Grund- und Menschen-)Rechte einerseits auf den universalen Horizont der Demokratie, den alle (modernen) Volksherrschaften miteinander teilen, während die republikanischen Gegenprinzipien der Volkssouveränität, der quantitativen Mehrheitsregel sowie der spezifischen Gemeinschaftsform, die jede konkrete Demokratie verkörpert, das Partikulare, Einzigartige adressieren, das jeder Volksherrschaft allein dadurch anhaftet, dass sich in ihr ein besonderer ›Wille des Volkes‹ artikuliert und aktualisiert. Andererseits ließe sich ebenso umgekehrt argumentieren, dass in der Demokratie das Besondere gerade durch die Rechte des Einzelnen, die Repräsentation unterschiedlicher Interessen sowie den (rechtsstaatlichen) Schutz von Minderheiten zum Ausdruck kommt, während Volksouveränität, Mehrheitsherrschaft und die Orientierung am Gemeinwohl als universale Prinzipien der Volksherrschaft gelten können.

Auch die beiden übrigen antinomischen Chiffren (Gleichheit und soziale Einheit vs. Freiheit und Pluralität) lassen sich wenigstens in ihrer Tendenz dem grundlegenden Gegensatz zwischen Universalität und Partikularität zuordnen, weil die Aspekte der Freiheit sowie der (Werte-)Pluralität in Demokratien nicht nur für deren Vielfalt und unverwechselbaren Eigenheiten stehen, sondern ihrerseits mit einem liberal-universalen Horizont verwoben sind; umgekehrt ist das Prinzip der ›Gleichheit‹ nicht nur das, was in allen realen Demokratien gleichermaßen gilt und sie somit im wahrsten‹ Sinne des Wortes ›gleich‹ macht, sondern die Gleichheit ist im Hinblick auf ihre Reichweite und Charakteristik zugleich politisch höchst umstritten und trennt vor allem das ›linke‹ und ›rechte‹ Lager (Bobbio 1994); schließlich sattelt auch die innere Einheit von Demokratien nicht nur auf universalen Werten, sondern ebenso auf (global betrachtet) partikularen Bindekräften auf, wodurch sie wenigstens in dieser Hinsicht dem Aspekt der (partikular geformten und genormten) Gemeinschaft ähnelt.

Als Zwischenfazit ist an dieser Stelle festzuhalten, dass die evidente Kompatibilität der ›Demokratie‹ mit den genannten widersprüchlichen sechs Prinzipienpaaren eindeutig dafür spricht, dass der Demokratiebegriff sie im Laufe seiner Geschichte als *Antinomien* gleichsam inkorporiert hat. Mit dem Begriff ›Demokratie‹ ist daher heute in erster Linie der diskursive Austragungsort für die dahinter stehenden politischen (Wert-)Konflikte zu konzeptionalisieren. Entlang des hiervon aufgespannten Diskursrahmens sind zugleich die neuralgischen Punkte und Bruchstellen zu illustrieren, die jenen Rahmen im Sinne der in Abschnitt 3 behandelten Strukturdefekte und Selbstzerstörungsmechanismen der Demokratie sprengen.

5. Jenseits der ›Wahrheit‹: Die Normativität der demokratischen Antinomien oder die Anwesenheit demokratischer Ansprüche in ihrer Abwesenheit

Anhand des theoretischen Ansatzes der demokratischen Antinomien lässt sich schlussfolgern, dass die epistemische wie normative Orientierung, welche die Demokratie gewährt, entlang der *Aufrechterhaltung* ihrer Antinomien geschieht. Die starre Dichotomie aus ›wahr‹ und ›falsch‹ erweist sich dabei als denkbar ungeeignet, um eine solche epistemische wie normative Verortung der Demokratie vorzunehmen. Zwar verbürgt der auch hier betonte ›Horizont‹ der Universalität, der über die universalitätsaffinen Pole der demokratischen Antinomien vermittelt wird, nicht nur den Bezug der Demokratie zu ethischen Werten wie den Menschenrechten und befreit sie zugleich vom Verdacht absoluter Beliebigkeit oder gar einem bloßen ›Recht des Stärkeren‹; doch ist der hieraus im Umkehrschluss zu konturierende ›Wahrheitsanspruch‹ der Demokratie einer, der stets nur entlang der ebenso dynamischen wie aporetischen *Relation* zwischen ihren Prinzipien und Gegenprinzipien zu gewinnen ist. Das heißt, die Demokratie *ist* und umfasst ›aufgrund‹ ihrer Antinomien immer auch das, was sie gerade *nicht ist*, als innewohnendes Potenzial politisch also momentan nicht aktualisiert (hat). Das gleichermaßen vage wie dezidierte epistemische Gerüst, das aus der Demokratie entlang ihrer Antinomien abzuleiten ist, bewegt sich infolgedessen jenseits von normativer Überfrachtung *und* verweigerter Normativität. Jene Unentschiedenheit, die das antinomische *Sowohl als auch* paradigmatisch an die Stelle des dezisionistischen *Entweder-oder* rückt, ist dabei in fünf ineinandergreifende Teilaspekte (a–e) aufzufächern:

a) Erstes ist zu betonen, dass der demokratische Diskurs bzw. die in der Demokratie virulenten politischen Kämpfe und Auseinandersetzungen ein signifikant *mäßigendes* Moment enthalten, indem jedes Bemühen der Durchsetzung eigener politischer Ziele im Rahmen der demokratischen Antinomien die grundsätzliche Berechtigung, das jeweilige Gegenziel vertreten zu können, nicht in Abrede stellt. Hieraus folgt, dass in jeder (unvermeidlich) politisch-polemischen Artikulation der *Abwesenheit* des antinomischen Gegenpols zur eigenen politischen Zielvorstellung die normative-ethische (oder auch symbolische) *Anwesenheit* dieses Gegenpols unaufhörlich mitschwingt. Infolgedessen können und müssen politische Projekte in der Demokratie auf eine Weise vorangetrieben werden, die die Existenz legitimer Gegenpositionen toleriert. Die Demokratie steht damit gemäß des antinomischen Ansatzes zwar auf keinem festen normativ-ontologischen Fundament, sie richtet sich aber zumindest gegen die von Richard Rorty (1999) und anderen formulierte Vorstellung *radikaler Kontingenz*, ohne deswegen hinter die von poststrukturalistischen Autor:innen aufgespürten Ambivalenzen, Pluralismen und Partikularitäten zurückzufallen. Anders als z. B. Derridas *démocratie à vénir* oder auch Judith Butlers *Frames of War* (2010) argumentieren, ist das seinen Antinomien verpflichtete Demokratiekonzept zumindest dazu angetan, zwischen normativ Gewolltem und Nicht-Gewolltem, Akzeptablem und Nicht-Akzeptablem zu unterscheiden. Der dafür nötige intersubjektive ›Rahmen‹ ist durch die identifizierbaren demokratischen Antinomien sowie das normative Ziel ihrer *Nicht-Aufhebung* gegeben. Und obwohl jener Rahmen selbst inkohärent, offen und dynamisch bleibt, insofern die Antinomien weder abschließend definierbar noch vor blinden Flecken gefeit sind (und nur das bis dato erreichte Stadium der Genealogie der Demokratie konfigurieren), lässt sich aus ihnen doch eine belastbare normative Orientierung beziehen. Diese ist zwar mit keiner objektiv-neutralen (Außen-)Perspektive auf die Demokratie oder gar einem strengen ›Wahrheitsanspruch‹ zu assoziieren und verlangt mithin, die eigene Position im Rahmen der Demokratie stets mit der Legitimität alternativer (Gegen-)Positionen zu konfrontieren. Sie entsagt ihren normativen Chancen aber ebenso wenig bereits aus dem von Butler dirigierten ›Grund‹, dass sie als Deutungsrahmen vor einer Instrumentalisierung nicht gefeit ist und Anerkennungsfähiges *außerhalb* dieses Rahmens gegebenenfalls (zeitweilig) ignoriert wird. Entsprechend ist die antinomische Demokratie gegen Butler (2010: 42f., 57, 102, 118f., 145) nicht allein *radikal*, sondern auch *liberal* zu denken.

b) Die demokratischen Antinomien laufen auf eine Form der normativen Ethik hinaus, die sich durch ihre unlösbare Spannung zur Politik/zum Politischen auszeichnet. Gemäß ihrer Antinomien ist die Demokratie stets *beides*, »ein politisches Projekt wie jedes andere, das aus sozialen Kämpfen hervorgeht [und] gegen Widerstände durchgesetzt wird«, und gleichzeitig eine Form der normativen Legitimität, mit der sie »sich gewissermaßen selbst aus den Angeln« hebt (Marchart 2010: 332).[16] Demnach fällt die Demokratie einerseits mit den in ihr stattfindenden politischen Auseinandersetzungen zusammen und ist andererseits doch *auch* etwas außerhalb davon, etwas Nicht-Politisches bzw. Ethisch-Normatives, das eben darum die politischen Kämpfe zu regulieren vermag.

---

16 Dazu auch die weiter oben schon geleistete Auseinandersetzung mit Lyotards Demokratieverständnis aus *Le différend*.

(Universale) Ethik und (partikulare) Politik bzw. politische und ethische Normativität stehen sich in der Demokratie konträr gegenüber, sind aber zugleich über ihre antinomische Charakteristik miteinander verbunden. Dies folgt daraus, da sich *politisch*, das heißt anhand der demokratischen Institutionen, Verfahren und Zählweisen, weder der Wille ›des‹ Volkes repräsentieren noch die individuellen und partikularen Interessen von Einzelnen und Gruppen zufriedenstellend abbilden lassen, sie *ethisch-symbolisch* aber – wie unter a) erwähnt – gleichwohl als ›anwesend‹ gelten können. Letzteres hat damit zu tun, dass in der *politischen* Normativität der Demokratie all das seinen Ausdruck findet, was im Konzept der Antinomien tendenziell der Seite des *Partikularen* zuzuordnen ist: (frei entstehende) Hierarchien; (souveräne) Dezisionen im Namen des Volkes, die performativ allerdings nur die Unmöglichkeit demonstrieren, einen echten und unmissverständlichen ›Volkswillen‹ zu generieren; das Prinzip der quantitativen Mehrheitsentscheidung; die Unlösbarkeit politischer Konflikte; sowie schließlich die Besonderheiten jeder konkreten politischen Gemeinschaft bzw. – in der Diktion Oliver Marcharts – »Organisation«, »Parteilichkeit«, »Majorität-Werden«, »Konfliktualität« und »Kollektivität« (Marchart 2010: 342). Das *ethische* Gegengewicht verweist demgegenüber auf den *universalen* Horizont der Demokratie, der zuvorderst aus Gleichheit/Gleichberechtigung, der (unmöglichen) Repräsentation der Vielheit, dem qualitativen Rechtsstaatsprinzip, sozialer Einheit/einer allgemein (und von allen Demokratien) geteilten Identität sowie schließlich individueller Autonomie besteht, den jedoch auch alle anderen antinomischen Pole berühren können, insofern letztere allesamt sowohl politisierbar wie (regulativ) ethisierbar sind. Eine derartige demokratische Ethik, die die (dem Grund nach partikular bleibenden und dennoch kollektiv verbindlichen) politischen Entscheidungen in der Demokratie abfedert, wird hier erkennbar nicht von *außen* an die Volksherrschaft herangetragen, sondern entspricht ihren inneren Widersprüchen. Deutlich wird überdies, dass es ebenso Politiken/politische Partikularitäten gibt, die der symbolischen Anwesenheit einer universalen demokratischen Ethik entbehren und die deshalb als ›nicht-demokratisch‹ klassifizierbar werden.

c) Die *Nicht-Entscheidbarkeit* zwischen den normativ gleichrangigen Prinzipien, die jeweils die Gegenpole der skizzierten demokratischen Antinomien bilden, leiten ein Grundverständnis der Demokratie als politisches, soziales und lebensweltliches *System* an, das primär für eine ausgewogene *Balance* zwischen Freiheit und Gleichheit, Volkssouveränität und Repräsentation usw. Sorge trägt. Über den normativ-ontologischen Status der Prinzipien, die solchen Antinomien zugrunde liegen, ist damit aber noch nichts ausgesagt, wurden sie doch weder aus naturrechtlichen oder anthropologischen Vorgaben noch aus rationalen oder sonstigen Maßstäben her abgeleitet, sondern innerhalb der einschlägigen Ideen- und Begriffsgeschichte schlicht vorgefunden. Gemäß den gängigen Konzepten der Moralphilosophie, die Michael Walzer (1987) unterschieden hat – Entdeckung, Erfindung und (perspektivistische) Interpretation – bleibt für die demokratischen Antinomien streng genommen nur der dritte Weg gangbar. Als historisch-normative *Hermeneutik* aber gehen die Antinomien der Demokratie nichtsdestoweniger über eine bloße Interpretation des Vorgefundenen hinaus. Denn zum einen wird neben der historischen Genese zugleich die Selbstreproduktion des Demokratiediskurses evident und zum anderen ist die mögliche Diagnose von Schieflagen innerhalb des demokratischen Rahmens gegebenenfalls mit einem (normativen) Auftrag verbunden: *gegenzusteuern,* um die demokratischen Balancen wenn möglich wiederherzustellen. Insbesondere aber werden entlang jener Hermeneutik Aufhebungsversuche, die wie etwa der Totalitarismus die Einheit, der Kommunismus die Gleichheit bzw. die Gemeinschaft, der Faschismus die Partikularität, der Imperialismus die Universalität, der Paternalismus die Qualität oder der Populismus Volkssouveränität, Quantität und Homogenität verabsolutieren, als ›anti-demokratisch‹ einsichtig und somit normativ bewertbar. Dies bewahrt die Demokratie vor Beliebigkeit, ohne die Vielgestalt und Vorläufigkeit ihrer Perspektiven zu negieren. Aporetisch aber bleibt dieser demokratische Perspektivismus, da es – wie wiederum Derrida (2006: 57ff.) betont hat – keinen archimedischen Punkt geben kann, von dem aus das *Gleichgewicht* der Antinomien zu justieren wäre. Jede spezifische Diagnostik, ob nun die Zeit zum Gegensteuern gekommen ist oder nicht, ist daher selbst eine Frage des demokratischen Kampfes und bleibt in ihrem Legitimitätsanspruch angreifbar.

d) Zu betonen ist darüber hinaus, dass es sich bei der normativ-politischen Positionierung, die auf Basis des antinomisch gedachten Demokratiebegriffs erfolgt, um eine sehr *spezielle* Form von Begriffspolitik handelt. Dabei ist ohne Weiteres zuzugeben, dass auch jede normative (also nicht rein formale oder amorph bleibende) Artikulation der Demokratie um eine Erhöhung des (eigenen) Begriffs sowie eine Polemik und Ausgrenzung gegenüber dem als ›nicht-demokratisch‹ Erscheinenden nicht herumkommt. Anders als bei Carl Schmitt (2002: 31) oder Reinhart Koselleck (1989: 211-259, 2006: 274-284) führt diese unvermeidliche Polemik qua normativer Vorentscheidung in diesem Fall

jedoch gerade nicht zu einem dichotomen Gegensatz zwischen Demokratie und Nicht-Demokratie. Infolge der demokratischen Antinomien
wird auf dem politischen Begriffsfeld der Demokratie stattdessen eine
sehr viel differenziertere Unterscheidung nötig. So kann wie gesehen
eine politische Artikulation der Demokratie – die sich natürlich ebenfalls auf die sie strukturierenden Antinomien beziehen muss – keinen
Pol, keine widersprüchliche Komponente der Demokratie reklamieren,
ohne zugleich dem jeweiligen Gegenpol zu (ethisch-)normativer Anwesenheit in seiner politischen Abwesenheit zu verhelfen. Andernfalls wäre die politisch notwendig einseitige Entscheidung für einen der Pole
mit der Aufhebung der Antinomie verbunden und würde sich somit
selbstzerstörerisch auf die Demokratie auswirken. In der normativ-politischen Entscheidung für die Demokratie findet demzufolge keine ste-
reotype Stilisierung eines davon eindeutig abgrenzbaren (feindlichen)
Gegenbegriffes statt. Der ›Feind‹ sitzt vielmehr in der Demokratie
selbst, in den Antinomien, deren einzelnen Pole sich gegebenenfalls
gegen sie richten können. Wie schon im Abschnitt 3 unterstrichen
wurde, zeigt sich als positive Kehrseite der selbstzerstörerischen Ader
der Demokratie auch hier wieder ihre (legitime) Selbstübersteigung
und -transzendierung, welche die einerseits konfrontative Abgrenzung
der Demokratie vom Nicht-Demokratischen andererseits wiederum
mäßigt oder sogar unterläuft. In der politisch-polemischen Artikulation
der antinomischen Demokratie steckt daher nicht nur, wie bei Judith
Butler, die normative *Exklusion* dessen, was außerhalb der definierten
Begriffskriterien liegt, sondern zugleich eine (tendenziell) universale
Bewegung der *Inklusion*.

e) Erhebliche empirische Signifikanz erfährt die in den Unterpunkten a)
bis d) dargelegte Normativität der demokratischen Antinomien schließlich anhand der Figur der *politischen Opposition*. In dieser Hinsicht können das Handeln und Behandeln der Opposition als empirisch relativ
belastbarer Maßstab gelten, ob das (systemkonforme) Austarieren der
demokratischen Widersprüche in einer konkreten Gesellschaft/einem
konkreten politischen Verband als gelungen anzunehmen ist oder
nicht. Die ungehinderte Artikulation gegenläufiger Ansprüche zum
politischen Mainstream bzw. zur Regierungsmeinung ist diesbezüglich
als wichtiges Indiz zu bewerten, dass die mit den Antinomien kor-
respondierenden politischen (Gegen-)Prinzipien unverändert in der
demokratischen Gesellschaft zirkulieren. Das Vorhandensein einer sys-
temloyalen Opposition gibt darüber hinaus Aufschluss, ob inmitten
der unaufhörlichen politischen Auseinandersetzungen die notwendige
Einheit und Kohärenz der Gesellschaft gewahrt ist. Opposition im Sin-

ne der Antinomien ist jedoch nicht allein als parlamentarischer Streit zu denken. Das (symbolische) ›Anwesendmachen‹ von machtpolitisch abwesenden Polen der Demokratie ist stattdessen ebenso von einer kritischen Öffentlichkeit, Kunst, Literatur, den Medien oder zivilem Ungehorsam zu leisten. Eine ›eindeutige‹ normative Gewissheit oder ›Wahrheit‹ lässt sich indes auch über den Maßstab der Opposition nicht erzielen. Schließlich sind nicht marginalisierte systemfeindliche (z. B. terroristische und revolutionäre) Fundamentaloppositionen bisweilen auch in Demokratien zu beobachten, welche die Balance der Antinomien wahren. Und wie die Debatte über die Postdemokratie suggeriert, kann eine formal intakte Opposition womöglich zur Fassade verkommen. Gleichwohl ist es für ein vertieftes Verständnis der spezifischen Normativität der (antinomischen) Demokratie hilfreich, die »Gegen-Demokratie« (Rosanvallon 2017) wahrzunehmen, die zu jeder authentischen ›Volksherrschaft‹ gehört und die sich in einer permanenten Kritik und Infragestellung der Regierungspolitik sowie einem (gesunden) Misstrauen gegenüber *allen* demokratischen Institutionen äußert. Dass es immer und überall, wo ›eine‹ Demokratie existiert, eine ›zweite‹, oppositionelle geben muss, ist im Zweifelsfall *das* epistemische wie normative Merkmal der demokratischen Antinomien schlechthin.

6. Ausblick: Wider eine populistische Vereinseitigung der Demokratie

Die anhand der demokratischen Antinomien entfaltete epistemische und normative Dimension der Demokratie präsentiert letztere in ihrem Verhältnis zur ›Wahrheit‹ in einer Art Zwischenstellung: Infolge des universalen Horizonts der Demokratie, der zumindest relationalen Geltung ihrer normativen Prinzipien sowie nicht zuletzt der (ethischen) Anwesenheit demokratischer Ansprüche in und während ihrer (politischen) Abwesenheit ist das Demokratische von einem Wahrheits*begriff* nicht vollständig zu lösen. Die einschlägigen Bezüge und Affinitäten fallen in dieser Hinsicht jedoch ihrerseits derart paradox aus, dass von einer ›Wahrheit‹ der Demokratie im engeren Sinne schwerlich die Rede sein kann. Und auch der performative Widerspruch einer Demokratie *ohne* Wahrheit ist in diesem Zusammenhang nicht einfach in einen eigenen Wahrheitsanspruch der Demokratie zu überführen. Stattdessen ist zu registrieren, dass die ›Wahrheit‹ im Kontext demokratischer Politik stets eine Aporie bezeichnen wird.

Ähnlich der Diagnose Claude Leforts, wonach das auf der demokratischen Entflechtung von Wissen, Recht und Macht sowie der Unmöglichkeit einer symbolischen Repräsentation ihrer inneren Widersprüche und

Konflikte ›leer‹ bleibende Zentrum der Demokratie zu autoritären und/
oder totalitären Fortschreibungen einlädt (Lefort 1990: 287-294),[17] gibt
auch das entlang der demokratischen Antinomien aufgezeigte, ungelöste
Wahrheitsproblem der Demokratie Anlass zu permanenter Besorgnis und
Wachsamkeit. Dies gilt umso mehr, als von gleich zwei Seiten Gefahr
droht: Sowohl *verabsolutierte* als auch vollkommen *verweigerte* ›Wahrheitsansprüche‹ geben die Demokratie einer ideologischen und/oder populistischen Verzerrung bzw. sogar Zerstörung preis. Letzteres wird ersichtlich,
indem sich populistische Argumentationsmuster und Agitationen für ge-
wöhnlich in durchaus authentischer Weise auf die Prinzipien der Demokratie berufen können. Realiter tun sie dies aber zumeist in höchst *einsei-
tiger*, die jeweiligen Pole der demokratischen Antinomien tendenziell ver-
absolutierender Manier, wenn sie etwa das Prinzip der Volkssouveränität
(2) sowie die demokratische Mehrheitsregel (3) als derart unumschränkt
auslegen, dass alle rechtsstaatlichen Bindungen der Verfügungsgewalt des
Volkes bzw. der gewählten Volksvertreter konterkariert und den bis dato
etablierten politischen Eliten jegliche (Regierungs-)Kompetenz abgesprochen wird (1). Vor dem Hintergrund der Entfesselung eines grenzenlosen
›Volkswillens‹, den Populisten exklusiv zu repräsentieren beanspruchen,[18]
sowie der massiven Diffamierung von politischen Gegnern, wird das Volk
dabei zumeist als homogene Einheit (4) und nahezu archaische Gemeinschaft (5) beschworen, die von pluralistischen sowie insbesondere multi-
kulturellen Elementen und Entwicklungen angeblich gefährdet wird und
der sich alle individuellen Rechte und Einzelinteressen mithin unterzuord-
nen hätten.[19] Schließlich bestreiten Populisten im Normalfall auch die
Ausrichtung der Volksherrschaft an universalen ethischen Werten und be-

---

17 Zur Demokratie als *société sans corps*, der nur ein autoritärer oder totalitärer
   Umsturz einen ›Körper‹ bzw. eine ›Einheit‹ verleihen könnte, siehe auch ebd.:
   295-297. Die vierte demokratische Antinomie zwischen Einheit und Pluralität
   wird von Lefort dabei in die Distinktion von Politik (*la politique*) und Politischem
   (*le politique*) übersetzt.
18 Populistischen Ideologien und Politikern ist dabei oft eine paradoxe Idee ›direkter Repräsentation‹ zu eigen, die intermediäre Instanzen zwischen Volk und ›Führer‹ bzw. ›Partei‹ ausschalten soll. Dazu Urbinati (2015).
19 Beispiele hierfür wären etwa die identitäre Bewegung in Deutschland, der fran-
   zösische *bloc identitaire*, das GRECE unter der intellektuellen Führung des Neo-
   Schmittianers Alain de Benoist sowie weitere ›identitäre‹ Gruppen, die ein antiin-
   dividualistischer Kampf gegen die liberalen Menschenrechte vereint.

tonen stattdessen die partikulare, nationalistisch bzw. chauvinistisch oder rassistisch geprägte Charakteristik der eigenen Demokratie (6).[20]

Eine derartige populistische Instrumentalisierung (bzw. Untergrabung) der Demokratie bildet entsprechend den Prototyp einer antinomienfeindlichen ›Vereinseitigung‹, die ebenso für eine Verabsolutierung der ›Wahrheit‹ (der populismusaffinen Pole) der Demokratie wie für eine rigorose Ablehnung der ›Wahrheit‹ (von universal-normativen Bezügen) steht. Die folgende Darstellung einer solcherart vereinseitigten Demokratie, bei der die notwendigen Balancen zwischen den antinomischen Polen gestört oder aufgehoben sind (siehe die fettgedruckte rechte Spalte in Abb. 1), sollte dies illustrieren:[21]

Abbildung 1 (nach Hidalgo 2018b: 179)

Freiheit	**Gleichheit (radikale und pauschale Elitenkritik)**
Repräsentation	**Volkssouveränität (Diffamierung der etablierten politischen Klasse)**
Qualität	**Quantität (Tyrannei der Mehrheit)**
Pluralität	**Homogenität (Antipluralismus)**
Individuum	**Gemeinschaft (Antimodernismus)**
Universalität	**Partikularität (übersteigerter Nationalismus/Chauvinismus)**

Obwohl der populistische Diskurs also zur Demokratie ›gehört‹ (Laclau 2005), haftet ihm eine zerstörerische Note an, wann immer er demokratische Prinzipien einseitig und ohne Rücksicht auf den (Ausgleich mit dem) jeweiligen Gegenpol forciert. Nicht umsonst kennzeichnet die populistische ›Vereinseitigung‹ der Demokratie zugleich eine extreme ›Vereinfachung‹ ihrer epistemischen und normativen Komplexität. Populisten inszenieren sich folglich gerne als »Stimme des Volkes«, dem sie scheinbar ganz »einfache Lösungen« auf Fragen anbieten, auf die andere Politiker (notgedrungen) keine Antwort besitzen (Decker 2004: 34f.). Als »wichtigste[s] Unterscheidungsmerkmal« hatte daher einst Ralf Dahrendorf (2003:

---

20 Für eine derartige Kennzeichnung der Merkmale populistischer Diskurse siehe z. B. Meny/Surel (2000), Mudde (2004, 2007), Priester (2012) sowie Müller (2016).

21 Eine Störung bzw. Aufhebung der demokratischen Antinomien zugunsten der liberalen Prinzipien auf der linken Seite von Abbildung 1 wäre hingegen mit einer technokratischen Postdemokratie im Sinne von Crouch (2008) gleichzusetzen. Damit bestätigt sich einmal mehr, dass Postdemokratie und Populismus Gegenbegriffe sind, die die Demokratie spiegelverkehrt vereinseitigen und vereinnahmen. Dazu z. B. Mudde/Rovira Kaltwasser (2012) und Manow (2020).

157) den Slogan ausgegeben: »Populismus ist einfach, Demokratie ist komplex«.[22]

Damit ist keineswegs in Abrede gestellt, dass populistische Bewegungen, Akteure und Strategien bisweilen als nützliches »Korrektiv« (Decker 2006, Mudde/Rovira Kaltwasser 2012, Hartleb 2012, de la Torre 2015) fungieren, um einer Entfremdung zwischen der politischen Klasse und dem Volk zu begegnen, bürokratische Verkrustungen aufzubrechen, Politikverdrossenheit und Ohnmachtsgefühle der Bürger zu bekämpfen sowie im Ganzen demokratische Prozesse neu zu beleben. Bis zu einem gewissen Grad lässt sich der Populismus daher auch als verständliche Reaktion auf nicht gehaltene ›Versprechen‹ der Demokratie deuten. Dennoch bleibt es ein gefährliches Spiel mit dem Feuer, die liberal-universalen Pole der demokratischen Antinomien auf tendenziell extremistische Weise zu distanzieren. In der populistischen Instrumentalisierung der Demokratie, die eine unmögliche Repräsentation der Gesamtheit des Volkes für sich reklamiert, droht jedenfalls das wichtigste Kennzeichen des demokratischen Diskurses verloren zu gehen: Dass politische Ziele hier nur auf eine Weise vertreten und durchgesetzt werden dürfen, die die grundsätzliche Legitimität von konträren Zielen und Gegenmeinungen nicht bestreitet.[23]

Die (unmögliche) ›Wahrheit‹ der antinomischen Demokratie, die es gegen populistische Inanspruchnahmen zu verteidigen gilt, bedeutet somit nicht nur, keine politischen Wahrheitsansprüche zu formulieren: Sie zwingt die Demokraten obendrein zu akzeptieren, dass die ›anderen‹, die Gegner und Kontrahenten zu den eigenen Zielen, richtig liegen könnten.

Literaturverzeichnis

Arendt, Hannah 1999: Vita activa oder vom tätigen Leben, 11. Aufl., München.

Arendt, Hannah 2019: Wahrheit und Politik, in: Wahrheit und Lüge in der Politik, 5. Aufl., München, 44-92.

Balibar, Étienne 1993: Die Grenzen der Demokratie, Hamburg.

---

22 Analog Müller (2016: 30).

23 Ein solcher ›Populismus‹ wäre überdies zu abstrahieren von den üblichen Formen des Opportunismus, mit dem demokratische Politiker und Parteien populäre Meinungen, Stimmungslagen und Ängste zur Erhöhung eigener Wahlchancen aufgreifen. Eine Gefahr für die Demokratie stellt der Populismus, egal ob von rechts oder von links, indes dar, sobald er mithilfe von vereinseitigten, krass vereinfachenden Darstellungen Feindbilder und Sündenböcke kreiert, die jedem möglichen Arrangement mit dem politischen Gegner zuwiderlaufen.

Bobbio, Norberto 1988. Die Zukunft der Demokratie, Berlin.

Bobbio, Norberto 1994. Rechts und Links. Gründe und Bedeutungen einer politischen Unterscheidung, Berlin.

Butler, Judith 2010: Raster des Krieges. Warum wir nicht jedes Leid beklagen, Frankfurt/New York.

Carens, Joseph H 2013: The Ethics of Immigration, Oxford.

Cassee, Andreas 2016: Globale Bewegungsfreiheit. Ein philosophisches Plädoyer für offene Grenzen, Berlin.

Comtesse, Dagmar/Flügel-Martinsen, Oliver/Martinsen, Franziska/Nonhoff, Martin (Hrsg.) 2019: Radikale Demokratietheorie. Ein Handbuch, Berlin.

Crouch, Colin 2008: Postdemokratie, Frankfurt/Main.

Dahrendorf, Ralf 2003: Acht Anmerkungen zum Populismus, in: Transit 25, 156-163.

Decker, Frank 2004: Der neue Rechtspopulismus, Opladen.

Decker, Frank (Hrsg.) 2006: Populismus: Gefahr für die Demokratie oder nützliches Korrektiv? Wiesbaden.

Derrida, Jacques 2002: Politik der Freundschaft, Frankfurt/Main.

Derrida, Jacques 2003: Weltbürger aller Länder, noch eine Anstrengung!, Berlin.

Derrida, Jacques 2006: Schurken. Zwei Essays über die Vernunft, Frankfurt/Main.

Gallie, Walter B 1956: Essentially Contested Concepts, in: Proceedings of the Aristotelian Society 56, 167-198.

Habermas, Jürgen 2008: Hat die Demokratie noch eine epistemische Dimension? Empirische Forschung und normative Theorie, in: Ach Europa. Kleine Politische Schriften XI, Frankfurt/Main, 138-191.

Hartleb, Florian 2012: Populismus als Totengräber oder mögliches Korrektiv der Demokratie?, in: Aus Politik und Zeitgeschichte 5-6, 22-29.

Hidalgo, Oliver 2014: Die Antinomien der Demokratie, Frankfurt/New York.

Hidalgo, Oliver 2018a: Von den Antinomien zu den Strukturdefekten der Demokratie. Eine theoretische Analyse mit einem Ausblick auf das politische Problem der Nachhaltigkeit, in: Mannewitz, Tom (Hrsg.): Die Demokratie und ihre Defekte. Analyse und Reformvorschläge, Wiesbaden, 33-56.

Hidalgo, Oliver 2018b: Religion, (Rechts-)Populismus und Demokratie – Versuch einer theoretischen Verhältnisbestimmung, in: Zeitschrift für Religion, Gesellschaft und Politik 2:2, 167-192.

Hidalgo, Oliver 2019a: Normativ-theoretische Dimensionen der Demokratie in Geschichte und Gegenwart, in: Amos international: Demokratie neu stärken, Heft 2/2019, 30-39.

Hidalgo, Oliver. 2019b: The Theory of Democratic Antinomies and the Identification of Value Trade-Offs in Political Practice, in: Politics and Governance 7:4, 264-274.

Hollendung, Anna 2019: Alain Badiou, in: Comtesse, Dagmar/Flügel-Martinsen, Oliver/Martinsen, Franziska/Nonhoff, Martin (Hrsg.): Radikale Demokratietheorie. Ein Handbuch, Berlin, 198-207.

Kant, Immanuel 1911: Kritik der reinen Vernunft. Kants Gesammelte Schriften, Bd. 3, hrsg. Preußische Akademie der Wissenschaften, Berlin.

Keane, John 2009: The Life and Death of Democracy, London.

Kelsen, Hans 2006: Verteidigung der Demokratie. Abhandlungen zur Demokratietheorie, Tübingen.

Koselleck, Reinhart 1989: Vergangene Zukunft. Zur Semantik geschichtlicher Zeiten, Frankfurt/Main.

Koselleck, Reinhart 2006: Begriffsgeschichten. Studien zur Semantik und Pragmatik der politischen und sozialen Sprache, Frankfurt/Main.

Kutschera, Franz von 1971: Antinomie, in: Ritter, Joachim (Hrsg.): Historisches Wörterbuch der Philosophie, Bd. 1, Basel, 396-405.

Laclau, Ernesto 2005: On Populist Reason, London.

Laclau, Ernesto 2007: Emanzipation und Differenz, 2. Aufl., Wien.

Lefort, Claude 1990: Die Frage der Demokratie, in: Rödel, Ulrich (Hrsg.): Autonome Gesellschaft und libertäre Demokratie, Frankfurt/Main, 281-297.

Lembcke, Oliver W./Ritzi, Claudia/Schaal, Gary S. (Hrsg.) 2012: Zeitgenössische Demokratietheorien. Band 1: Normative Demokratietheorien, Wiesbaden.

Lorenz, Kuno 2005: Antinomie; Antinomien, logische, Antinomien, semantische, in: Mittelstraß, Jürgen (Hrsg.): Enzyklopädie Philosophie und Wissenschaftstheorie, Bd. 1, 2. Aufl., Stuttgart, 160-164.

Luhmann, Niklas 1971: Komplexität und Demokratie, in: Politische Planung. Aufsätze zur Soziologie von Politik und Verwaltung, Opladen, 35-45.

Luhmann, Niklas 2002: Die Politik der Gesellschaft, Frankfurt/Main.

Lyotard, Jean-François 1987. Der Widerstreit, München.

Manow, Philip 2020. (Ent-)Demokratisierung der Demokratie, Berlin.

Marchart, Oliver 2010: Die politische Differenz. Zum Denken des Politischen bei Nancy, Lefort, Badiou, Laclau und Agamben, Frankfurt/Main.

Meier, Christian 1983: Die Entstehung des Politischen bei den Griechen, Frankfurt/Main.

Meier, Christian/Reimann, Hans Leo/Maier, Hans/Koselleck, Reinhart/Conze, Werner 2004: Demokratie, in: Brunner, Otto/Conze, Werner/Koselleck, Reinhart (Hrsg.): Geschichtliche Grundbegriffe. Historisches Lexikon zur politisch-sozialen Sprache in Deutschland Bd. 1, Stuttgart, 821-899.

Mény, Yves/Surel, Yves 2000: Par le peuple, pour le peuple. Le populisme et les démocraties, Paris.

Michels, Robert 1989: Zur Soziologie des Parteienwesens in der modernen Demokratie. Untersuchungen über die oligarchischen Tendenzen des Gruppenlebens, Stuttgart.

Miller, David 2007: Immigration and Territorial Rights, in: National Responsibility and Global Justice, Oxford, 213-230.

Mudde, Cas 2004: The Populist Zeitgeist, in: Government and Opposition 39, 542-563.

Mudde, Cas 2007: Populist Radical Right Parties in Europe, Cambridge.

Mudde, Cas/Rovira Kaltwasser, Cristóbal (Hrsg.) 2012: Populism in Europe and the Americas. Threat or Corrective for Democracy? Cambridge.

Müller, Harald 2002: Antinomien des demokratischen Friedens, in: Politische Vierteljahresschrift 43:2, 46-81.

Müller, Jan-Werner 2016: Was ist Populismus? Berlin.

Nida-Rümelin, Julian 2006: Demokratie und Wahrheit, München.

Nida-Rümelin, Julian 2017: Über Grenzen denken. Eine Ethik der Migration, Hamburg.

Nolte, Paul 2012: Was ist Demokratie? Geschichte und Gegenwart, München.

Priester, Karin 2012: Rechter und linker Populismus. Annäherung an ein Chamäleon, Frankfurt/New York.

Rorty, Richard 1999: Kontingenz, Ironie, Solidarität, 5. Aufl., Frankfurt/Main.

Rosanvallon, Pierre 2017: Die Gegen-Demokratie. Politik im Zeitalter des Misstrauens, Hamburg.

Rousseau, Jean-Jacques 1996: Vom Gesellschaftsvertrag oder Grundsätze des Staatsrechts, in: Sozialphilosophische und Politische Schriften, 2. Aufl., Düsseldorf, 267-418.

Schmidt, Manfred 2010: Demokratietheorien. Eine Einführung, 5. Aufl., Wiesbaden.

Schmitt, Carl 2002: Der Begriff des Politischen, 7. Aufl., Berlin.

Tocqueville, Alexis de 1987: Über die Demokratie in Amerika, 2 Bde., Zürich.

Torre, Carlos de la (Hrsg.) 2015: The Promise and Perils of Populism: Global Perspectives, Lexington.

Urbinati, Nadia 2015: A Revolt against Intermediary Bodies, in: Constellations 22:4, 477-486.

Walzer, Michael 1987: Interpretation and Social Criticism, Cambridge/Mass.

Walzer, Michael 2006: Sphären der Gerechtigkeit. Ein Plädoyer für Pluralität und Gleichheit, Frankfurt/New York.

Zolo, Danilo 1998: Die demokratische Fürstenherrschaft. Für eine realistische Theorie der Politik, Göttingen.

Befragung der Wahrheit.
Wahrheitsskepsis und radikale Demokratietheorie[1]

Franziska Martinsen/Oliver Flügel-Martinsen

1. Einleitung

Wahrheitsskeptische Überlegungen haben offenbar einen großen Provo-kationsgehalt, stoßen sie doch immer wieder auf deutliche Ablehnung. Gleichwohl haben sie sich als wichtiges Paradigma in jüngeren kritischen Disziplinen wie Gender, Postcolonial und Cultural Studies etabliert, nach-dem Nietzsche sie in der jüngeren Ideengeschichte ins Zentrum seines Denkens gestellt und diese nietzscheanischen Überlegungen im French Thought seit der zweiten Hälfte des 20. Jahrhunderts eine zentrale Rolle übernommen haben. Michel Foucault hat dabei schon früh herausgestellt, dass wahrheitsskeptische Ansätze wie die von ihm praktizierte Genealogie keineswegs mit der kritischen Denktradition der Aufklärung brechen, sondern diese radikalisieren, weil sie auch deren eigene Rationalitätsan-nahmen einbeziehen in die Bewegung einer kritischen Befragung, die auch ein wesentliches Merkmal von Aufklärungsphilosophien ist. Foucault hat sich so gleichzeitig in die philosophische Tradition Kants einordnen und über deren rationalistischen Kritikmodus mithilfe genealogischer Kri-tik hinausgehen können, indem er den Verbindungen zwischen Rationa-litätsverständnissen und Machtbeziehungen kritisch nachspürte (vgl. Fou-cault 1992 und 2005). Die Wahrheitsskepsis wird damit umfassend, denn sie richtet sich so gesehen nicht nur gegen essentialistische Wahrheitsver-ständnisse, wie sie uns in ontologischen Wahrheitstheorien seit Platon und in metaphysisch-rationalistischen Wahrheitsverständnissen der Neuzeit et-wa bei Descartes begegnen, sondern auch gegen jüngere, im Anschluss an Kant einflussreich durch Jürgen Habermas unternommene Versuche, die Idee der Wahrheit durch Kriterien rationaler Akzeptabilität zu ersetzen

---

[1] Der vorliegende Text greift auf überarbeitete Passagen aus zwei Texten der Au-tor*innen zurück; zum einen: Oliver Flügel-Martinsen (2021), zum anderen: Fran-ziska Martinsen, *Dissens und Wahrheit. Zur parrhesia im Kontext von radikaler Demo-kratietheorie*, unveröff. Ms.

und so den Anspruch auf Wahrheit zugleich zu kritisieren und zu retten (vgl. Habermas 1999).

Gerade der umfassende Charakter dieser Kritik hat Überlegungen zu einer postessentialistischen Wahrheitsskepsis in jüngerer Zeit wieder verstärkt unter Verdacht gestellt. Gegenwärtig sehen sie sich in einer eigentümlichen Mischung aus wissenschaftstheoretischen, wissenschaftspolitischen und politischen Motiven erneut vehementer Ablehnung ausgesetzt, während es nach den harschen Auseinandersetzungen der 1980er-Jahre zunächst den Anschein machte, als würden sie mittlerweile als ein Paradigma unter anderen in den Geistes-, Sozial- und Kulturwissenschaften Akzeptanz finden. Auch Erkenntnistheorie unterliegt offenbar Modewellen: Nachdem wahrheitsskeptische Ansätze über einige Jahre hinweg teils erfolgreich die Rolle der erkenntnistheoretischen Avantgarde beansprucht haben, ist es deshalb kein Wunder, dass sich in den vergangenen Jahren Überlegungen zu einer Rückkehr zu handfesteren Wahrheitstheorien ankündigen, die mit teils vehementer Kritik am Zweifel an der Wahrheit verknüpft werden (vgl. Boghossian 2013).

Geraten wahrheitsskeptische Überlegungen damit bereits aus der Philosophie selbst heraus unter Verdacht, werden sie darüber hinaus und womöglich noch deutlich schlagkräftiger durch eine erkenntnistheoretisch wesentlich schlichtere wissenschaftspolitische Entwicklung der letzten Jahre in Bedrängnis gebracht. Im Zeitalter des akademischen Kapitalismus (vgl. Münch 2011), in dem Universitäten zunehmend dazu gezwungen sind, sich erkleckliche Teile ihres Etats auf einem Drittmittelmarkt zu erwirtschaften, verschiebt sich nämlich entgegen der von Paul Boghossian unterstellten Dominanz wahrheitsskeptischer Ansätze in den Geistes-, Sozial- und Kulturwissenschaften das Leitparadigma deutlich zugunsten eines sehr einfach gebauten Theorieverständnisses, das für zahlreiche quantitativ-empirische Forschungen in den *humanities* geradezu selbstverständlich anleitend zu sein scheint. Für diese, durchaus auch im ökonomischen Sinne, Forschungsunternehmungen ist ein einfacher Begriff der Wahrheit maßgeblich, demzufolge Hypothesen formuliert werden, die sich empirisch überprüfen lassen, wodurch in einer simplen und häufig implizit bleibenden Korrespondenztheorie der Wahrheit herausgefunden werden soll, was der Fall ist und was nicht der Fall ist. Für Wahrheitsskepsis ist in solchen Forschungsdesigns schon allein deshalb kein Platz mehr, weil sie durch die überlegene Macht großer Drittmittelvolumina, auf die empirisch-analytische Forschungsansätze berechtigte Hoffnungen erwecken können, schlicht marktwirtschaftlich verdrängt wird.

Für den Verdacht, dem sich wahrheitsskeptische Theorieverständnisse in jüngerer Zeit auch in öffentlichen Diskursen mit so großer Vehemenz ausgesetzt sehen, dürfte aber neben wissenschaftstheoretischen Modezyklen und wissenschaftspolitischen Markterfordernissen vor allem eine politische Dimension verantwortlich sein: Dieser dritten Dimension zufolge verhalte es sich so, dass wahrheitsskeptische Ansätze überhaupt erst rechtspopulistischen Postfaktizitätsdiskursen den Boden bereitet hätten. In jüngster Zeit ist die wissenschaftliche Dominanz eines empirisch-analytischen, positivistischen Wahrheitsverständnisses zudem noch durch die herausgehobene Rolle verstärkt worden, die naturwissenschaftlichen Erkenntnismodellen im Umgang mit der weltweiten Corona-Pandemie zukommt.

Wir werden uns im Folgenden mit der Bedeutung auseinandersetzen, die Wahrheit und Wahrheitsskepsis im radikaldemokratischen Diskurs zukommt. In einem ersten Schritt wird hierzu in groben Umrissen die Struktur des erkenntnistheoretischen und des auf ihm aufruhenden politisch-normativen Verdachts skizziert, der gegenüber wahrheitsskeptischen Positionen artikuliert wird (2). Im nächsten Schritt wird sodann die Stellung einer Kontingenztheorie der Wahrheit im radikaldemokratischen Denken rekonstruiert (3). Ein letzter Schritt dient schließlich dazu, im Lichte von Foucaults Überlegungen zur *parrhesia* (»Redefreiheit«, »Freimütigkeit« oder »Wahrsprechen«)[2] einen blinden Fleck kritisch zu reflektieren, den radikaldemokratische Positionen aufgrund ihrer Wahrheitsskepsis mitunter aufweisen (4).

2. Wahrheitsskepsis unter Verdacht

Rund eine Dekade bevor die jüngeren politisch-normativen Verdachtsmomente gegenüber wahrheitsskeptischen Ansätzen in einer größeren Öffentlichkeit und damit auch bevor die enge Verschränkung von Rechtspopulismus und Postfaktizitätsbehauptungen in den politischen Diskursen westlicher Demokratien erfolgreich Wirksamkeit entfalten konnte, hat Paul Boghossian eine kurze, polemische Schrift vorgelegt, in der er auf eine Generalabrechnung mit dem sogenannten Sozialkonstruktivismus zielt.[3] Unter dieser Rubrik fasst Boghossian offenbar eine ganze Vielzahl an

---

2 Vgl. vor allem Foucaults Vorlesungen kurz vor seinem Tod, u. a. Foucault 1996, 2009, 2010.

3 Das auf Englisch zuerst 2006 erschienene Buch wurde 2013 bei Suhrkamp in deutscher Übersetzung unter dem Titel *Angst vor der Wahrheit. Ein Plädoyer gegen Relativismus und Konstruktivismus* (Boghossian 2013) veröffentlicht. Nachfolgende Seitenangaben erfolgen im Text in Klammern und beziehen sich, wenn nicht anders angegeben, auf die deutsche Ausgabe.

konstruktivistischen, dekonstruktiven, genealogischen und diskurstheoretischen Theorieverständnissen zusammen, die er allerdings nicht in einzelnen Exegesen gründlich examiniert, sondern die er eher hier und da exemplarisch aufruft, um sie gemeinsam mit aus seiner Sicht schlagenden systematischen Einwänden zu konfrontieren. Zu dieser Zusammenfassung sieht er sich berechtigt, weil all diese verschiedenen Ansätze nach seiner Überzeugung einen Grundkonsens teilen, der Boghossian als dominantes Paradigma menschlichen Wissens in den Geistes- und Sozialwissenschaften erscheint (vgl. 7). Dieser Konsens bestehe in der Annahme, »dass Wissen oder Erkenntnis [*knowledge*] sozial konstruiert ist« (7). Nun gibt es gute Gründe, die von Boghossian unterstellte Dominanz dieses Ansatzes in den Geistes- und Sozialwissenschaften zu bezweifeln, da sich zahlreiche einflussreiche quantitativ-empirische Forschungsarbeiten implizit oder explizit auf ein realistischer angelegtes, korrespondenztheoretisches Modell der Wahrheit stützen dürften, dem zufolge die Wahrheit das ist, was der Fall ist. Für den Gehalt seines Vorwurfs und seiner Einwände ist die empirische Dominanz oder Marginalität dieser Ansätze allerdings nicht von Bedeutung, da es Boghossian schließlich nicht um eine empirische Zustandsanalyse, sondern um eine systematische Zurückweisung dieser Ansätze geht. Wichtiger sind aber die genauen Konturen, die Boghossian den Kernannahmen dieses sozialkonstruktivistischen Erkenntniskonsenses gibt. Ihm zufolge steht dabei eine Gleichwertigkeitsdoktrin im Zentrum, die im Kern Folgendes besagen soll: »Es gibt viele grundverschiedene Weisen, die Welt zu verstehen, die aber von ›gleichem Wert‹ sind und unter denen die Wissenschaft nur eine ist.« (10)

Mit dieser Doktrin gehe der Standpunkt einher, so Boghossian, dass es eine übergeordnete Prüfinstanz für die Wahrheit verschiedener Sichtweisen nicht geben könne, da es jeweils nur kontextuelles Wissen gebe (vgl. 13), das sich nicht durch externe Tatsachenbezüge etwa verifizieren oder falsifizieren lasse. Diese Auffassung impliziere folgerichtig einen Tatsachenkonstruktivismus, demzufolge es keine unabhängig konstatierbaren Tatsachen geben könne. Das erscheint Boghossian verfehlt, da aus seiner Sicht zwar womöglich (auch hier zeigt er sich letztlich nicht überzeugt) Phänomene sozialer Beziehungen wie Homosexualität von sozialen Beschreibungen abhängig seien, kaum aber Tatsachen über Berge, Dinosaurier oder Elektronen« (35).

Wir müssen uns an dieser Stelle nicht so sehr für die Details von Boghossians weiterer Argumentationsführung interessieren. Wichtiger für den vorliegenden Zusammenhang sind die Ausgangsskizze und die politisch-normativen Konsequenzen, die er aus der Diskussion eines solchermaßen stilisierten Sozialkonstruktivismus zieht, denn diese führen zusammengenommen in der gegenwärtigen öffentlichen Diskurslage nicht nur zu einem Generalverdacht gegenüber skeptisch-befragenden Theoriezugängen, sondern ihnen wird auf dieser Grundlage jegliche Fähigkeit abgesprochen, politische Positionen oder soziale Phänomene einer plausiblen Kritik zu unterziehen. Boghossian selbst deutet die aus seiner Sicht geradezu verheerenden Folgen eines sozialkonstruktivistischen Denkens an, das nicht nur in einem erkenntnistheoretisch überschaubaren Rahmen »die Kontingenz jener sozialer Praktiken, die wir fälschlicherweise als naturgegeben betrachten« ausweist, womit es durchaus befreiende Wirkungen haben könne, sich aber weiterhin auf »die kanonisierten wissenschaftlichen Begründungsweisen verlässt« (133). Gehe es über diesen eng gesteckten Rahmen wissenschaftlicher Rationalität und Methodik hinaus und weite seine Kontingenzannahmen und seinen Perspektivismus hingegen aus, verliere es seine kritischen Qualitäten beziehungsweise könne diese nur noch um den Preis grober Inkonsistenzen in Form einer Doppelmoral aufrechterhalten:

> Wenn nämlich die Mächtigen die Unterdrückten nicht kritisieren können, weil die zentralen erkenntnistheoretischen Kategorien unvermeidlich an bestimmte Perspektiven gebunden sind, folgt daraus auch, dass die Unterdrückten die Mächtigen nicht kritisieren können. Soweit ich sehe, ist dann das einzige Heilmittel gegen die drohenden konservativen Konsequenzen eine offene Doppelmoral: Die Kritik an einer fragwürdigen Idee ist erlaubt, wenn diese von Mächtigen vertreten wird – wie etwa den christlichen Kreationisten –, aber nicht, wenn sie von jenen vertreten wird, die von den Mächtigen unterdrückt werden – wie etwa die Zuni-Kreationisten. (134)

Mit dieser Skizze der aus Boghossians Sicht fatalen und zugleich unvermeidlichen Konsequenzen wahrheitsskeptischer Positionen liegt der Struktur nach der Einwand vor, den etwa der Züricher Philosoph Michael Hampe in einem Gastbeitrag in der Wochenzeitung »DIE ZEIT« mit Blick auf die zeitgenössische Herausforderung der Diskussions- und Entscheidungskultur in westlichen Demokratien durch rechtspopulistisch instrumentalisierte Postfaktizitätsbehauptungen formuliert hat. Ähnlich wie Boghossian konstruiert auch Hampe eine Sammelrubrik, indem er vereinheitlichend von der kulturwissenschaftlichen Linken (KWL) spricht, die sich wie schon Boghossians Sozialkonstruktivismus durch wahrheitsrelativistische Positionen auszeichne und unter der sich nach Hampes Überzeugung derzeit eine Katerstimmung verbreiten müsse, weil sie durch ihre Wahrheitsskepsis der lügenden grobianischen Rechten (LGR) nicht nur nichts entgegenzusetzen, sondern dieser im Grunde erst Tür und Tor geöffnet habe (vgl. Hampe 2016).

Was hat dem eine wahrheitsskeptische politische Theorie entgegenzusetzen? Entgegen den skizzierten Generalverdächtigungen lässt sich zeigen, dass Instrumentarien wie die Genealogie Foucaults oder die Dekonstruktion Derridas und mit ihnen verwandte Vorgehensweisen hervorragend geeignet sind, eine kritisch-subversive Befragungsbewegung in Gang zu setzen, die scheinbar unantastbare, selbstverständlich wirkende Kategorien aufzulösen erlaubt. Diese emanzipatorische Wirkung hat zwar auch Boghossian etwa am Beispiel der »Arbeiten von Simone de Beauvoir oder Anthony Appiah« (133) konzediert, aber im Unterschied zu seiner Behauptung, dass diese Leistung nur dann erbracht werden kann, wenn »die kanonisierten wissenschaftlichen Begründungsweisen« (133) unangetastet bleiben, verdanken genealogische und dekonstruktive Strategien ihre Schlagkraft gerade dem Umstand, dass sie vor solchen tradierten Methodologien und Wissensformen nicht Halt machen, sondern deren Verwiesenheit auf soziale Machtbeziehungen und -asymmetrien nachspüren. Anders als Boghossian und Hampe unterstellen, beraubt der Zweifel an der Wahrheit als Referenzpunkt die Praxis der Befragung nämlich gerade nicht der Möglichkeit, Kritik üben zu können, sondern ermöglicht sie: So arbeitet Derrida beispielsweise in *Tympanon* (Derrida 1999) heraus, in welchem Maße die nur scheinbar theoretisch-neutrale philosophische Arbeit des Begriffs, die mithilfe von Unterscheidungen und Einordnungen operiert, genauer betrachtet in einem Modus der Herrschaft operiert – einer Herrschaft, die durch Zuordnungen Hierarchien erschafft und diese Herrschaftsbeziehungen unsichtbar macht, indem sie sie als begriffliche Operationen präsentiert und damit im Gewand philosophischer Objektivität und Wahrheitssuche auftritt, von der bereits Platon behauptete, dass sie jenseits des weltlichen Treibens und Strebens von Menschen situiert sei.[4] Wichtig ist dabei, dass derlei kritisch-befragende Operationen, anders als es Boghossian unterstellt und auch Hampe nahezulegen scheint, weder auf externe Referenzpunkte wie etwa die Kategorie der Wahrheit angewiesen sind, um ihre kritische Wirksamkeit zu entfalten, noch der Möglichkeit der Kritik beraubt werden oder diese nur noch willkürlich und parteiisch betreiben können, weil sie auf solche Referenzpunkte verzichten. Derrida hat in dem späten Text *Vouyous* (dt. *Schurken*) an der unscheinbaren Stelle einer Fußnote den wichtigen Hinweis gegeben, dass die Dekonstruktion

---

4 Platon rechtfertigt auf diese Weise bekanntlich die Legitimität seines Modells einer Philosoph*innenherrschaft (vgl. Platon 1991: 500a-b).

gerade nicht von außen verfährt, sondern nur die Autodekonstruktion nachzeichnet, der sich Kategorien und Konzepte, die sich als fest und unhinterfragbar zu präsentieren suchen (vgl. Derrida 2003a: 206), von innen heraus ausgesetzt sehen. Darunter fallen ontologische und metaphysische Begriffe von Wahrheit ebenso wie nur scheinbar fluidere Kategorien wie Kriterien rationaler Akzeptabilität (vgl. Derrida 2003b), aber eben auch politisch handfeste Referenzen wie diejenigen auf die Nation oder ein ethnisch verstandenes Volk (vgl. Flügel-Martinsen 2020: Kap. 5.2), die für gegenwärtige rechtspopulistische Diskurse von so großer Bedeutung sind und die ihnen zu rabiaten und vielfach gewaltsamen Politiken der Ausgrenzung dienen.

Versteht man mit Foucault soziale Sinn- und Wahrheitsordnungen als Diskurse, die ihre epistemischen Gewissheiten hegemonialen Machtkonstellationen verdanken, dann lassen sich diese Gewissheiten einer genealogischen Befragung unterziehen, die an die Stelle der von ihnen oftmals behaupteten Stabilität oder gar überzeitlichen Gültigkeit deren kontingenztheoretisch zu fassende Gewordenheit als Ergebnis sozialer und politischer Kämpfe um Deutungshoheit hervortreten lässt.[5] Ähnliche Gesten der Entgründung lassen sich auch mit Derridas dekonstruktiven Strategien vollziehen, wie sich am Beispiel der Dekonstruktion nationaler Identität zeigt, da die dekonstruktiven Befragungen dazu beitragen, substanziellen, die feste Identität eines Volkes behauptenden Vorannahmen, die vor allem für rechtspopulistische Politiken von großer Bedeutung sind, die Grundlage zu entziehen.

Insgesamt wird zudem ein bedeutsamer Unterschied zwischen solchen wahrheitsskeptischen kritischen Positionen und populistischen Postfaktizitätsbehauptungen in der wissenschaftlichen und in der öffentlichen Diskussion auf tendenziöse Weise ausgeblendet: Während nämlich die Letztgenannten auf unreflektierte Weise schlussfolgern, dass sich ihre eigenen Behauptungen nicht infrage stellen lassen, weil es eben keine wissenschaftlich begründete Wahrheit gebe, führen genealogische und dekonstruktive Strategien zu einer umfassenden Verpflichtung zur kritischen Befragung, die immer auch eine reflexive Selbstbefragung der eigenen Annahmen und des eigenen Vorgehens mitumfasst. Gerade diese reflexive Selbstkritik wird von populistischen Bewegungen in aller Regel zurückgewiesen. Sie macht jedoch einen Unterschied ums Ganze, weswegen die Behaup-

---

5 Eine kondensierte Fassung dieser diskurstheoretischen und genealogischen Programmatik der Kritik von Gegebenem findet sich schon in *Die Ordnung des Diskurses*, Foucaults Antrittsvorlesung am Collège de France (vgl. Foucault 1991).

tung, Wahrheitsskepsis befördere postfaktische Diskurse, nicht nur an den Haaren herbeigezogen ist, sondern auch ein starkes Mittel der Kritik zu diskreditieren sucht, das sich wirksam sowohl gegen populistische Postfaktizitätsbehauptungen als auch gegen rechte Essentialisierungen von Volk oder Nation ins Feld führen lässt. Anders als von Boghossian unterstellt, verhält es sich keineswegs so, dass Positionen, die Wahrheit als Bezugspunkt zurückweisen, alle Perspektiven als gleichwertig zu akzeptieren gezwungen sind. Ganz im Gegenteil können sie durch ihre Nadelstichtaktik steter Befragung jene Positionen ins Schwanken bringen, die sich gegen Infragestellungen zu immunisieren suchen, während sie umgekehrt eben nicht nur Andere, sondern auch sich selbst Befragungen und reflexiven Selbstbefragungen aussetzen. Es gibt deshalb keinen Anlass zu einer Katerstimmung unter der kulturwissenschaftlichen Linken, sondern den Bedarf, ihre Mittel der Kritik zu schärfen und deren Schlagkraft an konkreten Phänomenen zu erproben.

3. Radikale Demokratietheorie und radikale Wahrheitsskepsis

Im Diskurs der radikalen Demokratietheorie – zu dem agonale Konzeptionen wie diejenigen Ernesto Laclaus und Chantal Mouffes, Bonnie Honigs oder William Connollys ebenso wie poststrukturalistische Zugänge etwa Claude Leforts oder Jacques Rancières, um nur einige Autor*innen exemplarisch zu benennen, gezählt werden (vgl. Lefort 1990; Connolly 1995; Laclau/Mouffe 2001; Rancière 2002; Honig 2009) – spielen kontingenztheoretische und in ihren Implikationen wahrheitsskeptische Überlegungen eine zentrale Rolle (vgl. Rancière 2002: 105ff.). Im Unterschied beispielsweise zu deliberativen Demokratietheorien, die konfligierende Positionen innerhalb der Gesellschaft im Modus rationaler Verständigung einzuhegen trachten, nehmen radikale Demokratietheorieansätze die unabdingbare Konflikthaftigkeit, die aus der gesellschaftlichen Pluralität entsteht, dezidiert als Ausgangspunkt ihrer Überlegungen. Sie gehen nämlich davon aus, dass dem aus Heterogenität und Unabgeschlossenheit der Gesellschaft erwachsenen stetigen Streit über die konkrete Gestaltung von sozialen und politischen Strukturen nicht mit universalistischer Rationalität, die der deliberativen Vorstellung einer intersubjektiv zu ermittelnden Wahrheit zugrunde liegt, beizukommen sei. In der Zielsetzung einer rationalistischen, gar unter universalistischen Vorzeichen erfolgenden Einhegung von Differenz und Widersprüchlichkeit sehen radikale Demokratietheorien gerade die Stillsetzung dessen, was den eigentlichen Namen demokratischer Politik verdienen würde – die Sichtbarmachung von gesellschaftlichen Dissensen, um sie in entsprechende politische Auseinandersetzungen zu transponieren. Daher kommen dem Streit und der Infragestellung von vermeintlichen Gewissheiten eine zentrale Stellung innerhalb vieler Ansätze radikaler Demokratietheorie zu, wie sie sich im Rekurs auf die Annahme einer radikalen Kontingenz gesellschaftlicher und politischer Ordnungen ausdrückt: »Society is permeated by contingency and any order is of an hegemonic nature, i.e. it is always the expression of power relations. In the field of politics, this means that the search for a consensus without exclusion [...] ha[s] to be abandoned« (Mouffe 2013: xi), heißt es beispielsweise bei Mouffe. Ganz ähnlich hebt Rancière hervor, dass die »Grundlegung der Politik« (*le fondement*) gerade in der »Abwesenheit eines Grundes« (*absence de fondement*) bestehe (Rancière 2002: 28). Menschliche Gesellschaften haben in diesem Sinne keine feste Verdrahtung in einer höheren Wahrheit, sondern sie sind kontingent – das betrifft nicht nur die möglichen Inhalte politischer Ordnungen, sondern auch deren Verfahrensweisen und die Normen, die diese Verfahren tragen. Das alles bleibt deshalb dauerhaft kontestierbar.

Radikale Demokratietheorien postulieren dementsprechend, dass eine politische Ordnung, die dieser gesellschaftlichen Kontingenz keinen Ausdruck zu leihen vermag und stattdessen von einer übergeordneten Instanz wie einem Gott oder einem eindeutig begründbaren Fundament wie einem wahren Letztgrund ausgeht, keine Demokratie im originären Sinne ist. Laclau betont daher, »[t]he only democratic society is one which permanently shows the contingency of its own foundations« (Laclau 2001: 86). Nach Leforts Auffassung etwa ist die Instituierung und Erhaltung einer Demokratie dadurch gekennzeichnet, »daß sie die Grundlagen aller Gewissheit auflöst« (Lefort 1990: 296). Das heißt, radikale Demokratietheorien sind deshalb als »radikal« zu bezeichnen, weil sie die Grundlosigkeit von Politik nicht als zu überwindendes Problem ansehen, sondern sie im Sinne der postfundamentalistischen Annahme einer *radikalen* Kontingenz (vgl. Flügel-Martinsen 2020: 58 ff.) zum programmatischen Ausgangspunkt der theoretischen Reflexion ebenso wie der politischen Praxis machen. Radikale Kontingenz ist jedoch nicht mit Sinnlosig- oder Beliebigkeit zu identifizieren, wie Connollys Schlussfolgerung »[n]othing is fundamental [...] [t]herefore almost everything counts for something« (Connolly 1995: 40) zuweilen missverstanden wird. Im Gegenteil, aus der Annahme der Grundlosigkeit resultiert eine Gestaltungsaufgabe: Gesellschaft und Politik sind nicht als gegeben anzunehmen, sondern im Rahmen von Aushandlungsprozessen zu gestalten, *weil* ihnen ein rationales, letztbegründetes bzw. letztbegründendes Fundament fehlt.

Radikaldemokratische Theorieansätze können demnach – zugegeben etwas schematisch – durch folgende vier zentrale Merkmale des Umgangs mit der radikalen Kontingenz gekennzeichnet werden: Erstens verweisen radikale Ansätze der Demokratietheorie darauf, dass ›das Politische‹ als unweigerlicher Bestandteil der Gesellschaft zu begreifen ist, Gesellschaft und Politik somit keine voneinander trennbaren Sphären sind, sondern in einem wechselseitigen Zusammenhang stehen. Weder Gesellschaft noch Politik beruhen auf einem letzten Grund, stattdessen sind sie jeweils als Ergebnisse von kontingenten politischen Ereignissen zu lesen. Zweitens lässt sich kein essentialistisches oder historisch privilegiertes politisches Subjekt identifizieren. Die Herausbildung von politischen Identitäten erfolgt im Wechselspiel mit gesellschaftlichen Prozessen, d. h. im Rahmen von konkreten historischen Kämpfen und nicht auf der Basis von vorgängig definierten Entitäten wie einem nationalen Volk. Drittens geht Demokratie über das, was eine institutionelle Regierungsform eines fest definierten Volkes ausmacht, hinaus. Dadurch, dass sich Demokratie nicht in einem wahrheitsmäßig bestimmbaren politischen Subjekt erschöpft, sondern den gesellschaftlichen Dynamiken anheimgestellt ist, wird sie erst recht als eine politische Gestaltungsaufgabe mit stets offenem Ausgang angesehen. Das heißt, dass radikale Demokratietheorien sowohl ihre analytische als auch ihre kritische Tiefenschärfe aus dem Begriff des Politischen selbst beziehen. Der Begriff des Politischen wird in den meisten radikaldemokratischen Ansätzen emphatisch dem Begriff bestehender Politikstrukturen und -institutionen entgegengesetzt. Es handelt sich hier um eine dezidiert kontrastive Unterscheidung zwischen einem Begriff für etablierte Strukturen, Institutionen und Handlungsmuster der Domäne *Politik* einerseits und spezifischen Modi ihrer Durchbrechung, Infragestellung und Modifikation andererseits (vgl. Lacoue-Labarthe/Nancy 1983: 186; Martinsen 2019), die in diesem Falle als *originär politische* Handlungen aufgefasst werden, die allerdings, wie etwa Sheldon Wolin betont, »episodisch und rar« (Wolin 1996: 31, Übers. der. Verf.) sind und genau darum kein festes Fundament der politischen Ordnung bilden. Viertens, und für die Thematik unserer Ausführungen von besonderer Bedeutung, korrespondiert die postfundamentalistische Auffassung von der Grundlosigkeit der Demokratie mit einer Skepsis gegenüber festen Konzeptionen von Wahrheit. Diese Wahrheitsskepsis wird zumeist diskursiv im Kontext des Nonessentialismus dekonstruktiver bzw. poststrukturalistischer Theorien verhandelt (vgl. Laclau/Mouffe 2001: 96 ff.; Marchart 2010: 16) und bedeutet, dass sämtliche Grundlagen der Macht, des Rechts und auch des Wissens aufgelöst werden bzw. ungewiss sind. Demokratie kann somit erst dort überhaupt *politisch* werden, wo *keine gesicherten* Herrschaftsansprüche präexistieren.

Mit anderen Worten, die Wahrheitsskepsis radikaler Demokratietheorien besteht gewissermaßen darin, keine übergeordnete Wahrheit, sondern allenfalls unsichere, agonale, stets vorläufige Vorstellungen von Wahrheit anzuerkennen. Radikaldemokratische Theorien weisen somit keine ›beste Ordnung‹ des Gemeinwesens, keine ›vernünftigsten‹ Verfahren, keine letztgültigen Kriterien des Demos und auch kein wahres Wissen über Politik aus (vgl. Nonhoff 2013: 325).

4. Ein blinder Fleck: parrhesia und Radikale Demokratietheorie

Die Wahrheitsskepsis, die ein konstitutives Element radikaler Demokratietheorien darstellt, hat jedoch einen blinden Fleck, wie Martin Nonhoff vermerkt. Dieser blinde Fleck wird häufig als Indifferenz gegenüber der Frage nach der Wahrheit demokratischer Prozesse und Verfahren gelesen (vgl. Posselt/Seitz 2019: 187). Während beispielsweise deliberative Demokratietheorien durchaus nach der Wahrheit des demokratischen Outputs im Sinne der besten rationalen Lösung für gesellschaftliche Probleme suchen, fokussieren republikanische und direkte Demokratietheorien auf die Wahrheit des demokratischen Inputs in Form von Inklusivität und Partizipativität der Verfahren. Der mögliche Wahrheitsgehalt demokratischer Verfahren spielt für Ansätze radikaler Demokratietheorie aufgrund der Annahme radikaler Kontingenz jedoch eine untergeordnete Rolle, weil kein begründendes Fundament für sie gesucht wird. Gleichwohl ist hier kritisch einzuwenden, dass demokratische Verfahren nie einfach nur Verfahren und damit lediglich befragungs- und durchbrechungswürdige institutionelle Arrangements bilden. Demokratische Verfahren generieren als Praktiken Wissen und damit Orte der kognitiven Produktion (vgl. Nonhoff 2013: 318, 326 ff.), die zumindest temporär quasi ›Anwartschaften‹ auf Wahrheit bilden. Sowohl der radikaldemokratische Negativbezug auf demokratische Institutionen und Verfahren in Form von Befragung, Kritik und Durchbrechung institutionalisierter Strukturen als auch das radikaldemokratische Versprechen auf Vitalisierung und Intensivierung der Demokratie sind dabei nicht beliebige Forderungen nach einer Demokratisierung der Demokratie, sondern haben selbst eine epistemologische Relevanz – nämlich den in einigen Ansätzen explizit vertretenen, in anderen Positionen zumindest implizierten Anspruch, dem Begriff der Demokratie, die einen solchen Namen verdiene, stärker gerecht zu werden.

Nicht zuletzt zeigt sich dies an der disziplinären Verortung, innerhalb deren Rahmen dieser Anspruch methodologisch hergeleitet wird. Für Lefort ist die Bestimmung des originär Politischen eine Aufgabe der »Wiederherstellung der Politischen Philosophie« (Lefort 1990: 281), mit der sich eine Absage an die auf vorfindliche Regelwerke für Entscheidungsfindungsprozesse, Verfassungsstrukturen politischer Gemeinschaften sowie ihre jeweiligen institutionellen Designs gerichtete Politikwissenschaft verbindet. Oliver Marchart hat im Anschluss an Laclau und Mouffe herausgearbeitet, dass die für radikale Demokratietheorien entscheidende kritische Kontrastierung zwischen Politik und Politischem in einer konzeptuellen Differenzierung besteht: zwischen dem Begriff für etablierte Strukturen, Institutionen und Handlungsmuster der Domäne Politik einerseits sowie spezifischen Modi ihrer Durchbrechung, Infragestellung und zuweilen Überwindung, die als *originär politische* Handlungen aufgefasst werden, andererseits. Marchart zufolge kommt dieser Unterscheidung der Status einer ontologischen Differenz zu (vgl. Marchart 2010: Kap. 2, 4). Ein solcher wesensmäßiger Grund scheint die radikaldemokratische Kontingenzthese jedoch zu konterkarieren. Selbst wenn man ihr zugutehält, dass der Fokus hierbei auf Neugründungen (beziehungsweise Unterbrechungen) und nicht auf Letztgründungen (beziehungsweise Schließungen) liegt, so dass das »Spiel zwischen Politik und dem Politischen unabstellbar« wird (Marchart 2010: 27), ist zu fragen, inwiefern eine ontologisierende Grenzziehung zwischen genuin Politischem und ›bloßer‹ Politik nicht Gefahr läuft, dem Politischen selbst einen Wahrheitsstatus zuzuschreiben (vgl. Bedorf 2010: 33; Martinsen 2019: 584, 590 f.).

Aus dieser Diagnose ergeben sich folgende Überlegungen. Zunächst könnte man der Auffassung sein, dass der blinde Fleck der radikaldemokratischen Wahrheitsskepsis lediglich eine akademische Angelegenheit der *Theorie* der Radikaldemokratie darstellt, die der radikaldemokratischen *Praxis* der Infragestellung und Durchbrechung, z. B. um willen von Gleichheitsforderungen oder Emanzipationsbegehren, keinen Abbruch tut. Damit handeln sich radikale Demokratietheorien jedoch den Vorwurf ein, Gefährdungen der Demokratie selbst durch nicht-emanzipatorische Praxen im Modus von Dissens, Protest und Widerstand zu ignorieren. Deshalb sollte stattdessen diskutiert werden, inwiefern eine überhöhende Bedeutungszuweisung des Politischen die Theorie radikaler Demokratie vor das Problem stellt, nicht angemessen zwischen unterschiedlichen Formen von Infragestellung und Skepsis unterscheiden zu können. Ebenso ununterscheidbar sind dann aber auch die Inanspruchnahmen eines ›wahrhaftigen‹ bzw. ›wahren‹ Protests und Widerstands im Namen der Demokratie (vgl. Posselt/Seitz 2019: 187, 202).

Nicht erst seit den gesellschaftlichen Auseinandersetzungen über Zuwanderung, jedoch neuerdings zunehmend im Zusammenhang der Demonstrationen gegen die Maßnahmen zur Bekämpfung der Covid-19-Pandemie in vielen westlichen Demokratien, wird der Streit um Wahrheiten wieder virulent. Dabei treten Demonstrierende häufig in der Rolle von Parrhesiast*innen, d. h. als Wortführer*innen im Dienst der Wahrheit gegen einen herrschenden Konsens auf, die sich den Charakter der ›Mutigen‹ gegen eine ›regierungskonforme‹ oder angstgesteuerte Mehrheit zuschreiben. Als selbsternannte »Querdenker*innen« greifen sie damit, wenn auch nach unserer Auffassung in konträrem Sinn, zumindest in formaler Hinsicht typische radikaldemokratische Figuren von Dissens und Protest auf. Umso mehr gewinnt in zunehmend gespaltenen Gesellschaften, in denen rechtspopulistische Vereinnahmungen eines vermeintlichen ›Wahrsprechens‹, z. B. in Form der völkisch konnotierten Kritik am Establishment ›im Namen des ganzen Volkes‹, eine Unterscheidung zwischen emanzipativen und nicht-emanzipativen Formen des Wortergreifens an Dringlichkeit und damit zwischen einer für Öffnung und dynamische Auseinandersetzung eintretende und einer auf Schließung von Diskursen und Identitätsbildungen abstellenden Rede. Aufgrund von Unterwanderungs-, Umarmungs- und Adaptionsstrategien durch die Neue Rechte, Identitäre Bewegungen und rechtspopulistische Akteur*innen sind Infragestellungen und Durchbrechungen der institutionalisierten Ordnung im Modus parrhesiastischer Rede zuweilen schwerer zu differenzieren. Dies liegt nicht zuletzt daran, dass auch ehemals ausschließlich in linken Kreisen übliche Symboliken, Moden und sprachliche Wendungen von rechts gekapert werden, wie sich an der Verwendung des Begriffs »Widerstand« zeigt. Demgegenüber sieht es zuweilen so aus, als übten die Ansätze radikaler Demokratietheorie mit ihrem Fokus auf Befragung und Widerstand eine ethische Zurückhaltung gegenüber einer inhaltlichen Beurteilung der Interventionen hinsichtlich der Frage nach Schließungs- oder Öffnungstendenz, emanzipativer oder diskriminierender Programmatik bzw. solidarischer Rede oder Hate Speech. Diese Indifferenz ähnelt hier beinahe dem liberalen bzw. libertären Verständnis von Meinungsfreiheit innerhalb des US-amerikanischen Diskurses.

5. Schluss

Tatsächlich erweisen sich Theorien radikaler Demokratie als weit entfernt von einer Verabsolutierung von Dissens um des bloßen Streits und Widerstands willen, ebenso wie sie weit entfernt von einer unterschiedslosen Überhöhung von Meinungsfreiheit sind. So räumt etwa Chantal Mouffe ein, dass gesellschaftlicher basaler Konsens durchaus erforderlich sein könne, er müsse jedoch durch Dissens begleitet werden:

> Consensus is needed on the institutions which are constitutive of liberal democracy and on the ethico-political values that should inform the political association, but there will always be disagreement concerning the meaning of those values and the way they should be implemented. In a pluralist democracy such disagreements are not only legitimate but also necessary (Mouffe 2009: 551-552).

Möglicherweise übersieht Mouffe hier jedoch, dass es gegenwärtig genau jene ›ethisch-politischen Werte‹ sind, die durch geschichtsklitternde Vergangenheitsumdeutungen ebenso wie gegenwärtige Gegendiskurse anhand von sogenannten alternativen Fakten in Zweifel gezogen werden. Dieser Streit hat in manchen gesellschaftlichen Bereichen, etwa in Bezug auf Einwanderung oder aktuell in Bezug auf den Status wissenschaftlicher Erkenntnis, die als – wohlgemerkt kontingente, nicht überzeitliche – Grundlage für politische Maßnahmen zum Umgang mit der COVID-19-Pandemie dient, eine Dimension erreicht, die nicht mehr unter ›Meinungsverschiedenheiten‹ rangiert, sondern aufgrund der Ausprägung manifester Kommunikationsblasen zu einer Aushöhlung des politischen Diskurses bis hin zu einer vollständigen Vermittlungsapathie führen kann. Eine solche Stillstellung dissensualer Dynamiken aufgrund der Verhärtung von Fronten wird zur Gefahr für die Demokratie selbst, weil sich gesellschaftliche Differenzen zu Fragen der Wahrheit transformieren, die nicht mehr im Modus des Politischen ausgetragen werden können.

In diesem Punkt sind radikale Demokratietheorien gut beraten, sich die spezifische diskursive Dynamik zu vergegenwärtigen, die Foucault im Zuge der Auseinandersetzung mit der *parrhesia* herausgearbeitet hat. Aus der Foucaultschen Lesart der *parrhesia* lässt sich vor allem der entscheidende Impuls gewinnen, das Verhältnis von Demokratie und Wahrheit nicht im Modus des Urteilens über ›wahre‹ oder ›falsche‹ Aussagen, über ›Fakten‹ oder ›Fake News‹ zu betrachten.[6] Am Beispiel der sich im Übergang vom fünften zum vierten Jahrhundert vor unserer Zeitrechnung vollziehenden Krise der *parrhesia* rekonstruiert Foucault, dass sie sich als Krise der Demokratie darstellt. Sie entspringt der im Modus des ›Wahrsprechens‹ vorgebrachten Kritik *demokratischer* Institutionen und Praktiken. Was zunächst als verbürgtes Recht des – männlichen, besitzenden – Bürgers einer Polis im Sinne der Ordnungserhaltung gilt, schlägt um in eine Gefahr für die demokratische Polis, weil *parrhesia* hier das Recht *aller* bedeutet, das Wort zu ergreifen. Und genau damit wird auch das Recht impliziert,

---

6 Für die Gegenposition, die einen internen Zusammenhang von Politik und Wahrheit annimmt, vgl. z. B. Vogelmann 2019.

die demokratische Ordnung selbst infrage zu stellen. Im Unterschied zu antiken Ordnungen sind moderne Demokratien mit diesem Risiko der Redefreiheit durchaus vertraut. Gleichwohl können gerade moderne pluralistische Demokratien keine einfache Lösung für den Widerspruch zwischen dem demokratischen Recht auf Redefreiheit und dem die Demokratie möglicherweise gefährdenden Aussprechen von ›Wahrheiten‹ finden, erst recht nicht, wenn sich der Gebrauch der *parrhesia* auf grundlegende Parameter der Demokratie bezieht, etwa auf das Gleichheitsge- oder Diskriminierungsverbot. Dennoch ist die Maßgabe der Gleichheit nicht damit zu verteidigen, dass sie ›wahrer‹ ist. Demokrat*innen sollten für sie eintreten, weil erst sie, z. B. als *gleiche* Freiheit, den originären Sinn von Demokratie erschließt und somit einen begrifflichen Gegensatz zu autoritären oder autokratischen Varianten von Politik bildet.

Der gegenwärtige gesellschaftliche Diskurs ist daher umso wachsamer daraufhin zu beobachten und zu evaluieren, inwiefern dieser sich von einem (scheinbar) unproblematischen, dissensualen Erfahrungs- in ein bedrohlicheres Konfliktfeld verwandeln kann. Dabei ist das Augenmerk auf die Praktiken zu legen, »die als selbstverständlich akzeptiert wurden, die vertraut und ›unausgesprochen‹ sind, also außer Frage stehen«, und schließlich »zum Problem werden, Diskussionen und Debatten hervorruf[en], neue Reaktionen anreg[en] und eine Krise der bisherigen stillschweigenden Verhaltensweisen, Gewohnheiten, Praktiken und Institutionen bewirk[en].« (Foucault 1996: 78) – das aber ist selbst im Kern eine Umschreibung der Aufgaben radikaldemokratischer Befragungen.

Literaturverzeichnis

Bedorf, Thomas 2010: Das Politische und die Politik. Konturen einer Differenz, in: Bedorf, Thomas/Röttgers, Kurt: Das Politische und die Politik, Frankfurt a. M.: Suhrkamp, 13–37.

Boghossian, Paul 2013: Angst vor der Wahrheit, Berlin: Suhrkamp.

Comtesse, Dagmar/Flügel-Martinsen, Oliver/Martinsen, Franziska/Nonhoff, Martin 2019: Demokratie, in: Comtesse, Dagmar/Flügel-Martinsen, Oliver/Martinsen, Franziska/ Nonhoff, Martin (Hrsg.): Radikale Demokratietheorie. Ein Handbuch, Berlin: Suhrkamp, 457–483.

Connolly, William 1995: Ethos of Pluralization, Minneapolis: University of Minnesota Press.

Derrida, Jacques 1999: Tympanon, in: Ders.: Randgänge der Philosophie, Wien: Passagen.

Derrida, Jacques 2003a: Schurken, Frankfurt a. M.: Suhrkamp.

Derrida, Jacques 2003b: Einsprachigkeit, München: Fink.

Flügel-Martinsen, Oliver 2020: Radikale Demokratietheorien zur Einführung, Hamburg: Junius.

Flügel-Martinsen, Oliver 2021: Kritik der Gegenwart – Politische Theorie als kritische Zeitdiagnose, Bielefeld: transcript.

Foucault, Michel 1991: Die Ordnung des Diskurses, Frankfurt a. M.: Suhrkamp.

Foucault, Michel 1992: Was ist Kritik?, Berlin: Merve.

Foucault, Michel 1996: Diskurs und Wahrheit, Berlin: Merve.

Foucault, Michel 2005: Was ist Aufklärung? (Nr. 339), in: *Dits et Écrits IV*, Frankfurt a. M.: Suhrkamp, 687–707.

Foucault, Michel 2009: Die Regierung des Selbst und der anderen. Vorlesung am Collège de France 1982/83. Hrsg. von Frédéric Gros. Übersetzt von Jürgen Schröder, Frankfurt a. M.: Suhrkamp.

Foucault, Michel 2010: Der Mut zur Wahrheit. Die Regierung des Selbst und der anderen II. Vorlesung am Collège de France 1983/84. Hrsg. von Frédéric Gros. Übersetzt von Jürgen Schröder, Berlin: Suhrkamp.

Habermas, Jürgen 1992: Faktizität und Geltung. Beiträge zur Diskurstheorie des Rechts und des demokratischen Rechtsstaats, Frankfurt a. M.: Suhrkamp.

Habermas, Jürgen 1999: Wahrheit und Rechtfertigung, Frankfurt a. M.: Suhrkamp.

Hampe, Michael 2016: Katerstimmung bei den pubertären Theoretikern, in: Die Zeit 52/2016. Online abrufbar unter: https://www.zeit.de/2016/52/kulturwissens chaft-theorie-die-linke-donald-trump-postfaktisch-rechtspopulismus.

Honig, Bonnie 2009: Emergency Politics. Paradox, Law, Democracy, Princeton: Princeton University Press.

Lacoue-Labarthe, Philippe/Nancy, Jean-Luc 1983: Le ›retrait‹ du politique, in: Rogozinski, Jacob/Lefort, Claude/Rancière, Jacques/Kambouchner, Denis/Soulez, Philippe/ Lacoue-Labarthe, Philippe /Nancy, Jean-Luc: Le retrait du politique. Travaux du centre de recherches philosophiques sur le politique, Paris: Galilée, 183–200.

Laclau, Ernesto 2001: Identity and Hegemony: The Role of Universality in the Constitution of Political Logics, in: Butler, Judith/Laclau, Ernesto/Žižek, Slavoj (Hrsg.): Contingency, Hegemony, Universality. Contemporary Dialogues on the Left, London/New York: Verso, 44–89.

Laclau, Ernesto/Mouffe, Chantal 2001: Hegemony and Socialist Strategy. Towards a Radical Democratic Politics, London/New York: Verso.

Lefort, Claude 1990: Die Frage der Demokratie, in: Rödel, Ulrich (Hrsg.): Autonome Gesellschaft und libertäre Demokratie, Frankfurt a. M.: Suhrkamp, 281–297.

Marchart, Oliver 2010: Die politische Differenz. Zum Denken des Politischen bei Nancy, Lefort, Badiou, Laclau und Agamben, Berlin: Suhrkamp.

Martinsen, Franziska 2019: Politik versus Politisches, in: Comtesse, Dagmar/Flügel-Martinsen, Oliver/Martinsen, Franziska/Nonhoff, Martin (Hrsg.): Radikale Demokratietheorie. Ein Handbuch, Berlin: Suhrkamp, 583–592.

Mouffe, Chantal 2009: Democracy in a Multipolar World, Journal of International Studies 37 no. 3 (2009): 549–561.

Mouffe, Chantal 2013: Agonistics. Thinking the World politically, London/New York: Verso.

Münch, Richard 2011: Akademischer Kapitalismus, Berlin 2011.

Nonhoff, Martin 2013: Demokratisches Verfahren und politische Wahrheitsproduktion, in: Buchstein, Hubertus (Hrsg.): Die Versprechen der Demokratie, Baden-Baden: Nomos, 313–332.

Platon 1991: Politeia, Sämtliche Werke V, Frankfurt a. M./Leipzig 1991.

Posselt, Gerald/Seitz, Sergej 2019: Sprachen des Widerstands. Zur Normativität politischer Artikulation bei Foucault und Rancière, in: Marchart, Oliver/Martinsen, Renate (Hrsg.): Foucault und das Politische. Transdisziplinäre Impulse für die politische Theorie der Gegenwart, Wiesbaden: Springer VS, 185–209.

Rancière, Jacques 2002: Das Unvernehmen. Politik und Philosophie, Frankfurt a. M.: Suhrkamp.

Vogelmann, Frieder 2019: Mit Unwahrheit kämpfen. Zur Aktualität von Vernunftkritik, WestEnd. Neue Zeitschrift für Sozialforschung 16:2, 25–46.

Wolin, Sheldon 1996: Fugitive Democracy, in: Benhabib, Seyla (Hrsg.): Democracy and Difference. Contesting the Boundaries of the Political, Princeton: Princeton University Press, 31–45.

Politiken der Wahrheit: Normative Probleme postfundamentalistischer Theoriebildung

Lucas von Ramin

1. Einleitung

Dass es um »die Wahrheit« schlecht steht, ist in den letzten Jahren mehrfach diagnostiziert worden. Während in einem breiten, öffentlichen Diskurs, beispielsweise in der Diskussion um Fake News oder dem »March for Science«, ein Hang zu subjektiven Erfahrungen und Falschinformationen problematisiert wird, wird in den Geistes- und Sozialwissenschaften, wie P. Boghossian kritisch schreibt, eine »*Gesellschaftsabhängigkeit* des Wissens« (Boghossian 2015: 14) angenommen, nach der Wahrheit als Produkt sozialer Konstruktion aufzufassen ist. Während die eine Perspektive vor einem Relativismus warnt, sieht die andere Perspektive in der Gesellschaftsabhängigkeit Chancen zur Politisierung. Für beide Stellungnahmen haben sich »Postismen« gefunden, die jeweils unter dem Postfaktischen und dem Postfundamentalistischen firmieren.

Die Gleichsetzung der eben genannten Begriffe wird vor allem aus Richtung der »linken« Sozialphilosophie kritisiert (vgl. Vogelmann 2018; Saar 2017). Die Verkürzung zum Relativismus würde den aufklärerischen Impetus des Postfundamentalismus und dessen Potenzial verkennen. Eine ernsthafte Rekonstruktion postfundamentalistischer Theorie würde deutlich machen, dass deren normativen Annahmen nicht mit Beliebigkeit zu verbinden sind, sondern emanzipatorische Wirkkraft haben. Bei allen internen Differenzen ist der gemeinsame, normative Konsens sowohl von Theorien des »Postfundamentalismus« als auch des »Politischen« oder der »Radikaldemokratie«, dass eine auf »Wahrheit« gründende Politik beschränkende, ausgrenzende und antidemokratische Wirkungen, eine Schwächung von Wahrheitsansprüchen dagegen potenziell befreiende Effekte hat (vgl. Buchstein 2020; Flügel-Martinsen 2020).

Dabei geben aktuelle Entwicklungen Gründe, den Zusammenhang von Wahrheitskritik und Emanzipation infrage zu stellen. Gerade in den letzten Jahren ist ein verstärktes Aufkommen von politischen Bewegungen wahrnehmbar, die, z. B. in Gestalt des Rechtspopulismus und seinen autoritären Tendenzen, intuitiv mit der postfundamentalistischen Idee von Befreiung in Konflikt stehen. Ausgehend von dem postfundamentalistischen Autorenkreis wird jedoch selten gefragt, ob sich jene Entwicklungen mit der eigenen Theorie interpretieren lassen. Der Text hat zum Ziel, den Zusammenhang zwischen Wahrheitskritik und Befreiung zu problematisieren.

Dazu gehe ich wie folgt vor: Zunächst lege ich zwei Motive der Wahrheitskritik im postfundamentalistischen Denken frei, für das maßgeblich Oliver Marchart Pate stehen wird (2). Ich unterscheide zwischen einer theoretischen und einer praktischen Ebene, um den Zusammenhang zwischen Erkenntniskritik und politischer Philosophie darzustellen. Im dritten Teil (3) spreche ich mittels der drei Aspekte »Formalisierung«, »Ästhetisierung« und »Vermachtung« exemplarisch strukturelle Probleme des Postfundamentalismus an. In den jeweiligen Abschnitten stelle ich zuerst den Gewinn postfundamentalistischer Wahrheitskritik vor, um anschließend auf die Einseitigkeit der Lesart und damit die Aporien zu verweisen. Den Abschluss (4) bildet ein Resümee über die Frage nach dem Status des postfundamentalistischen Paradigmas und dessen normativen Implikationen.

2. *Postfundamentalismus als Wahrheitstherapie*

Bevor ich den Blick auf die problematischen Aspekte der Wahrheitskritik richte, sind einige begriffliche Vorbemerkungen nötig: Spätestens seit Oliver Marcharts Buch die *Politische Differenz* (2016) ist der Postfundamentalismus zu einem eigenen und teils dominanten Theoriefeld innerhalb der Sozialphilosophie geworden. ›Post‹ bezieht sich dabei auf die Überwindung von Fundamenten oder analog gebrauchten Termini wie Gewissheiten, Letztbegründungen, Notwendigkeit oder eben auch Wahrheit. Unter Fundamentalismus sind nach Marchart »[...] jene Positionen zu verstehen, die von fundamentalen, d. h. revisionsresistenten Prinzipien, Gesetzen oder objektiven Realitäten ausgehen, die jedem sozialen oder politischen Zugriff entzogen sind.« (Marchart 2016: 15) Politik wird in ihnen von außen begründet, anhand von Ideen wie Vernunft, menschlicher Natur oder Geschichte. Die Überwindung jener fundamentalen Prinzipien ist der philosophischen Einsicht geschuldet, dass es – neben den epistemologischen Schwierigkeiten eines Zuganges – diese als feste Dinge oder universale Prinzipien nicht gibt. Auf *theoretischer Ebene* wird das Fehlen von Letztbegründungen sowohl historisch am realpolitischen Scheitern politischer Großentwürfe festgemacht als auch wissenssoziologisch an der Unfähigkeit gesellschaftlicher wie wissenschaftlicher Akteure, »ein bestimmtes Zeichen der Gewissheit zum positiven Fundament des Sozialen, der Politik oder des Denkens zu erheben.« (Marchart 2016: 15)

Das soll nicht heißen, dass es keine Gründe gibt. Für Marchart existieren immer Versuche, den Mangel an ontologischen Letztbegründungen zu beheben, nur kann keine davon universale Geltung beanspruchen, weshalb sie als hegemonial gewordene Aussage verstanden werden müssen. Ein starker Begriff von Wahrheit als revisionsresistentes Prinzip wird negiert. Zwar bleibt in den noch vorhandenen Fragen nach den Gründen die Erinnerung an Wahrheit erhalten, aber eben nur als Abwesende. »Kontingenz«, die Möglichkeit, dass eine bestimmte Gründung auch anders hätte vollzogen werden können, wird folgend zur letzten Universalie.[1] Fundamentalismus dagegen zeichnet sich, so Marchart, »durch aktive Verleugnung von Kontingenz aus« (Marchart 2013: 45).

Die deskriptive Feststellung eines Scheiterns von wahrheitsfähigen Letztbegründungen ist aber nur eine Seite. Der Negativismus ist kein theoretischer Selbstzweck, sondern verfolgt ein *praktisches Ziel*. Mit Marchart als »Revolutionierung der Denkungsart« (Marchart 2016: 349) bezeichnet, muss Einsicht in Kontingenz auch als Erweiterung von Demokratie und Aktivierung des Politischen zum Zweck einer gerechteren Gesellschaft verstanden werden. Allgemein gesprochen, artikulieren radikaldemokratische Ansätze eine Kultur der Kontingenz, welche das Dispositiv eines »wahren« demokratischen Bürgers hervorbringen soll.[2]

Drei Argumente für die normative Bedeutung von Wahrheitskritik lassen sich hervorheben: *Erstens* ermöglicht die Verabschiedung definitiver epistemologischer und ontologischer Sicherheiten die Chance zur Politisierung. Damit etabliert sich ein neues Verständnis von Politik als auch von Demokratie als konflikthaft. Die Einsicht in Kontingenz radikalisiert emanzipatorische Möglichkeiten und führt zu erweiterter Selbstbestimmung. *Zweitens* hat die Kritik an Wahrheit eine Pluralisierung von Geltungsansprüchen zum Ziel – kann keine universale Geltung behauptet werden, öffnet sich der Raum für alternative Ansprüche. Die Folge ist ein veränderter Umgang mit anderen in Bezug auf die jeweiligen Geltungsansprüche, der in postfundamentalistischer Solidarität mündet (vgl. Mar-

---

1 Karsten Schubert spricht in seiner Reformulierung dieses Argumentes deshalb von Kontingenz als letzten Universalismus (Schubert 2017).

2 Sammelbände wie *Das Politische und die Politik* (Bedorf/Röttgers 2010), *Das Politische denken* (Bröckling 2012) sowie *Radikale Demokratietheorie* (Comtesse et al. 2019) zeigen zwar die Vielfalt des Diskurses, weisen aber trotz der vorliegenden Binnendifferenzierungen immer wieder auf dasselbe Moment hin.

chart 2016: 345). *Drittens* geht es um das Aufzeigen von Machtstrukturen, wenn diese sich unter dem Mantel der Wahrheit verkleidet als alternativlos präsentieren.

Im Begriffsapparat der Moralphilosophie reformuliert, wird versucht, dass prekäre Zusammenspiel von Freiheit und Gleichheit über den Rekurs auf das Politische zufriedenstellend zu managen. Beide Werte sind nur in Praxis realisierbar, weil in der Logik des Postfundamentalismus endgültige Festlegungen immer freiheitseinschränkend und gleichheitsunterminierend sind.[3] Mit Rorty spricht Marchart auch von Freiheit als der »Einsicht in die Notwendigkeit von Kontingenz.« (Marchart 2016: 329) Das heißt, die einzige Form der Verwirklichung ist der ständige Versuch ihrer Verwirklichung. Die Politisierung hat den Zweck, die notwendig unfairen Ausschlüsse von Ordnungen hörbar und sichtbar zu machen, auch wenn sich in den folgenden Konkretisierungen erneute Ausschlüsse nicht vermeiden lassen. Kein politisches Handeln, so Demirović über den Postfundamentalismus, »kann jemals für sich beanspruchen, Freiheit, Gleichheit und Demokratie derart konstituiert zu haben, dass die zukünftigen Menschen nicht ihrerseits den Anspruch auf ein demokratisches Handeln und ein ihnen gemäßes Verständnis von Freiheit hätten« (Demirović 2017: 13).

Dass die *praktische Ebene* keine Nebensächlichkeit darstellt, zeigt sich an den vielfältig gezogenen Konsequenzen, wie der Forderung nach einer Demokratisierung der Demokratie oder einer demokratischen »Ethik der Selbstentfremdung« (Marchart 2016: 329ff.). Kontingenzeinsicht als Folge von Wahrheitskritik kommt eine doppelte Funktion zu: Auf der einen Seite wird ein emanzipatorischer Anspruch formuliert, wenn »ein Partikulares die Aufgabe [übernimmt], ein Allgemeines zu verkörpern, das in letzter Instanz nie vollumfänglich verkörpert werden kann« (Marchart 2016: 276). Politisch sein heißt, dass Inkonsequenz, das »als-ob«, wie Marchart es nennt, nicht vermieden werden kann. Auf der anderen Seite werden die Aporien dieses Anspruches eingehegt durch die »Anerkennung der Unbedingtheit des Bedingten« (Marchart 2016: 342), soll heißen, ein Wissen um den »als-ob«-Status. Mit Verweis auf Judith Butlers *Kritik der ethischen Gewalt* (Butler 2014) argumentiert Marchart, wie der Mangel in uns selbst der Notwendigkeit eines Außen, hier vor allem uns äußerer Subjekte, bedarf. In Folge kann dieser Schritt das »Subjekt dazu anhalten, im Analogieschluss die Nicht-Selbstidentität des Anderen zu vermuten und diesen

---

3 Eine ausführliche Diskussion um die normativen Grundlagen radikaler Demokratietheorie habe ich dargestellt in von Ramin (2021).

auf Basis geteilter Selbstentfremdung mit Anerkennung, Verantwortlichkeit und, wie Butler ebenfalls sagt, ›Geduld‹ und ›Toleranz‹ zu begegnen.« (Marchart 2016: 345) Die mögliche Leugnung des bewussten »als-ob« wird eingedämmt durch ein Konzept praktischer Vernunft und politischer Urteilskraft. In der Rekonstruktion dieses Konzeptes mit Hannah Arendt schreibt Marchart: »Wenn kein anderer Grund zu Verfügung steht als die irreduzible Pluralität der öffentlich Handelnden, dann besteht laut Arendt (1982) die dem Politischen entsprechende Form des Urteilens in der multi-perspektivischen Auseinandersetzung des Aus-der-Position-der-anderen-Denkens.« (Marchart 2001: 8) Dieses multiperspektivische Denken mündet in einer Ethik der Verantwortung, weil die notwendige Partikularität der für das Allgemeine stehenden Position dazu nötigt, selbst Verantwortung zu übernehmen. Emanzipation oder Selbstbestimmung auf Basis geteilter Selbstentfremdung bildet die Grundlage des Ideals positiver Freiheit.[4]

Damit konkretisiert sich die Ausrichtung postfundamentalistischer politischer Philosophie: Kontingenz ist nicht nur eine (ontologische, epistemologische) Feststellung, sondern hat bestimmte Rückwirkungen auf das Selbstverhältnis. Ziel ist es, den konstitutiven Mangel- und Entfremdungscharakter des Menschen einsichtig zu machen und ihn damit gleichzeitig vom Drang nach Überwindung zu befreien. Anvisiert wird »ein Umdenken auf breiter Front, eine Revolutionierung der Denkungsart« (Marchart 2016: 349). Die mit Marchart rekonstruierte politische Philosophie als Folge von Wahrheitskritik lässt sich im postmarxistischen Traditionszusammenhang verorten. Im Mittelpunkt, so Thomas Rentsch, stand ein auf die realen sozialistischen und kommunistischen Erfahrungen reagierender, undogmatischer Marxismus, der auf den Überbau fokussierte (vgl. Rentsch 2014: 66), insbesondere auf die veränderte Rolle des Subjektes für demokratische Prozesse. Der Postfundamentalismus lässt sich deshalb auch als Wahrheitstherapie verstehen, weil mit der Absage an Wahrheit und Dogmatismus moralisch-praktische Einsichten verbunden werden, die sich folgend im Handeln der Individuen niederschlagen sollen.

Die in diesen Abschnitten vorgenommene Differenzierung zwischen einer *theoretischen* Ebene und einer *praktischen* Ebene hat einen analytischen Zweck. Wenn im Folgenden von Grenzen postfundamentalistischer Philosophie gesprochen werden soll, dann zeigen sich diese explizit in

---

4 Klassischerweise wird von Freiheit zu, nicht von Freiheit von etwas gesprochen. Eine Vertiefung des Freiheitsbegriffs in Bezug zur postfundamentalistischen Debatte findet sich bei Karsten Schubert, der mit Foucault »Freiheit als Kritik« (Schubert 2018) konzipiert.

Anbetracht der praktischen Ebene. Die Frage muss lauten, ob die eben vorgestellte normative Aufladung von Kontingenz gelingen und das damit verbundene Ideal von Freiheit verteidigt werden kann.

3. Problematische Aspekte

3.1 Radikalisierung des Prinzips der »formalen Legitimation«

Ein erster problematischer Aspekt wird direkt an der vermeintlich befreienden Wirkung von Kontingenz sichtbar. Es ist offensichtlich, dass postfundamentalistische politische Theorie nicht nur eine abstrakte Arbeit an Begriffen und Argumenten, sondern auch eine Reaktion auf die Legitimationskrisen liberaler Demokratien im 20. und 21. Jahrhundert darstellt. Im Kern wird eine durch Lobbyismus, oligarchische Eliten oder politisches Establishment vorangetriebene Abnahme an Mitbestimmungsmöglichkeiten, eine Abnahme von Demokratie thematisiert.

Um das Legitimationsproblem fassen zu können, bietet sich eine Unterscheidung von Jürgen Habermas an. In dem Versuch, die Legitimationsprobleme des modernen Staates zu denken, bestimmt er zunächst allgemein die Qualität des, wie er es nennt, Niveaus der Rechtfertigung im Vergleich zu historischen Vorläufern (vgl. Habermas 1976). Waren es in vormodernen Zeiten eher mythische Bilder und transzendente Ordnungsvorstellung, die als Spiegel und Rechtfertigungsquelle irdischer Macht dienten, wurde die Legitimationen im Zuge der letzten Jahrhunderte »formalisiert« (Habermas 1976: 52). Ausgangspunkte bilden für Habermas vor allem Rousseau und Kant, weil sie inhaltliche Prinzipien der Rechtfertigung, wie Natur oder Gott, durch das »formale Prinzip der Vernunft« (Habermas 1976: 44) ersetzten. Formal heißt, dass sie Prozeduren vernünftiger Einigung, konkret gemeinsame Kommunikationsregeln und Voraussetzungen, zum Legitimationsprinzip erhoben. Weil Legitimation als »Dauerproblem« (Habermas 1976: 39) erkannt wird, ist es die Art und Weise des Zustandekommens einer Entscheidung, die ihre normative Qualität bestimmt.

Es ist nun allgemein bekannt, dass Habermas in seinem Gesamtwerk diesem Verfahren einen besonderen Status als Ausdruck einer kommunikativen Vernunft zuschreibt. Unabhängig davon trifft das Prinzip der »formalen Legitimation« in besonderer Weise auf postfundamentalistische Theorien zu. Gerade dort werden mit der Kritik an letzten Gründen diese durch den Prozess des Gründens ersetzt. Die immer noch vorhandenen kontingenten Gründe leben nur durch ihren prekären Status, weil deren kurzfristige Haltbarkeitszeit die Notwendigkeit einer unvermeidbaren Praxis artikuliert, nämlich der Praxis des Politischen. Zwar gibt es immer konkrete empirische Gründe, deren Wert besteht jedoch in ihrer Umstrittenheit und nicht in ihnen selbst. Noch grundlegender ausgedrückt: Das Politische ist als eigenständige Aktivität zu seiner eigenen Legitimationsquelle geworden.

Erneut sind es die Ausführungen Marcharts, die als Grundlage herangezogen werden können. Ausgangspunkt ist seine Interpretation der Diskurstheorie als Hegemonietheorie im Anschluss an Laclau und Mouffe. Demnach konstituiert sich ein System, ein Subjekt oder allgemein Bedeutung erst in Relation gegenüber einem radikalen Außen. Damit, so Marchart, liegt am Grund der sozialen Systeme »eine rein negative Instanz, die in ein und derselben Bewegung die Stabilität des Systems gewährleistet *und* gefährdet« (Marchart 2004). Weil ein positiver Grund nicht bestimmbar ist, zeigt sich die Grenze des Systems nur im Moment der Unterbrechung und des Zusammenbruches. Marcharts Forschungsprogramm orientiert sich deshalb, wie er in einer Zwischenüberschrift in der *Politischen Differenz* schreibt, an »zerbrochenen Hegemonien« (Marchart 2016: 268). Ziel ist es, durch diese ein Bewusstsein für das nicht auflösbare Spiel von Stabilisierung und Gefährdung zu schaffen, auf der einen Seite für die Unmöglichkeit eines Grundes »und auf der anderen Seite für die Möglichkeit ›kontingenter Gründe‹ im Plural, also eine Pluralität hegemonialer Bewegungen, die Gesellschaft zu gründen versuchen, ohne jemals dazu in der Lage zu sein« (Marchart 2010: 146). Demokratie oder besser Radikalisierung der Demokratie bedeutet, sich auf das Spiel einzulassen und diesem eine neue Dynamik zu verleihen. Marchart spricht deshalb auch von »Befreiungs- und Emanzipationstechnologie« (Marchart 2016: 362) oder »emanzipatorischer Aufwertung« (Marchart 2016: 273), weil es in dieser Logik gilt, Demokratie im Sinne einer Praxis ständiger Emanzipation als Wert zu begreifen.

Darin zeigt sich eine *Radikalisierung des formalen Prinzips*, weil eine Umwandlung klassischen politischen Denkens beschrieben wird, wie insbesondere im Vergleich zu Habermas hervortritt. Während dieser noch an Konsens, Sozialintegration und Anerkennungswürdigkeit interessiert ist und versucht, diese institutionell sowie idealtypisch im Diskurs zu verankern, fokussiert postfundamentalistische Theoriebildung auf den Schritt,

Anerkennungswürdigkeit infrage zu stellen.[5] Während im Fall von Habermas faire und gleiche Verfahren formuliert werden, werden im Fall von Marchart diese nochmals auf die gleiche Möglichkeit, über die Verfahren zu streiten, reduziert. Demokratie heißt dann, dass auch die Frage nach den Verfahren nicht von selbst entschieden ist. Es gibt deshalb kein Moment der Fixierung, nicht quantitativ, nicht formal, auch nicht institutionell.

Die wesentliche Einsicht, so Demirović, »besteht darin, dass es keine letzte Form der Demokratie gibt« (Demirović 2017: 13). Daniel Lehner spricht passend von einem »emanzipatorischen Bilderverbot« (Lehner 2012: 103). Es wundert nicht, dass darauf aufbauend immer wieder Derridas Formulierung des »Im-Kommen-Seins« herangezogen wird, angewendet auf Demokratie, Gerechtigkeit oder Freiheit.[6] Das »im Kommen« zeigt an, dass ein »Status quo« in keinem Falle zufriedenstellend sein kann, weil genau dann, zumindest für den Moment, der genuin politische Charakter verdeckt wird. Zugespitzt konzentrieren sich postfundamentalistische Theorien und die auf ihr fußenden Formen von Radikaldemokratie nicht mehr auf den Aufbau und die Rechtfertigung von Ordnung, sondern auf den Prozess »konstanter Infragestellung« (Marchart 2016: 362). Diese Idee von Demokratie ist im Vergleich zu Habermas Konzeption tiefer und umfassender. Warum also sollte sie problematisiert werden?

Die *erste* Kritik lässt sich im Anschluss an den eingangs erwähnten Relativismusvorwurf formulieren. Mit dem Fokus auf das Fehlen eines positiven Grundes als auch dem Kampf zwischen Hegemonie und Befreiung, wird der Wert bestimmter Politiken inhaltlich entleert. Rzepka und Strassberger kritisieren deshalb, dass es, vom Standpunkt der oben geschilderten Theorie, »keinen Maßstab [gibt], der Gründe für die normative Bevorzugung des einen oder anderen Gesellschaftsentwurfs liefert« (Rzepka/Straßenberger 2014: 221). Analog betont auch Lehner, »dass diese Ansätze keine (inhaltlichen) Angaben darüber machen können, an welchen sozialen Orten es speziell Sinn machen würde für ein politisches Subjekt, sich demokratisch zu engagieren« (Lehner 2012: 113). Der Entwurf der

---

5   Nach Grit Strassberger eint radikaldemokratische Ansätze die »Skepsis« gegenüber universalistischen und rationalistischen Letztbegründungsversuchen politischer und sozialer Ordnung« (Straßberger 2019: 733).

6   Ähnliche Bestimmungen finden sich in neueren Publikationen, wenn beispielsweise Martin Nonhoff radikale Demokratie als »Anerkennung von Grundlosigkeit« (Nonhoff 2007: 11) beschreibt oder Oliver Flügel-Martinsen betont, dass Demokratie »eher als fluides Geschehen denn als festes institutionelles Gefüge verstanden werden muss« (Flügel-Martinsen 2017: 240).

radikalisierten Demokratie ist selbst nur ein Vorschlag, der nicht logisch aus der postfundamentalistischen Theorie folgt. Da Fundamente nur als temporär gedacht werden können, bleibt nur der Sprung von einem zum nächsten, der fließende Übergang einer Station zur anderen. Metaphorisch lässt sich dies als »Jump 'n' Run«-Spiel verdeutlichen. Der Untergrund der Spielfigur hält nur für den Moment des Aufkommens, sodass nur der Sprung nach vorn bleibt, auf die nächste kurzfristige Station. In diesem Bild wird deutlich, worum es geht: Der Sprung oder wie oben beschrieben, die »konstante Infragestellung«, ist das eigentliche Ziel.

Die so gewonnene Freiheit kann dann schnell in Ermüdung umschlagen. Zum einen, weil tatsächliche Probleme nicht ernst genommen werden, sondern nur ein Konflikt den anderen ablöst, ohne ihn tatsächlich zu behandeln. Žižek spricht deshalb von dem »paradigmatischen Fall eines Pseudoereignisses, ein spektakulärer Aufruhr, der nur dazu dient, die Tatsache zu verschleiern, dass sich auf grundlegender Ebene (auf der Ebene der Produktionsverhältnisse) *gar nichts verändert*« (Žižek 2010: 275). Zum anderen, weil die Erfüllung der Ziele negiert werden müsste, um den Wert der eigenen Ziele aufrechtzuerhalten, da der Wert sich aus deren Nichterfüllung speist. Um es anders zu formulieren: Leiden und Ausschlüsse werden zur demokratietheoretischen Notwendigkeit, weil Demokratie sich nur dadurch bestimmen kann, jene Exkludierten zu inkludieren. Damit wird vorausgesetzt, dass eine gesellschaftliche Ordnung ohne Ausschlüsse nicht existieren kann.[7] Radikaldemokratische Theorien sehen in dieser Feststellung berechtigterweise kein Problem, sondern ein Argument für die Kontinuität des Emanzipationsgeschehens. Aus normativer Sicht wird jedoch verdrängt, dass die Ontologisierung von Ausschlüssen diese ebenso normalisieren und damit rechtfertigen kann.

Die *zweite* Form der Kritik baut auf der Relativismusthese auf, geht aber über diese hinaus. Es lässt sich behaupten, dass der übrig gebliebene Wertmaßstab zwar nicht in einem positiven, letzten Grund liegt, aber genau dieses Fehlen zum letzten Grund erhoben wird. Lässt sich mit Marchart Demokratie formal als Prozess konstanter Infragestellung begreifen, bestimmen allein die Bedingungen des Zustandekommens die Qualität einer

---

7 Demirovic formuliert dies wie folgt: »Das kann kritisch reformuliert werden. Demokratie ist formalistisch und passiv. Sie beruht auf dem Leiden von Ausgeschlossenen: Immer neue Akteure treten auf – die Arbeiter, die Frauen, die rassistisch Diskriminierten, die Flüchtlinge – und ändern die jeweilige Konstellation, um dann ihrerseits von anderen Ausgeschlossenen abgelöst zu werden. Die Gesellschaft reichert sich nicht um eine umfassender werdende Emanzipation an, sondern ein Streit, ein Antagonismus löst den anderen ab.« (Demirović 2017: 14).

politischen Handlung. Gemeint ist damit, dass dem Spiel der Differenz, reformuliert als politische Differenz, Eigenwert zukommt. Damit bleibt zwar ein Wertmaßstab erhalten, der sich jedoch aufgrund der Probleme aus der ersten Kritik nicht an Inhalten, sondern nur an der oben beschriebenen Form, verstanden als Spiel, festmachen lässt. Dagegen hilft auch die von Marchart in Stellung gebrachte Kontingenz als fundamentaler Maßstab nicht, weil Einsicht in Kontingenz zwar auf einer Metaebene völkische oder ökonomische Schließungen unmöglich macht, auf der Ebene des politischen Handelns jedoch ein Argument liefert, das Spiel so lange wie möglich beherrschen zu wollen. Das Politische wird zum Selbstzweck.

Beide Kritikformen thematisieren ein rein formales Verständnis von Politik als Prinzip der Kritik und Infragestellung. Folglich ist es die beschriebene, übersteigerte Formalisierung[8], die am normativen Motiv der Wahrheitstherapie zweifeln lässt. Formalisierung als zunächst notwendiger Prozess im Kontext der Säkularisierung von Politik wird problematisch, wenn das bloße »Zustandekommen« einer politischen Entscheidung ihr normativer Maßstab ist.

3.2 Ästhetisierung des Politischen

Als zweiter Aspekt lässt sich ein Diskurs registrieren, der auf den ersten Blick nur peripher mit postfundamentalistischem Denken in Verbindung steht. Aus der Perspektive einer postfundamentalistischen Ontologie- und Erkenntniskritik lassen sich jedoch Parallelen entdecken, die spätestens seit den 1990er-Jahren jene Kritik mit dem Bereich des »Ästhetischen« verbinden.[9] Gerade dank der Wahrheitskritik hat das Ästhetische neue Kraft gewonnen, weil es als Erkenntnis- und Wahrnehmungsform unabhängig von objektiven Gültigkeitskriterien gedacht wird oder zumindest, durch seinen rein subjektiven Bezug, für solche Unabhängigkeit Potential enthält. Die geteilten Prämissen schlagen sich in einer strukturellen Verknüpfung ästhetischer und politischer Praxis nieder, in deren Folge sowohl aufseiten der Forschung als auch aufseiten der Öffentlichkeit eine *Ästhetisierung des Politischen* festgestellt wurde.

---

8 Philosophisch lässt sich darüber diskutieren, ob das Fehlen der letzten Form noch als Formalisierung zu verstehen ist. Ich habe versucht zu beschreiben, wie der Formalisierungsprozess zwar alle letzten Formen beseitigt, jedoch sich in dieser Beseitigung, dem Spiel der Differenz, eine zwar schwache, aber letzte Form formulieren lässt.

9 Vgl. Welsch (1996); Menke (2013); Seel (1996).

Neben diesem allgemeinen Zusammenhang gibt es unterschiedliche Interpretationen des Verhältnisses von Politik und Ästhetik. Ich beschränke mich deshalb auf einen Zugang, der, analog zum normativen Mehrwert der beschriebenen Wahrheitstherapie, dem ästhetischen Verständnis eine besondere Qualität als Reflexionsinstanz zuschreibt. *Zum einen*, weil Ansätze zur Ästhetik verstehen helfen, dass wir immer unter einer »Aufteilung des Sinnlichen« (Rancière/Muhle 2006) leben, die *als* künstliche negiert und kritisiert werden kann. Die Vervielfältigung der Wirklichkeit wird als innovative und kreative Leistung von Kunst sowie Politik begriffen, verbunden mit gesteigerter Aufmerksamkeit für das »Übersehene, Überhörte, Unerhörte« (Welsch 1996: 123). Es ist der Bruch mit Objektivität und Wahrheit, der sowohl die eigene Position als weniger überlegen gegenüber den anderen Positionen kennzeichnet, als auch Anerkennung für diese andere Position fordert. *Zum anderen* drückt sich im Ästhetischen eine besondere Form von Allgemeinheit aus. Weil Menschen in der Lage sind, sich vorzustellen, wie andere urteilen könnten, fließt diese Vorstellung in das eigene Urteil mit ein und ermöglicht so »Gemeinsinn« als politische Fähigkeit. Dieser Standpunkt ist besonders mit Kants Beschreibung des »Schönen« als »subjektiver Allgemeinheit« und dessen Wiederaufnahme bei Autoren wie Arendt, Lyotard, Rancière oder Rorty verbunden.

Der Bezug zu den Texten Marcharts kann über das bereits erwähnte Konzept der »politischen Urteilskraft« hergestellt werden. Hier geht es ihm nicht so sehr um die ontologischen, denn um die subjektphilosophischen Zusammenhänge von Ontologie- und Erkenntniskritik. Aufgrund des Fehlens eines letzten Grundes kann ein politisches Urteil nicht auf einen solchen Grund zurückgeführt werden. Was bleibt, so Marchart in Anschluss an Arendt, ist ein »Heraustreten aus der eigenen partikularen Position – nicht zur Gewinnung einer Wahrheit von allgemeiner Gültigkeit, sondern zur versuchsweisen Einnahme der Perspektive anderer partikularer Positionen.« (Marchart 2001: 8) Der Vorteil dieser Perspektive ist, dass politische Lösungen nur über Partizipation zu erringen sind und auf normativer Ebene Anerkennung des Anderen mitgedacht wird. Die mit dieser Urteilskraft verbundenen Erfahrungen haben zur Folge, dass die Pluralisierung der Sichtweisen zur Reduktion von Dominanzansprüchen und damit Solidarisierung beitragen (vgl. Marchart 2016: 347). Zwar sind die Bezüge zu Arendt in der *Politischen Differenz* zurückgetreten, jedoch greift Marchart das Motiv mit Rückgriff auf Butler wieder auf. Ich habe im Abschnitt »Postfundamentalismus als Wahrheitstherapie« gezeigt, wie die von Marchart als Selbstentfremdung bezeichnete Ethik, sowohl in Akzeptanz des Anderen, als Subjekt des Mangels, als auch in gesteigerte Verantwortung mündet. Folglich schreibt Marchart: »Es kann somit nur darum gehen, sich nicht über die eigene Inkonsequenz hinwegzutäuschen und Verantwortung zu übernehmen für jene je bestimmten Inkonsequenzen, die man aus der Unmöglichkeit jeder Letztbegründung zu ziehen gedenkt [...].« (Marchart 2016: 248) Die Doppelbewegung aus Entfremdung und Anerkennung mündet folgend in seinem Konzept der Solidarität, denn »Bedingung der Solidarität mit dem Anderen ist die Entsolidarisierung mit dem Eigenen« (Marchart 2016: 359). Solidarität ist damit analog konzipiert zum beschriebenen Konzept des Politischen. Ästhetische Urteilskraft, als jene politische Urteilskraft, ist Einsicht in Kontingenz.

Andere Überlegungen vermuten freilich in der Parallelisierung von Ästhetik und Politischem eher Gefahren. Exemplarisch lässt sich dies an den Analysen Walter Benjamins darstellen. In seinem Aufsatz *Das Kunstwerk im Zeitalter der technischen Reproduzierbarkeit* (Benjamin 2012) unterscheidet Benjamin zwischen der Politisierung der Kunst und der Ästhetisierung des Politischen. Benjamins Kernthese ist, dass durch die veränderten Mittel der Reproduktion Kunstwerke ihre Eigenständigkeit und historische Gebundenheit verlieren: »An die Stelle ihrer Fundierung aufs Ritual [tritt] ihre Fundierung auf eine andere Praxis: nämlich ihre Fundierung auf Politik.« (Benjamin 2012: 18)

Gemeint ist damit, dass sich die Bedeutung des Kunstwerkes jetzt aus einer besonderen Wirkungsweise innerhalb des öffentlichen Raumes ergibt. Der Wert der Kunst liegt nicht mehr in ihrem Kultwert, sondern im Ausstellungswert, d. h. seiner Popularität für die Massen. Er ist nicht mehr an Rituale gebunden, sondern Selbstzweck als Form der Präsentation, wodurch der Grad der »Lust am Schauen« (Benjamin 2012: 33) zum neuen Qualitätsmerkmal wird. Damit umschreibt Benjamin zwar auch eine Emanzipation von Tradiertem und die Möglichkeit öffentlichen Konsums und öffentlicher, politischer Beurteilung, gleichzeitig deutet er aber die Gefahr des Missbrauchs an, indem die Darstellung, wie im Führerkult, politisch eingesetzt wird.

Auch wenn in der Kürze keine profunde Benjamin-Analyse zu leisten ist, reichen die Bemerkungen aus, um die Probleme einer Ästhetisierung von Politik zu beschreiben. Benjamin legt dar, wie sich unter den neuen (demokratischen) Bedingungen die ästhetische Darstellung an den Bedürfnissen der Masse orientiert. Dabei richtet sich die Darstellung nicht nur an dem Geschmack der Masse aus, sondern dieser lässt sich wiederum durch die Darstellung formen. Der Geschmack bestätigt sich selbst. Politisch genutzt wird eine solche Zusammenführung für Benjamin zur Verschleierung von Interessenkonflikten, weil der Schein leistet, wozu die Wirklichkeit nicht in der Lage ist. Die bloße Unterhaltung lenkt von den tatsächlichen Problemen ab. Kritisiert wird, dass die in Ästhetik ausgedrückte Form politischer Urteilskraft folglich verkümmert und anfällig für Beeinflussung wird.

Benjamin erklärt auch, auf welche Qualität sich der Ausstellungswert gründet. Durch die Reduzierung von Ästhetik auf Politik und in seiner Beschreibung auf Aufmerksamkeit muss selbige immer wieder erzeugt werden und macht selbst den Wert aus. Aufmerksamkeit entsteht, wenn etwas aus der Masse heraussticht, insbesondere durch Inszenierungen, die sich als Anti-Mainstream und Bruch mit vorhandener oder eben nur empfundener Hegemonie konstituieren. Die in heutigen Populismus verankerte Ablehnung des Establishments, von »political correctness« oder eines »links-liberalen Mainstream«, bestätigt dies. Zwar teilt eine solche Aufwertung von (Tabu-)Brüchen mit dem Relativismusvorwurf ein Zurücktreten des Inhalts vor der Darstellung, jedoch kommt dem Performativen ästhetischer Wert zu, wodurch erneut ein Kriterium der Beurteilung eingeführt wird. Das anziehende ist der (Tabu-)Bruch oder die »konstante Infragestellung« selbst.

Aus dieser Sicht sind Benjamins Analysen zudem fruchtbar, weil sie früh die Verbindung zu kapitalismuskritischen Motiven zeigen, die von Frederick Jameson (1997) bis Zygmunt Bauman (1995) und aktuell von Andreas Reckwitz (2018) aufgenommen wurden. In der Übertragung der Logik machen diese Autoren deutlich, dass der Ausstellungswert als Verkaufswert verstanden werden muss, weil in der spätkapitalistischen Logik Begeisterung, Vergnügen und Unterhaltungswert den Umsatz bestimmen. In beiden Fällen wird durch schnelle Euphorie Unsicherheit betäubt. Bauman spricht deshalb passend von »ästhetischer Nähe« und »ästhetischen Gemeinschaften« (Bauman 1995: 275), in der nur das gemeinsame Erleben verbindet.

Erneut lassen sich zwei Kritiken formulieren: *Zum einen* besteht Skepsis bezüglich des mit Ästhetik verbundenen Prinzips der Verantwortung. Die Exklusion letzter Wahrheiten kann auch eine Reduzierung aller Entscheidungen auf »geschmackliche« oder »ästhetische« Entscheidungen bedeuten, welche von Inszenierung, Emotionalisierung, Erlebnismanagement und Tabubruch geprägt sind. Die umschriebene Erfahrung von Vielfältigkeit durch Aufbrechen des Gewohnten kann Erfahrung nicht nur vertiefen, sondern auch oberflächlich machen, indem sie auf Aufmerksamkeit und Erregung herabgesetzt wird. Verantwortung wird dann zu Euphorie und Toleranz zu Gleichgültigkeit.

Zum anderen ist der erhoffte politische Gemeinsinn trügerisch. So kritisiert Christoph Menke, dass es dem Subjekt nur so scheint, als sei es von selbst und aus sich selbst zur Übereinstimmung mit dem Allgemeinen gekommen. Vielmehr gehen dieser Übereinstimmung Disziplinierungsmaßnahmen durch Übung, Prüfung und Erziehung voraus, die am Ende den Prozess der Disziplinierung vergessen machen: »Indem die Ästhetik das Subjekt als gewordenes oder genauer als gemachtes beschreibt, wiederholt sie also nur die neue soziale Realität disziplinärer Herrschaft.« (Menke 2013: 136) In der ästhetischen Gemeinschaft gibt es nur den gemeinsamen Ausdruck, ohne die Erfüllung der gemeinsamen Gestaltung des Lebens im normativen Sinn des Postfundamentalismus. Die Logik des Eigenwertes des Ästhetischen als Darstellungswert kann in Anschluss an den behaupteten »Selbstzweck des Politischen«, als »Selbstzweck des Ästhetischen« bezeichnet werden.

3.3 Selbstreferentialität von Macht

Der dritte Aspekt thematisiert das Verhältnis von Wahrheit und Macht im Hinblick auf postfundamentalistische Theoriebildung.

Es ist die an die Wahrheitskritik anschließende und bei Marchart und in der Theorie der Radikaldemokratie erweiterte Hegemonietheorie Mouffes und Laclaus, die empfiehlt, das Soziale in seiner Gesamtheit als Macht- und Herrschaftsterrain zu lesen. Epistemologisch als Konstruktivismus und ontologisch als Antiessentialismus präsentiert sich das Soziale als menschengemachter Bereich von Deutungs- und Hoheitsansprüchen. Es ist ein Ort der Kontingenz, in dem sich Gemeinsames, Identität und Ordnung erst durch Konflikte konstituiert. Im Umkehrschluss ist die Dominanz eines Diskurses dann Produkt einer hegemonialen Bewegung, in der sich partikulare Macht den Schleier universeller Gültigkeit verleiht. Der Konflikt, ob als Antagonismus oder gemäßigt Agonismus, bildet den Ausgangspunkt aller Verhältnisse und die Erinnerung an diesen Umstand eröffnet das Potenzial auf Veränderung. Von Macht – oder in diesem Fall Hegemonie – befreit zu werden, ist damit illusorisch. Allerdings kann die Verinnerlichung der sozialontologischen These, so Machart über Laclau, »mehr und mehr Elemente, Ebenen oder Orte im Sozialen als kontingent« (Marchart 2016: 204) erfahrbar und damit veränderbar machen. Wir sind heute der postfundamentalistischen Vervielfältigung von Macht zu Dank verpflichtet. Ob im Angesicht des Neoliberalismus oder der Genderforschung: Die Vervielfältigung hat uns von Verblendungszusammenhängen befreit.

Interessanterweise greift Marchart, in seinen Ausführungen zu Hegemonie und Handlungsmacht, immer wieder auf Machiavelli zurück, weil er dessen Werk als postfundamentalistische Vorarbeit versteht (vgl. Marchart 2016: 30). So findet sich bei Machiavelli (*Il Principe*) eine Beschreibung von Politik als Spiel der Macht, die abseits normativer Behauptungen hegemoniale Strategien identifizieren will und folglich die Autonomie des Politischen begründen. Diese neue Wissenschaft der Politik fokussiert auf Macht, weil der neu entdeckte Raum durch Diskontinuität und die Kontingenz der Göttin Fortuna strukturiert ist. Weil der Kampf um politische Macht nicht stillgestellt oder abgeschlossen werden kann, wird erneut das Politische als Spiel mit Kontingenz begriffen (vgl. Marchart 2016: 310). Marchart spricht im Anschluss an Machiavellis Tugend der »virtu« von Strategie als Kompetenz, die Gelegenheitsstruktur des hegemonialen Kräftefeldes als Befreiungsmoment zu nutzen, ohne jene Strategie mit bloßem Machterhalt gleichzusetzen: »Am Ende werden wir realisieren müssen, dass die Idee der potenziellen Zerstreuung von Aktionen und Ereignissen über das ganze Register des Sozialen hinweg um vieles radikaler und politisch ermächtigender ist als die romantische Sehnsucht nach dem erlösenden Akt.« (Marchart 2016: 329) Nach dieser Lesart wird Machiavelli nicht nur als postfundamentalistischer, sondern auch als radikaldemokratischer Vordenker interpretiert (vgl. Althusser 1987: 15ff; McCormick 2019: 27–40).

Die sozialontologische Deutung Machiavellis ist aber keine Selbstverständlichkeit, denn die Ausformulierung und Überbetonung der »virtu« mündet bei Machiavelli auch in einem freiwerden von allen Abhängigkeiten, weil in einer Welt der Kontingenz nur Früchte tragen wird, was seinen Erhalt selbstreferenziell gewährleistet (vgl. von Ramin 2017: 92 f.). Deshalb wird die Furcht der Liebe als soziales Bindemittel vorgezogen, denn Liebe bedarf des Gegenübers, Furcht liegt aber im Kontrollbereich des Fürsten, weshalb »ein kluger Fürst sich nur auf das verlassen darf, worüber er selbst verfügt.« (Machiavelli 2011: 135) Die »virtu« des Fürsten ist ein Können, ein In-der-Lage-Sein. Bei aller Einsicht in die Instabilität des politischen Raumes wird gerade dadurch Macht zu einem Eigenwert mit selbstständigen Maßstäben und Kontingenz bildet dann die theoretische Grundlage einer notwendigen Ungebundenheit jeder Entscheidung, welche »radikal entwurzelt« (Althusser 1987: 20) eine zu schaffende Tatsache schafft. Erneut erlaubt die Gegenüberstellung, Kritik zu formulieren.

Erstens ermöglicht das vorgestellte Konzept eine Bewunderung von Macht um ihrer selbst willen. Nicht, weil jemand besonders weise ist, weil er im Kontakt zum Göttlichen steht oder weil er gerecht und gut ist, wird die Person zum politischen Akteur, sondern weil sie es kann. Dieses Können, als schöpfende Kraft, lässt sich durchaus theologisch deuten. Ohne diesen Bezug hier gänzlich ausformulieren zu wollen, gibt es eine menschliche Faszination für diese Form schöpferischer Macht. Reckwitz beschreibt dies als Aufwertung von Performanz, »die etwas Neues in die Welt setzt, [...] um ein Alleinstellungsmerkmal zu besitzen« (Reckwitz 2018: 378). Donald Trumps Verhalten wird dann beispielsweise als »demonstrative Schamlosigkeit« (Wißmann 2016) bezeichnet, um zu zeigen, dass Trump nicht nur lügt, sondern dass der Lüge eine eigene Funktion zukommt, weil sie bestätigt, dass er, Trump, nicht Wissen und Wahrheit benötigt, um Macht zu besitzen. Wenn Marchart »virtu« als eine postfundamentalistische Fähigkeit markiert, dann zeigt die Rückschau auf Machiavelli und der gegenwärtige Blick auf Figuren wie Trump, dass diese Fähigkeit auch auf ihren performativen und strategischen Charakter reduziert werden kann.

Der *zweite* Punkt setzt den Zweifel am normativen Mehrwert postfundamentalistischer Wahrheitstherapie fort. Es stellt sich die Frage, wie die Befürwortung des ständigen Konfliktes tatsächliche Konsequenz von Kontingenzeinsicht sein kann. Natürlich besitzt, und das haben die oben genannten Beispiele faktisch bewiesen, das Aufzeigen von Machtstrukturen Emanzipationspotential. Jedoch kann dieses schnell erschlaffen, wenn es sich bei der Alternative normativ gesehen um eine Alternative gleicher Qualität handelt. Bauman hat dieses Verhältnis treffend als die Entscheidung zwischen Schicksal und Geschick bestimmt (vgl. Bauman 2016: 374). Als Lebensstrategie in der Postmoderne ist Einsicht in Kontingenz geteiltes Schicksal, das auf dieser Ebene aber auch gut in gleichgültiges Akzeptieren der eigenen und fremden Existenz führen kann, und nicht zwangsweise als Geschick, als die Verwirklichung entstandener Freiheitsräume begriffen werden muss.

Zusammengefasst: Der als kritisches Analysemittel gedachte Perspektivwechsel kann selbst praktische Folgen haben, denn das zwar bekannte, aber oft vergessene Geheimnis von Gewalt und Macht am Grunde des Politischen wird dadurch öffentlich, wenn nicht sogar legitim. Nach dem »Selbstzweck des Politischen« und des »Ästhetischen« lässt sich folgend vom »Selbstzweck der Macht« sprechen.

4. Fazit

Ich habe auf knappem Raum drei Problemfelder skizziert, die sicherlich ergänzungsbedürftig sind, aber weit entfernt von bloßem Eklektizismus ein gemeinsames Strukturproblem offenbaren. Ziel dieses Textes ist es weder, in den Tenor einer Gleichsetzung von Postmoderne und Postfaktischen einzustimmen, der sich meist auf die Wahrheitskritik beschränkt, noch geht es um die Verwerfung postfundamentalistischer Theoriegebäude. Vielmehr war mir daran gelegen, auf die Schwierigkeiten eines normativen Kontingenzbegriffes aufmerksam zu machen. Der Übergang von der *theoretischen* oder deskriptiven Auffassung von Kontingenz zu deren *praktischen* Auswirkungen lässt sich nicht so einfach leisten, wie es postfundamentalistische Theorien trotz ihres Problembewusstseins suggerieren. Wenn im Titel also von Politiken der Wahrheit gesprochen wurde, dann aus zwei Gründen.

Erstens, weil die Wahrheitskritik des Postfundamentalismus auf zwei Politikstile schließen lässt. Auf der positiven Seite lässt sich die Abwertung von Wahrheit als befreiend und politisierend begreifen. Ob der Konflikt als Legitimationsgarant, die subversive Kraft einer Politisierung der Ästhetik oder die Vervielfältigung von Macht: All jenen Analysen ist es zu verdanken, in diesem Sinne eine Eigenständigkeit von Politik und im weiteren Sinne von demokratischer Politik diskursfähig gemacht zu haben. In ihrer jeweils eigenen Art eröffnen sie Diskursfelder, die bisher durch einen Schleier der Wahrheit verdeckt waren. Bis heute erfreut sich der postfundamentalistische oder radikaldemokratische Diskursstrang deshalb besonderer Beliebtheit als normative Grundlage einer Demokratisierung der Demokratie.

Dagegen zeigte sich auf der anderen, negativen Seite, dass die jeweilige Überbetonung konstanter Infragestellung mit jener Grundlage in Konflikt steht. Die jeweiligen Aspekte, das »Prinzip der übersteigerten Formalisierung«, die »Ästhetisierung von Politik in Inszenierung und Tabubruch« sowie die »Selbstreferenzialität von Macht« sind in gewissem Sinne strukturanalog. Sie alle beschreiben eine Überbetonung von Wahrheitskritik, die jene Kritik, unabhängig von dem zu Kritisierenden, als *Selbstzweck* ausweist. Aufgewertet wird das bloße Können, die Fähigkeit, Macht im Sinne von Durchsetzung zu besitzen. Ebenso die Qualität einer Politik, die auf Überzeugung und Darstellung beruht als auch die Radikalisierung des Politischen als anti-hegemoniales Moment. Anders ausgedrückt, lässt sich eine falsche Politisierung beschreiben, deren Wert auf Performanz reduziert ist, weil das Politische als letzter Grund, theoretisch expliziert durch Kontingenz, kein sich Äußeres als Korrektur und Alternative übrig lässt. Es macht einen Unterschied, ob Kontingenzbewusstsein zur Sensibilität beiträgt, soll heißen den Blick für das Ausgeschlossene schärft oder ob die Faktizität und Unlösbarkeit von Kontingenz zu dessen normativer Überbetonung führt und damit die Sensibilität betäubt.

Im einleitenden Teil des Textes habe ich deshalb behauptet, dass sich die Kritik gegen die praktische Ebene richtet, die als Doppelstruktur von Möglichkeit und Verpflichtung konzipiert ist. Damit habe ich ein Prinzip zugrunde gelegt, das einen Ausgleich für das prekäre Verhältnis von Freiheit und Gleichheit, von negativer Freiheit und notwendiger gesellschaftlicher Einschränkung, finden will. Die Verkürzung auf den Selbstzweckcharakter widerspricht diesem Prinzip, weil die Seite der Verantwortung und Selbstbestimmung auf eine Politik der Performanz reduziert wird. Dies genügt, um, wie es Benjamin formuliert, »die Massen zu ihrem Ausdruck (beileibe nicht zu ihrem Recht) kommen zu lassen« (Benjamin 2012: 42).

Jener oft übersehene Doppelcharakter von Befreiung und Selbstzweck ist meiner Ansicht nach darin gegründet, dass postfundamentalistische Theorien zu schnell von bloßer Verfügbarkeit und Pluralisierung zu einem stark normativen Begriff von Demokratie oder Solidarität übergehen. Zwar wird gern, wie im Falle Marchart, nur von »potenziell« befreiender Wirkung und den Grenzen gesprochen, aber der darüber hinausgehende Anspruch ist offensichtlich. Politische Theorie muss überlegen, wie sie diese Verfügbarstellung stärker normativ unterfüttern kann.

Zweitens kann die diskutierte Wahrheitskritik auch als besonderes Interesse an Wahrheit interpretiert werden. Postfundamentalistische Theorien sind so gesehen immer noch an Wahrheit orientiert, weil sie trotz Bewusstsein über die epistemischen Schwierigkeiten der Wahrheitssuche etwas Wahres sagen wollen. Das Ergebnis ist die sprachliche Fassung jener Ambivalenz als Beschreibung des Politischen. Anders formuliert: Der normative Wert von Wahrheit kommt nun der Nicht-Wahrheit übersetzt in das Moment des Politischen zu, was zu seiner Hypostasierung führt. Politiken der Wahrheit lassen sich nicht nur unter fundamentalistischen, sondern auch unter postfundamentalistischen Annahmen in Form der eben beschriebenen Politik der Performanz finden.

So kann als Fazit festgehalten werden, dass die Problematisierung der »praktischen Ebene« nicht deren Ablehnung heißt. Im Gegenteil, der Fokus sollte drauf gerichtet sein, wie sich die mit Kontingenzbewusstsein verbundenen normativen Ansprüche verwirklichen lassen, ohne deren Verwirklichung einfach der unsichtbaren Hand des Politischen zu überlassen.

Literaturverzeichnis

Althusser, Louis 1987: Machiavelli, Montesquieu, Rousseau. Zur politischen Philosophie der Neuzeit, übersetzt von Frieder Otto Wolf, Berlin.

Bauman, Zygmunt 1995: Postmoderne Ethik, Hamburg.

Bauman, Zygmunt 2016: Moderne und Ambivalenz. Das Ende der Eindeutigkeit, Hamburg.

Bedorf, Thomas/Röttgers, Kurt (Hrsg.) 2010: Das Politische und die Politik, Berlin.

Benjamin, Walter 2012: Das Kunstwerk im Zeitalter seiner technischen Reproduzierbarkeit. Drei Studien zur Kunstsoziologie, Frankfurt/Main.

Boghossian, Paul Artin 2015: Angst vor der Wahrheit. Ein Plädoyer gegen Relativismus und Konstruktivismus, Berlin.

Bröckling, Ulrich (Hrsg.) 2012: Das Politische denken. Zeitgenössische Positionen, Bielefeld.

Buchstein, Hubertus 2020: Warum im Bestaunen der Wurzeln unter der Erde bleiben? Eine freundliche Polemik zu den radikalen Demokratietheorien anlässlich des Einführungsbuches von Oliver Flügel-Martinsen in: https://www.theorieblog.de/index.php/2020/10/buchforum-radikale-demokratietheorien-zur-einfuehrung/, 08.11.2021.

Butler, Judith 2014: Kritik der ethischen Gewalt. Adorno-Vorlesungen 2002, Institut für Sozialforschung an der Johann Wolfgang Goethe-Universität, Frankfurt/Main.

Comtesse, Dagmar/Flügel-Martinsen, Oliver/Martinsen, Franziska (Hrsg.) 2019: Radikale Demokratietheorie. Ein Handbuch, Berlin.

Demirović, Alex 2017: Radikale Demokratie und Sozialismus. Grenzen und Möglichkeiten einer politischen Form, in: https://www.rosalux.de/publikation/id/38 256/radikale-demokratie- und-sozialismus/, 09.01.2020.

Flügel-Martinsen, Oliver 2017: Befragungen des Politischen. Subjektkonstitution – Gesellschaftsordnung – Radikale Demokratie, Wiesbaden.

Flügel-Martinsen, Oliver 2020: Wer kann einer so freundlich-polemischen Gesprächseinladung schon widerstehen? Eine Replik auf Hubertus Buchsteins Kritik radikaler Demokratietheorien, in: https://www.theorieblog.de/index.php/2020/10/buchforum-radikale-demokratietheorien-zur-einfuehrung-2/, 08.11.2021.

Habermas, Jürgen 1976: Legitimationsprobleme im modernen Staat, in: Merkur 30:332, 37–56.

Jameson, Fredric 1997: Postmoderne – zur Logik der Kultur im Spätkapitalismus, in: Huyssen, Andreas (Hrsg): Postmoderne. Zeichen eines kulturellen Wandels, Reinbek bei Hamburg, 45–103.

Lehner, Daniel 2012: Freiheit, Gleichheit – und Ereignis? Zur Kritik und Vertiefung »radikaler Demokratietheorien«, in: Momentum Quarterly. Zeitschrift für sozialen Fortschritt, Vol. 1:2, 102–121.

Machiavelli, Niccolò (Hrsg.) 2011: Il principe. Der Fürst, Stuttgart.

Marchart, Oliver 2001: »Civic Republicanism« und radikale Demokratie. Zur politischen Philosophie jenseits von Kommunitarismus und Liberalismus, in: Mitteilungen des Institutes für Wissenschaft und Kunst 56:1, 2–11.

Marchart, Oliver 2004: Auf der Bühne des Politischen. Die Straße, das Theater und die politische Ästhetik des Erhabenen, in: https://eipcp.net/transversal/0605/mar chart/de.html, 10.01.2020.

Marchart, Oliver 2010: Politische Theorie als Erste Philosophie. Warum der ontologischen Differenz die politische Differenz zu Grunde liegt, in: Bedorf, Thomas/ Röttgers, Kurt (Hrsg.): Das Politische und die Politik, Berlin, 143–159.

Marchart, Oliver 2013: Das unmögliche Objekt. Eine postfundamentalistische Theorie der Gesellschaft, Berlin.

Marchart, Oliver 2016: Die politische Differenz. Zum Denken des Politischen bei Nancy, Lefort, Badiou, Laclau und Agamben, Berlin.

McCormick, John P. 2019: Niccolo Machiavelli, in: Comtesse, Dagmar/Flügel-Martinsen, Oliver/Martinsen, Franziska (Hrsg.): Radikale Demokratietheorie. Ein Handbuch, Berlin, 27–40.

Menke, Christoph 2013: Die Kraft der Kunst, Berlin.

Nonhoff, Martin (Hrsg.) 2007: Diskurs – radikale Demokratie – Hegemonie. Zum politischen Denken von Ernesto Laclau und Chantal Mouffe, Bielefeld.

Rancière, Jacques 2006: Die Aufteilung des Sinnlichen. Die Politik der Kunst und ihre Paradoxien, übersetzt von Maria Muhle, Berlin.

Reckwitz, Andreas 2018: Die Gesellschaft der Singularitäten. Zum Strukturwandel der Moderne, Berlin.

Rentsch, Thomas 2014: Philosophie des 20. Jahrhunderts, München.

Rzepka, Vincent/Straßenberger, Grit 2014: Für einen konfliktiven Liberalismus. Chantal Mouffes Verteidigung der liberalen Demokratie, in: Zeitschrift für Politische Theorie 5:2, 217–233.

Saar, Martin 2017: »Die Postmoderne ist nicht postfaktisch«. [Gespräch mit Catherine Newmark], in: https://philomag.de/die-postmoderne-ist-nicht-postfaktisch/, 14.01.2020.

Schubert, Karsten 2017: Schwerpunktbeitrag: Der letzte Universalismus. Kontingenz, Konflikt und normative Demokratietheorie, in: https://philosop hie- indebate.de/2995/schwerpunktbeitrag-der-letzte-universalismus-kontingenz-konflikt-und- normative-demokratietheorie/, 08.01.2020.

Schubert, Karsten 2018: Freiheit als Kritik. Sozialphilosophie nach Foucault, Bielefeld.

Seel, Martin 1996: Ethisch-ästhetische Studien, Frankfurt/Main.

Straßberger, Grit 2019: Kritik oder Radikalisierung des Liberalismus, in: Comtesse, Dagmar/Flügel-Martinsen, Oliver/Martinsen, Franziska (Hrsg.): Radikale Demokratietheorie. Ein Handbuch, Berlin, 730–746.

Vogelmann, Frieder 2018: The Problem of Post-Truth. Rethinking the Relationship between Truth and Politics, in: Behemoth 11:1, 18–37.

Von Ramin, Lucas 2021: Die Substanz der Substanzlosigkeit: Das Normativitätsproblem radikaler Demokratietheorie, in: Leviathan 49:3, 337–360.

Von Ramin, Lucas 2017: Politik der Gewissheit, Würzburg.

Welsch, Wolfgang 1996: Grenzgänge der Ästhetik, Stuttgart.

Wißmann, Constantin 2016: Willkommen in der postfaktischen Welt, in: https://ww w.cicero.de/kultur/politik-und-wahrheit-willkommen-in-der-postfaktischen-welt, 10.01.2020.

Žižek, Slavoj 2010: Die Tücke des Subjekts, übersetzt von Eva Gilmer, Berlin.

Teil II:
Zum Schicksal von Wahrheiten in der Demokratie

Zwischen Welterklärung und Fake News: Digitalisierte Verschwörungsgerüchte und die Unterminierung von Wahrheit in der Demokratie

Eva Marlene Hausteiner

1. Konjunkturen der Verschwörungstheorietheorie

Ist Angela Merkel ein Reptil? Online – insbesondere auf Youtube, Facebook, einschlägigen Blogs und Foren – zirkulieren in Form von Bildern und entlarvenden Videos angebliche Beweise für die These, ein Volk von Reptilien außerirdischen Ursprungs unterwandere die Herrschaftseliten der Welt. Merkel sei, wie Hillary Clinton und Benedict Cumberbatch, Alien und Echse zugleich und damit Teil eines geheimen Weltbeherrschungsplanes.

Die Versuchung ist groß, das derzeitige Florieren von Verschwörungsgerüchten als irrational und intellektuell nicht ernstzunehmend abzutun. Bereits vor ihrer internetzentrierten Konjunktur waren Verschwörungstheorien, wie sie sich um das Kennedy-Attentat, die Mondlandung und die Protokolle der Weisen von Zion rankten, oft Gegenstand der Ridikülisierung. Noch im Schlüsseljahr verschwörungskommunikativen Umbruchs 2001 – denn bei den »Inside-Job«-Ideen um den 11. September handelt es sich um eine besonders frühe und stilbildende Verschwörungsidee im Netz (Seidler 2016: 143 ff.) – diagnostizierte der Politikwissenschaftler Armin Pfahl-Traughber, »offensichtlich« sähen »es viele Historiker, Politiker und Sozialwissenschaftler als unter ihrer akademischen Würde an, sich mit derartigen unseriösen und vulgären Deutungen politischer Prozesse zu beschäftigen« (Pfahl-Traughber 2015: 30).

Seitdem hat sich die Sachlage und insbesondere ihre Einschätzung innerhalb der Politikwissenschaften fundamental gewandelt. Die Verbreitung von Verdächtigungen und Dämonisierungen im Internet, von Chemtrails über Birtherism bis Pizzagate, und nicht zuletzt die zunehmend problematische Rolle gezielt gestreuter Unwahrheit, also: Fake News in demokratischen Meinungs- und Willensbildungsprozessen, haben zahlreiche demokratietheoretische Krisendiagnosen hervorgebracht. Eine Reihe von Fragestellungen beschäftigt diese neuere Debatte zu Verschwörungstheorien in demokratischen Kontexten: In welchen Zusammenhängen –

und bei welchen Adressat*innen – erlangen Verschwörungstheorien eine besondere Attraktivität (Humprecht 2018)? Wie sind deren epistemische Struktur und deren Verhältnis zur Wahrheit in der politischen Öffentlichkeit beschreibbar (z. B. Fischer 2018; Hepfer 2015)? Wie beeinflusst die Verbreitung von Verschwörungstheorien die empirische Legitimität demokratischer Institutionen, wie den demokratischen Meinungs- und Willensbildungsprozess (Muirhead and Rosenblum 2019)?

Politiktheoretisch wurden, relativ zur Tragweite dieser Forschungsdesiderate, bislang eher grobe Schneisen ins Dickicht verschwörungstheoretischer Phänomene geschlagen.[1] Auffällig ist dabei die anhaltende Orientierung am Begriff der »Verschwörungstheorie« bzw. der »conspiracy theory« – einer Begrifflichkeit, die ihre Ursprünge im späten 19. Jahrhundert hat, aber insbesondere nach dem 2. Weltkrieg zur Beschreibung groß angelegter, über Feindbilder operierender und vor Weltbeherrschung warnender Erklärungsnarrative nach der Façon der Idee der jüdischen Weltverschwörung geprägt wurde.[2] Viele Politikwissenschaftler*innen, die aktuelle Narrative von Verschwörung im Internet untersuchen, ordnen diese Phänomene damit derselben Wissenskategorie zu, der auch Behauptungen über Freimaurerverschwörungen oder die Protokolle der Weisen von Zion angehören. Doch wie sinnvoll ist es, hier von einer gemeinsamen Kategorie auszugehen? Sind Behauptungen über eine jüdische Lenkung der Weltpolitik und -ökonomie hinsichtlich ihrer narrativen Struktur, ihres Wahrheitsanspruchs und ihrer demokratietheoretischen Implikationen vergleichbar mit dem Chemtrail-Glauben und der Angst vor reptilienartigen Politikern? Im Folgenden soll ein begriffssystematischer Versuch der Frage nachgehen, wie tragfähig die anhand historischer Fälle entwickelten Definitionen von Verschwörungstheorie sich in der Anwendung auf jüngere, insbesondere online entstehende Phänomene erweisen. Der demokratietheoretische Gehalt dieser Überlegungen betrifft insbesondere die Frage nach den notwendigen Wahrheitsgrundlagen demokratischer Kohäsion: Aktuelle Formen des Verschwörungsdenkens gefährden letztere gerade, weil sie nicht einmal einen kohärenten, überprüfbaren Wahrheits-Gegenentwurf anbieten, sondern eine generelle Kultur des Misstrauens

---

1 Ausnahmen sind das auch ideengeschichtlich ausgerichtete Forschungsprojekt an der Cambridge University über *Conspiracy and Democracy* sowie die Tübinger Forschungsinitiative COMPACT, die zumindest in Teilen demokratietheoretisch arbeitet.

2 Zur Begriffsgeschichte von *conspiracy theory*, dem gegenüber dem deutschen »Verschwörungstheorie« dominanten Terminus, siehe McKenzie-McHarg 2018.

befördern. Diese unterminiert die Voraussetzungen grundlegender demokratischer Prozesse.

2. Konkurrierende Konzeptionen von Verschwörungstheorien

2.1 Die »klassische« Definition

Der Amerikanist Michael Butter hat Verschwörungstheorien jüngst wie folgt definiert: »Verschwörungstheorien behaupten, dass eine im Geheimen operierende Gruppe [...] aus niederen Beweggründen versucht, eine Institution, ein Land oder gar die ganze Welt zu kontrollieren oder zu zerstören« (Butter 2018: 21). Sie basierten – hier lehnt sich Butter an die ältere Definition Michael Barkuns an – auf drei Annahmen: »1.) Nichts geschieht durch Zufall. 2.) Nichts ist, wie es scheint. 3.) Alles ist miteinander verbunden« (Butter 2018: 22; siehe auch Barkun 2006: 3f.). Ähnlich versteht der Politiktheoretiker Karsten Fischer Verschwörungstheorien als »gegen Widerlegung immune, weil holistische und sinnstiftende Weltdeutungen mit impliziten Handlungspostulaten« (Fischer 2018: 66). Wenngleich die Geisteswissenschaften seit Etablierung des Begriffs der Verschwörungstheorie sehr unterschiedliche Konzeptualisierungen hervorgebracht haben, hat sich mittlerweile ein definitorischer Kern etabliert, der sowohl wissenschaftliche als auch allgemeinsprachliche Verwendungen des Begriffs prägt. Die zweite Hälfte des 20. Jahrhunderts, als Hochphase der Ideologiekritik des *cold war liberalism*, kann als produktivstes Umfeld dieser wirkmächtigen Prägung gelten. Spätestens seit Karl Poppers Verurteilung einer »Verschwörungstheorie der Gesellschaft« im zweiten Band von *Die offene Gesellschaft und ihre Feinde* aus dem Jahr 1945 (Popper 1992) sowie Richard Hofstadters Analysen von Verschwörungstheorien als Manifestationen eines »paranoiden Denkstils« in der amerikanischen Politik (Hofstadter 1965) teilen eine Reihe wirkmächtiger Ansätze die Vorstellung bestimmter Kerncharakteristika von Verschwörungstheorien.

Verschwörungstheorien sind demnach komplexitätsreduzierende Großerzählungen zur Erklärung und Deutung komplizierter, nicht selten globaler Ereignisse. Sie betten Einzelereignisse und -informationen in einen narrativen Zusammenhang ein: Verschwörungstheorien gehen von der Existenz einer konkreten Akteursgruppe aus – den Verschwörer*innen –, die durch geheimes Handeln ein dem Gemeinwohl abträgliches Ziel verfolgt. Verfechter solcher Deutungsangebote, also: Verschwörungstheoretiker*innen, argumentieren dabei in manichäischer Weise gemäß einer klaren Gut-versus-Böse-Unterscheidung. Gleichzeitig unterstellen sie

eine klare Verfügbarkeit politischer Realität gegenüber Akteursintentio-
nalitäten im Sinne der erwähnten Definition Michael Barkuns, wonach
Verschwörungstheorien keine Zufälle kennen: Kontingenz wird narrativ
ersetzt durch ein klares Handlungs-Folge-Schema. Karl Poppers Warnung
vor der »Verschwörungstheorie der Gesellschaft« zielt auf genau diese hypertrophe Überzeugung von Erklärbarkeit – einen nachgeraden »Kausali-
tätsfetischismus« (Fischer 2018: 68) – ab: »Diese Ansicht [...] entspringt
natürlich der falschen Theorie, dass, was immer sich in einer Gesellschaft
ereignet, das Ergebnis eines Planes mächtiger Individuen oder Gruppen
ist. Besonders Ereignisse wie Krieg, Arbeitslosigkeit, Armut, Knappheit,
also Ereignisse, die wir als unangenehm empfinden, werden von dieser
Theorie als gewollt und geplant erklärt.« In einer späteren Schrift spitzt
Popper zu: »The conspiracy theory of society is just a version of [...] the-
ism, of a belief in gods whose whims and wills rule everything« (Popper
2006: 13).

In diesem über mehrere Disziplinen hinweg etablierten Verständnis
von Verschwörungstheorien gehen mit der Betonung einer intentionalen
Handlungs- und Wirkungsvorstellung konkrete narrative Elemente einher
(Byford 2011: 71–94). Verschwörungstheorien sind demnach in zweierlei
Hinsicht *plot*-basiert[3] – erstens hinsichtlich der Postulierung eines Geheim-
plans, zweitens hinsichtlich der Handlungsstruktur des verschwörungstheoretischen Narrativs. Nicht nur »plotten« die angeblichen Verschwörer,
schmieden also ihren geheimen Plan und arbeiten dessen Umsetzung aus.
Auch die verschwörungstheoretische Narrativierung des Unterfangens bet-
tet diesen Plot in eine sich über die Zeit entfaltende Dramaturgie ein.
Neben der konspirativen Gruppe, die den geheimen Plan verfolgt, gibt es
Gegner dieses Unterfangens – sie versuchen das drohende, oft apokalyptische Worst-Case-Szenario zu verhindern. In dieser Rolle des Gegners sehen
sich die erzählenden, entlarvenden Beobachter*innen: Sie müssen nicht
nur, gleich einem Detektiv, die Verschwörung aufdecken, sondern auch
das eigene Umfeld von deren Existenz überzeugen. In diesem Narrativ
spielt somit Zeitlichkeit eine erhebliche Rolle, da der Plan rechtzeitig enthüllt und entschärft werden muss. Verschwörungstheoretiker*innen wird
dabei unterbrechende Macht zugeschrieben.

Als weitgehend beigelegt darf zudem die Kontroverse über Wahrheitsgehalt und Reichweite von Verschwörungstheorien gelten. Ist – so wurde
noch vor wenigen Jahren debattiert – anzunehmen, dass sich Verschwörungstheorien auch um zumindest ansatzweise reale Verschwörungen

---

3 Zum narratologischen Zentralbegriff des Plots siehe Dannenberg 2008.

ranken können? Sind Verschwörungstheorien also immer im Irrtum – oder handelt es sich um einen zur Übertreibung und Überinterpretation neigenden »paranoid style« (Hofstadter 1965; vgl. auch Byford 2011: 1)? Demnach wären Verschwörungstheorien entweder *per definitionem* in ihrer Kernbehauptung unzutreffend – oder es handele sich bei ihnen letztlich nur um eine hypertrophe Aufblähung einer möglicherweise zutreffenden Verschwörungsthese. Charles Pigden etwa hat argumentiert, dass Verschwörungstheorien – insbesondere solche geringer und mittlerer Reichweite – durchaus reale konspirative, dem Gemeinwohl zuwider laufende Pläne zum Gegenstand haben könnten und darum unter Umständen auch wichtige Funktionen zur Herrschaftskontrolle erfüllen könnten (Pigden 2007; 1995; Basham and Dentith 2016). Jüngere Arbeiten dagegen optieren mehrheitlich für erstere Interpretation: Ereignisse welthistorischer Bedeutung wie die Mondlandung könnten beispielsweise schon darum nicht gefälscht worden sein, weil eine solche Verschwörung zu viele Mitwisser*innen vorausgesetzt hätte, eine langfristige Geheimhaltung also unmöglich gewesen wäre (Butter 2018: 38). Und genau aus ihrer weltumspannenden Reichweite bezögen Verschwörungstheorien ihre Attraktivität: Ihr sinnstiftender Gehalt ergibt sich nicht aus der Erklärung außeralltäglicher Ereignisse, sondern aus der Erklärung komplexer, vielfältiger Ereignisgefüge von globaler Tragweite.

Daraus erwächst auch eine definitorische Frage zur Reichweite von Verschwörungstheorien: Ist bereits eine alarmistische Enthüllungserzählung über ein geplantes Attentat als verschwörungstheoretisch einzuordnen, oder sollte dieser Begriff Versuchen vorbehalten sein, größere oder sogar weltumspannende Netzwerke und Ereignisketten über einen größeren Zeitraum aufzudecken? Es existieren zahlreiche Angebote zur inneren Differenzierung, so etwa Barkuns Unterscheidung zwischen *event conspiracies*, *systemic conspiracies* und *superconspiracies* (vgl. Pfahl-Traughber 2015; Barkun 2006: 6). Einige Theoretiker*innen aber betonen, dass es konzeptionell plausibel ist, den Begriff der Verschwörungstheorie solchen Narrativen vorzubehalten, die in ihrer Reichweite alltägliche und kurzfristige politische Ereignisketten übersteigen, die also tatsächlich umfassend sind und Ereignisse von globaler Bedeutung erklären wollen (so bereits: Popper 2006; Arendt 2015).

Dank dieses definitorischen Kerns, der somit epistemische und narrative Dimensionen umfasst, hat die Erforschung der kollektiven Erzählform gerade unter politischen Gesichtspunkten wichtige Einsichten ermöglicht. Studien zu den großen Verschwörungstheorien der Moderne haben deren Argumentationsstruktur, Feindbilder, Psychodynamik und Erklärungsansprüche präzise herausgearbeitet und gezeigt, welche epistemisch entlastende, gleichzeitig aber politisch hochexplosive Rolle sie historisch gespielt haben und weiterhin spielen: Verschwörungstheorien beziehen ihre politische Attraktivität und Wirksamkeit nicht zuletzt aus dem Anspruch, Komplexität und Kontingenz globalen Ausmaßes durch greifbare Kausalität und Kohärenz zu ersetzen.[4] Sie gelten damit als insbesondere für liberale Demokratien gefährlich: Verschwörungstheorien klassischen Typs kultivieren anti-demokratische Ideologien sowie ein tief sitzendes Misstrauen gegen Herrschafts- und Deutungseliten.

2.2 Drei begriffliche Kontroversen

Jenseits dieses gemeinsamen definitorischen Horizonts herrscht freilich Dissens über eine Reihe von Merkmalen von Verschwörungstheorien. Für das vorliegende Problem sind angesichts jüngerer empirischer Fälle drei begriffliche Kontroversen von besonderer Tragweite: Sind Verschwörungstheorien erstens historisch spezifisch, insbesondere: modernenspezifisch? Handelt es sich zweitens bei Verschwörungstheorien um stigmatisiertes Wissen? Sind drittens Verschwörungstheorien überhaupt Theorien?

Hinsichtlich der ersten Frage nach der historischen Spezifik oder Gebundenheit von Verschwörungstheorien herrscht zwar insgesamt Einigkeit darüber, dass die westliche Moderne besonders wirkmächtige Verschwörungstheorien hervorgebracht hat – allen voran die Idee einer jüdischen Weltverschwörung,[5] die vielen Beobachter*innen als eine Art Master-Verschwörungstheorie, an die die meisten »kleinerformatigen« Verschwörungstheorien andocken, gilt (vgl. Byford 2011: 95-117). Verwandte Verschwörungstheorien haben auch jenseits des Westens an Popularität gewonnen (Yablokov 2018; Nefes 2018; Gray 2010). Komplizierter ist jedoch die Beantwortung der Frage, ob es auch in der Vormoderne schon Verschwörungstheorien gab. Argumentieren manche Autor*innen, dass bereits in den römischen Debatten um die Catilinarische Verschwörung verschwörungstheoretische Elemente zu finden sind (Pagán 2004; 2008), heben andere wie Butter, aber auch Ideenhistoriker wie Darrin McMahon und Gordon Wood auf die moderne Spezifik von Verschwörungstheorien ab (Butter 2018; McMahon 2002; Wood 1982). Als säkulares Funktions-

---

4 Vgl. exemplarisch Wood 1982.
5 Ihre Intensivierung seit der Dreyfus-Affäre hat unter anderem Arendt in ihrem Buch über die Grundzüge totaler Herrschaft eindrücklich nachgezeichnet (Arendt 2015).

äquivalent religiöser Sinnstiftung konnten Verschwörungstheorien insbesondere seit der Aufklärung – und in politischer Hinsicht insbesondere im Rahmen der amerikanischen und französischen Revolutionen – eine umfassende Konzeption von Weltgeschehen und menschlicher Intentionalität formen und gleichzeitig durch mediale Mittel wie Druckerzeugnisse eine hinreichend breite Öffentlichkeit erreichen, die ihrerseits aktiv an der Verbreitung und Ausgestaltung des Narrativs teilhat (Seidler 2016: 117 f.). Die These einer Modernespezifik von Verschwörungstheorien wird hier mit der definitorischen Anforderung an eine hohe Reichweite verbunden. Kaum thematisiert wird allerdings die logische Implikation einer solchen These der historischen Spezifik angesichts der gegenwärtigen Konjunktur von internetbasiertem Verschwörungsdenken: Verschwörungstheoretisches Denken kann folgerichtig, sofern es nicht als transhistorischer Erzähl- und Kommunikationsmodus verstanden wird, potentiell auch wieder an Bedeutung *verlieren*.

Eine zweite Frage – jene nach dem Status von Verschwörungstheorien als Wissensform – ist komplizierter gelagert. Handelt es sich bei Verschwörungstheorien *per definitionem* um eine Wissensform von geringer gesellschaftlicher Akzeptanz? Michael Barkun etwa argumentiert, Verschwörungstheorien operierten in genau zweierlei Hinsicht mit stigmatisiertem Wissen: Erstens versuchten Verschwörungstheoretiker*innen ihre Kommunikation zu legitimieren, indem sie geheimes Wissen, das zum Erhalt des Gemeinwohls essentiell sei, gegen breiten gesellschaftlichen und insbesondere oft elitären Widerstand zu zirkulieren behaupten (Butter 2018, 30). Auch Charles Pigden betont, Verschwörungstheorien zirkulierten anti-offizielle, also aus Perspektive der regierenden Elite unliebsame Informationen, Narrative und Deutungen – und hätten darum auch einen tendenziell subversiven, vielleicht sogar herrschaftskritischen und transparenzförderlichen Charakter (Pigden 2007: 227). Zweitens aber sind, so die Argumentation etwa Butters, Verschwörungstheorien selbst als Wissens- und Kommunikationsmodus stigmatisiert – »Verschwörungstheorie« selbst sei zum pejorativen Label geworden. Laut Butter halte diese Ignoranz oder ablehnende Haltung gegenüber Verschwörungstheorien etwa in Qualitätsmedien oder in der parlamentarischen Sphäre selbst gegenwärtig, also in einer Phase, die oft als Hochkonjunkturphase des Verschwörungsdenkens gedeutet wird, an: »In früheren Zeiten fürchtete man sich vor Verschwörungen; heute fürchten wir uns eher vor Verschwörungstheorien« (Butter 2018: 152). Die Bewertung einer öffentlichen Ausgrenzung verschwörungstheoretischer Kommunikation hängt dabei von der Frage ab, ob hier öffentlich bedeutsames Wissen vermittelt werden könnte: Während Butter die konsequente »Stigmatisierung« als Zeichen der Resilienz demokratischer Öffentlichkeit begreift, gibt Pigden wie bereits angedeutet zu bedenken, dass damit potentiell machtkontrollierende Mechanismen außer Kraft gesetzt werden. Lässt sich aber die These Butters aufrecht erhalten, wonach es sich bei allen Verschwörungsgerüchten angesichts ihrer Omnipräsenz und ihrer medialen Transformation weiterhin um stigmatisiertes Wissen handelt?

Die dritte begriffliche Kontroverse bezieht sich auf das namensgebende Suffix: Inwiefern nämlich genügen Verschwörungstheorien ihrerseits dem Anspruch, tatsächlich Theorien zu sein? Es ist widersprüchlich, dass sich der in Frage stehende Terminus auf den Theoriebegriff kapriziert, dass aber nur wenige Beobachter*innen behaupten würden, Verschwörungstheorien genügten tatsächlich einem wissenschaftlichen Theorieanspruch. Zum einen »erklärt eine Theorie, die alles erklärt, realiter nichts«, so Karsten Fischer – »erst recht, wenn sie alle Wirkungen auf eine Ursache zurückführen können glaubt« (Fischer 2018: 68). Das verschwörungstheoretische Erklärungsmodell ist also übermäßig grob und monokausal angelegt. Zum anderen sind Verschwörungstheorien kaum falsifizierbar (Hepfer 2015: 31–33): Verschwörungstheoretiker*innen sehen überall Verifikationen ihrer Thesen, verwerfen aber jeden Falsifikationsversuch als Teil der Verschwörung, also als perfiden Versuch der machtbewehrten Unterdrückung der Wahrheit.

Dennoch versuchen viele Verschwörungstheorien zumindest, eine Theorie*fassade* aufrecht zu erhalten – und zwar stilistisch wie inhaltlich. Erstens wird in historischen und gegenwärtigen verschwörungstheoretischen Texten durch den Einsatz bestimmter Stilmittel immer wieder ein wissenschaftlicher Theoriebildungsanspruch simuliert. Dies geschieht zum Beispiel durch die Anhäufung von Fußnoten und Quellenverweisen oder durch eine wissenschaftliche Zitationsweise – selbst wenn die zitierten Quellen ihrerseits keine wissenschaftliche Untermauerung leisten. Zweitens tritt der von Karsten Fischer diagnostizierte übermäßige Erklärungsanspruch als Theorieanspruch auf: Gerade Verschwörungstheorien hoher Reichweite versuchen zu demonstrieren, dass sich die verschiedensten Phänomene der Realität in das Deutungsangebot inkorporieren lassen, dass die Verschwörungstheorie also letztlich alles erklärt und Prognosen erlaubt. Was aber, wenn sie nicht einmal diese Theoriefassade aufrecht erhält? Ist die Analyse der Politiktheoretiker*innen Nancy Rosenblum und Russell Muirhead treffend, die von einer Zunahme von »Verschwörungstheorien ohne Theorie« (Muirhead and Rosenblum 2019: 19) spricht?

3. Eine neue Konjunktur von Verschwörungstheorien?

Hinsichtlich dreier Dimensionen – der historischen Gebundenheit, der großen Reichweite sowie des Theorieanspruchs – ist also zu fragen, inwieweit die jüngsten Entwicklungen in der Onlinekommunikation und in sozialen Medien als verschwörungstheoretisch einzuordnen sind: Handelt es sich bei im Internet verbreiteten und weiterentwickelten Gerüchten und Verdächtigungen lediglich um eine Intensivierung von Verschwörungstheorien klassischen Zuschnitts?

3.1 Diagnosen über Online-Verschwörungstheorien

Vermehrt wird seit einigen Jahren empirische Forschung zu Formen der Desinformation durch soziale Medien in modernen Demokratien betrieben; bemerkenswert ist dabei der Fokus auf die Verbreitung von Fake News (vgl. z. B. Bounegru 2017; Vargo, Guo, und Amazeen 2018; Bessi et al. 2015). Die empirische Demokratieforschung konzentriert sich damit auf einen bestimmten Desinformationsmodus, nämlich jenen einzeln lancierter, nicht notwendigerweise miteinander in Verbindung stehender, oft widersprüchlicher Falschmeldungen. Fake News dienen dabei konkreten oder diffuseren politischen Zielen, etwa der Wahlkampfmanipulation oder langfristiger gesellschaftlicher Polarisierung und Destabilisierung.[6] Der Terminus der Verschwörungstheorie, oder substanzieller gesprochen: Die Identifikation kohärenter Narrative und ihrer Verbreitung im Netz spielt dagegen in diesen empirischen Studien eher keine herausgehobene Rolle.[7]

Die literatur-, kultur- und sozialwissenschaftliche sowie die öffentliche politische Debatte hingegen zeigt sich weithin überzeugt von der Hochkonjunktur von Verschwörungstheorien – als groß angelegte Narrative

---

6 Die Verbreitung von Fake News in sozialen Netzwerken wurde inzwischen, gerade anlässlich von Wahlkämpfen, zumindest in Umrissen nachgezeichnet, wobei Phänomene wie Filterblasen sich empirisch als weniger wichtig erweisen als tribalistische Einstellungen und Kommunikationsweisen: Algorithmen halten gesicherte Fakten und solide Berichterstattung von bestimmten Gruppen und Kreisen in geringerem Maße fern als oft angenommen. Vielmehr führt ebendiese Gruppenzugehörigkeit zu einer »Immunität« gegen die Falsifikation der eigenen Auffassungen. Der Begriff des Tribalismus, also der unbedingten Gruppenloyalität, bezeichnet genau diese Dynamik. Vgl. Benkler, Faris, and Roberts 2018; Bennett and Livingston 2018.

7 Eine Ausnahme stellt etwa Vicario et al. 2016 dar.

mit Konsistenz- und Wahrheitsanspruch – durch digitale Kommunikation. Digitale Medieninfrastrukturen wie Facebook, Youtube, 4chan und 8chan hätten, so die Annahme, zum Florieren von Verschwörungstheorien beigetragen.[8] Die »neuen Medien« hätten die Verbreitung von Verschwörungstheorien quantitativ ansteigen lassen – und sie hätten ihre Zirkulation beschleunigt. Michael Barkun konstatierte etwa 2011 in der New York Times: »Ideas like the ›birther conspiracy‹ would surely never have gotten the traction they currently have 25 or 30 years ago. The difference lies in the radical transformation of the media environment. Before, say, the early or mid-1990s, that environment primarily of major newspapers, television and radio networks, newsweeklies, and wire services, with gatekeepers filtering their content. But now the Internet has dramatically expanded the playing field, producing massive amounts of unfiltered content, widely distributed through the blogosphere« (Barkun 2011).

Sowohl aus der Verbreitungs- als auch aus der Beschleunigungsthese spricht eine bestimmte konzeptionelle Erwartungshaltung an Verschwörungstheorien – dass diese nämlich strukturell den prototypischen Verschwörungstheorien der Moderne, vom Antimasonismus bis zur Kennedy-Attentat-Verschwörungstheorie, ähneln: Internetkommunikation ändere Verschwörungsdenken, so die Annahme, nicht substanziell, sondern nur in seiner quantitativen Verbreitung. Im Folgenden soll aber exemplarisch dargestellt werden, dass in Bezug auf die drei genannten Dimensionen eine maßgebliche Transformation eingetreten ist, die bei der Anwendung des klassischen Begriffs der Verschwörungstheorie Vorsicht nahelegt. Der Unterschied ist nicht allein quantitativer Art: Das aktuelle Verschwörungsdenken ist in seinem Theorieanspruch reduziert und auch in der Frage der epistemischen Stigmatisierung anders gelagert – und dementsprechend ist zu fragen, ob das Zeitalter der klassischen Verschwörungstheorie möglicherweise eher im Rückzug begriffen ist: Digitale Verschwörungsgerüchte entsprechen weniger und weniger dem etablierten Modell der Verschwörungstheorie. Anhand dreier empirischer Beispiele soll im Folgenden gezeigt werden, dass die Diagnosen einer Blüte der Verschwörungstheorien die Vielgestaltigkeit von Verschwörungskommunikation unterschätzen.

---

8 Häufig genannte Beispiele sind Pizzagate, aber auch früher schon die Verbreitung von 9/11-Truther-Youtube-Videos.

3.2 Verschwörungsdenken – drei aktuelle Manifestationen

Anhand aktueller Phänomene lässt sich plausibilisieren, dass Verschwörungsgerüchte hinsichtlich ihrer inhaltlichen und stilistischen Struktur der klassischen Definition kaum entsprechen. Drei Beispiele aus dem deutsch- und englischsprachigen Raum veranschaulichen im Weiteren das Spektrum verschwörungstheoretischer Debatten; sie werden zunächst zusammenfassend dargestellt und dann auf ihren verschwörungstheoretischen Gehalt gemäß der oben konturierten Definition überprüft.

Verschwörungstheoretisch eher klassisch muten jene Verdächtigungen über die Illegitimität des deutschen Staates an, die in sogenannten »Reichsbürger«-Kreisen zirkulieren. Hier handelt es sich um eine nicht originär online entstandene Bewegung; vielmehr sind entsprechende Thesen auf die Aktivitäten lokaler Kleingruppen in den 1980er-Jahren zurückzuverfolgen (Rathje 2017b). Dank sozialer Netzwerkkommunikation haben sich Reichsbürgerthesen in den vergangenen Jahren allerdings weiter verbreitet und erreichen ein größeres Publikum. Ihr Kern ist die Behauptung eines usurpatorischen Charakters des bundesdeutschen Staates; diese Behauptung wird in drei – miteinander verzahnten – Variationen vorgebracht. Erstens wird die Existenz des Grundgesetzes mit Verweis auf die anhaltende Gültigkeit der Weimarer Reichsverfassung negiert – bei ersterem handele es sich um keine valide Verfassung, letztere sei nie formell außer Kraft gesetzt worden. Zweitens wird behauptet, bei der Bundesrepublik Deutschland handele es sich um eine privatwirtschaftliche Firma, die zu Unrecht Staatlichkeit für sich beanspruche.[9] Drittens halten zahlreiche Reichsbürger*innen Deutschland für weiterhin von den »Siegermächten« des Zweiten Weltkrieges besetzt, da kein Friedensvertrag geschlossen worden sei.

Diese drei Behauptungen begründen unterschiedliche Formen politischen Widerstands- und Gruppenbildungsverhaltens, das die Nicht-Kooperation mit oder die Blockierung deutscher Behörden, das Drucken von eigenen Dokumenten und Pässen, die die illegitim-bundesdeutschen Dokumente ersetzen sollen, aber auch illegale Selbstbewaffnung umfasst.

Das überwölbende Deutungskonstrukt der Reichsbürgerszene enthält unzweifelhaft verschwörungstheoretische Elemente. Konkret identifizier-

---

9 Aus dem Verdacht, bei der Bundesrepublik Deutschland handele es sich um eine private Firma, ergibt sich die Unterstellung, die Benennung »Personalausweis« für das offizielle Ausweisdokument des Staates entlarve das tatsächliche Verhältnis Deutschlands zu seiner Bevölkerung.

baren Akteuren – der deutschen Bundesregierung und den herrschenden Eliten – wird die Vertuschung eines geheimen Planes unterstellt. Diese engere Akteursgruppe innerhalb der bundesdeutschen Elite wird wiederum eingebettet in eine globale Verschwörung, die insbesondere von den USA und den Juden – dem »Finanzkapital«, der Familie Rothschild etc. ausgehe.[10] Die illegitime Regierung und Unterdrückung der Deutschen gereiche dieser globalen Elite zum Macht- und Finanzvorteil. Anhand einer Reihe von Hinweisen aus Rechtstexten und Politiker*innenäußerungen allerdings lasse sich dieser geheime Plan entschlüsseln und enthüllen.[11] Damit soll ein Worst-Case-Szenario in letzter Minute verhindert werden: »Teile der Szene sehen sich in einer Art Endzeit: Sie erwarten ein letztes Gefecht zwischen den ›wahren‹ Deutschen und ihren Feinden«,– mit dem Ziel der Wiederherstellung des Deutschen Reiches »wahlweise in den Grenzen von 1939, 1937 oder 1914«, so der Politikwissenschaftler Jan Rathje (Rathje 2015). Diese narrative Kohärenz erfasst Rathje mit dem Begriff »Reichsideologie« (Rathje 2017b).

Kommunikativ hat sich die Reichsbürgerbewegung über lange Zeit in eher kleinen, regionalen Netzwerken über selbstherausgegebene Zeitungen und Pamphlete oder durch wenig interaktive Online-Medien ausgetauscht. Diese traditionellen Kommunikationswege scheinen teilweise fortzubestehen, doch werden sie auch ergänzt durch Aktivitäten in Facebook-Gruppen, Youtube-Videos und Kommentardiskussionen. Im Kern werden aber weiterhin Informationen distribuiert und in *crowd-sourcing*-Prozessen neu erzeugt. Die relativ traditionell angelegte Verschwörungstheorie der Reichsbürgerszene ist in den vergangenen Jahren nur langsam in die digitale Sphäre migriert; sie hat sich zwar medial mittlerweile grundlegend transformiert, ist aber in ihren inhaltlichen Grundannahmen weiterhin als relativ kohärente Erzählung mit Theorieanspruch strukturiert.

Eine zweite, maßgeblich online perpetuierte Verschwörungsthese dreht sich um die Behauptung eines »großen Bevölkerungsaustausches«. Terminologisch lehnt sich der »große Bevölkerungsaustausch« im Deutschen in Form des synonym verwendeten Begriffs »Umvolkung« an nationalsozialistische Semantiken an (Schmitz-Berning 2010: 617). Kosmopolitische, »globalistische« Eliten versuchten, so die geäußerte Verschwörungsvermutung, die »ethnisch deutsche« Bevölkerung durch insbesondere außereuro-

---

10 Nicht alle Verzweigungen der Reichsbürgerszene sind antisemitisch, doch ist eine klare Affinität festzustellen (Rathje 2017a; Freitag, Hüllen, und Krüger 2017).

11 Wiederholt genannt wird etwa ein Urteil des Bundesverfassungsgerichts von 1973, wonach das Deutsche Reich – so die Fehlinterpretation – auch nach dem Zweiten Weltkrieg fortbestehe.

päische, nicht-weiße, muslimische Migrant*innen zu ersetzen (vgl. Moses 2019). Dieser Plan finde willige Kollaboration in der deutschen Bevölkerung, insbesondere in ihren linken und kosmopolitischen Eliten. Es sind biologistische Vorstellungen von Bevölkerungswachstum und -niedergang sowie von Rassenhierarchien bis hin zu »Rassenschande«, die diese Behauptungen weltanschaulich leiten.

Obgleich die Idee der Umvolkung nicht ursprünglich der Online-Kommunikation entstammt, sondern auf ein Pamphlet des französischen Autors Renaud Camus (Camus 2011) zurückgeht, so wird die Warnung vor einem angeblichen, geheimen Plan zum Bevölkerungsaustausch in Netzforen doch besonders intensiv und besonders interaktiv perpetuiert. Manifeste einzelner Verschwörungsgläubiger – insbesondere international bekannter Attentäter aus dem Umfeld des weißen Suprematismus – finden Verbreitung (Moses 2019); entsprechende Thesen werden in interaktiven Foren weiter umerzählt und von Einzelnutzer*innen ergänzt. Auf Youtube etwa kursieren breit rezipierte Videos aus den Kreisen der Identitären Bewegung, die Seenotrettungsmissionen wie der Mission Lifeline eine aktive Beteiligung am »Bevölkerungsaustausch« unterstellt. An anderer Stelle wird beispielsweise eine Äußerung des Politikwissenschaftlers Yascha Mounk in den Tagesthemen als versehentliche Offenlegung des »Experiments« der Umvolkung entlarvt.[12] Die offline angestoßene, online massiv perpetuierte Verschwörungsthese wird in dieser transformierten Version wiederum offline wirksam. Dass Flaggschiff-Print-Organe des deutschen Rechtsradikalismus wie das Magazin *Compact* und die sich intellektuell gebärdende *Sezession* die Rede von der Umvolkung perpetuieren, ist dabei weniger bemerkenswert, als Äußerungen von Bundestagsabgeordneten auch jenseits der Alternative für Deutschland. So twitterte Bettina Kudla, CDU, etwa im Herbst 2016: »Die Umvolkung Deutschlands hat längst begonnen. Handlungsbedarf besteht.«

Es fällt auf, dass sich Online-Diskussionen zur Umvolkungsthese häufig um die Akteursfrage drehen, sie aber nicht eindeutig beantworten. Unterschiedliche Interpretationen identifizieren unterschiedliche Verschwörer*innen. Das Online-Magazin *Politically Incorrect* und seine Kommentarforen etwa benennen sehr unterschiedliche Akteursgruppen: die profitgierige »Asylindustrie«; Wolfgang Schäuble, der ein »biologisches Zuchtprojekt« anstrengt (Jahn 2018); und den jüdischen Philanthropen George Soros. Die biologistisch-rassistische Fundierung der Bevölkerungsaustausch-

---

12 »ARD gibt zu – ›EXPERIMENT‹ Völkeraustausch Europa«, https://www.youtube. com/ watch?v=3qkaAyKLeBs, Zugriff 13.10.2019.

These reduziert die Orientierung an politischer Intentionalität und Handlungsfähigkeit zumindest geringfügig: Metaphern von Einwanderungswellen und -strömen suggerieren eher naturgewaltige als menschliche Mächte; letztere sind primär unterstützend, aber nicht in erster Linie verursachend. Hieraus ergeben sich auch unterschiedliche Handlungsanweisungen, die einen gemeinsamen Nenner lediglich im »Widerstand« gegen Einwanderung und insgesamt kosmopolitische Politikansätze finden.

Ein drittes Beispiel stellt dagegen eine genuin im Netz entstandene Verschwörungsthese dar, nämlich die sogenannte »Q«- oder QAnon-Bewegung (Bank, Stack, und Victor 2018). Sie geht auf Aktivitäten eines Users im *Politics*-Messageboard des Netzwerks 4chan sowie später in 8chan im Herbst 2017 zurück (Martineau 2017), der unter dem Namen »Q« disparate Tatsachenbehauptungen und Prognosen aufstellte.[13] Diese Nachrichten, in ihrer suggestiven Fragmenthaftigkeit gelegentlich »Brotkrumen« (*breadcrumbs*) genannt, haben seitdem massives Interesse unter einer eingeschworenen Anhängerschaft erweckt. Die integrierende Botschaft der Bewegung lautet, es existiere ein globaler Plan, eine sogenannte »Kabale« der Mächtigen gegen die Bürger. Donald Trump sei seinerseits an die Macht gekommen, um diesen Plan zu entlarven und zu stoppen – diese Gegenbewegung, die weiterer Unterstützung bedürfe, wird »The Storm« genannt.

Die oft widersprüchlichen Meldungen – nicht selten nur ein paar Zeilen umfassend und gelegentlich mit mysteriösen Codes versehen – haben auch offline eine beträchtliche, anhaltende Eigendynamik entfaltet. QAnon-Anhänger*innen haben wiederholt öffentliche Auftritte Trumps bevölkert, der Präsident hat einen Fototermin mit einem prominenten QAnon-Vertreter im Oval Office absolviert (Feldscher 2018), und mehrere republikanische Kandidierende für die Kongresswahl 2020 stellen sich explizit hinter die Bewegung. Es kam immer wieder zu bewaffneten Einzeltäteraktionen solcher Anhänger*innen, die den »Storm« beschleunigen wollen (Morlin 2018). Medien wie *Fox News*, aber auch *Russia Today* verleihen QAnon-Meldungen immer wieder durch unkritische Zitation Legitimität.

Bezeichnend für die Struktur der Debatte ist nicht allein der Ursprung, sondern auch die Perpetuierung von QAnon im Internet und insbesonde-

---

13 Q's erste Wortmeldung lautete, die Verhaftung Hillary Clintons stünde per Haftbefehl unmittelbar bevor (Martineau 2017); sukzessive folgten darauf Meldungen, wonach Angela Merkel etwa Hitlers Tochter sei oder das nordkoreanische Regime Teil des Widerstandes gegen die angebliche globale Verschwörung darstelle. Diese disparaten »Hinweise« werden unter QAnon-Anhänger*innen trotz ihrer häufigen Widersprüchlichkeit bereitwillig angenommen.

re auf 4chan, 8chan, Youtube und Telegram. Nicht nur wird der Kern der Verschwörungsthese hier weiterentwickelt und in oft hochgradig inkonsistenter Weise durch Posts, Videos und Memes ergänzt. Obwohl QAnon nach einem autoritativen Urheber, »Q«, benannt ist, ist dessen Autorschaft außerdem auch aufgrund der technischen Funktionsweise von 4chan und 8chan nicht gesichert. Interpretatorische Konsistenz ist hier allein schon technisch unterminiert. Diese Tatsache mag die Zerfaserung des Verschwörungsnarrativs begründet haben; *crowd-source*-basierte Beiträge verstärken sie weiter: An die Behauptung, eine globale Elite wolle die Bevölkerung, insbesondere die der USA, unterdrücken, haben sich Antisemitismus, Klimawandelleugnung, Antikapitalismus, Pharmaindustrieskepsis, Islamophobie, Waffenfanatik und Warnungen vor Pädophilie in ganz unterschiedlichen Varianten angedockt. Eine reine Verschwörungslehre existiert ebenso wenig wie eine konsistente, narrativ strukturierte Beschreibung des geheimen Plans. QAnon wird zwar durch ein grobfaseriges manichäisches Narrativ, das dem Prinzip »Gut gegen Böse« folgt, zusammengehalten, doch zentrale Elemente des Plots bleiben unbestimmt. Dieser Mangel an erzählerischem Zusammenhang, und damit auch an sinnstiftender Orientierungsfunktion, tut der Attraktivität der Bewegung keinen Abbruch: Obgleich QAnon in vielfacher Hinsicht genuin US-amerikanischen symbolischen Mustern folgt, sind entsprechende Botschaften mittlerweile auch in Deutschland und insbesondere auf Demonstrationen von »Corona-Leugnern« angekommen.

4. Begriffliche Dissonanzen

Die Unterstellungen der Anhänger*innen von Reichsbürgerbewegung, die These vom »großen Austausch« und die Gerüchte von QAnon teilen einige zentrale Merkmale: Sie vertreten die Vorstellung von einer geheimen Verschwörung, propagieren deren Enthüllung – und stützen sich hierzu in hohem Maße auf internetbasierte Kommunikation. Entscheidende Unterschiede aber bestehen bezüglich der im zweiten Abschnitt genannten Dimensionen: Insbesondere Theorieanspruch und Stigmatisierungsgrad variieren stark zwischen den drei Fällen – mit weitreichenden Implikationen für die Frage, ob es sich hier jeweils um Verschwörungstheorien im »klassischen« Sinn handelt.

Wie bereits erläutert, ist der Begriff der Verschwörungs*theorie* weniger als Bezeichnung einer satisfaktionsfähigen wissenschaftlichen Theorie plausibel denn als Bezeichnung für den Versuch, mit stilistischen und inhaltlichen Mitteln Theoriequalität zu beanspruchen. Während im Falle der

Reichbürgerbewegung dergleichen Elemente einer Theoriefassade durchaus vorliegen,[14] sind sie in den Debatten um den »Bevölkerungsaustausch«, insbesondere aber bei QAnon, wenig ausgeprägt: Memes, Bilder und dramatisierende Videos ergänzen Textbausteine auf Messageboards; wissenschaftliche Textformen werden nicht emuliert. Insbesondere auf der inhaltlichen Ebene werden Konsistenzansprüche unterminiert. Die narrative Fragmentierung von QAnon und, zu einem geringeren Grad, der Idee des »großen Austausches« sind also einerseits Resultat der medialen Struktur – multipler Autorschaft, beschleunigter Kommunikationstaktung und eines hohen Stellenwerts von ikonographischen Instrumenten in der Vermittlung des Verschwörungsverdachtes. Diese Form hochfragmentierter Narrativität bringt kein kohärentes Deutungsmuster zur Sinnstiftung und Bewältigung politischer Komplexität hervor; stattdessen werden grassierende Zweifel an politischer Deutbarkeit gefördert. Die epistemisch entlastende Qualität etwaiger »klassischer« Verschwörungstheorien ist hier nicht mehr gegeben – benannten sie noch klare Ursachen und Verursacher, also: Feinde, so sind diese Zuschreibungen nun ambivalenter.[15] Das bedeutet allerdings nicht, dass dieses weniger kohärente Verschwörungsdenken lediglich disparate Informationen bietet. Barkuns Diktum, wonach »alles miteinander verbunden« sei, greift auch hier – doch die postulierten Verbindungen zwischen Einzelereignissen, ursächlichen Handlungen und Akteuren sind eher instabil und uneindeutig. Insbesondere Bilder und Memes transportieren emotional aufrüttelnde Suggestionen, ohne jedoch klare Begründungen und Erklärungen zu bieten. Die resultierende Kultur des Zweifels (Muirhead and Rosenblum 2019: 101 ff.) unterminiert Versuche kohärenter alternativer Wahrheitsfindung und trägt zu fundamentaler Desorientierung bei; sie ist daher möglicherweise selbst wiederum dem Entstehen von »klassischen« Verschwörungstheorien mit hohem Kohärenzanspruch und großer Reichweite abträglich.

---

14 Beispiele für wissenschaftlich anmutende Monographien sind etwa Frühwald 2016; Maurer 2016; Pauqué und Hoffmann 2016.

15 Analytisch zu bedenken ist, dass sich die vermeintliche Kohärenz »klassischer« Verschwörungstheorien möglicherweise aus der historiografisch vereinfachenden Rückschau ergibt: Erst in der historisch distanzierten Erzählung ersteht der »Freimaurermythos« als kohärent, in der jeweiligen zeitgenössischen Gegenwart stellte er sich dagegen als heterogen und chaotisch dar. So wichtig dieser Einwand ist, so bedeutsam ist aber die mediale Verschiebung durch Online-Kommunikation, die zu einer größeren Beschleunigung und Vielstimmigkeit in der medialen Debatte führt. QAnon ist beispielsweise aufgrund dieser Vielstimmigkeit nur schwer als kohärent interpretierbar – dominante Strömungen sind kaum feststellbar.

Die Frage, ob die behandelten Verschwörungsgerüchte ähnlich stigmatisiert sind wie »klassische« Verschwörungstheorien, ist ihrerseits nicht allein von begriffssystematischem, sondern auch von demokratietheoretischem Interesse: Finden Motive und Annahmen dieses Verschwörungsdenkens Eingang in die »offizielle« politische und öffentliche Debatte, also etwa in parlamentarische Settings oder journalistische Qualitätsmedien, und finden sie dadurch Legitimierung?

In Anbetracht des bislang Dargelegten ist es plausibel, bei zwei der geschilderten Verschwörungsgerüchte keine strikte Trennung vom öffentlichen Diskurs zu diagnostizieren: Während die Reichsbürgerideologie keinerlei Zugang zum öffentlichen Diskurs zu finden scheint, werden im Falle von QAnon sowie der These vom »großen Bevölkerungsaustausch« immer wieder Versatzstücke entstigmatisiert und in diese Debatte überführt. Dies mag darauf zurückführbar sein, dass – anders als in der eher kohärenten Reichsbürgerideologie – Verschwörungsgerüchte und Verschwörungsdenken in diesen beiden Fällen so zerfasert sind, dass ihre Einzelbestandteile nicht ohne Weiteres als »verschwörungstheoretisch« markiert sind; aus ihrem Zusammenhang gerissen, können bestimmte Motive, Worte oder Bilder somit Validierung und Verstetigung in der politischen Debatte finden. Zentrales Vehikel ist im Falle des »Austausches« dabei sicherlich die *Alternative für Deutschland* sowie im Falle von QAnon zentral *Fox News*, aber auch der US-Präsident und einige Angehörige der Republikanischen Partei. Zwar beharren die eingeschworenen Anhänger*innen dieser Verschwörungsgerüchte weiter darauf, geheimes und angeblich stigmatisiertes Wissen aufzudecken. Ihr anti-elitärer Anspruch und die dissidente Selbststilisierung bleiben also erhalten, doch ihre Thesen selbst durchlaufen derzeit zumindest teilweise einen Prozess der Entstigmatisierung.

Diese Beobachtung hat auch Implikationen hinsichtlich der Frage einer historischen Spezifik von Verschwörungstheorien. Ist es nämlich zutreffend, dass Verschwörungstheorien – verstanden als nicht-offizielle, stigmatisierte, aber kohärente Narrative mit Theorieanspruch –, aufgrund medialer Bedingungen und Öffentlichkeitsstrukturen ein Phänomen der Neuzeit sind, so ist angesichts der angedeuteten Entwicklungen zu fragen, ob sich die Hochphase solcher Verschwörungstheorien möglicherweise entgegen anderslautender Diagnosen aufgrund medialer Entwicklungen derzeit ihrem Ende zuneigt. Die Konjunktur von Verschwörungsgerüchten ohne Theorieanspruch, Kohärenz und Stigmatisierungsstatus ist zumindest ein Hinweis auf transformierte Kommunikationsformen von Zweifeln und Misstrauen. Zwar sind mit der Reichsbürgerideologie weiterhin eher klassisch angelegte Verschwörungstheorien auffindbar, doch sie scheinen ihre diskursive Dominanz einzubüßen. Im Unterschied zu Fake News entbehren freilich auch die weniger kohärenten Verschwörungsgerüchten nicht völlig einer narrativen Qualität: Sie beziehen ihre Attraktivität durchaus aus der Identifizierung von Schurken und nähren anhaltend – und nicht nur punktuell – das Misstrauen gegenüber politischen Eliten. Anstatt also dichotomisch von Verschwörungstheorien des klassischen Typs einerseits und von Fake News andererseits zu sprechen, wäre es ratsam, Typologien von Desinformationsformen um Verschwörungsnarrative mit geringem Kohärenzanspruch zu erweitern, bei denen die Verschwörungsgerüchte neueren Typs eine zentrale Rolle einnehmen.

5. Folgen digitaler Verschwörungskommunikation

Dass Verschwörungsüberlegungen derzeit in einer breiten Varianz auftreten, erschwert Generalisierungen bezüglich der Implikationen für demokratische Öffentlichkeiten. Eine Reihe gravierender Unterschiede zwischen etwaigen »klassischen« Verschwörungstheorien und disparateren, digital vermittelten Formen des Verschwörungsdenkens sind bereits absehbar.

Erstens wird klassischen Verschwörungstheorien von vielen Beobachter*innen ein schädlicher Effekt auf demokratische Gemeinwesen zugeschrieben, da durch sie geschlossene Weltanschauungen, irrationale Kausalitätsbehauptungen und destruktive Feindbilder perpetuiert würden. Das demagogische, Öffentlichkeit korrodierende Potential hat am schärfsten sicherlich Hannah Arendt in den *Elementen und Ursprüngen totaler Herrschaft* und insbesondere in ihrer Untersuchung der jüdischen Weltverschwörungsidee als »wirksamste Fiktion der Nazipropaganda vor der Machtergreifung« dargestellt (Arendt 2015: 749). Andere Kommentator*innen warnen dagegen vor einer pauschalen Verurteilung: Verschwörungstheorien können, so Pigden, offizielle Wahrheiten hinterfragen und Transparenz herstellen: »[T]he idea that conspiracy theories as such are intellectually suspect helps conspirators, quite literally, to get away with murder« (Pigden 2007: 224). Differenzierter hat Eva Horn dies mit Verweis auf Derrida als einen spezifisch demokratischen *secrecy effect* beschrieben (Horn 2011): Die Norm der Volkssouveränität korrodiert mit der traditionellen Legitimität des Staatsgeheimnisses, woraus ein Imperativ der Transparenz gegenüber den Herrschenden erwächst. Verschwörungstheorien sind demnach ein übersteigerter Ausdruck dieses Misstrauens gegenüber den Herrschenden.

Dieses Misstrauen zeigt sich in den Verschwörungsgerüchten neueren Typs besonders umfassend und wird, wie oben gezeigt, nicht konsequent stigmatisiert: Verschwörungsdenken als fundamentale Herrschaftsskepsis

– und nicht »nur« als Misstrauen gegen bestimmte Akteure – findet Eingang in offizielle Diskurse. Pauschalisierende Elitenkritik[16] sowie ein Duktus des umfassenden Zweifels, der jegliche Tatsachenevidenz und Wahrheitsbehauptung betrifft, werden also zunehmend normalisiert. Es ist nicht zu vermuten, dass die Effekte auf den demokratischen Prozess insgesamt positiv ausfallen, auch nicht im Sinne einer transparenzförderlichen Herrschaftskontrolle: Entscheidungseliten werden nicht gezielt der Rechenschaft unterzogen, sondern das Vertrauen in Institutionen und politische Prozesse wird insgesamt reduziert.

Gerade angesichts der unspezifischen Zielrichtung digital vermittelten Verschwörungsdenkens ist, zweitens, dessen offensichtliche Attraktivität erklärungsbedürftig. Die narrative Inkohärenz minimiert die Popularität insbesondere von QAnon offenbar nicht; die Bewegung besteht fort, obwohl die prognostische Qualität der *breadcrumb*-Informationen längst entkräftet ist. Da dieses Verschwörungsdenken – in weitgehender Abwesenheit eines geschlossenen Weltbildes oder ideologischen Deutungsangebotes – eine geringere Sinnstiftungsfähigkeit als klassische Verschwörungstheorien aufweist, stellt sich die Frage, woraus etwa QAnon und die Umvolkungsthese ihre bemerkenswerte Binde- und Mobilisierungskraft erweisen. Ein zentrales Element liegt hier möglicherweise in neuen Formen sozialer Vergemeinschaftung, die über das Internet vermittelt sind. Im Falle von QAnon übersetzt sich die online erfolgte Gruppenbildung in Internetforen in sporadische Treffen offline, etwa bei Trumps Wahlkampfveranstaltungen; die landesweite Bewegung, die sich seit 2017 herausgebildet hat, liefert Bürger*innen ununterbrochene Möglichkeiten gegenseitiger Affirmation, die überdies algorithmisch befördert wird. Inhaltlich fokussiert sowie in weltumspannenden Netzwerken distribuiert sich die These vom »großen Bevölkerungsaustausch«: Sie dient, als zentraler Bestandteil des weißen Suprematismus, im globalen Maßstab einer Versicherung vorgeblicher weißer Rassenidentität und -überlegenheit und einer kommunikativen Verbindung zwischen ehemals isolierten Adressatengruppen. Die resultierende Polarisierung ist dabei nicht zu verwechseln mit einer Pluralisierung innerhalb des demokratischen Prozesses; es handelt sich vielmehr um eine Formierung von technisch abgeschotteten Gruppierungen, welche dem Anliegen demokratischer Konfliktaushandlung und Deliberation entgegensteht.

---

16 Wie Michael Butter richtig feststellt, handelt es sich hierbei um eine zentrale Schnittmenge zwischen Verschwörungsdenken und populistischen Argumentationen (Butter 2018: 172–74).

Angesichts der Attraktivität wie auch der anzunehmenden Schädlichkeit digital um sich greifenden Verschwörungsdenkens stellt sich, drittens, die schwierige Frage nach möglichen Gegen- und Immunisierungsmaßnahmen. Eine Reduktion der internetbasierten Kommunikation ist nicht abzusehen: Bei den beschleunigten, pluralistischen Informationsflüssen in interaktiven Internetkanälen – phasenweise Gegenstand eines demokratietheoretischen Optimismus – handelt es sich eher noch um verstärkende Rahmenbedingungen der Kommunikation.

Mögliche Kontrollmaßnahmen der *big player* der sozialen Medien wie Facebook oder Youtube mögen evident irreführende Fake News filtern und reduzieren können; dies erscheint bei diffuseren Verschwörungsnarrativen dagegen schwerer umzusetzen. Auch eine Entkräftung von Verschwörungsdenken in Form von rationalisierenden *fact checks* ist wenig aussichtsreich: Wird in Bezug auf klassische Verschwörungstheorien seit geraumer Zeit argumentiert, ihre Anhänger seien aufgrund der emotionalen Bindekraft der Theorien einer faktenbasierten Falsifikation und Aufklärung kaum zugänglich, so gilt dies im besonderen Maße für disparates Verschwörungsdenken. Ist Kohärenz und plausible Kausalisierung, also: das Angebot einer stimmigen alternativen Wahrheit, nämlich nicht einmal als Anspruch gegeben, so wäre es nicht allein erforderlich, sämtliche Einzelelemente der Verschwörungsthese zu entkräften; unter Bedingungen ubiquitären Misstrauens sind Überzeugungsversuche keine effektiven Instrumente der Einbindung.

Haben die Politiktheoretiker Cass Sunstein und Adrian Vermeule in Bezug auf klassische Verschwörungstheorien – allerdings durchaus mit Blick auf deren internetbasierte Vermittlung – in einem bis heute kontroversen Beitrag kommunikative Gegenstrategien im Sinne gezielter Informationskampagnen vorgeschlagen (Sunstein and Vermeule 2009), so ist schließlich fraglich, ob diese Strategie im Falle von QAnon oder der Umvolkungsthese verfangen könnte. Der »Kultur des Zweifels« ist vermutlich eher nicht durch elitenbasierte Manipulationsversuche zu begegnen, sondern durch Maßnahmen der politischen Einbindung und Vertrauensbildung. Aus demokratietheoretischer Perspektive ist damit nicht die offensive Verteidigung von Wahrheit, sondern die Ermöglichung von Partizipationserfahrungen vielversprechend, um jenen Tendenzen der gesellschaftlichen Desintegration entgegenzuwirken, die ihre Ursache unter anderem in der technologischen Transformation von Öffentlichkeit haben.

Literaturverzeichnis

Arendt, Hannah 2015: Elemente und Ursprünge totaler Herrschaft. Antisemitismus, Imperialismus, totale Herrschaft, München/Zürich.

Bank, Justin/Stack, Liam/Victor, Daniel 2018: Explaining QAnon, the Internet Conspiracy Theory That Showed Up at a Trump Rally, *The New York Times*, August 1, 2018, sec. U.S., in: https://www.nytimes.com/2018/08/01/us/politics/what-is-qanon.html.

Barkun, Michael 2006: A Culture of Conspiracy Apocalyptic Visions in Contemporary America, New Ed., Berkeley, Calif.

Barkun, Michael 2011: Conspiracy Theories in Politics, *The New York Times*, April 22, 2011, in: https://www.nytimes.com/roomfordebate/2011/04/21/barack-obama-and-the-psychology-of-the-birther-myth/conspiracy-theories-in-politics.

Basham, Lee/Dentith, Matthew: 2016: Social Science's Conspiracy Theory Panic: Now They Want to Cure Everyone, Social Epistemology Review and Reply Collective 5: 10; 12–19.

Benkler, Yochai/Robert Faris/Roberts, Hal 2018: Network Propaganda: Manipulation, Disinformation, and Radicalization in American Politics, Oxford.

Bennett, W. Lance/Livingston, Steven 2018: The Disinformation Order: Disruptive Communication and the Decline of Democratic Institutions, European Journal of Communication 33:2, 122–39.

Bessi, Alessandro/Zollo, Fabiana Zollo/Del Vicario, Michaela/Scala, Antonio/Caldarelli, Guido/Quattrociocchi, Walter 2015: Trend of Narratives in the Age of Misinformation., PLoS ONE, August, https://doi.org/10.1371/journal.pone.0134641.

Bounegru, Liliana 2017: A Field Guide to »Fake News« and Other Information Disorders, Amsterdam.

Butter, Michael 2018: »Nichts ist, wie es scheint«: Über Verschwörungstheorien, Berlin.

Byford, Jovan 2011: Conspiracy Theories. A Critical Introduction, Basingstoke.

Camus, Renaud 2011: Le grand remplacement, Neuilly-sur-Seine.

Dannenberg, Hillary P. 2008: Plot, in: Herman, David: Routledge Encyclopedia of Narrative Theory, London, 435-438.

Feldscher, Kyle 2018: QAnon-Believing ›conspiracy Analyst‹ Meets Trump in the White House, *CNN Politics*, August 25, 2018, https://edition.cnn.com/2018/08/25/politics/donald-trump-qanon-white-house/index.html.

Fischer, Karsten 2018: Über Wahrheit und Täuschung im verschwörungstheoretischen Sinne, in: Blamberger, Günter/ Strohschneider, Peter/Freimuth, Axel: Vom Umgang mit Fakten. Antworten aus Natur-, Geistes- und Sozialwissenschaften, Paderborn, 65–78.

Freitag, Jan/Hüllen, Michael/Krüger, Yasemin 2017: Entwicklung der Ideologie der »Reichsbürger«, in: Jahrbuch Extremismus & Demokratie, 159–74.

Frühwald, Peter 2016: Die Haager Landkriegsordnung: Die der Bevölkerung in Deutschland weitgehend unbekannten Rechtsgrundlagen des deutschen Rechts seit dem 08.05.1945.

Gray, Matthew 2010: Conspiracy Theories in the Arab World, London.

Hepfer, Karl 2015: Verschwörungstheorien: eine philosophische Kritik der Unvernunft, Edition Moderne Postmoderne, Bielefeld.

Hofstadter, Richard 1965: The Paranoid Style in American Politics, and Other Essays, New York.

Horn, Eva 2011: Logics of Political Secrecy, Theory, Culture & Society, 28: 7–8, 103–22.

Humprecht, Edda 2018: Where ›Fake News‹ Flourishes: A Comparison across Four Western Democracies. Information, Communication & Society 22:13, 1973-1988.

Jahn, C. 2018: Umvolkung: Die wahren Gründe. *PI-News*, June, http://www.pi-news.net/2018/06/umvolkung-die-wahren-gruende/.

Martineau, Paris 2017: The Storm Is the New Pizzagate – Only Worse. New York Magazine, Dezember 2017, http://nymag.com/intelligencer/2017/12/qanon-4chan-the-storm-conspiracy-explained.html.

Maurer, Klaus 2016: Die »BRD«-GmbH oder zur völkerrechtlichen Situation in Deutschland und den sich daraus ergebenden Chancen für ein neues Deutschland.

McKenzie-McHarg, Andrew 2018: Conspiracy Theory: The Nineteenth-Century Prehistory of a Twentieth-Century Concept, Oxford.

McMahon, Darrin M. 2002: Enemies of the Enlightenment the French Counter-Enlightenment and the Making of Modernity, Oxford.

Morlin, Bill 2018: Terrorism Suspect Makes Reference to Extremist Conspiracies, Southern Poverty Law Center (blog), July 20, 2018, https://www.splcenter.org/hatewatch/2018/07/20/terrorism-suspect-makes-reference-extremist-conspiracies.

Moses, A. Dirk 2019: ›White Genocide‹ and the Ethics of Public Analysis, Journal of Genocide Research, 21: 2, 201–13.

Muirhead, Russell/Rosenblum, Nancy L. 2019: A Lot Of People Are Saying: The New Conspiracism and the Assault on Democracy, Princeton.

Nefes, Türkay Salim 2018: The Conspiratorial Style in Turkish Politics: Discussing the Deep State in the Parliament, Oxford, https://www.oxfordscholarship.com/view/10.1093/oso/9780190844073.001.0001/oso-9780190844073-chapter-26.

Pagán, Victoria E. 2004: Conspiracy Narratives in Roman History, Austin.

Pagán, Victoria E. 2008: Toward a Model of Conspiracy Theory for Ancient Rome, New German Critique 103, 27–49.

Pauqué, Matthias/Hoffmann, Thomas 2016: Steuerrecht ungültig? Gibt es wirklich eine Steuerpflicht?, Döbeln.

Pfahl-Traughber, Armin 2015: ›Bausteine‹ zu einer Theorie über ›Verschwörungstheorien‹: Definitionen, Erscheinungsformen, Funktionen und Ursachen, in: Helmut Reinalter (Hrsg.), Verschwörungstheorien: Theorie – Geschichte – Wirkung, Innsbruck, 30–44.

Pigden, Charles 1995: Popper Revisited, or What Is Wrong With Conspiracy Theories?, Philosophy of the Social Sciences 25: 1, 3–34.

Pigden, Charles 2007: Conspiracy Theories and the Conventional Wisdom, Episteme: A Journal of Social Epistemology 4: 2, 219–32.

Popper, Karl 1992: Die offene Gesellschaft und ihre Feinde, 7. Aufl. mit weitgehenden Verb. und neuen Anh., Vol. 2, Falsche Propheten: Hegel, Marx und die Folgen, Stuttgart.

Popper, Karl 2006: The Conspiracy Theory of Society, in: Coady, David (Hrsg.): Conspiracy Theories: The Philosophical Debate, Aldershot, 13–16.

Rathje, Jan 2015: Zwischen Verschwörungsmythen, Esoterik Und Holocaustleugnung – die Reichsideologie, http://www.bpb.de/politik/extremismus/rechtsextre mismus/210330/zwischen-verschwoerungsmythen-esoterik-und-holocaustleugnu ng-die-reichsideologie.

Rathje, Jan 2017a: Die vermeintlichen ›Mächte im Hintergrund‹. Antisemitismus im Milieu von Reichsbürgern, Selbstverwaltern und Souveränisten, in: Speit, Andreas (Hrsg.): Reichsbürger. Die unterschätzte Gefahr, Berlin, 133–42.

Rathje, Jan 2017b: ›Reichsbürger‹: Verschwörungsideologie mit deutscher Spezifik, in: Wissen schafft Demokratie: Schriftenreihe des Instituts für Demokratie und Zivilgesellschaft 1: 238–49.

Schmitz-Berning, Cornelia 2010: Vokabular des Nationalsozialismus, Berlin, Boston.

Seidler, John David 2016: Die Verschwörung der Massenmedien. Eine Kulturgeschichte vom Buchhändler-Komplott bis zur Lügenpresse, Bielefeld.

Sunstein, Cass R./Vermeule, Adrian 2009: Conspiracy Theories: Causes and Cures, Journal of Political Philosophy 17: 2, 202–27.

Vargo, Chris J./Guo, Lei/Amazeen, Michelle A. 2018: The Agenda-Setting Power of Fake News: A Big Data Analysis of the Online Media Landscape from 2014 to 2016, New Media & Society, 20: 5, 2028–49.

Vicario, Michela Del/Bessi, Alessandro/Zollo, Fabiana/Petroni, Fabio /Scala, Antonio/Caldarelli, Guido/Stanley, H. Eugene/Quattrociocchi, Walter 2016: The Spreading of Misinformation Online, Proceedings of the National Academy of Sciences 113: 3, 554–59.

Wood, Gordon S. 1982: Conspiracy and the Paranoid Style: Causality and Deceit in the Eighteenth-Century, William and Mary Quarterly 39: 3, 401.

Yablokov, Ilya 2018: Fortress Russia: Conspiracy Theories in Post-Soviet Russia, Cambridge.

Die »Wahrheit« der Antidemokraten.
Zur politischen Theorie von Aleksandr Dugin

Samuel Salzborn

Aleksandr Gel'evič Dugin (geb. 1962) gehört zu den schillerndsten Persönlichkeiten des russischen Politik- und Geisteslebens der Gegenwart. Seine politische und intellektuelle Biografie liest sich wie eine Achterbahnfahrt, die ihn von ganz rechts nach ganz links und wieder zurück zu führen scheint, die einflussreiche Stationen im russischen Publikations- und Verlagswesen umfasst, Tätigkeiten als Universitätsprofessor und Politikberater, Stichwortgeber bis hinein in höchste Kreise des Kreml und Vordenker in geostrategischen und identitätspolitischen Fragen (vgl. zur Biografie Dugins Klitsche-Sowitzki 2011: 132–134).[1] Ebenso oft, wie er schon als Berater von Vladimir Putin deklariert wurde, wurde dies auch dementiert, sein Einfluss schwankt zwischen direkter Politikberatung und informeller Hegemoniegewinnung im politischen und kulturellen Diskurs – zuletzt zu sehen an der russischen Rhetorik im Ukraine-Konflikt, die maßgebliche Anleihen bei Dugin genommen hat, bis hinein in die Wortwahl.

Die Faszination, die Dugin damit gerade für die westeuropäische Rezeption ausübt, hat vor allem mit dieser selbstinszenierten Indifferenz zu tun: Dugin zeichnet von sich selbst das Bild des einflussreichen, aber unabhängigen Intellektuellen, der sich in seiner ungeheuren Belesenheit scheinbar aus höchst gegensätzlichen Denktraditionen bedient und mit der Aura des Originellen umgibt. Dugin, der seine Quellen und Referenzen nicht nur nicht verschweigt, sondern sich damit rühmt, Autoren wie Martin Heidegger, Karl Haushofer, Julius Evola oder Carl Schmitt überhaupt erst nachhaltig in der russischen Debatte verankert zu haben, profitiert dabei von einer ideengeschichtlichen Blindheit in der westlichen Öffentlichkeit, bei der etwa hinter seinem Etikett »Nationalbolschewist«, mit dem er sich vor allem in den 1990er-Jahren schmückte (vgl. Dugin 1997a), eine Wende nach links vermutet wird, ohne dabei an den ideengeschichtlichen

---

1 Dugins Werk liegt nur rudimentär in deutscher Übersetzung vor, die meisten seiner Arbeiten sind nur auf Russisch erschienen. Für die Unterstützung bei der Recherche und die Übersetzung der in diesem Beitrag aus dem Russischen zitierten Passagen von Dugin danke ich Ellen Diehl (Mainz).

Ursprung des nationalbolschewistischen Konzepts in der Konservativen Revolution zu denken (vgl. Dupeux 1985). Dabei war Dugin politisch nie wirklich links, sein Nationalbolschewismus vielmehr Ausdruck seiner biografischen Entwicklung als radikaler Antikommunist im zusammenbrechenden bolschewistischen Sowjetsystem Anfang der 1990er-Jahre, dem er – tatsächlich stark geprägt durch die Rezeption der Klassiker der Konservativen Revolution und des klassischen Eurasismus – nur insofern verbunden war, als er (ganz im Geiste von Ernst Niekisch) soziale Elemente in seine autoritäre, nationale und imperiale Theoriebildung integrierte und dabei in einem weitreichenden und unübersichtlichen Netzwerk der »roten«, »braunen« und »weißen« Nationalisten Russlands eben als Nationalbolschewist galt (vgl. hierzu ausführlich Cremet 1999; Mathyl 2002).

Im vorliegenden Beitrag soll die politische Theorie Dugins, der sich gegenwärtig intensiver Rezeption im bundesdeutschen Rechtsextremismus erfreut (vgl. z. B. Dugin 2014b), aber aufgrund seines Einflusses auf die politische Führung in Moskau auch zunehmend in Leitmedien der Bundesrepublik wahrgenommen wird (vgl. Holm 2014; Dugin 2014a), skizziert werden. Dabei wird es in einem ersten Schritt zunächst um die Denknetze gehen, in die Dugin »verwoben« ist (vgl. zum methodischen Gedanken der Verwebung bzw. des Gewebes Llanque 2008), um in einem zweiten und dritten Schritt seine theoretischen Überlegungen herauszuarbeiten, die sich zwischen eurasischem Imperialismus und der Idee eines »neuen geopolitischen Evangeliums« bewegen.[2] Dugins dezidiert antiaufklärerischer Wahrheitsbegriff bildet dabei die Grundlage für seine geopolitischen Überlegungen und kann als Blaupause für diejenigen Teile der Gesellschaft gelesen werden, die unterstellte *fake news* durch *alternative facts* kontrastieren, die ihrerseits keinen allgemeingültigen Wahrheitsanspruch mehr haben. Er ist eine der zentralen Reaktionen auf einen von der Aufklärung inspirierten Wahrheitsbegriff und lehnt jede Erkenntnis, die durch Vernunft gewonnen wurde, ab – und fokussiert insofern in seinem antirationalen Postulat auf eine politische Ordnung, in der Pluralismus und Streit um Geltungsansprüche antidemokratisch suspendiert werden, durch ein antiuniversalistisches Weltbild mit totalem Geltungsanspruch.

Dugin ist idealtypisch für eine rechtsextreme politische Theorie mit einer dualistischen Konzeption von abgelehntem westlichem (Vernunft-)Wahrheitsbegriff und einem dagegen entwickelten, östlichen (Irrationalitäts-)»Wahrheits«begriff. Dessen Geltungsanspruch ist allerdings

---

2 Der Terminus des »neuen geopolitischen Evangeliums« stammt von Dugin selbst (vgl. Luks 2004: 75).

aufgrund seiner selbst proklamierten Irrationalität jedoch faktisch, jenseits aller Diskussionen über Wahrheitsansprüche und Potenziale zur Erkenntnisfähigkeit von Wahrheit, vor allem eines: unwahr und damit gelogen, die rhetorische Verkehrung eines jeden Kerns von Wahrheit mit dem Ziel, diese selbst zu eliminieren in einem dichten Nebel von irrationaler Gegenaufklärung. Insofern korrelieren im Denken Dugins die Ablehnung von einem vernunftorientierten Wahrheitsbegriff mit dem politischen Postulat der Gegenaufklärung einer rechtsextremen politischen Theorie, die dezidiert antidemokratisch ist. Dies ist insofern für demokratietheoretische Debatten von Belang, als sich in diesem Denken die Instrumentalität des (Un-)Wahrheitsbegriffs zeigt, der allein unter dem politischen Primat des Kampfes gegen die Demokratie verwendet wird – und damit faktisch jenseits des Raums wissenschaftlicher Bestreitbarkeit steht, weil das, was willkürlich für »wahr« erklärt wird, gemäß irrationaler Prämissen alternieren kann.

1. Denknetze: Eurasismus, Nationalbolschewismus, Konservative Revolution

In der Literatur, die sich kritisch mit Dugin befasst, werden zwei Aspekte stets besonders hervorgehoben: Einerseits seine Bezüge zur im antisowjetischen Exil 1921 initiierten, sogenannten Eurasier-Bewegung der 1920er-Jahre (vgl. Böss 1961; Riasanovsky 1967), andererseits die Bedeutung des Nationalbolschewismus für seine Theoriebildung – beides ist zutreffend, aber zugleich auch ungenau.

Vor allem Leonid Luks und Andreas Umland haben in ihren Arbeiten gezeigt, dass es maßgebliche Unterschiede zwischen den Eurasiern der 1920er-Jahre und der neoeurasischen Bewegung gibt, deren intellektueller Kopf Dugin ist (vgl. Luks 2004; Umland 2004). Und: das Etikett Nationalbolschewismus ist, gerade für Dugins Werkphase der späten 1980er-und frühen 1990er-Jahren fraglos treffend, allerdings muss auch hier betont werden, dass sein »Neo-Nationalbolschewismus« vor allem – hier folge ich Markus Mathyl (Mathyl 2002) – Anleihen bei den deutschen Nationalbolschewisten um Ernst Niekisch und damit die Konservative Revolution nimmt und nicht an den nationalbolschewistischen Strömungen der frühen oder der späten Sowjetunion. Überdies wäre es aufgrund der geopolitischen und mythologischen Schriften von Dugin aus den letzten zwei Jahrzehnten verfehlt, den Nationalbolschewismus zum Zentrum seines Denkens zu erklären, statt ihn lediglich als eine temporäre Station in seiner Theorieentwicklung zu begreifen (vgl. Dugin 1993; Dugin 1997b; Dugin 1999; Dugin 2012a; Dugin 2012b).

Umland bezeichnet den Begriff »Neoeurasismus« zumindest »teilweise als Etikettenschwindel« (2004: 438), weil er – was freilich dem Interesse Dugins entspricht – die Kontinuitätslinien im Denken stärker betont, als die Diskontinuitäten. Da Dugin im April 2001 maßgeblich an der Gründung der Bewegung »Evrazija« (Eurasien) beteiligt war, deren Vorsitzender er wurde und, wie im Folgenden noch zu zeigen sein wird, das geopolitische Konzept »Eurasien« einen der beiden Schlüsselanker seines Denkens ausmacht, ist die gegenwärtige neoeurasische Bewegung in Russland trotz allem *die* Bewegung Dugins, deren zentrale Vordenker für Dugin vor allem Nikolaj Trubeckoj, Petr Savackij und Nikolaj Alekseev sind (vgl. Dugin 1997b). An der Gründung der Bewegung »Evrazija« waren bereits hochrangige Eliten der russischen Oligarchie aus dem Bereich des Geheimdienstes, des Generalstabs sowie der islamischen und orthodoxen Geistlichkeit beteiligt, wobei die Bewegung in dem Anspruch gegründet wurde, »Putin bedingungslos zu unterstützen und dabei das weltanschauliche Vakuum in seiner Umgebung« zu füllen (vgl. Mathyl 2002: 896). Der Einfluss der Bewegung, wie auch der von Dugins Thinktank und Verlag »Arctogaia/Arktogaja«, der intensive publizistische Aktivitäten entfaltet und vor allem das Internet als Forum nutzt, das – wie Dugin sagt – ein geeignetes Medium sei, die fast totale Freiheit gegen die Demokratie selbst zu richten (vgl. Mathyl 2002: 897, Fn. 37), reicht dabei bis heute in höchste Regierungskreise. Dugin ist offizieller Berater des Parlamentspräsidenten und verfügt über direkte Kontakte in die russische Präsidialadministration und wenn er kürzlich im Interview mit dem *Spiegel* erklärt, er »kenne Putin nicht« und »habe keinen Einfluss auf ihn« (Dugin 2014a: 123), dann ist das ein typischer Ausdruck, die eigene Rolle zu mystifizieren und zu heroisieren, da für Dugin gleichzeitig auch klar ist: »Diejenigen, die Putin angreifen, greifen die Mehrheit an. […] Deswegen sind die Leute, die Putin nicht unterstützen, psychisch nicht normal« (Dugin 2014a: 124).

Mit Blick auf Dugins neoeurasisches Netzwerk, das von Anfang an hervorragende Beziehungen zu neurechten Theoretikern wie Alain de Benoist, Jean-François Thiriart, Claudio Mutti und Robert Steuckers unterhalten hat, lassen sich zum klassischen Eurasismus einige signifikante Unterschiede erkennen, auf die Leonid Luks aufmerksam gemacht hat. Auch wenn es sich bei beiden Gruppierungen »um leidenschaftliche Verfechter des kulturellen Partikularismus und um radikale Gegner universaler Ideen« handelt (Luks 2004: 64), unterscheiden sich Eurasier und Neoeurasier trotz ihrer geteilten genuin antiwestlichen Einstellung dadurch, dass sich das Feindbild der Eurasier auf den gesamten Westen richtete, das der Neoeurasier aber vor allem auf die angelsächsischen bzw. atlantischen Seemächte, deren »Interessen denen der Kontinentalmächte diametral widersprechen« (Lukas 2004: 65). Anleihen an Carl Schmitts *Land und Meer* (1942) sind unübersehbar (Schmitt 1942; siehe hierzu ausführlich Salzborn 2008): Demnach seien die Kontinentalmächte – im Unterschied zu den als »Thalassokratien« bezeichneten Seemächten, die für eine Vereinheitlichung von Kulturen, den *melting pot* und die unversalistische Auflösung von (Kultur-)Grenzen kämpfen würden – »im Boden verankert« und die »kulturelle Eigenart einzelner Völker« stelle für sie ein »kostbares Gut« dar (Luks 2004: 65f).

> [...] Dugin (zeichnet) das Bild einer uralten Auseinandersetzung zwischen atlantischen Seemächten (›Thalassokratien‹), welche auf die versunkene Welt von Atlantis zurückgehen und jetzt von den ›mondialistischen‹ USA angeführt werden, und den eurasischen Landmächten (›Tellurokratien‹), die ihre Wurzeln im mythischen Land ›Hyperborea‹ haben und unter denen Russland heute die wichtigste Komponente darstellt (Umland 2004: 441).

Vor diesem Hintergrund wird auch deutlich, warum Dugin gerne betont, dass er die »Wurzeln deutscher Kultur« liebe, es diese aber nicht mehr gebe und Deutschland »heute eine Art Gegen-Deutschland« sei, in dem man die »eigenen Autoren« nicht mehr lese – worin sich bereits ein essentialistisches Nationenverständnis andeutet, bei dem der »deutsche Geist« eben mit identitären und antiliberalen Autoren wie Herder, Heidegger, Haushofer und Schmitt verbunden wird (Dugin 2014a: 122). Während der Eurasismus allerdings eine geopolitische Strategie der Isolation verfolgte, zielt der Neoeurasismus auf Expansion und die Stiftung imperialer Herrschaftsräume. Die Neoeurasier befinden sich dabei in einem fortwährenden Kampf gegen den Westen und den »Mondialismus« – so der abschätzige Terminus für den Universalismus, der vor allem mit Amerika identifiziert wird – während die Eurasier danach strebten, die kulturelle Heterogenität des bolschewistischen Russlands durch Integration zu überwinden. Kurz gesagt: Der gegenaufklärerische Anspruch des Eurasismus war defensiv, der des Neoeurasismus ist offensiv und aggressiv. Dabei orientieren sich die Neoeurasier überdies an einem konspirativen, von Weltverschwörungsannahmen geprägten Weltbild und der Glorifizierung von (auch apokalyptische Züge annehmender) Gewalt wie militärischer Konfrontation mit dem Ziel der »totalen Bezwingung des Westens, statt einer Abgrenzung von seinen kulturellen Einflüssen« (Luks 2004: 71). Im mit dem Satz »Eurasien über Alles« überschriebenen *Manifest der eurasischen Bewegung* von 2001 heißt es:

Wir müssen die Traditionen des russischen Volkes wiederbeleben, zu der Wiederherstellung des Bevölkerungswachstums der Russen beitragen, und die Sinne für die dem Volke eigentümliche organische Geistigkeit und Ethik, die hohen Ideale, den lebendigen und den leidenschaftlichen Patriotismus wieder erwecken. Ohne die Wiedergeburt der russischen Nation hat das eurasische Projekt keine Chance auf Verwirklichung. Diese Erkenntnis liegt unserer gesamten Weltanschauung zugrunde. [...]

Das Eurasische ist eine neue und lebensfrische Weltanschauung, die sich vornehmlich an die Jugend wendet, an Leute, deren Bewußtsein noch nicht durch die chaotischen Sprünge von einem lebensfernen Theorienmodell zum nächsten, noch weniger angemessenen Modell verdorben ist. Das eurasische Ideal ist der mächtige, leidenschaftliche, gesunde und schöne Mensch, und nicht der Kokainsüchtige, der Bastard aus weltlichen Diskos, der asoziale Kriminelle oder die Prostituierte.

Wir können andere, positive Werte anbieten, statt der Verehrung des Mißgestalteten und Krankhaften, statt des Zynismus und der Kriecherei vor dem kümmerlichen Ersatz des wirklichen Lebens. Wir erlauben nicht, daß unsere Kinder erschossen, vergewaltigt, erniedrigt, pervertiert, verkauft und rauschgiftsüchtig gemacht werden. Unser Ideal ist das Fest der körperlichen und geistigen Gesundheit, der Kraft und des Heldenmuts, der Treue und der Ehre (o.V. 2001).

Die maßgeblichen Publikationsorgane der neoeurasischen Bewegung, die *Ėlementy* (1992–1998) und (seit 2001 deren Nachfolgeorgan) die *Evrazijskoe obozrenie* sind geprägt von Dugin (vgl. Luks 2002; Luks 2000), die 1992 gegründete *Ėlementy* suchte in ihrem Namen die Anleihe bei der französischen *Éléments* der dortigen Nouvelle Droite um Alain de Benoist. Die Begeisterung von Dugin für Köpfe nicht nur der Neuen Rechten wie Benoist oder Thiriart, sondern auch der Konservativen Revolution weisen auf die spezifischen Amalgamierungsprozesse im Denken der Neoeurasier um Dugin hin, die die Programmatiken der Eurasier durch die Brille der Konservativen Revolution lesen. Dies zeigt sich zum Beispiel in der apokalyptischen und martialischen Orientierung in der Raumtheorie, in der maßgeblich von Carl Schmitt beeinflussten Differenzierung in (bodenorientierte, völkische) Land- und (kosmopolitische, liberale) Seemächte und in ebenfalls an Schmitt angelehnten Überlegungen zur »völkerrechtlichen Großraumordnung mit Interventionsverbot für raumfremde Mächte« (Schmitt 1941), welche die maßgebliche nationalsozialistische Doktrin zur Argumentation gegen amerikanisches Engagement im Zweiten Weltkrieg war (vgl. Salzborn 2008). Insofern ist Dugins Nationalbolschewismus biografisch vor allem eine frühe Adaption des Denkens der Konservativen Revolution. Auf seinem Weg der philosophischen Integration der Konservativen Revolution ins russische Denken, welche markant in seinem 343 Seiten starken, gleichnamigen Buch *Konservativnaja revoljucija* von 1994 zum Ausdruck kommt (vgl. Dugin 1994),[3] entwickelt er sich vom Antimarxisten der 1980er-Jahre zum Nationalbolschewisten der frühen 1990er-Jahre – um sich dabei zunehmend vom sozialen Element in seiner Theorie zu verabschieden und die metaphysischen und mystischen Dimensionen zu stärken (vgl. Dugin 2002).

2. *Antiamerikanischer Anti-Mondialismus und eurasischer Imperialismus*

Dugins theoretischer Anspruch besteht darin, eine »Meta-Ideologie der Feinde der offenen Gesellschaft« (Dugin, zit. n. Mathyl 2002: 887) zu formulieren und sich dabei auf die »russischen Wurzeln« zu berufen (Dugin 2014a: 123; vgl. auch: Kipp 2002). Insofern ist sein theoretischer Anspruch sowohl normativer wie historischer Provenienz, er verbindet seine prospektiven Forderungen besonders geopolitischen Anspruchs mit historischen und mythologischen Fundierungen, die er ideengeschichtlich kontextualisiert. Dugins Kernanliegen lässt sich in seiner normativen Dimension als antiliberal, antiwestlich, antiamerikanisch und antisemitisch klassifizieren, in seiner geopolitischen Zielrichtung als antinational, eurasisch, imperial und reichisch, in seiner historischen Grundierung als antiwissenschaftlich und mythologisch, traditionalistisch und christlich-orthodox, in seinem Menschenbild als antiindividualistisch und antipersonal sowie als religiös-kulturell und kollektivistisch. Dugin ist ein erklärter »radikaler Gegner der Verwestlichung, des Liberalismus und des entweihten Lebensstils«, wie er in seinem Buch *Pop-kul'tura i znaki vremeni* erklärt (Dugin 2005, zit. n. Clowes 2011: 43). Sein Weltbild kombiniert, in den Worten von Edith W. Clowes, »an extreme religious-fanatical mentality with a conservative utopian temperament« (Clowes 2011: 54).

---

3 Bemerkenswert ist hier, dass für Dugin die mit eigenständigen Kapiteln hervorgehobenen wichtigsten »Klassiker« der Konservativen Revolution Julius Evola, Carl Schmitt und Jean-François Thiriart sind, er also in seine Lesart der Konservativen Revolution die europäische »Neue Rechte« unmittelbar integriert. Ideengeschichtlich im Sinne eines intellektuellen Vorläufers logisch, aber durchaus ungewöhnlich ist überdies, dass Dugin (Kap. IV) Herder ebenfalls umstandslos in die Konservative Revolution einordnet.

Den zentralen Dreh- und Angelpunkt bildet dabei Dugins Ablehnung des Universalismus, den er als »Mondialismus« begreift und der für ihn vor allem durch die Juden und durch Amerika repräsentiert wird. Dugin wirft den Juden vor, das universalistische und das demokratische Prinzip begründet und andere Völker mit verschwörerischen Methoden dazu verleitet zu haben, diesen zu folgen, wobei er unterscheidet zwischen »subversiv zerstörerischen Juden ohne Nationalität« und von ihm so genannten traditionalistischen Juden, die aber deutlich in der Minderheit seien (Mathyl 2002: 895). Zugleich sieht Dugin im »fundamentalistische Islam« aufgrund von dessen »feindlicher Haltung gegenüber Banken, Wuchertum und liberaler Ökonomie« einen »natürlichen Verbündeten« im »Kampf gegen den Westen« (Hielscher 1995: 468). Gegen den universalen, aufgeklärten, zivilisatorischen Ansatz der westlichen Aufklärung stellt Dugin einen partikularistischen Eurasismus:

> Eurasien hat einen globalen Charakter, es ist ein Synonym für Multipolarität. [...] gegen die unipolare amerikanische Dominanz [...]. Zum engeren Begriff: Eurasien – das sind Russland und seine Partner. Die Türkei, Iran, China, Indien. Der postsowjetische Raum, der sogar die Mongolei einschließt. Und einen Teil Osteuropas – Bulgarien oder Serbien. Wie genau die eurasische Integration vonstattengehen wird, muss man sehen (Dugin 2014a: 124).

Dugins geopolitisches Machtzentrum ist Moskau.[4] Russland sei eine »besondere Form der Zivilisation – keine europäische, keine asiatische, sondern eine orthodoxe« (Dugin 2014a: 122). Von Moskau ausgehend sieht Dugin drei Achsen als »geopolitische Zukunft Russlands«, die für den eurasischen Block bei einer »Neuverteilung der Welt« strategisch von exponierter und grundsätzlicher Bedeutung seien: die westliche Achse Moskau-Berlin zur Verbindung von »europäischem Reich und Eurasien«, die östliche Achse Moskau-Tokyo als »panasiatisches Projekt« und die südliche Achse Moskau-Teheran als »mittelasiatisches Reich« (Dugin 1997b:

---

4 Die zentralen geopolitischen Werke von Dugin sind Основы геополитики. Геополитическое будущее России (Osnovy geopolitiki. Geopolitičeskoe buduščee Rossii; Grundlagen der Geopolitik. Die geopolitische Zukunft Russlands), Moskau 1997, Геополитика России. Учебное пособие для вузов (Geopolitika Rossii. Učebnoe posobie dlja vuzov; Die russländische Geopolitik. Lehrbuch für Hochschulen), Moskau 2012 und Дугин, Александр: Теория многополярного мира (Teorija mnogopoljarnogo mira; Theorie einer multipolaren Welt), Moskau 2012, wobei letztgenanntes über weite Strecken Kapitel aus den beiden erstgenannten Büchern zusammenführt und erweitert.

Buch 1, Teil 4, Kap. 4). Auch wenn dies in der Aufzählung möglicher eurasischer Partner im vorstehenden längeren Zitat etwas aufgeweicht und zugleich erweitert wird, liegen Dugins geopolitischen Machtachsen ordnungspolitische Vorstellungen zugrunde, die zwar einem wissenschaftlich-rationalen Sinn komplett widersprechen, die aber trotzdem einer strengen hermetischen Logik folgen und von einer systematischen Teilung der Welt mit kategorialer Segmentierung ausgehen. Die ethisch-historischen Kategorien von Dugin sind dabei mystischen und mythologischen Ursprungs – und erscheinen genau deshalb als aberwitzig, weil sie sich jeder Vorstellung von Aufklärung widersetzen und wissenschaftlich keiner Überprüfung (ganz gleich, welcher) standhalten. Dugin denkt in antagonistischen Gegensatzpaaren, die essentialistisch und damit irreversibel verstanden werden, deren geopolitisch-mystischer Ausgangspunkt der Gegensatz von Eurasismus und Atlantismus ist, womit Dugin eine Sakralisierung der Geografie vollzieht.

Während in Dugins Theorie der Eurasismus für das Element Erde und damit für das Land und den Kontinent steht, steht der Atlantismus für das Element Wasser und damit für die See und die Insel. Damit verbunden wird die Entgegensetzung von Tellurokratien und Thalassokratien, die von Rom und Karthago, die von Raum und Zeit, die von Herzland und Weltinsel, die von Held und Händler, die von Kämpfer und Kapitalist und die von Tradition und Moderne wie auch die von traditionaler Religion und Antichrist (Ingram 2005: 112 ff):

> Das Hauptgesetz der Geopolitik ist die Behauptung des fundamentalen Dualismus, der im geografischen Aufbau des Planeten und in der historischen Typologie der Zivilisationen widergespiegelt ist. Dieser Dualismus äußert sich in der Antithese von »Tellurokratie« (Land-Mächte) und »Thalassokratie« (Meeres-Mächte). Der Charakter einer solchen Opposition führt zur Antithese von einer Handelszivilisation (Karthago, Athen) und einer militärisch-autoritären Zivilisation (Rom, Sparta). In anderen Termini, Dualismus zwischen »Demokratie« und »Ideokratie«.
>
> Schon der ursprünglich gegebene Dualismus hat die Qualität einer Feindschaft, einer Alternative zweier ihn bildender Pole, obwohl die Stufe der Feindschaft von Fall zu Fall variieren kann. Die ganze Geschichte der menschlichen Gesellschaften kann also als eine betrachtet werden, die aus zwei Elementen besteht – aus einem »Wasserelement« (»wässerigem«, »dünnflüssigem«) und einem »Landelement« (»hartem«, »beständigem«) (Dugin 1997b: 15).

Zentral an diesen dualistischen Gegensatzpaaren ist, dass sie Eigenschaften symbolisieren, also mit der Erde und damit der Tellurokratie, sprich: Russland, eben stabile Ordnungen in dauerhaft sesshaften Kontexten bei ausgeprägter Hierarchie verbunden werden, mit dem Wasser und damit der Thalassokratie, sprich: Amerika, hingegen bewegliche und weiche (Un-)Ordnungen, geprägt von nomadischen Wanderungen und demokratischer Partizipation.

Außerdem assoziiert Dugin mit den dualistischen Antagonismen auch Himmelsrichtungen, die prägend sind für seine geopolitische Aufteilung der Welt in einen Kampf von Osten und Norden auf der einen gegen Westen und Süden auf der anderen Seite – »a Russian version of Anti-Globalism« (Laruelle 2006: 5). In Dugins spiritueller Weltdurchdringung stehen sich diese beiden Seiten geopolitisch gegenüber, in *Misterii Evrazii* betont er die zentrale Bedeutung des geografischen Nordens als heilig und Ursprung von bedeutenden Menschen und Kulturen (vgl. Dugin 1991, insbes. Kap. I, III und IV.).[5] In Anlehnung an die griechische Mythologie begreift Dugin den Norden als »Hyperborea«, in der griechischen Mythologie der Ort jenseits des Nördlichen, benannt nach Boreas, dem Gott des (winterlichen) Nordwindes, dem eine intensive Verbindung mit dem Gott des Lichts, Apollo zugeschrieben wurde. Die Überhöhung des Nordens referiert auf Nazi-Ideologie, wonach der Nordpol der Ursprung der »arischen Rasse« gewesen sei (vgl. Clowes 2011: 55). Selbst Dugins Website arctogaia.com schließt daran symbolisch an: an des mythologische »nordische Land«. Der Osten ist für Dugin als Ort des Sonnenaufgangs der Ursprung ewiger Weisheit, wohingegen der Westen – in dem bekanntlich die Sonne untergeht – Ort der Dekadenz und Täuschung, kurzum: des Unterganges ist. Im Bild der Sonne bleibend verkörpert der Süden für Dugin demgemäß die Vergänglichkeit.

Den gegenwärtigen geopolitischen Zustand sieht Dugin geprägt von Universalismus und Unipolarität, gegen die er Partikularismus und eine »antiglobalistische und antiimperialistische Front« stellt, in der sich alle »Traditionalisten« gegen »den Westen und die Globalisierung« wie gegen »die imperialistische Politik der Vereinigten Staaten« stellen sollten, da die

---

5 Die Monografie erscheint später auch noch identisch als Teil in Dugins umfangreicherem Werk Абсолютная Родина. Пути Абсолюта. Метафизика Благой Вести (Absoljutnaja rodina. Puti Absoljuta. Metafizika Blagoj Vesti; Die absolute Heimat. Wege des Absoluten. Die Metaphysik des Evangeliums), Moskau 1999.

Globalisierung »seelisch« das »Reich des Antichristen« sei (Dugin 2013: 212f.):[6]

> Die heutige Welt ist unipolar, mit dem globalen Westen in seinem Zentrum und den USA in seinem Kern. [...] Wenn es nur eine Macht gibt, die entscheidet[,] wer das Richtig [sic] und wer das Falsche tut, wer bestraft werden sollte und wer nicht, haben wir eine Form der globalen Diktatur. Das ist unerträglich. Wir sollten also dagegen kämpfen. [...] Das amerikanische Imperium gehört vernichtet (Dugin 2013: 212).

3. Das »neue geopolitische Evangelium« und der messianische Erlösungsglaube

Dugin argumentiert also gegen den »Terror der Vernunft« und gegen die »klassische Rationalität«, die die Grundlage für die Suche des Westens bzw. des Atlantismus für einen liberalen Holismus sei, gegen den Dugin die Resakralisierung stellt (Dugin 2005: 435): »Es ist Zeit, zum Mythos zurückzukehren. Und das meint eine Rückkehr zu dem magischen, heiligen und wundervollen Ort – dem leuchtende Rus« (Dugin, zit. n. Clowes 2011: 53).

Um diese geopolitische Vision, die die mythologische Vergangenheit als utopische Zukunft preist, zu kontextualisieren, ist ein Verständnis der spezifischen Ordnungsvorstellungen von Dugin bedeutsam, da die umstandslose Anwendung von Kategorien wie Nation oder Staat mit Blick auf Russland genauso irreführend wäre wie mit Blick auf Dugin, denn das westliche Begriffsverständnis weicht von dem russischen deutlich ab. So fokussiert der russische Nationenbegriff auf eine doppelte Nationalisierung, die des Raumes und die der Religion, verknüpft also landschaftliche mit spirituellen Momenten. Dabei ist das typische Vergemeinschaftungsmotiv des westlichen Rechtsextremismus, die »Rasse« oder die »Ethnie« sekundär. Es geht zwar um eine mythische Bodenverbundenheit und eine Verwurzelung im sakralen Raum, doch wird der Mythos einer russischen Dominanz und eines russischen Sendungsbewusstseins nicht aus der Biologie, sondern aus der Religion abgeleitet. Das Vergemeinschaftungsmotiv befindet sich also noch originär in einem voraufgeklärten Stadium. Man darf allerdings trotzdem nicht den Fehler machen zu denken, dass Dugin

---

6 Der Band ist zuerst russisch unter dem Titel Четвёртая политическая теория (četvertaja politiceskaja teorija), Moskau 2009 erschienen und die erste Monografie von Dugin, die auch auf Deutsch vorliegt.

deshalb kein Rassist sei. In *Misterii Evrazii* bedient Dugin das gesamte rassistische Arsenal, wenn er über »Rassen, Runen und Kulte« schreibt und ausgehend von einer »sakralen Lehre von Rassen« die »Rassen Russlands« und die »Rassen Europas« herbeifantasiert und von einer »weißen Esoterik« schwärmt (vgl. Dugin 1991; siehe allgemein zur Kritik am rassistischen Menschenbild aus biologischer Perspektive: Zuber 2015). Der Unterschied zur neonazistischen Rechten in Westeuropa ist aber, dass Dugins Rassismus nicht das konstitutive Element seines Weltbildes ist, er aber – wie die gesamte extreme Rechte – trotzdem an eine Existenz von menschlichen Rassen glaubt und auch der Idee einer »ethnischen Identität der Russen« als »synthetische Ethnie« als einer »Synthese der weißen (slavo-indoeuropäischen) und gelben (turko-ugrischen) Rasse« das Wort redet (vgl. Dugin 2002a).

Während die neurechte Szene in Europa darüber streitet, ob sie rassistischen oder kulturalistischen Prämissen bei der »ethnopluralistischen« Segmentierung der Weltordnung den Vorzug gibt und insofern in ihrem Weltbild auf die Aufklärung reagiert, die mit ihrem Postulat der Säkularisierung wissenschaftsgeschichtlich den Siegeszug der Naturwissenschaften und damit, als »Dialektik der Aufklärung« (Horkheimer/Adorno 1947), auch des Wandels im Glauben von einem Glauben an Gott in einen Glauben an Natur und Technik den Weg geebnet hat (vgl. Salzborn 2013), ist das russische Weltbild Dugins noch – in Ermangelung einer Aufklärung – traditionell mythologisch und intellektuell dadurch limitiert, dass das imperiale und omnipotente Sendungsbewusstsein nicht auf Erkenntnis, sondern auf Schicksal rekrutiert.

Die russische Reichsidee fokussiert insofern in ihren imperialen Ansprüchen auf ein sakrales Weltbild, das der westlichen Rezeption deshalb so verschlossen bleibt, weil es – unter dem Bruch von rund sieben Jahrzehnten Bolschewismus – in einer antiwissenschaftlichen Hermeneutik gefangen ist, die mit der des 17. Jahrhunderts in Westeuropa verglichen werden kann (vgl. Scherrer 1987). Aber genau das macht die Politikvorstellungen von Dugin für die extreme Rechte Westeuropas so attraktiv: Er argumentiert, aus westeuropäischer Perspektive betrachtet, in einem intellektuellen Kokon, ist selbst Teil einer voraufgeklärten und vorliberalen Welt, die sich die neurechte Szene Europas zurücksehnt, die Realität von Dugin ist die reaktionäre Utopie der Gegenaufklärer in Europa. Dass dies aus aufgeklärter, westlicher Sicht absurd und aberwitzig erscheinen muss, ist das eine –, dass sich aus diesem sakralen Sendungsbewusstsein nicht nur ein Herrschaftsanspruch, sondern auch eine tatsächliche weltpolitischen Machtposition *par excellence* ableitet, ist das andere.

Insofern ist es auch nur konsequent, dass Dugin sich selbst als »orthodoxen Christen« (vgl. Holm 2014; Dugin 2014a) sieht und in seinen (vor dem Hintergrund eines durch die Aufklärung und die bürgerlichen Revolutionen in Westeuropa säkularisierten Christentums offensichtlich als Widerspruch wahrzunehmenden) intellektuellen Verwebungen von Christentum, mythischen Fantasien und spirituellen Erfindungen selbst gar keinen Widerspruch sieht, obwohl sie von einem aufgeklärten Standpunkt aus erscheinen wie die Wahnvorstellungen eines Psychotikers. In seinem politischen-kulturellen Kontext ist dieser Wahn aber so dominant und wirklich, dass er die Norm darstellt und genau deshalb nicht im Konflikt mit der ebenfalls stark mythologischen und ikonischen Vorstellungswelt der christlichen Orthodoxie Russlands steht. Dugins Ziel ist eine »vollwertige Metaphysik« als »Kern der christlichen Metaphysik« (Dugin 1999: 208 ff):

> Nur die Eigenart des Katholizismus ist jene, dass – angefangen mit der Entfernung der Westlichen von der Östlichen Kirche – er seine dogmatische und intellektuelle Grundlage ausgerechnet auf der bewussten Absage an den metaphysischen Inhalt des Christentums baute; dabei waren eigentlich alle scholastischen Konstruktionen bestrebt, eine logische theologische Doktrin zu entwickeln, doch dabei wurden ontologische und metaphysische Elemente völlig ignoriert, die in Wirklichkeit nicht nur *vor* dem Schisma in der christlichen Tradition bestanden haben, sondern auch nach der Spaltung in ihr bewahrt blieben. Tatsächlich wurden sie ausschließlich in der Östlichen Kirche, d. h. im Schoße der Orthodoxie, bewahrt. Dies haben aber die Katholiken, sogar die Tiefgläubigsten unter ihnen, scheinbar nicht geahnt.
> Ihrerseits konnte die Orthodoxie, die die ontologische und metaphysische Vollwertigkeit behalten hatte, ihren metaphysischen Inhalt (d. h. christliche Metaphysik im eigentlichen Sinne) seit diesem bestimmten Moment nicht in konkreten Kategorien behaupten, und bald nach der Beendigung der »Palamismus-Dispute«, während derer die orthodoxe Esoterik ihren letzten blendenden Aufschwung in der Geschichte erleben durfte, wurde diese Linie um Einiges marginalisiert und »eingefroren«, den Vorrang erhielten nämlich die exoterischen Seiten der Kirche (Dugin 1999: 208 ff).

Insofern argumentiert Dugin auch offen bekennend vom »Standpunkt der geopolitischen Konspirologie« und zeichnet die Geschichte des 20. Jahrhunderts als die Geschichte des »okkulten Kampfes zweier Geheimorden«, einem eurasischen und einem atlantischen, wobei sich aber die Geheimdienste CIA und KGB (!) gemeinsam gegen den eurasischen Orden verbündet hätten (was eine einfältige, aber eben auch einfache Verschwörungsfantasie ist, um mit einem Federstrich die Geschichte des Bolschewismus als Geschichte des Atlantismus zu unterstellen und damit zu exterritorialisieren). Vor dieser Folie der mythologischen Geschichtserfindung steuert für Dugin dann auch alles auf einen »Endkampf« zu (vgl. Hielscher 1995: 469).

In diesem »Endkampf« stehen sich dann getreu Dugins dualistischem Antagonismus eurasischer Partikularismus und atlantischem Universalismus gegenüber, sprich: Russland und Amerika. Der Westen ist für ihn das »Reich des Antichristen«, der »verfluchte Ort«, die USA sind das »Reich des Bösen«, ein »neues Karthago«, das zerstört werden müsse, während Russland eine »Nation kosmischer Dimension« sei, die sich »im Einklang mit den Kräften der Transzendenz« befinde: »Russland und das Universum – das sind Synonyme« (Dugin, zit. n. Luks 2004: 75 f).

4. Resümee

Um die politische Theorie von Aleksandr Dugin zu verstehen, muss man sie im Kontext seiner politischen Kultur und damit in ihrer Funktion innerhalb und außerhalb von dieser lesen. Dugin ist ein einerseits typischer (und hierbei: wenig origineller) Vertreter des Eurasismus, der in dessen neoeurasischer Zuspitzung allerdings wesentlichen Anteil daran hat, dass die geopolitische Orientierung des gegenwärtigen Eurasismus nicht nur partikularistisch, sondern zugleich auch imperialistisch ausgerichtet ist. Andererseits besteht die Spezifik von Dugin darin, faschistische, nazistische und rechtsextreme Schlüsseldenker in seine Theoriebildung integriert und insofern das Konzept des Eurasismus zu einem totalitären Ansatz gemacht zu haben, der seine Feinde wie den Liberalismus, den Universalismus und die Aufklärung mit messianischem Eifer bekämpft und in seiner Fantasie des Atlantismus in Amerika und den Juden die Konkretisierung seines Feindbildes sucht.

Insofern erfüllt Dugin innerhalb seiner politischen Kultur eine andere Funktion als außerhalb: Innerhalb Russlands ist Dugin ein wesentlicher Stichwortgeber für imperiale Ansätze russischer Weltmachtpolitik, deren Agieren er nicht nur geopolitisch, sondern auch mythologisch mit einem innerhalb seiner Hermeneutik konsistenten Weltbild zu rechtfertigen versucht. Dugins spezifische Amalgamierung aus christlicher Orthodoxie und mythologischem Hokuspokus vermag dabei eine Sinnstiftungs- und Projektionsfläche zu eröffnen, die deshalb für weitere Teile der russischen Gesellschaft anschlussfähig ist, weil diese bis heute nicht wirklich mit ihrer feudalen Tradition und ihrer Verankerung in der Orthodoxie des

Christentums gebrochen hat. Außerhalb Russlands kommt Dugin hingegen eine gänzlich andere Funktion zu – die Rolle des im Sinne eines Magiers faszinierenden Mystikers, der auf mit seinem Weltbild hoffnungslos antiquiert erscheint, weil die Verwissenschaftlichung des Denkens seit der Aufklärung doch zumindest soweit in den politischen Kulturen Westeuropas verankert ist, dass offensichtliche Erfindungen und Phantastereien von der Mehrheit der Menschen auch als solche erkannt werden. Wie der Magier im Kindertheater spielt Dugin seine Rolle aber so überzeugend (eben weil sie für ihn keine Rolle, sondern sein Weltbild ist), dass sie mit einer Ernsthaftigkeit und Überzeugungskraft dargeboten wird, die seine Argumente mit einem emphatischen Gewicht versehen, das ihren Mangel an Wahrheit kompensiert. Überdies erfüllt Dugin außerhalb seines gesellschaftlichen Kontextes auch die Funktion des mythologischen Apokalyptikers, der den gegenaufklärerischen Fantasien und reaktionären Utopien der rechtsextremen, insbesondere neurechten Szene die ambitionierte Hoffnung auf Macht verleiht – einerseits, weil Dugin selbst in einem sozialen Kontext agiert, dessen Realität der Utopie vieler seiner Anhänger in Westeuropa entspricht, andererseits, weil Dugin faktisch Stichwortgeber einer Weltmacht ist, deren Imperialität aufgrund ihrer omnipotenten Machtinszenierungen neurechte Utopien fasziniert.

Literaturverzeichnis

Böss, Otto 1961: Die Lehre der Eurasier. Ein Beitrag zur russischen Ideengeschichte des 20. Jahrhunderts, Wiesbaden.

Clowes, Edith W. 2011: Russia on the Edge. Imagined Geographies and Post-Soviet Identity, Ithaca.

Cremet, Jean 1999: Für eine Allianz der »Roten« und der »Weißen«. Zwischen Metapolitik und Geopolitik: Zur Durchdringung Osteuropas durch die »Neue« Rechte, in: Cremet, Jean/ Krebs, Felix/Speit, Andreas (Hrsg.): Jenseits des Nationalismus. Ideologische Grenzgänger der »Neuen Rechten« – Ein Zwischenbericht, Münster, 91–120.

Dugin, Aleksandr 1991: Мистерии Евразии (Misterii Evrazii; Die Mysterien Eurasiens), Moskau.

Dugin, Aleksandr 1993: Конспирология (Konspirologija; Verschwörungstheorie), Moskau.

Dugin, Aleksandr 1994. Консервативная революция (Konservativnaja revoljucija; Die konservative Revolution), Moskau.

Dugin, Aleksandr 1997a: Тамплеры Пролетариата (Tamplery Proletariata; Tempelorden des Proletariats), Moskau.

Dugin, Aleksandr 1997b: Основы геополитики. Геополитическое будущее России (Osnovy geopolitiki. Geopolitičeskoe buduščee Rossii; Grundlagen der Geopolitik. Die geopolitische Zukunft Russlands), Moskau.

Dugin, Aleksandr 1999: Абсолютная Родина. Пути Абсолюта. Метафизика Благой Вести (Absoljutnaja rodina. Puti Absoljuta. Metafizika Blagoj Vesti; Die absolute Heimat. Wege des Absoluten. Die Metaphysik des Evangeliums), Moskau.

Dugin, Aleksandr 2002a: Евразийский путь как национальная идея (Evrazijskij put' kak nacional'naja ideja; Der eurasische Weg als nationale Idee), Teil 1, Moskau.

Dugin, Aleksandr 2002b: Философия традиционализма. Лекции «Нового Университета» (Filosofija tradicionalizma. Lekcii Novogo Universiteta; Philosophie des Traditionalismus. Vorlesungen der »Neuen Universität«), Moskau.

Dugin, Aleksandr 2005: Поп-культура и знаки времени (Pop-kul'tura i znaki vremeni; Popkultur und Zeichen der Zeiten), Sankt Peterburg 2005, zit. n. Clowes, Edith W. 2011: Russia on the Edge. Imagined Geographies and Post Soviet Identity, Ithaca.

Dugin, Aleksandr 2013: Die Vierte Politische Theorie, London.

Dugin, Alexandr 2012a: Геополитика России. Учебное пособие для вузов (Geopolitika Rossii. Učebnoe posobie dlja vuzov; Die russländische Geopolitik. Lehrbuch für Hochschulen), Moskau.

Dugin, Alexandr 2012b: Дугин, Александр: Теория многополярного мира (Teorija mnogopoljarnogo mira; Theorie einer multipolaren Welt), Moskau.

Dugin, Alexandr 2014a: »Jeder Westler ist ein Rassist«. Interview von Christian Neef, in: Der Spiegel 29/2014, 120–125.

Dugin, Alexandr 2014b: »Vereint im Haß«, Interview in: Zuerst! Deutsches Nachrichtenmagazin 4/2014, 38–42.

Dupeux, Louis 1985: Nationalbolschewismus in Deutschland 1919–1933. Kommunistische

Strategie und konservative Dynamik, München.

Hielscher, Karla 1995: Der Eurasismus. Die neoimperiale Ideologie der russischen »Neuen Rechten«, in: Neue Gesellschaft/Frankfurter Hefte 11: 5, 465–469.

Holm, Kerstin 2014: Politguru Alexander Dugin: Auf diesen Mann hört Putin, in: Frankfurter Allgemeine Zeitung v. 16.06.2014.

Horkheimer, Max/Adorno, Theodor W. 1947: Dialektik der Aufklärung, Philosophische Fragmente, Amsterdam.

Ingram, Alan 2001: Alexander Dugin: Geopolitics and neo-fascism in post-Soviet Russia, in: Political Geography, Vol. 20, 1029–1051.

Kipp, Jacob W. 2002: Aleksandr Dugin and the Ideology of National Revival: Geopolitics, Eurasianism and the Conservative Revolution, in: European Security, Vol. 11, 91–125.

Klitsche-Sowitzki, Ulrike 2011: Eurasismus und »Neoeurasismus« in Russland. Historischer Abriss und Funktionsanalyse des Raumkonzeptes Eurasien, in: Lehmann-Carli, Gabriela/Drosihn, Yvonne/Klitsche-Sowitzki, Ulrike (Hrsg.): Russland zwischen Ost und West? Gratwanderungen nationaler Identität, Berlin, 89–160.

Laruelle, Marlene 2006: Aleksandr Dugin, A Russian Version of the European Radical Right?

Kennan Institute Occasional Paper 294, Washington D.C.

Llanque, Marcus 2008: Politische Ideengeschichte. Ein Gewebe politischer Diskurse, München/Wien.

Luks, Leonid 2000: Der »dritte Weg« der »neo-eurasischen« »Èlementy« – Zurück ins Dritte Reich?, in: Studies in East European Thought, Vol. 52, 49–71.

Luks, Leonid 2002: Zum »geopolitischen« Programm Aleksandr Dugins und der Zeitschrift *Èlementy* – eine manichäische Versuchung?, in: Forum für osteuropäische Ideen- und Zeitgeschichte 6: 1, 43–58.

Luks, Leonid 2004: Eurasien aus neototalitärer Sicht – Zur Renaissance einer Ideologie im heutigen Russland, in: Totalitarismus und Demokratie 1: 1, 63–76.

Mathyl, Markus 2002: Der »unaufhaltsame Aufstieg« des Aleksandr Dugin. Neo-Nationalbolschewismus und Neue Rechte in Rußland, in: Osteuropa 52: 7, 885–900.

o.V. 2001: Eurasien über Alles. Das Manifest der eurasischen Bewegung (Januar 2001), in: http://evrazia.org/modules.php?name=News&sid=307, 12.09.2014.

Parland, Thomas 2005: The Extreme Nationalist Threat in Russia. The growing influence of Western Rightist ideas, London/New York.

Paulwitz, Michael 2014: Autorenporträt Alexander Dugin, in: Sezession 61, 4–7.

Riasanovsky, Nicholas V. 1967. The Emergence of Eurasianism, in: California Slavic Studies 4, 39–72.

Salzborn, Samuel 2008: Carl Schmitts völkerrechtliches Erbe. Volksgruppenrechtstheorie und europäisches Großraum-Denken vom Ende des Zweiten Weltkriegs bis in die Gegenwart, in: Voigt, Rüdiger (Hrsg.): Großraum-Denken. Carl Schmitts Kategorie der Großraumordnung, Stuttgart, 145–166.

Salzborn, Samuel 2013: Sozialwissenschaften zur Einführung, Hamburg.

Scherrer, Jutta 1987: Politische Ideen im vorrevolutionären und revolutionären Rußland, in: Fetscher, Iring/Münkler, Herfried (Hrsg.): Pipers Handbuch der Politischen Ideen. Band 5 – Neuzeit: Vom Zeitalter des Imperialismus bis zu den neuen sozialen Bewegungen, München/Zürich, 203–281.

Schmitt, Carl 1941: Völkerrechtliche Großraumordnung mit Interventionsverbot für raumfremde Mächte. Ein Beitrag zum Reichsbegriff im Völkerrecht, Berlin/Wien.

Schmitt, Carl 1942: Land und Meer. Eine weltgeschichtliche Betrachtung, Leipzig.

Samuel Salzborn

Umland, Andreas 2004: Kulturelle Strategien der russischen extremen Rechten. Die Verbindung von faschistischer Ideologie und metapolitischer Taktik im »Neoeurasismus« des Aleksandr Dugin, in: Österreichische Zeitschrift für Politikwissenschaft 33: 4, 437–454.

Zuber, Johannes 2015: Gegenwärtiger Rassismus in Deutschland: Zwischen Biologie und kultureller Identität, Göttingen.

Über den Zwangscharakter von Wahrheit am Beispiel des antidemokratischen Wahrheitsbegriffs von Alain Badiou[1]

Anna Hollendung

1. Einleitung

Es ist nicht schwierig, in Badiou einen antidemokratischen Denker zu sehen. Wie sonst soll eine theoretische Anknüpfung an die maoistische Politik im 21. Jahrhundert verstanden werden? Badiou geht über die politischen Massenmorde des 20. Jahrhunderts hinweg, um den Gründen nachzugehen, die für die dort verfolgte Politik sprachen. Damit bricht er mit dem liberaldemokratischen Konsens, der spätestens seit der Aufdeckung der Verbrechen in den Konzentrationslagern und im Gulag weitgehend widerspruchsfrei geteilt wird, nämlich der Auffassung, dass jeder Staat die grundlegenden Menschenrechte schützen muss und dass es keine legitime politische Rechtfertigung für eine massenhafte Exklusion von Bürger_innen aus dem Bereich des Rechts gibt.

Stattdessen schließt Badiou an die Staatskritik kommunistischer Denkern an. Von Friedrich Engels übernimmt er die Auffassung, dass der Staat eine Ordnung einrichtet, die den grundlegenden Klassengegensatz nur entschärft, indem er die offene Austragung des Konflikts verhindert.[2] Badiou teilt die programmatische Utopie des Marxismus, die eine Auflösung des Staates im Namen der Gleichheit vorsieht: Die Aufhebung der Klassenunterschiede bewirke das Ende des Staates (Badiou 2005: 128). Es wird kaum überraschen, dass der Kritiker von Staatlichkeit Badiou auch liberaldemokratische Institutionen wie die Wahl ablehnt (Badiou 2003b: 130, u. a.).

---

1 Die Grundlagen dieses Aufsatzes habe ich bereits im Rahmen meiner Dissertation *Politische Prekarität. Zu einer Bestimmung des Prekären im politischen Ereignis* entwickelt (Hollendung 2020).

2 Der Staat operiert demnach durch die Unterscheidung und Trennung von Begriffen, die sowohl präsentiert als auch repräsentiert werden (zum Beispiel die Bourgeoisie), gegenüber singulären Begriffen (zum Beispiel das Proletariat). Letztere würden zwar sozial und ökonomisch präsentiert, aber nicht durch den Staat repräsentiert. Durch diese ungleiche Zählung des Staates diene der Staat den Interessen der Bourgeoisie.

Zudem positioniert er sich generell gegen die Menschenrechte, mit denen seiner Auffassung zufolge nur das durch seine Bedürftigkeit und Verletzbarkeit definierte biologische Leben geschützt werde. Damit werde das eigentlich schützenswerte Wesen des Menschen gerade verfehlt (Badiou 2003a: 23). Die von den Menschenrechten geschützte »tierische« (Badiou 2003a: 22) Existenz sei vielmehr zu transzendieren, um sich in ein politisches Subjekt einzuschreiben, das die individuelle Existenz übersteige (Badiou 2007).

Zumindest aus liberaldemokratischer Perspektive muss sein Vorschlag einer ›Politik der Wahrheit‹ ausgesprochen suspekt erscheinen. Tatsächlich ist es mit Bezug auf die von Badiou selbst gewählten historischen Beispiele schwierig, seine ›Politik der Wahrheit‹ plausibel zu machen. Einer Anerkennung der Wahrheit kommunistischer Politik steht die Evidenz von Terror, Massenmord und Staatspropaganda entgegen.[3] Doch obwohl seine politischen Urteile fragwürdig erscheinen mögen, ist seine politische Theorie einer genaueren Betrachtung wert, da sie mit ihrem Fokus auf die grundlegende Änderung des Möglichkeitshorizontes einen wertvollen Beitrag dort zu leisten vermag, wo der liberaldemokratische Erklärungsansatz an seine Grenzen stößt.

Im Folgenden konzentriere ich mich unter Vernachlässigung anderer Wahrheitsbegriffe bei Badiou, also der wissenschaftlichen, künstlerischen oder liebenden Wahrheit, auf sein Verständnis politischer Wahrheit, weil an diesem Begriff der Widerspruch zu anderen Verständnisweisen von Politik oder dem Politischen am deutlichsten hervortritt. Dazu rufe ich zunächst Arendts Kritik an Wahrheitsansprüchen im Bereich der Politik in Erinnerung und konturiere den von ihr dabei zugrunde gelegten Wahrheitsbegriff genauer. Dem stelle ich Badious Wahrheitsverständnis entgegen. Die Implikationen seiner Begriffswahl lassen sich besonders gut über die Diskussion von Critchleys Vorschlag verstehen, den Begriff der »Wahrheit« durch »Rechtfertigung« zu ersetzen. Sofern Pluralismus als ein zentraler Bestandteil von Demokratie angesehen wird, kann im Anschluss an diese Ausführungen Badious Wahrheitsbegriff zumindest aus liberaldemo-

---

3 Für Badiou handelt es sich bei den Verweisen auf diese Übel und dem Konzept des Totalitarismus im Besonderen um Mechanismen, durch die die »Wahrheit« als Prämisse dieser politischen Anstrengungen verschleiert werde und die daher ursächlich für die heute weitverbreitete Befürwortung des liberaldemokratischen Politikmodells sind (Badiou 2011: 48). Insofern ich auch eine Politik aufgrund der in ihrem Namen verübten Verbrechen ablehne, gehöre ich selbst zu jenen Menschen, für die die Wahrheit jener Politik durch das (arendt'sche) Totalitarismuskonzept unzugänglich wurde.

kratischer Perspektive als antidemokratischer Vorschlag bewertet werden, da er mit einem pluralistischen Grundverständnis im Konflikt steht.

Doch anstatt einen so verurteilten Badiou zur Seite zu legen, möchte ich anhand eines konkreten Beispiels überprüfen, ob sein formales Wahrheitsverständnis in einem anderen Licht erscheint, wenn es nicht auf menschenrechtsverletzende Politik bezogen wird. Damit wäre seinem Werk ein produktiver Beitrag zu einem vertiefenden Verständnis von Demokratie abzugewinnen. Abschließend schlage ich daher vor, die aktuellen »Fridays for Future«-Proteste als Wahrheitsoperationen zu verstehen, die im Anschluss an den Schulstreik von Greta Thunberg für die in der Gegenwart scheinbar unmögliche Option eines radikalen Wandels in der Klimapolitik einstehen. Sie exemplifizieren einen wahrheitspolitischen Beitrag zu einer zukünftigen Demokratie, mit dem ein grundlegender Wandel in den Bereich des Denkbaren eingeführt wird.

2. *Arendt über den »Zwangscharakter von Wahrheit«*

In ihren Auseinandersetzungen mit Wahrheit und Lüge in der Politik bezieht sich Arendt besonders ausführlich auf die »Tatsachenwahrheit« (Arendt 1987a: 7, 1987b: 57ff.), die das Ergebnis von diversen politischen Handlungen ist und mit ihrer Faktizität des einmal Geschehenen den Rahmen prägt, in dem zukünftiges Handeln seinen Platz findet. Wahrheit zeigt sich diesem Verständnis zufolge in Aussagesätzen der Form ›das sind die Fakten‹. Anders als wissenschaftliche, mathematische oder philosophische Wahrheiten, die, einmal entdeckt, immer wieder neu entdeckt werden können, sind Tatsachenwahrheiten Arendt zufolge besonders fragil, weil sie aus der Kontingenz menschlichen Handelns entstehen und daher verhältnismäßig leicht aus der Welt gelogen werden können. Dies sei ein politisches Mittel mit langer Tradition. Die Lüge, das Gegenstück der Wahrheit, werde schon immer häufig dazu verwendet, unliebsame Fakten zu verdecken und das eigene politische Interesse gegen strategisch ungünstige Sachverhalte durchzusetzen. Politische Effekte zeitigt dabei die bewusste Manipulation und Verschleierung von Wahrheit (Arendt 1987b: insb. 72-85).

Ein aktuelles Beispiel für eine solche Tatsachenwahrheit stellt das häufig in der Diskussion um die Bedeutung von Wahrheit herangezogene Beispiel der Inauguration Trumps dar. Wenn wir an das bekannte Bild der Zuschauermenge denken, die sich für die Inaugurationsrede von Trump im Park versammelte (ein Bild, das häufig neben dem einer sehr viel größeren Zuschauermenge bei der Inauguration Obamas präsentiert wird), dann spielt dabei eine Vorstellung von Wahrheit als »Objektivität« die entscheidende Rolle. Der philosophische Streit um die Erkennbarkeit objektiver Fakten wurde mit Kellyanne Conways Äußerung, dass das Weiße Haus in dieser und späteren Fragen eben »alternative Fakten« präsentiere, ins Absurde getrieben.

Ein zweites Beispiel betrifft die Pizzeria »Comet Ping Pong« in Washington. Die im Wahlkampf gegen Hillary Clinton genährten Verschwörungstheorien enthielten zahlreiche haltlose Gerüchte. Unter anderem verbreitete sich die Behauptung, dass Clinton in Menschenhandel und Kinderpornografie involviert sei. Die Schaltzentrale ihres Kinderpornorings sollte sich den Meldungen im Internet zufolge im Keller der genannten Pizzeria befinden. Auch General Michael Flynn, den Trump als Sicherheitsberater vorgesehen hatte, teilte einen dieser Berichte auf Twitter. Offensichtlich finden solche Geschichten ihre Anhänger: Am 4. Dezember 2016 lief ein 28-jähriger Mann bewaffnet in das verleumdete Lokal, um die vermeintlichen Opfer zu retten (CNN/Stelter 2016).

Dies sind Beispiele, in denen der Umgang mit Wahrheit, verstanden als Objektivität, politisch relevant wird. Das Problem kann dabei nicht mehr anhand einzelner Lügen beschrieben werden, sondern nimmt angesichts der Masse erfundener, spekulativer, ungesicherter Pseudoinformationen eine neue Form an. Politik, die auf systematischen Lügen beruht, so die Sorge Arendts, verliere die Macht, ihre Bürger_innen tatsächlich an ihre Darstellung glauben zu lassen, und bewirke, dass die Menschen, die mit den Lügen abgefertigt werden, an keine Darstellung mehr glauben würden. Ein allgemeiner Orientierungs- und Weltverlust sei das schreckliche Resultat einer Politik, die meint, sich den faktischen Tatbeständen entziehen zu können (Arendt 1987b: 83-85). »Fake News«, »Lügenpresse«, »Postfaktizität« und »alternative Fakten« sind die Schlagwörter aktueller politischer Auseinandersetzungen, in denen die Befürchtungen Arendts in der aktuellen Diskussion ihre Entsprechung finden.

Für Arendt gibt es also einen inneren Zusammenhang zwischen Wahrheit und Politik, der bewahrt bleiben sollte. Tatsachenwahrheiten beschreibt sie als Ergebnis und als Grenze von Politik sowie als äußeren Rahmen, zu dem sich die Menschen handelnd und sprechend in Bezug setzen können. Im Bereich der Politik habe jedoch die Wahrheit selbst keinen Platz. Politische Macht beruht auf Meinungen, so Arendt. Und »jeder Anspruch auf absolute Wahrheit« (Arendt 1987b: 51) lege »innerhalb des Bereichs menschlicher Angelegenheiten [...], die Axt an die Wurzeln aller Politik« (Arendt 1987b: 51). Der Gültigkeitsanspruch von Wahrheit sei, anders als der von Meinungen, zwingend. Einmal eingesehenen Wahrheiten könne man sich nicht entziehen. Sobald Wahrheiten »einmal als

Wahrheit erkannt und anerkannt [sind], so ist ihnen eines gemeinsam, daß nämlich ihr Gültigkeitsanspruch durch Übereinkunft, Diskussion oder Zustimmung weder erhärtet noch erschüttert werden kann.« (Arendt 1987b: 62)

Wahrheit schließt

> jede Debatte aus […], und die Diskussion, der Austausch und Streit der Meinungen, macht das Wesen allen politischen Lebens aus. Die Formen des Denkens und der Mitteilung, die der Wahrheit gelten, werden im politischen Raum notwendigerweise herrschsüchtig; sie ziehen anderer Leute Meinung nicht in Betracht, und in allen Überlegungen das, was andere denken und meinen, mit zu berücksichtigen, ist das Zeichen politischen Denkens. (Arendt 1987b: 61)

Wahrheit bildet also für Arendt den Rahmen und die Grenze von Politik, in der das politische Handeln seinen Platz hat.

3. »Wahrheit« nach Badiou

Badiou entgegnet Arendt, dass die Diskussion bei der Wahrheitsfindung eine entscheidende Rolle spielt, und meint, dass Arendt die zumindest potenzielle Gültigkeit politischer Urteile unterschätzt: Diese seien »Wahrheitsurteile«, nicht lediglich »Meinungen« (Badiou 2003b: 29f., 37). Betont Arendt, dass »die Gleichheit der Menschen, sofern sie politisch relevant sein soll, eine Angelegenheit der Meinung und nicht ›die Wahrheit‹ ist« (Arendt 1987b: 51), ist gerade dies für Badiou der Kern jeder politischen Wahrheit, die in der Idee des Kommunismus ungenau ausgedrückt werde (Badiou 2012: 22).

Das, was Arendt »Tatsachenwahrheit« nennt, die konkreten Handlungen und Daten eines Ereignisses, beschreibt für Badiou dessen »bloße Faktizität«. Die Wahrheit des Ereignisses liegt demgegenüber darin, dass es mit einer gegebenen Situation bricht. In einer Situation wird Badiou zufolge die ursprüngliche Mannigfaltigkeit durch eine Zählung der zur Situation gehörenden Elemente auf eine spezifische Struktur festgelegt. Im Politischen bezeichnet Badiou gegebene Ordnungsstrukturen als ›Situation‹ oder ›Staat‹ (Badiou 2005: 123-130), dabei nutzt er die Analogie zwischen ›état‹ und ›État‹ im Französischen. Der Status der Situation wird laut Badiou durch die ereignislose Statik der staatlich festgelegten Ausschlüsse und Zählungen bestimmt, die beispielsweise festlegt, wer im vollen Sinne als Bürger_in zählt und wer nicht (Badiou 2011a: 83-95).

Doch während die Zählung der Situation in Anspruch nimmt, vollständig zu sein und alle Elemente zu berücksichtigen, hat das Ereignis eine darüberhinausgehende Existenz. Im Ereignis, das sowohl die bereits in der Situation gezählte Vielheit als auch sich selbst umfasst, wird die Existenz einer scheinbaren Unmöglichkeit enthüllt (Badiou 2005: 199-298, insb. 205-210).

Politische Wahrheit im Verständnis Badious entlarvt die herrschaftsbegründenden Prämissen gesellschaftlicher Ordnungsstrukturen als Ideologie und legt die verdrängte zugrundeliegende Unendlichkeit der Situation offen (Badiou 2008a: 31). Sehr poetisch formuliert Badiou: »allein im Ringen mit dem Ereignis erblindet der Staat an seiner eigenen Herrschaft« (Badiou 2005: 130).

Politische Wahrheit, wie Badiou (2005: 37-142, 199-218, 369-386) sehr ausführlich und unter Rückbezug auf die Mengenlehre zeigt, zeichnet sich durch ein generisches Prinzip aus. Dieses widerstrebt allen Formen der Exklusion (Badiou 2005: 369-438, 2008b). Politische Wahrheit ist potentiell universalisierbar. Sie entspricht dem Begriff der Gleichheit. Politische Gleichheit unterscheidet Badiou von allen sozialen Festlegungen. Sie ist demnach »nicht das, was man will oder was man vorhat, sie ist das, was man hier und jetzt, im Feuer des Ereignisses als das, was ist, nicht als das, was sein soll, erklärt. [...] Gerechtigkeit ist die Bestimmung einer Politik in actu.« (Badiou 2014: 68)

Diese abstrakte Begriffsbestimmung lässt sich anhand eines Bildes, das eine zivilgesellschaftliche Gruppe zur Kritik an der Modekette »Zara« online gestellt hat, konkretisieren:

Abbildung 1: Globale Ungleichheit. Quelle: »Mensch und Politik heute«, www.instagram.com/mupheute (07.03.2019)

Das Bild zeigt das Unrecht globaler Ungleichheit auf, indem es auf die Wahrheit einer zugrunde liegenden Gleichheit verweist – symbolisiert durch die gelben Kleider. Jedoch bezieht sich eine solche Kritik am *Status quo* des Kapitalismus nicht unmittelbar über die Gleichheit zwischen Käuferin und Näherin auf die Idee des Kommunismus. Ein wirkliches Erscheinen von Wahrheit im politischen Ereignis geht jedoch darüber hinaus, was dieses Bild an Bedeutung transportiert, da es zwar die herrschende Ordnung in kritischer Absicht thematisiert, aber nicht selbst bereits einen Bruch mit ihr evoziert. Die Qualität eines politischen Ereignisses liegt demgegenüber darin, dass sich in ihm eine Wahrheit zeigt, die auch im Modus der hier verbildlichten Kritik weiterhin als Unmöglichkeit gilt und deren Existent-Werden jede inegalitäre Präposition prinzipiell ausschließt. Politik richtet sich laut Badiou im Anschluss an eine Wahrheit gegen den Staat, der eine Situation einrichtet, durch die die ontologische Vielheit unterdrückt wird und nur bestimmte Elemente zur Geltung kommen. Mit

Politik beschreibt er kollektive Handlungen, die die Grenzen des Möglichen suspendieren.

Wahrheit ist für ihn nichts, was der Politik vorgängig wäre, politischen Entscheidungen und Meinungsbildungsprozessen zugrunde liegen oder durch den Austausch von Argumenten berührt würde. Wahrheit ist absolut. Sie erscheint in politischen Ereignissen und eröffnet Wahrheitsprozeduren. Ihr Bestand hängt davon ab, dass Individuen sie anerkennen und sich entsprechend der durch sie eröffneten Wahrheitsprozeduren in die Wahrheit einschreiben (das entspricht Badious Begriff der »Subjektivierung«). Sie transzendieren dann ihre individuelle Existenz und werden Teil eines (kollektiven) politischen Subjekts. Das ist es, was Badiou unter »Treue zur Wahrheit« versteht. Im Individuum erscheint die Einsicht in eine Wahrheit als Überzeugung (Badiou 2003b: 151-162). Jedes wirkliche Verständnis von der Wahrheit basiert auf dieser aktiven politischen Selbstpositionierung: Von außen ist Verstehen für Badiou schlicht unmöglich. Oliver Harrison (2014: 104) betont diese Abhängigkeit der Wahrheit vom Subjekt: »The undecidable nature of an event can only be established via ›the subjective principle‹ – a radical commitment; a ›confidence‹ or ›belief‹ that a truth procedure cannot be conducted in vain«. Badious Philosophie hebt sich durch seine Vorstellung vom Subjekt und die entscheidende Rolle, die er ihm in Bezug auf die Wahrheit zuspricht, vom zeitgenössischen Diskurs ab (Hewlett 2007: 52).

Zur Veranschaulichung kann dieser Vorgang grafisch so abgebildet werden:

Abbildung 2: Wahrheit nach Badiou, eigene Darstellung

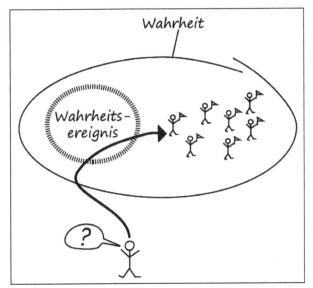

Das Individuum wird Zeuge eines Wahrheitsereignisses und schreibt sich in die Wahrheit ein, indem es das Gesehene bezeugt und für seine Anerkennung einsteht. Es wird Teil eines politischen Subjekts. Wahrheit besteht für Badiou in diesem Zusammenspiel aus ihrer Sichtbarwerdung im Ereignis und dem treuen Subjekt.

Das politische Ereignis schafft die Grundlage, auf der eine Durchbrechung der Begrenzung des staatlich bestimmten Möglichkeitsraums geschehen kann. Das individuelle Leben ist Badiou zufolge, solange es innerhalb dieser Grenzen bleibt, von einer radikalen Unfreiheit bestimmt, als »Geschichte eines Lebens, ohne Entscheidung oder Wahl« (Badiou 2012: 23). Politische Subjektivierung ist insofern emanzipativ.

Die Einsicht in das politische Ereignis erzwingt eine Positionierung ihm gegenüber, aber es gibt die eingenommenen Positionen nicht vor. Der Einzelne muss sich zum Erscheinen einer Wahrheit verhalten. Grundsätzlich unterscheidet Badiou (2010: 61-97) diesbezüglich drei Optionen: die Treue zum Ereignis (»Wahrheit«), die reaktionäre Leugnung der Wahrheit des Ereignisses (»Wahrheits-Leugnung«) und die Verdeckung des Ereignisses (»Wahrheits-Verdunkelung«). Dies sind die drei Operationen, die mit den laut Badiou möglichen Positionen der politischen Konstellation korrespondieren: »Treues Subjekt«, »reaktionäres Subjekt«, »obskures Subjekt«.[4] Zum »Aktivisten einer Wahrheit« und damit Teil des treuen Subjekts wird jemand nur vermittels der Einsicht in die Wahrheit eines Ereignisses. In dem eben verwendeten Bild können diese Positionen so abgebildet werden:

Abbildung 3: Wahrheit in der politischen Konstellation: Subjekte nach Badiou, eigene Darstellung

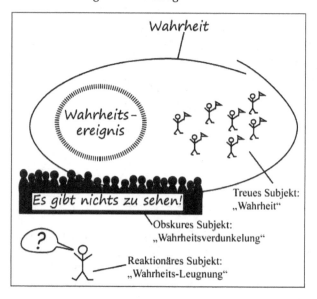

Eine Wahrheit ist ihrer Logik nach von jeder individuellen Position aus einsehbar, wird aber nur durch jene, die sich in das politische Subjekt einschreiben, erkannt und durch das politische Subjekt realisiert. Die Wahr-

---

4 Zu Verwirrung führen kann hierbei, dass die reaktionäre Leugnung und die Verdunkelung von Badiou erst nachträglich (in »Logiken der Welten«) dem treuen Subjekt hinzugefügt wurden. Hiermit wird eine begriffliche Inkonsistenz in sein Denken eingeführt, denn diese können tatsächlich nicht als gleichwertige Subjektivierungsoperationen neben der Treue angesehen werden. Politik definiert Badiou (2003b: 151-162, u. a.) ausdrücklich als »Wahrheitsprozedur«, parallele Verständnisweisen von Politik als eine Prozedur der Verdunkelung oder Reaktion sind offensichtlich nicht vorgesehen. Wenn also von einem emanzipativen Potential der politischen Subjektivierung die Rede ist, so ist damit stets das treue Subjekt als jene Instanz gemeint, in der Wahrheit verwirklicht wird.

heitsprozeduren beruhen auf diesem prekären wechselseitigen Verhältnis zwischen Subjekt und Wahrheit. Die Schlüsselrolle, die Badiou damit den Einzelnen zuweist, ist spezifisch für sein Verständnis von Wahrheit. Nur über eine radikale Überzeugung, mit der sich die Einzelnen an das Ereignis binden, wird dieses als ein Wahrheitsereignis etabliert (Hewlett 2007).

Wahrheitsprozeduren enden daher, wenn die Wahrheit ihre Anhänger verliert. Die Wahrheit wird damit undenkbar, da sie nur aus dem Inneren ihrer Entfaltung in aktiven Wahrheitsprozessen eingesehen werden kann. Politische Wahrheiten sind also prekär. Ihre Erscheinungen sind nicht stabil und dauerhaft, sondern verschwinden (Badiou 2003b: 135-150). Badiou spricht daher in seinen eigenen Analysen von historischen »Sequenzen« (Badiou 2006, 2008a: 34-36), in denen politische Wahrheit entfaltet wird.

Kommt auch dieser radikal subjektivistisch verstandenen Wahrheit, die Badiou vertritt, jener Zwangscharakter zu, aufgrund dessen Arendt Wahrheit aus dem Bereich des Politischen verwiesen hat? Bestätigt sich am Beispiel von Badious Begriffswahl Arendts Favorisierung von den Begriffen »Meinung« und »Urteil« in Bezug auf die Aushandlungsprozesse in der Politik? Diese Fragen können am besten über einen Umweg geklärt werden, nämlich im Vergleich mit einer begrifflichen Alternative zur Beschreibung von Badious »Wahrheit«.

4. Kann Badious Wahrheitsbegriff durch »Rechtfertigung« ersetzt werden?

Eine solche begriffliche Alternative schlägt Simon Critchley vor, der auf Badiou zurückgreift, um die Frage nach »Gerechtigkeit in einer höchst ungerechten Welt« (Critchley 2008: 9) zu beantworten. Seine Antwort liegt in einem Anarchismus, der eine ethische Verpflichtung und eine widerständige Subjektivität beinhaltet. Die Konturen dieses politisch-ethischen Programms leitet er aus seiner Lektüre verschiedener Autoren ab. Dabei hinterfragt er Badious Verwendung des Begriffs der Wahrheit, mit dem dieser die Gleichursprünglichkeit von Subjekt und Ereignis als »Übereinstimmung von Subjekt und Ereignis« (Critchley 2008: 60) behauptet. Er meint, dass »man zumindest im Bereich der Ethik wohl besser von Rechtfertigung sprechen [sollte] und nicht von Wahrheit« (Critchley 2008: 60).

Dieser Vorschlag ist deshalb interessant, weil er ein Verständnis von Badious Wahrheitsverständnis nahelegt, dass die Wahrheit der Aushandlung unterwirft – damit könnte der Zwangscharakter ausgesetzt werden, den Arendt objektiven Fakten unterstellt, die ihrer Beschreibung zufolge außerhalb des menschlichen Zugriffsbereichs determiniert sind und deren Inhalte dem zwischenmenschlichen Bereich entzogen bleiben.

Was aber geschieht in dem Gefüge von Badious theoretischen Überlegungen, wenn man Critchleys Vorschlag akzeptiert? Der Begriff der Rechtfertigung legt ein anderes Bild nahe als jenes, das ich im Anschluss an Badiou gezeichnet habe, denn die Einsicht in die Wahrheit wäre dann nicht mehr unmittelbar gegeben, sondern würde intersubjektiv vermittelt. Im Anschluss an Critchleys Vorschlag ist das, was Badiou als »Wahrheit« beschreibt, wieder in eine Sphäre zwischen den Menschen zu verankern – der Begriff wird so implizit auch an ein diskurstheoretisches Verständnis habermas'scher Prägung angenähert. Bei Badiou ist jedoch keine Rede von einem wechselseitigen Austausch von Argumenten. Wahrheit kann Badiou zufolge nur vom treuen Subjekt erkannt werden, von außen bleibt sie verborgen. Daher kann auch die fehlende Überzeugung von Außenstehenden kein entscheidendes Kriterium zu ihrer Beurteilung sein. Badiou lässt nur *eine* legitime Subjektposition zu – die des treuen Subjektes. Alternative Subjektivierungsprozeduren sind hingegen durch einen Mangel an Wahrheit gekennzeichnet. Sie sind reaktionär oder obskur – nicht lediglich anders gerechtfertigt.

Auch insofern Badiou Wahrheit absolut setzt, als etwas, das sich im Ereignis unmittelbar als das zeigt, was es ist, der Begriff der Rechtfertigung aber nahelegt, dass es verschiedene Rechtfertigungen geben kann, ist diese Begriffswahl schwerlich mit der Theorie Badious in Einklang zu bringen. Badious Wahrheitsverständnis kann also nicht in den Begriff der »Rechtfertigung« übersetzt werden. Gegenüber einem pluralistischen Verständnis, demzufolge alle zumindest potenziell Anteil an der Wahrheit haben – oder in der sozialkonstruktivistischen Variante diese erst produzieren – setzt Badiou einen avantgardistischen Entwurf, in dem sich nur einer Minderheit der Wahrheit anschließt, während alle anderen an Prozeduren zu ihrer Verdunkelung oder Leugnung beteiligt sind und die damit einer Realisierung von Gleichheit und Gerechtigkeit entgegenstehen (Badiou 2010: 61-97, 2003: 109-118).

5. Zum antidemokratischen Charakter von »Wahrheit« (Badiou)

Gerade deshalb erscheint es naheliegend, »Wahrheit« bei Badiou als antidemokratische Idealvorstellung zu charakterisieren: »Wahrheit« existiert, wenn Wahrheitsprozeduren treu entfaltet werden. Sie besteht im Handeln des politischen Subjekts. Ihr kommt keine Relativität oder Veränderbarkeit zu. Die Wahrheit kann nur eingesehen und in »Treue« entfaltet, geleugnet oder bekämpft werden. Kein Verständigungsgeschehen vermittelt zwischen diesen Positionen. Im Anschluss an das Wahrheitsereignis vollzieht sich vielmehr eine antagonistische Spaltung des sozialen Raums, der sich niemand entziehen kann.

Gegenüber Arendts Position, dass es in der Politik nicht um die Wahrheit gehen kann, die den (äußeren) Rahmen und die Grenze von Politik darstellt, bezieht Badiou eine Gegenposition, indem er behauptet, dass es in der Politik um nichts anderes geht als darum, der Wahrheit Geltung zu schaffen. Diese Geltung wiederum wird von den Gegner_innen der »Wahrheit« mit aller Macht geleugnet und bekämpft. Der Annahme, dass Vertreter_innen verschiedener Positionen gewissermaßen Anteil an einer Wahrheit haben oder ihre Meinungen gleichermaßen legitim sind, erteilt Badiou eine deutliche Absage. Ein aus dieser Sicht wünschenswertes Verständigungshandeln in einer solchermaßen beschriebenen Konstellation kann demnach nicht wechselseitig, sondern nur einseitig erfolgen: als Belehrung. Daneben besteht nur der Kampf gegen die gegnerische Position.

Ausgehend von diesen Überlegungen kann also Badious Beitrag zur Politischen Theorie als antipluralistisch gelten: Wenn mit dem Wahrheitsbegriff also ein Zwangscharakter verbunden ist und ausgehend von ihm Vertreter_innen anderer Positionen automatisch als Gegner_innen der »Wahrheit« gelten, die es zu bekämpfen gilt, ist er für eine Denkerin wie Arendt nicht mehr mit einer demokratischen Politik vereinbar, die auf die Einbeziehung Andersmeinender anderen abzielen müsse.

Das unterschiedliche Gewicht politikbegründender Meinungen, die vom bloßen Vorurteil und spontaner Empfindung bis hin zu starken, auf vertiefenden Reflexionen beruhenden Überzeugungen reichen können, wird von Arendt am Ende ihres Lebens erneut aufgegriffen, wenn sie sich mit der geistigen Kapazität der Urteilskraft auseinandersetzt. Im Anschluss an Kant sind Urteile weder subjektiv (also durch individuelle Partikularismen oder voluntaristisch begründet) noch objektiv richtig (also wahr), sondern werden vielmehr durch intersubjektive Zustimmungsfähigkeit qualifiziert. Jedes Urteil im Sinne Arendts ist Element einer politischen Auseinandersetzung und kann anhand guter Argumente und ergänzender Perspektiven weiterentwickelt oder revidiert werden (Arendt 2007, 2012, Meints 2011, Volk 2005). Da dies Arendt zufolge für Wahrheiten nicht zutrifft, legt sie im Bereich der Politik eine besondere Emphase auf den Begriff des Urteils.

Der Forderung nach einer grundsätzlichen Revisionsoffenheit, die er in seiner Kritik an Arendt selbst noch voraussetzt, wenn er Wahrheit als Ergebnis von Diskussionsprozessen beschreibt (Badiou 2003b: 29f., 37), schiebt Badiou mit dem Wahrheitspostulat in seiner eigenen Theorie selbst einen Riegel vor: Die Wahrheit selbst kann nicht in legitimer Weise zur Disposition gestellt werden, lediglich die politischen Strategien, Mittel und Methoden, mit denen ihr in der Gegenwart Geltung verschafft wird, sind offen für Befragungen. Für Menschen, die ihre politische Einstellung ändern, also die Wahrheit selbst infrage stellen oder sich von ihr abwenden, verwendet er den Begriff des Thermidorianers (Badiou 2003b: 135-150).

In Bezug auf Badious eigene überzeugte Anhängerschaft an den Maoismus kann sein Wahrheitsverständnis schwerlich rehabilitiert werden – zu fernliegend erscheint das maoistische Projekt der kontemporären Beobachter_in, zu offensichtlich stehen die in seinem Namen angerichtete Übel im Widerspruch zum zeitgenössischen Ethos. Badious Verwendung der Begriffe »Sowjets« oder »befreite Zone« als Synonyme von »Demokratie« ist für die meisten Leser_innen, selbst mit linken Sympathien wohl weniger einleuchtend als seine Verweise auf Kollektive von Arbeiter_innen ohne Papiere. Die Gruppe der Papierlosen stellen als Nicht-Gezählte und unzureichend Repräsentierte die politischen Figuren *par excellence* seiner politischen Theorie dar.

6. Die »Wahrheit« (Badiou) der Schulstreiks »Fridays for Future«

Doch auch die aktuellen Schulstreiks, die unter dem Schlagwort »Fridays for Future« einen radikalen Wandel in der Klimapolitik fordern, können eine andere Perspektive auf das Verhältnis von »Wahrheit« im Sinne Badious und »Demokratie« eröffnen. Dieses vielleicht nicht ganz so offensichtliche Beispiel ist meines Erachtens besonders dazu geeignet, den positiven Gehalt seiner Überlegungen sichtbar zu machen.

Was ist also die politische Wahrheit dieses Ereignisses? Ich zitiere eine 16-jährige, die im letzten Jahr für Aufmerksamkeit gesorgt hat:

> Was wir im Moment tun oder nicht tun, wird sich auf mein ganzes Leben und das Leben meiner Kinder und Enkelkinder auswirken. [...] Die Klimakrise ist bereits gelöst. Wir haben bereits alle Fakten und Lösungen. Alles, was wir tun müssen, ist aufzuwachen und uns zu verändern. [...] was nützt es, Fakten innerhalb des Schulsystems zu lernen, wenn die wichtigsten Fakten, die von der besten Wissenschaft desselben Schulsystems vermittelt werden, für unsere Politiker und unsere Gesellschaft eindeutig nichts bedeuten? [...] Heute verbrauchen wir täglich 100 Millionen Barrel Öl. Es gibt keine Politik, die das ändert. Es gibt keine Regeln, um das Öl im Boden zu halten. Also

können wir die Welt nicht retten, indem wir nach den Regeln spielen. Weil die Regeln geändert werden müssen. (Thunberg 2018: Video, Übers. A.H.)

Dies ist ein Teil der Rechtfertigung, die Greta Thunberg für ihren Schulstreik und das daran anschließende politische Handeln formuliert. Wenn dies mit Badiou als »Wahrheit« interpretiert werden soll, sollte ich vielleicht zunächst noch einmal darauf hinweisen, dass die Wahrheit mit den Fakten, auf die Thunberg verweist, nicht gänzlich erfasst werden kann. Fakten bilden den Hintergrund ihres politischen Engagements, aber wir alle wissen, dass diese nicht von selbst sprechen. Das politische Geschehen lässt sich nicht aus den Fakten oder dem Wissen darum erklären.

Fakten haben auch in Badious Wahrheitsverständnis eine vergleichbare Position, wie in dem Politikverständnis von Arendt: Fakten bilden einen unhintergehbaren Rahmen jeder Politik, das politische Handeln nimmt auf diesen Bezug und verhält sich dazu, aber sie machen ebenso wenig den Gehalt von Badious Wahrheitsverständnis aus wie für Arendts Politikverständnis.[5]

Die »Wahrheit«, die sich in Thunbergs Rede ausspricht, liegt in den Verwicklungen und Abhängigkeiten, die zwischen Menschen und den zahlreichen nicht-gezählten Objekten unserer Umwelt bestehen. Sie ist aber auch die Gleichheit aller Menschen, die Thunberg auch für Kinder und deren Kinder und Enkel_innen in Anspruch nimmt und auch für die Bewohner Tuvalus oder allgemeiner die Bevölkerung des globalen Südens, die der Klimawandel bereits heute besonders stark betrifft. Wenn die hohe Nachfrage der westlichen Bevölkerung nach emissions- und ressourcenintensiven Verkehr und Konsum die Lebensgrundlagen all dieser Menschen bedroht und zerstört, so ihr Argument, müssen die Regeln geändert wer-

---

5 Mit Badiou muss zwischen einer Modifizierung (zeitliches Geschehen, das nicht mit einer realen Veränderung einhergeht), einem Faktum (eine reale Veränderung, bei der das Sein eines Objekts, der Stätte, erscheint) und einem Ereignis (bei dem dieses Erscheinen von maximaler Intensität ist und daher das zuvor Inexistente der Stätte erscheint) unterschieden werden. Die Vielheiten der Stätte sowie die des Ereignisses gemeinsam konstituieren das Ereignis. Das Erscheinen des Ereignisses setzt die vorhergehende Struktur (die Situation des Staates) aus und stellt sie (und ihre Zählung) infrage. Als überzähliges Element, das sich im jeweiligen Prozess geschichtlich zeigt, kann das Ereignis nicht in enzyklopädisches Wissen (basierend auf Unterscheidung von Vielheiten in der Präsentation und der Klassifizierung mit denen Vielheiten Eigenschaften zugeordnet werden in der Repräsentation) überführt werden (Badiou 2005: 142-144,155-160, 342-345 370f.).

den, die dies ermöglichen. Zahlreiche Schüler_innen weltweit teilen diese Auffassung und nehmen an den Schulstreiks teil.

Das Insistieren auf diese Gleichheit bricht mit etablierten Machthierarchien und Reichtumsverteilungen. Die »Wahrheit« besteht, insofern sich in den Forderungen der Klimabewegung ein Wille ausdrückt, die bestehende soziale und ökonomische Ordnung infrage zu stellen und in die Einsichtsfähigkeit der allgemeinen Bevölkerung zu vertrauen. Badiou (2010: 44) benennt auch »die Autorität oder den Terror« als charakteristische Referenz politischer Wahrheitsäußerungen: In der Klimabewegung im Allgemeinen und der »Fridays for Future«-Bewegung im Besonderen sind Bezugnahmen auf die wissende Autorität der Klimaforschung üblich.

Zugegeben: Die Schulstreiks sind nicht genau das, woran Badiou bei der Formulierung seiner Überlegungen gedacht hat, aber dieses Geschehen entspricht dem, was er als Politik beschreibt: Demnach ist Politik (1.) eine Form des gemeinsamen Handelns, das durch Kollektivität bestimmt ist. Dieses Handeln orientiert sich (2.) an der Einsicht in die Wahrheit. Damit zielt Politik (3.) auf ein scheinbar Unmögliches ab. Unmöglich ist das Handeln (4.), insofern seine Möglichkeit durch den *Status quo* unterdrückt wird (Badiou 2008a: 31). Als fundamentale Veränderung im Möglichkeitsgefüge induziert das Handlungsgeschehen ein Ereignis.

Die »Fridays for Future«-Proteste entsprechen dieser formalen Beschreibung: (1.) Es bildet sich eine offene Kollektivität, die zunächst von Angehörigen jüngerer Generationen geformt wird. Ihre generische Offenheit zeigt sich in der späteren Formierung zahlreicher weiterer Gruppen, die sich beispielsweise als »Parents for Future«, »Scientists for Future«, »Engineers for Future« oder »Entrepeneurs for Future« als Angehörige einer Bewegung für die Zukunft verstehen können. (2.) Ihr Handeln – die wöchentlichen Schulstreiks und Proteste an zentralen Orten, die überregionale Vernetzung und Teilnahme an weiteren politischen Aktionen und Netzwerken, von Demonstrationen und Aktionsbündnissen gegen den Kohleabbau bis hin zum Weltwirtschaftsforum in Davos – orientiert sich an der Wahrheit einer Gleichheit aller Menschen weltweit und in allen Generationen. (3.) Ihre Politik zielt auf ein scheinbar Unmögliches ab, nämlich einen radikalen Wandel in der Klimapolitik. (4.) Dessen Möglichkeit wird durch einen *Status quo* unterdrückt, in dem an einem Lebensstil festgehalten wird, der nicht mit einer Forderung nach Gleichheit oder Gerechtigkeit für zukünftige Generationen vereinbar ist.

7. *Fazit: Vorläufige Bemerkungen zur Gültigkeit von »Wahrheit« in der Demokratie*

Im Rahmen einer liberalen Demokratietheorie muss Greta Thunbergs Auffassung als eine Meinung verstanden werden, die neben anderen besteht und mit diesen im Wettbewerb steht. Wenn wir sie im Rückgriff auf Badiou als »Wahrheit« beschreiben, dann ist offensichtlich, dass ihr Geltungsanspruch absolut sein muss. Badious Wahrheitsverständnis zeigt sich hier als hilfreiches Mittel zur Deutung des politischen Geschehens, denn die demokratische Auseinandersetzung kann erst durch den Bezug auf eine subjektiv erkannte »Wahrheit« verstanden werden. Der Anspruch, jetzt hinreichende Maßnahmen zu ergreifen, mit denen der CO_2-Ausstoß neutralisiert wird, kann nicht diskutiert werden, zumindest nicht, wenn die Einsicht in die »Wahrheit« dieser Aktivist_innen geteilt wird. Es handelt sich um einen tiefen Konflikt.

Ein solches politisches Verständnis verweist auf ein radikaldemokratisches Demokratieverständnis, in dem die Bedeutung politischer Konflikte und antagonistischer bzw. agonistischer Konstellationen betont wird.[6] Allerdings macht das Beispiel auch deutlich, dass die Charakterisierung des Politischen als ein Gegeneinander-Handeln mitunter undeutlich ist. Badiou entwickelt, wie einige radikaldemokratischen Denker (z. B. Abensour 2012, Rancière 2002, 2008 und Rosanvallon 2008, 2011) ein Verständnis von Demokratie, demzufolge diese sich nicht einfach gegen andere Gruppierungen oder Parteien richtet, sondern sich stets gegen eine bestehende Obrigkeit und staatliche Ordnung erhebt.[7] Demokratie ist also nicht verkörpert in Institutionen und der Regierung durch (gewählte) Volksvertreter_innen, sondern im Gegenteil das, was das aktuelle Regie-

---

6   Zur Ambivalenz einer strittigen Einordnung von Badiou in das radikaldemokratische Projekt siehe Bosteels (2011: 250-272) und Hollendung (2019).

7   Mit Lenin lehnt Badiou (2003: 92) die Demokratie als »eine Form des Staates« ab. Genauso wenig kann er dem alternativen Verständnis von Demokratie als antietatistisches Movens der Massen (ebd. 101) abgewinnen, das auch der Rechtfertigung einer Diktatur des Proletariats diente. Demgegenüber spricht er sich für Demokratie aus, wenn sie, in einem dritten Sinn, in Konjunktion zu politischen Präskription verstanden werden kann. Dabei geht es um die kollektive Befreiung von der inegalitären Situation des Staates und die Behandlung des Besonderen in seiner Partikularität (ebd. 105). Demokratie als eine solche »philosophische Kategorie [...] ist [das], was die Gleichheit präsentiert. Oder auch was bewirkt, daß als politische Benennungen oder als Kategorien der Politik keine Prädikate zirkulieren können, die sich im formalen Widerspruch mit der Gleichheitsidee befinden.« (Ebd. 106).

rungssetting herausfordert und in infrage stellt. Auch das zeichnet das politische Moment des neuen Klimaaktivismus aus, der die bestehenden Repräsentant_innen und Institutionen zwar adressiert, aber auch zu dem Wandel auffordert, der nötig ist, um das im Pariser Abkommen gesteckte 1,5°C-Ziel zu erreichen.

Radikale Demokratie kann gegenüber liberaler Demokratie als notwendige Ergänzung oder als ihr Gegenteil verstanden werden. Letzteres impliziert eine völlige Unvereinbarkeit von liberaler und radikaler Demokratie. Im ersteren Sinne geht es hingegen mit Blick auf radikale Demokratie (auch) darum, eine Beschreibung für Vorgänge der Institutionalisierung, der Infragestellung und Transformation des bestehenden Gefüges zu geben oder mit der Betonung unüberwindbarer (tiefer) Konflikte Aspekte herauszuarbeiten und deutlicher zu konturieren, die im Rahmen konsensorientierter Theoriebildung mitunter verkannt werden. Bei solch existenziellen Fragen kann kein Konsens unterhalb der politischen Forderung akzeptiert werden. Dies entspricht Badious Perspektive: Die Aktivist_innen der »Wahrheit« kämpfen für eine Verschiebung der öffentlichen Diskussion von der Frage, *ob* ein Ziel angestrebt werden sollte, dahin, *wie* dieses erreicht werden kann. Sie werben dafür, dass die Wahrheit hinter ihren Forderungen eingesehen wird und andere Menschen sich ihr anschließen. Sollte ihnen das gelingen, so ist die Entfaltung dieser Wahrheit ein zentraler Beitrag für eine mögliche liberaldemokratisch oder anders politisch zu gestaltende Zukunft.

Literaturverzeichnis

Abensour, Miguel 2012: Demokratie gegen den Staat. Marx und der machiavellische Moment, Berlin.

Arendt, Hannah 1987a: Die Lüge in der Politik, in: Arendt, Hannah, Wahrheit und Lüge in der Politik, München, 7-43.

Arendt, Hannah 1987b: Wahrheit und Politik, in: Arendt, Hannah, Wahrheit und Lüge in der Politik, München, 44-92.

Arendt, Hannah 2007: Über das Böse. Eine Vorlesung zu Fragen der Ethik, München [u. a.].

Arendt, Hannah 2012: Das Urteilen. Texte zu Kants Politischer Philosophie; dritter Teil zu »Vom Leben des Geistes«, München [u. a.].

Badiou, Alain 2003a: Ethik. Versuch über das Bewusstsein des Bösen, Wien: Turia + Kant.

Badiou, Alain 2003b: Über Metapolitik, Zürich [u a.].

Badiou, Alain 2005: Das Sein und das Ereignis, Zürich [u. a.].

Badiou, Alain 2006: Das Jahrhundert, Zürich [u. a.].

Badiou, Alain 2007: Comments on Simon Critchley's Infinitely Demanding, in: Symposium: Canadian Journal of Continental Philosophy 12, 9-17.

Badiou, Alain 2008a: The Communist Hypothesis, in: New Left Review 49, 29-42.

Badiou, Alain 2008b: Number and numbers. Cambridge [u. a.].

Badiou, Alain 2010: Logiken der Welten. Das Sein und das Ereignis 2, Zürich [u. a.].

Badiou, Alain 2011a: Das Erwachen der Geschichte, Wien.

Badiou, Alain 2012: Die Idee des Kommunismus, in: Douzinas, Costas/Žižek, Slavoj (Hrsg.): Die Idee des Kommunismus, Bd. 1, Hamburg, 13-29.

Badiou, Alain 2014: Wahrheiten und Gerechtigkeit, in: Ders./Rancière, Jacques: Politik der Wahrheit, Wien [u. a.], 65-77.

Bosteels, Bruno 2011: Badiou and Politics, Durham, NC [u. a.].

CNN/Stelter, Brian 2016: Fake news, real violence. ›Pizzagate‹ and the consequences of an Internet echo chamber, https://money.cnn.com/2016/12/05/media/fake-ne ws-real-violence-pizzagate/index.html, 12.12.2019.

Critchley, Simon 2008: Unendlich fordernd. Ethik der Verpflichtung, Politik des Widerstands, Berlin.

Harrison, Oliver 2014: Revolutionary Subjectivity in Post-Marxist Thought. Laclau, Negri, Badiou, Farnham.

Hewlett, Nick 2007: Badiou, Balibar, Rancière. Rethinking emancipation, London [u. a.].

Hollendung, Anna 2019: Alain Badiou, in: Comtesse, Dagmar/ Flügel-Martinsen, Oliver/Martinsen, Franziska/Nonhoff, Martin (Hrsg.), Radikale Demokratie-theorie. Ein Handbuch, Berlin, 198-207.

Hollendung, Anna 2020: Politische Prekarität. Eine Bestimmung des Prekären im politischen Ereignis, Baden-Baden.

Meints, Waltraud 2011: Partei ergreifen im Interesse der Welt. Eine Studie zur politischen Urteilskraft im Denken Hannah Arendts, Bielefeld.

Rancière, Jacques 2002: Das Unvernehmen, Frankfurt a.M.

Rancière, Jacques 2008: Zehn Thesen zur Politik, Zürich [u. a.].

Rosanvallon, Pierre 2008: Counter-democracy. Politics in an age of distrust, Cambridge [u. a.].

Rosanvallon, Pierre 2011: Für eine Begriffs- und Problemgeschichte des Politischen. Antrittsvorlesung am Collège de France, in: *Mittelweg 36* 20:6, 43-66.

Thunberg, Greta 2018: The disarming case to act right now on climate change (Video), in: https://www.ted.com/talks/greta_thunberg_the_disarming_case_to_ act_right_now_on_climate_change, 12.12.2019.

Volk, Christian 2005: Urteilen in dunklen Zeiten. Eine neue Lesart von Hannah Arendts »Banalität des Bösen«, Berlin.

Perspektive anstatt Alternative: Über Wahrheit und Politik, Wahrheitspolitik und wahre Politik

Hagen Schölzel

1. Einleitung

Die Beziehung von Demokratie und Wahrheit wirft (mindestens) zwei unterscheidbare Fragestellungen auf: Von Interesse kann einerseits sein, wie die Verhältnisse von Wahrheit und Demokratie in systematischer (oder ideengeschichtlicher) Hinsicht gedacht werden, und andererseits eröffnet ein zeitdiagnostischer Blick den Zugang zu der Frage nach der Verfasstheit der politischen Öffentlichkeit angesichts der derzeit verbreiteten Rede von »post-truth politics« bzw. eines zeitgenössischen postfaktischen Politikmodus. Ich möchte in meinem Beitrag einige Argumente aus dem Kontext der Science and Technologie Studies (STS) mit einem Schwerpunkt auf Bruno Latours Akteur-Netzwerk-Theorie (ANT) und ihrer Weiterentwicklung in Richtung einer Theorie der Öffentlichkeit zur Diskussion stellen, die zu beiden Aspekten beitragen kann. Latour entwickelte seine politische Theorie, die für die Diskussion von Wahrheit und Demokratie in den STS einige wichtige Anstöße lieferte, aus systematischen Einsichten der Wissenschaftsforschung und adressiert damit zugleich zeitgenössische Probleme der politischen Ökologie. Eine Rekonstruktion dieser theoretischen Überlegungen scheint mir auch deshalb interessant, weil es bisher eine erstaunliche »Rezeptionsblockade« in der Politischen Theorie wie auch in der Politischen Soziologie gegenüber diesem Denken zu geben scheint (vgl. Laux 2011; Gertenbach/Opitz/Tellmann 2016).

Ob es in Latours politischem Denken wesentliche Bezüge auf das Konzept der Wahrheit gibt, ist umstritten. Graham Harman etwa, der die bisher einzige Monografie über Latours politische Theorie veröffentlicht hat, ordnet dieses Denken anhand der Differenzierung von Wahrheitspolitik und Machtpolitik ein, die er für eine der wesentlichen Unterscheidungen der modernen politischen Philosophie hält. Er schreibt, dass Latours politisches Denken mit Wahrheitspolitik, verstanden als die Annahme, dass eine bestimmte Gegebenheit im Grunde bereits bekannt ist und politisches Handeln anleiten kann, »rein gar nichts zu tun« habe (Harman 2014: 4).

Stattdessen changiere sie zwischen drei Varianten des politischen Macht-
denkens, verstanden als die Betrachtung von Kräfteverhältnissen in der Gesellschaft. Er diagnostiziert zunächst eine Neigung zu einer hobbesschen
Machtpolitik beim frühen Latour, dann einen Pragmatismus der politischen Machbarkeit und des politischen Experimentalismus im Anschluss
an Lippmann und Dewey beim mittleren Latour sowie schließlich eine an
Carl Schmitt orientierte Machtpolitik des späteren bzw. des gegenwärtigen
Latour.

Entgegen Harmans Einordnung will ich zeigen, dass Wahrheit für Latours politisches Denken durchaus eine zentrale Rolle spielt, und zwar
in zweierlei Hinsicht. Einmal ist Wahrheit Teil der Negativfolie einer
modernen Wissenschaft und einer damit verbundenen Wahrheitspolitik,
von denen sich das politische Denken der Akteur-Netzwerk-Kollektive
zunächst vehement absetzt. Auffällig ist allerdings zweitens, dass Latour
den Terminus der Wahrheit bzw. genauer des Wahrsprechens oder der
Formen der Veridiktion seit einiger Zeit massiv in den Vordergrund seiner
Argumentation geschoben hat. In seinem Buch *Existenzweisen* bildet er
eine der zentralen konzeptionellen Begrifflichkeiten, wenn insgesamt 15
verschiedene Formen des Wahrsprechens unterschieden werden, die als
ontologische Variationen oder als Existenzweisen verstanden werden und
die die Akteur-Netzwerk-Theorie differenzierungstheoretisch vervollständi-
gen sollen (Latour 2014: 110-114).

Ich beziehe mich für meine Argumentation zunächst auf Bruno Latours
zeitdiagnostische Analyse und Kritik der sog. »Verfassung der Moderne«
als einem spezifischen Wissensregime, in dem wissenschaftliche Fakten
und Politik zunächst streng getrennt scheinen (Latour 2008). Für Latour
handelt es sich bei dem Denken der Modernen allerdings um ein Selbst-
missverständnis, da wissenschaftliche und politische Praxis miteinander
verwoben seien, zum Beispiel in der Herstellung von wissenschaftlichen
Erkenntnissen und ihrer Durchsetzung als Fakten. Diese Zusammenhänge werden unsichtbar, wenn die Debatten der politischen Öffentlichkeit
nur auf zwischenmenschliche Fragen beschränkt und zugleich unter die
Auspizien der wissenschaftlichen Wahrheit gestellt werden. Ich werde darauf eingehen, mit welchen Argumenten aus der Wissenschafts- und Tech-
nikforschung solche wissenschaftlichen Wahrheiten destabilisiert werden
und wie dagegen das politische Machtspiel betont wird, mit dem die Konstruktion von wissenschaftlichen Tatsachen untrennbar verbunden ist. Ich
werde dann zeigen, welche Alternative die STS bzw. die ANT anbietet, indem sie ein Denken in hybriden Operationsketten vorschlägt (vgl. Schüttpelz 2008), das den vielfältig vermengten Akteur-Netzwerken der Praxis
besser entsprechen soll, als die von Latour kritisierte »Matrix des moder-

nen Denkens«. Und ich werde diskutieren, wie Latours Argumentation in eine Theorie der Akteur-Netzwerk-Öffentlichkeiten mündet, für die wissenschaftliche Wahrheit und politische Wahrheit zwei eigentümliche Formen der Veridiktion bilden, die gemeinsam wirksam werden sollen.

2. Latours politisches Denken zwischen Wahrheit und Macht

In seinem philosophischen Essay *Wir sind nie modern gewesen* (2008) stellt Latour seine Analyse einer, wie er es nennt, »Verfassung der Moderne« vor. Im Kern argumentiert Latour, dass ein spezifisch modernes Wissensregime, das er recht schematisch in einen Diskurs der Natur und einen Diskurs der Kultur oder der Gesellschaft unterteilt, die hybriden Ensembles der Praxis, in denen alle möglichen heterogenen Entitäten vermischt sind, verdeckt, wodurch die Produktion solcher hybrider Ensembles wiederum erleichtert wird. Die zwei Diskurse der Natur und der Kultur/Gesellschaft, d. h. die »[w]issenschaftliche Repräsentation und [die] politische Repräsentation« bilden nach Latours Ansicht die beiden getrennten »Regierungshälften« der Moderne (Latour 2008: 40), und es ist sicher nicht abwegig, in dieser Dichotomie eine Variante der Unterscheidung von einem Bereich der wissenschaftlichen Wahrheit und einem Bereich der Macht zu erkennen. Beide Bereiche sind nach Latours Ansicht durch sich ähnelnde innere Paradoxien gekennzeichnet und darüber hinaus, obwohl sie prinzipiell getrennte Sphären bilden sollen, zugleich auch miteinander verschränkt. Aus beiden Richtungen kann also in den Regierungsbereich der jeweils anderen interveniert werden (vgl. Abb. 1).

*Abbildung 1:   Latours »Verfassung der Moderne« und die Interventionsmöglich-
keiten in beide Regierungshälften (vgl. Latour 2008: 20)*

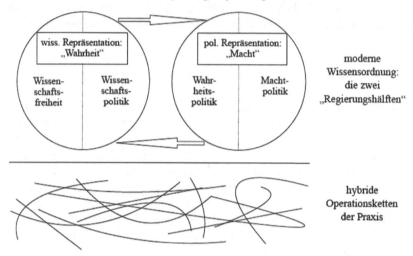

In der Regierungshälfte der wissenschaftlichen Repräsentation, die Latour
mit einer positivistischen, naturwissenschaftlichen Rationalität gleichsetzt,
verortet er beispielsweise »Fakten«, »Tatsachen« und »Objektivität«; die
Wissenschaft bzw. naturwissenschaftliche Gesetzmäßigkeiten bilden die
Folie für diese Regierungsform. Mit anderen Worten stellt sie den Bereich
der (wissenschaftlichen) Wahrheit dar, der vollständig getrennt von politischer (oder auch religiöser) Intervention sein soll, da sich die Gesetze der
Natur nichts und niemandem unterordnen können (mit Sicherheit nicht
Gott oder der Politik). Paradoxerweise lenkt aber, gleichsam verborgen
unter der offiziellen Rede von der objektiven Wahrheit, der moderne
Staat kraft seiner Souveränität den Erkenntnisfortschritt, indem er Wissenschaftspolitik betreibt. Auch ist die Praxis der Wissenschaft selbst wesentlich hybrider in ihrem Ablauf, als es die Rede vom »reinen Erkenntnisin-
teresse« suggeriert. Die Tatsachen sind nicht einfach da und sprechen nicht
einfach für sich selbst, sondern die Wissenschaft benötigt ein ganzes Arsenal an Apparaturen, Techniken, Verfahrensweisen und Menschen, um sie
zum Beispiel in Laboren, Computersimulationen und wissenschaftlichen
Publikationen zum Sprechen zu bringen. Darüber hinaus werden wissenschaftliche Erkenntnisse erst dann zu gültigen Tatsachen oder allgemein
anerkannten Wahrheiten, wenn sie gesellschaftlich vermittelt und etabliert
werden. Dies aber ist ein Prozess, der ohne politisches Geschick, ohne
Machtspiele, ohne die Umsetzung von Wissen in technische Erzeugnisse

und Verfahren und womöglich sogar ohne Un- oder Halbwahrheiten oder ohne Gewalt nicht denkbar ist, z. B. wenn es um das Einwerben von Forschungsgeldern geht oder wenn Versuchstiere in Laboren geschädigt werden. Es ist in diesem Sinne, dass Latour und Woolgar in ihrer klassischen Laborstudie von der »Konstruktion wissenschaftlicher Tatsachen« sprechen, die auch scheitern kann (Latour/Woolgar 1986).

Auf der anderen Seite, d. h. in der Regierungshälfte der politischen Repräsentation, herrscht in der Moderne nach Latours Ansicht die politische Rationalität der Machtspiele. Den Fakten, Tatsachen und der Objektivität der Natur stehen hier die Meinungen, die Werte und die Subjektivität (oder Intersubjektivität) der Menschen gegenüber. Der Wissenschaft steht die Politik und den Naturgesetzen stehen die Gesetzbücher des Staats und der Juristen gegenüber. Im Gegensatz zu einer Natur, die den Menschen und der Gesellschaft äußerlich sei, herrscht hier die Fiktion (die Latour u. a. der politischen Theorie unterschiebt) einer reinen, nur aus Menschen gebildeten Welt, einer Gesellschaft, die sich selbst ihre eigenen Gesetze gibt und die politisch regiert wird. In der Praxis, so argumentieren beispielsweise Callon und Latour in einem frühen Aufsatz (Callon/Latour 1981), ist der Leviathan aber nicht nur aus Menschen zusammengesetzt, er wird nicht durch einen fiktiven Gesellschaftsvertrag hervorgebracht und auch nicht durch rein menschliche Interaktionen am Leben erhalten. Der Leviathan ist aus ihrer Sicht vielmehr ein hybrides Monster, ein vielgestaltiger Leviathan bzw. viele verschiedene Leviathane oder ein »state multiple« (Dölemeyer 2019: 55), der ohne technische Infrastrukturen oder, allgemeiner, ohne eine materielle Dingwelt überhaupt nicht existieren würde. Zugleich kann, gleichsam umgekehrt zur Regierung der Wissenschaft durch die Macht des Staates qua Wissenschaftspolitik, auch die Wahrheit der Natur jederzeit in die menschliche Gesellschaft intervenieren, z. B. indem immer neue technowissenschaftliche Erzeugnisse eingeführt werden. Aber nicht nur das: Auch in die Regierungspraxis der Gesellschaft wird im Namen der Fakten, der Objektivität und der unhintergehbaren, wissenschaftlichen Gesetzlichkeiten oder eben in Form von Wahrheitspolitik interveniert, z. B. wenn wissenschaftliche Expertise die staatliche Regierungspraxis anleiten oder technokratisch gleichsam ersetzen soll. Latour spricht in diesem Sinne etwa von der Ökonomie als einer »second nature« (Latour 2016: 310), deren Gesetzmäßigkeiten einen ähnlichen Härtegrad erreichen sollen wie die Gesetze der ersten, naturwissenschaftlichen Natur. Und er meint mit Blick auf die Regierungshälfte der staatlichen Politik, dass »[l]aw, sociology, economics, cybernetics, system theory, everything has been attempted to replace its own original thinking by another that would deprive it of the burden of thinking politically« (Latour 2007: 6).

Folgt man Latours zeitdiagnostischem Modell der Verfassung der Moderne, dann ergibt sich für die Frage nach dem gegenwärtigen Zustand der Politik bzw. der Demokratie im Verhältnis zur Wahrheit folgendes Bild (vgl. Latour 2008): Die Regierungshälfte der Gesellschaft bzw. der Politik ist für Latour gekennzeichnet durch etwas, das man eine amputierte und unter den Auspizien der (wissenschaftlichen) Wahrheit stehende Öffentlichkeit nennen könnte. Politische Diskussionen sind zunächst einmal auf Fragen des zwischenmenschlichen Zusammenlebens begrenzt, während viele wissenschaftliche und technische Fragen aus der Diskussion ausgeklammert oder jedenfalls nicht adäquat adressiert werden, weil sie dem anderen Bereich der (ersten oder zweiten) »Natur« und der wissenschaftlichen Wahrheit bzw. dem zugeordnet werden, was Wissenschaftsforscher_innen wie Donna Haraway, Karen Barad oder auch Latour »technosciences« nennen. Zugleich kann die objektivierte »Natur« in ihren verschiedenen Varianten in politische Diskussionen intervenieren und dort die Debatte im Namen nicht weiter hinterfragbarer Wahrheit, den unbestreitbaren Fakten, stillstellen. Aus dieser Konstellation ergibt sich für Latour schließlich der Spielraum, der die unkontrollierte und sich beschleunigende Einführung immer neuer und zahlreicherer, technowissenschaftlicher »hybrider Monstren« in die Gesellschaft ermöglicht, d. h. der wissenschaftlich-technische Fortschritt erweist sich in der Moderne aus systematischen Gründen als politisch nicht hinterfragbar.

Dieser Prozess wiederum führt die moderne Wissensordnung an ihre Grenzen bzw. darüber hinaus – das ist es, was wir seit Mitte des 20. Jahrhunderts immer deutlicher erkennen können. Phänomene wie Atomenergie, Gentechnik, Stammzelltherapie, Retortenbabys, Rinderwahn und Creutzfeldt-Jakob-Krankheit, Allergien, Mikroplastik in Kosmetika, im Blutkreislauf und in der Nahrungskette, Ozonloch, Klimaerwärmung, Artensterben usw. lassen sich nicht länger in eine strikte Dichotomie von Natur versus Gesellschaft einsortieren. Zugleich sind sie aufgrund ihrer schieren Menge, Präsenz und vor allem wegen ihrer Umstrittenheit auch nicht länger politisch zu ignorieren bzw. dem Bereich der wissenschaftlichen Fragen zuzuordnen. Latour fordert angesichts dieser Konstellation eine Erneuerung des »öffentliche[n] Leben[s] als allmähliche Zusammensetzung der gemeinsamen Welt« (Latour 2010: 277) bzw. er arbeitet an einer Neukonzeption von Politik und Öffentlichkeit, die diese Probleme der modernen »Verfassung« umgehen soll (vgl. Schölzel 2019). Latours Neuentwurf einer öffentlichen Politik soll das Tempo der Vermehrung hybrider Mischwesen verlangsamen (z. B. Latour 2013: 27) und die öffentliche Kontroverse um ein genaues Einsortieren von Menschen und nichtmenschlichen Wesen in ein umfassendes Kollektiv ermöglichen. Was dabei über Bord geworfen wird, ist die moderne Unterscheidung von unhinterfragbarer wissenschaftlicher Wahrheit und kontingenter politischer Macht, die ersetzt werden durch verschiedene Formen des Wahrsprechens, die unterschiedliche Leistungen für die Komposition eines Kollektivs erfüllen (Latour 2014).

3. Von der Wissenschaftsforschung zu nicht-moderner Politik und Öffentlichkeit

Ein Grundcharakteristikum der Akteur-Netzwerk-Theorie ist der Versuch, sich vom modernen Container-Denken zu verabschieden, das zwei ontologisch grundsätzlich verschiedene Bereiche definiert, d. h. die Natur und die Gesellschaft mit ihren jeweiligen Derivaten wie z. B. Wahrheit und Macht, Objektivität und Subjektivität usw. Stattdessen wird ein Denken in hybriden Operationsketten vorgeschlagen, das die Vernetzung verschiedenster Entitäten zu kollektiven Akteur-Netzwerken zu erfassen sucht. Insbesondere in *Existenzweisen* vergleicht Latour unterschiedliche Operationsmodi für die hybride Verkettung oder die Erzeugung von je spezifischen Akteur-Netzwerken, die sich durch jeweils unterschiedliche, so genannte Wahrheits- bzw. Veridiktionsregime auszeichnen, durch die Akteur-Netzwerke jeweils spezifisch aufgeladen oder auf spezifische Weise verknüpft werden. Wenn Latour hier von Veridiktionsregimen spricht, dann meint er damit wesensmäßig differenzierte Wahrheiten.[1] Wird juristisch wahr gesprochen, z. B. indem die Urheberschaft einer verbotenen Handlung gerichtlich zugerechnet wird, dann werden heterogene Entitäten auf jeweils spezifische Weise miteinander verbunden, d. h. Beweismittel, Gesetzestexte, Personen, Verwaltungstechniken und Sprechakte etc. (vgl. Suntrup/Witte 2019). Wenn solche juristischen Operationen vollzogen werden, dann werden keine wahren Aussagen im wissenschaftlichen Sinn hervorgebracht und es wird auch keine Politik betrieben, wenngleich sich verschiedene solcher Formen überkreuzen und miteinander verbinden können bzw. in der Praxis miteinander verbunden sind. Doch für Latour geht es zunächst um die Frage, wie diese unterschiedlichen Formen zu unterscheiden sind. Was hat es also mit den beiden uns interessieren-

---

1 Diese wesensmäßig unterschiedlichen Formen der Veridiktion beschreiben etwas anderes als Foucaults Ordnungsregime von Diskursen, die durch die »gewaltige Ausschließungsmaschinerie« eines »Willen[s] zur Wahrheit« hervorgebracht werden (Foucault 2007: 17), oder als die unterschiedlichen Formen des »situierten Wissens«, die aus bestimmten Beobachterperspektiven entstehen, wie Haraway zeigt (Haraway 1988).

den Veridiktionsformen bzw. Existenzweisen des wissenschaftlichen und des politischen Wahrsprechens auf sich?

Latours Neukonzeption einer ›wahren‹ Politik (bzw. des Politischen; vgl. Schölzel 2021) stützt sich zunächst einmal auf eine Neukonzeption der (Natur-)Wissenschaft, die aus Sicht der ANT-Wissenschaftsforschung etwas ganz anderes tut, als die Wahrheit über bestimmte Sachverhalte zu erforschen. Die wissenschaftssoziologischen und wissenschaftshistorischen Studien aus dem Feld der STS bzw. der frühen ANT zeigen, dass Wissenschaften nicht die Wahrheit über eine bereits feststehende Welt oder Wirklichkeit aufdecken, sondern dass sie wesentlich daran beteiligt sind, ganz neue Welten bzw. neue Realitäten zu erzeugen und zu stabilisieren. Beispielsweise würden naturwissenschaftliche Erkenntnisse weniger als Theorien über unumstößliche Gegebenheiten einer existierenden Realität das Licht der Welt erblicken, das heißt in Form von wahren Aussagen, sondern vor allem in Form von, wie Annemarie Mol schreibt, »objects that carry new realities, new ontologies with them« (Mol 1999: 75). In Laboren wird also nicht die Wahrheit einer existierenden Welt erkannt, sondern »reality is transformed and [...] new ways of doing reality are crafted« (Mol 1999: 75). In diesem Sinne argumentiert beispielsweise Ian Hacking, dass sogar unterschiedliche Physiken bzw. physikalische Wahrheiten möglich sind, je nachdem, wie man der Welt im Forschungsprozess begegnet: »[I]f you came at the world in another way, you could elicit other phenomena that could be construed as evidence for a different (not formally incompatible, but different) successful physics« (Hacking 1999: 31).

Das heißt aber explizit *nicht*, wie man womöglich aus radikalkonstruktivistischer Perspektive argumentieren würde, dass Realität nur als ein kontingenter Bedeutungseffekt von Wahrnehmungsweisen oder diskursiver Praktiken erscheint. In diesem Sinne wurde Latours und Woolgars frühes Buch *Laboratory Life* gelegentlich interpretiert, z. B. im Zuge der sog. Sokal-Affäre bzw. der sog. Wissenschaftskriege der 1990er-Jahre, in denen ein objektivistisches oder positivistisches Wissenschaftsverständnis einem radikalkonstruktivistischen Wissenschaftsskeptizismus gegenübergestellt wurde (beispielsweise Sokal/Bricmont 1999; vgl. auch Hacking 1999: 1, 63-99 sowie Latour 2002a). Latours und Woolgars Buch trug in der ersten Auflage von 1979 den Untertitel *The Social Construction of Scientific Facts* (Latour/Woolgar 1979), der aufgrund der Rede von der »sozialen Konstruktion wissenschaftlicher Tatsachen« Anlass für eine solche Interpretation gegeben hatte. Allerdings kürzten die Autoren den Titel schon in der zweiten Auflage von 1986 in *The Construction of Scientific Facts* (Latour/Woolgar 1986). Latour kommentierte den ersten Untertitel und die daran anschließenden Missverständnisse später als ein »nachlässig begonnene[s] Experiment« und »einen ziemlich schlechten Anfang mit der unglücklichen Verwendung des Ausdrucks ›soziale Konstruktion wissenschaftlicher Tatsachen‹« (Latour 2010a: 152). Entgegen den häufigen radikalkonstruktivistischen bzw. wissenschaftsskeptischen Fehlinterpretationen, so argumentiert er seither, sei in dieser Studie etwas ganz anderes gezeigt worden, nämlich: »Wenn wir sagen, dass eine Tatsache konstruiert ist, meinen wir einfach, dass wir die solide objektive Realität erklären, indem wir verschiedene Entitäten mobilisieren, deren Zusammensetzung auch scheitern könnte« (Latour 2010a: 158; vgl. allg. Gertenbach 2015) bzw. die »jederzeit wieder auseinandergenommen« (Latour 2013: 11) oder auch anders zusammengefügt werden könnte.

In einer empirischen Studie, in der Latour naturwissenschaftliche Feldforschungen in einem Stück Regenwald am Amazonas analysiert, entwickelt er für ein adäquateres Verständnis von wissenschaftlicher Arbeit und von den Ergebnissen, die dabei entstehen, das Konzept der »zirkulierenden Referenz« (Latour 2002b). Was Forschung seines Erachtens tatsächlich leistet, ist das schrittweise Herstellen (also Konstruieren) von Übersetzungsketten, die es ermöglichen, eine Verbindung aufzubauen und aufrecht zu erhalten zwischen einer spezifischen Entität, mit der man vorher nicht oder nicht dermaßen in Kontakt stand, und dem, was wir Wissen nennen. Es geht also darum, wie eine Verbindung hergestellt wird beispielsweise zwischen einem Stück Regenwald, über das man vorher nicht Bescheid wusste, und einer auf Papier gedruckten Abhandlung, die in einem wissenschaftlichen Journal veröffentlicht wird und in den Kanon des herrschenden Wissens eingehen kann. Zwischen beiden liegt eine Anzahl an Arbeits- oder Übersetzungsschritten, etwa die Auswahl und Markierung eines Geländeabschnitts, der systematisch untersucht wird, das Ausstechen von Bodenproben in regelmäßigen Abständen und ihr Einsortieren und Markieren in einem mit einer Anzahl gleich großer Schachteln bestückten Holzkasten, die Ermittlung der stofflichen Zusammensetzung der Bodenproben, das Aufzeichnen von Geländeprofilen auf Notizblättern, das Übertragen von Inhaltsstoffen der Bodenproben in Worte, Zahlen und Tabellen, das Niederschreiben eines Textes und dessen Anpassen an die disziplinären und editorischen Gepflogenheiten einer Zeitschrift usw. Mit jedem dieser Schritte geht etwas verloren, nämlich »Lokalität, Partikularität, Materialität, Vielfalt [und] Kontinuität«, aber es wird auch etwas hinzugewonnen, nämlich »Kompatibilität, Standardisierung, Text, Berechnung, Zirkulation [und] relative Universalität« (Latour 2002b: 86). Am Ende dieses Prozesses kann man legitimerweise davon sprechen, dass (sicheres) Wissen über eine bestimmte (Tat-)Sache existiert.

In Latours Diktion leistet die (Natur-)Wissenschaft also das reversible Knüpfen von Verbindungen bzw. von Verbindungswegen hin zu Entitäten, mit denen wir zuvor nicht oder jedenfalls nicht auf diese Weise in Kontakt standen. Ein wissenschaftlicher Text über die Bodenverhältnisse im Amazonaswald transportiert insofern sicheres Wissen, als der Weg, der zu diesen Feststellungen geführt hat, überprüfbar ist, d. h. rückwärts nachvollzogen werden kann und nicht einfach infrage zu stellen ist. Wird dieses Wissen anerkannt und nicht weiter hinterfragt, kann man von einer Tatsache (oder von einem Faktum) sprechen, die (bzw. das) in diesem Sinne solide und nur über sehr aufwändige Verfahren neuer oder anderer wissenschaftlicher Forschung infrage zu stellen ist. Die fertig eingerichtete Referenzkette etabliert ein bestimmtes Veridiktionsregime, das Latour als »*direkten* Zugang« oder »Geradlinigkeit« einer wissenschaftlichen Verknüpfung bezeichnet (Latour 2014: 192, Herv.i.O.). Zugleich eröffnet der so eingerichtete Zugang zu diesen Entitäten des wissenschaftlichen Wissens unter Umständen die Möglichkeit zu ihrer Manipulation, d. h. zur Veränderung des tatsächlichen Aufbaus (dieses Ausschnitts) der Welt. Ein exzellentes Beispiel hierfür ist der durch wissenschaftliche Forschung ermöglichte Zugang zu Genen und die daraus entwickelten Varianten der Gentechnik, die den molekularen Aufbau der lebendigen Welt verändern.

Mit der wissenschaftlichen Feststellung von gesichertem Wissen oder Tatsachen ist allerdings noch wenig darüber gesagt, welche Wirkung sie in der Gesellschaft und Politik entfalten. In konzeptioneller Hinsicht ist für ein ANT-Politikverständnis deshalb insbesondere relevant, was bereits in der Wissenschaftsforschung gezeigt wurde, nämlich dass es die Wirklichkeit, die Realität als *eine feststehende und unveränderliche Welt der Tatsachen* nicht gibt. Die Welt ist zwar objektiv (oder »interobjektiv«, vgl. Latour 1996) und sie kann auch solide sein, aber letzteres nur, wenn sie gut zusammengesetzt ist. Wenn es um die menschliche Welt geht, dann leistet die Wissenschaft einen spezifischen Beitrag zu deren Zusammensetzung, indem sie zunächst solide Zugänge zu bestimmten Entitäten eröffnet und dann daran anschließend neue technowissenschaftliche Erzeugnisse entwickelt werden, die die Gesellschaft bzw. die Zusammensetzung der Gesellschaft verändern, also etwa Gentechnik als Folge des »Zugangs« zu Genen. Dass in der Wissenschaft neue Realitäten gemacht werden, wird in der ANT-Diskussion verbunden mit der Forderung nach etwas, das »ontologische Politik« genannt wird (Mol 1999), d. h. nach der kontroversen politischen Diskussion verschiedener Wirklichkeitsentwürfe, die in unterschiedliche mögliche Welten führen können.

In diesem Sinne ist Latours Bemerkung zu verstehen, dass wir uns von den politischen Abkürzungen einer »Realpolitik« und auch von Kritik im Namen unumstößlicher Tatsachen oder Fakten verabschieden sollten und stattdessen »kontroverse Dinge« oder »Streitsachen« zum Ausgangspunkt einer »Dingpolitik« gemacht werden sollten (Latour 2005, 2007a). Und in diesem Sinne argumentiert auch Noortje Marres, dass wir unsere Tatsachen nicht wieder zurückbekommen werden – auch nicht im Sinne von »Fakten-Checks« oder ähnlichen Formaten –, sondern Übereinkünfte über die Zusammensetzung der von uns bewohnten Welt(en) in öffentlichen Kontroversen und auf experimentelle Weise erzeugt werden müssen (Marres 2018). Politik wiederum ist vor diesem Hintergrund kein Prozess der Verständigung von Menschen im Hinblick auf kontingente Wertentscheidungen über feststehende Tatsachen, sondern beides, die Tatsachen- als auch die Wertdimension, ist in den Praxisprozessen sowohl der Wissenschaft als auch der Politik untrennbar miteinander verwoben bzw. beides wird im Verlauf der spezifischen Verknüpfungsprozesse erst hervorgebracht. Das Politikmodell, an dem in den STS bzw. in der ANT-nahen Diskussion gearbeitet wird, verbindet das grundlegende Denken in Operationsketten mit den Einsichten der Wissenschaftsforschung über das Hervorbringen neuer Realitäten und mit einem pragmatischen Öffentlichkeitsdenken. Auch Politik und Öffentlichkeiten leisten das Verknüpfen von menschlichen und nichtmenschlichen Entitäten zu dem, was Latour »hybride Kollektive« nennt, und damit etwas anderes, als die intersubjektive Verständigung in einer nur aus Menschen bestehenden Gesellschaft über einen gegebenen, feststehenden Sachverhalt einer der Gesellschaft äußerlich gedachten Natur.

In solchen Prozessen sollen im Kern zwei Operationen zusammenlaufen: Es soll einerseits darum gehen, wie kontroverse Dinge (z. B. neu entdeckte Entitäten der Natur oder neu erfundene Erzeugnisse der Technik) in ein Kollektiv ein- oder aus ihm aussortiert werden; und andererseits darum, wie politische Rhetoriken bzw. Techniken der (symbolischen) Umhüllung dafür sorgen, dass das (neu zusammengesetzte) Kollektiv sich ein Bild seiner selbst, seiner Gestalt als politischer Körper machen kann. Für ein Verständnis der kontroversen Dinge ist es entscheidend, ihre nicht a priori feststehenden Ontologien in Betracht zu ziehen, die das Hervorbringen unterschiedlicher Welten oder Realitäten ermöglichen. Folgt man Latour, dann meint dies zweierlei: Erstens gibt es Wesen mit »noch offenem ontologischen Status«, die Anlass für politische Kontroversen sein können, und zweitens bieten die Wesenheiten die Möglichkeit, »ontologische Sorten oder Arten« bzw. Existenzweisen auszubilden, je nachdem wie eine Kontroverse entschieden bzw. wie eine Entität in ein Akteur-Netzwerk eingebunden wird (Latour 2014: 238, 241). Politik kann entsprechend keine unbestreitbare Realpolitik oder Technokratie, aber auch keine auf

Diskurseffekte oder auf kulturelle Identitäten zielende Symbol- oder Hege-moniepolitik oder diskursive Verständigung sein, sondern eben »ontologi-sche Politik«, d. h. das Neuzusammensetzen einer gemeinsamen Welt von ihren kleinsten bis hin zu ihren größten Verbindungen. Die Wahrheit der Politik bemisst sich nach Latour dabei daran, wie erfolgreich sie den Prozess der Beilegung einer Kontroverse und der Herausbildung eines Kollektivs leisten kann, d. h. wie gut umstrittene Entitäten eingebunden werden, wenn gleichzeitig das Kollektiv so umfassend wie möglich hervor-gebracht, d. h. zusammengesetzt und verkörpert werden soll (vgl. Latour 2014: 476-478).

Ein Beispiel für den noch offenen ontologischen Status einer umstrit-tenen Entität findet man etwa in der Kontroverse um Rinderwahn und Creutzfeldt-Jakob-Krankheit in den 1990erJahren, deren Auslöser zunächst nicht bekannt war und dessen Spuren nicht in die gängigen wissenschaftli-chen Register passten. Dennoch schien politisches Handeln geboten, weil allein der Verdacht, dass Menschen von der Rinderkrankheit infiziert wer-den könnten, dafür Anlass gab. Callon et al. beschreiben solche Prozesse als »overflows« (Callon et al. 2011: 28), d. h. die noch unbekannten Enti-täten stoßen eine politische Kontroverse an, die bearbeitet werden muss, obwohl über ihre Auslöser Ungewissheit herrscht und sie wissenschaftlich erst später als Prionen bestimmt und neu klassifiziert werden konnten. Der Fall der variablen Ontologien meint, dass bestimmte Entitäten auf dem Weg durch unterschiedliche Verkettungen ihre Wesenheiten verän-dern können, je nachdem, mit welcher Form des »Wahrsprechens« sie ver-knüpft werden bzw. welche Existenzweise sie jeweils ausbilden. In der Kli-madebatte findet man beispielsweise Versuche, die Erderwärmung als rein natürlichen Prozess prozessieren zu lassen, der politisch nicht adressiert werden kann (Alexander Gauland), oder als Fiktion, die machtpolitischen Kalkülen entspringt (Donald Trump), oder eben als gut gesichertes Wis-sen, dass zu expertokratischer (Christian Lindner) oder zu aktivistischer Politik (*Fridays for Future*) Anlass bietet. Alle diese Varianten (und weitere) sind möglich. Sie müssen sich allerdings in einer politischen Kontroverse jeweils bewähren und je nachdem, wie entschieden wird, die umstrittene Entität ›Erderwärmung‹ ein- oder auszusortieren, schlägt das Kollektiv un-terschiedliche Entwicklungsbahnen ein. Für diese Entscheidung ist wiede-rum die politische Rhetorik bedeutsam, der es gelingen muss, einem neu zusammenzusetzenden Kollektiv für einen Moment eine Gestalt, ein (eini-germaßen kohärentes) Selbstbild zu geben. Krumm ist dieses politische Sprechen für Latour deshalb, weil es eine auf sich selbst gefaltete Operati-onskette bzw. eine zirkuläre Trajektorie erzeugen soll, die anders als ein wissenschaftlicher Text gerade nicht geradlinig argumentiert. Latour vergleicht sie eher mit dem »Spin« des politischen Marketings (Latour 2003; vgl. Abb. 2).

Abbildung 2: *Die Politik soll das Ein- oder Aussortieren einer umstrittenen Entität (oder ihren Ausschluss als ›Feind‹) und das Erzeugen eines umhüllenden Selbstbildes des Kollektivs leisten, wobei unterschiedliche Entwicklungspfade möglich sind.*

Politik als Operationskette

politische Versammlung:
„krumme" Kontroverse um die
Beziehung zu einer umstrittenen
Entität und die künftige Gestalt

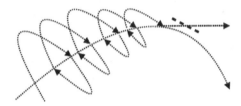

umstrittenes Ding
und politische
Rhetorik

integriertes
Kollektiv und
ausgeschlossener
„Feind"

Für ein Verständnis der latourschen wahren Politik ist entscheidend, dass es seines Erachtens kein optimales politisches Kollektiv geben kann und man niemals (weder im Vorhinein noch im Nachhinein) genau wissen kann, wie das Ensemble bestenfalls zusammengefügt werden muss (Latour 2014: 632; 2017: 89; vgl. Kleinherenbrink/Van Tuinen 2019). Das Hervorbringen eines Kollektivs ist deshalb nicht einfach zu bewerkstelligen, es kann auf vielfache Weise scheitern. Deshalb insistiert Latour darauf, dass der politische Prozess immer wieder neu aufgenommen werden muss (Latour 2014: 463). Weil man nie mit Sicherheit wissen kann, was auf einen zukommt und wie mit anstehenden Problemen umzugehen ist, wird ein einmal zusammengesetztes Kollektiv immer nur vorläufig verknüpft sein und muss immer wieder neu versammelt werden. Und es existieren stets Entitäten, die noch nicht oder nicht mehr integriert sind bzw. integriert werden konnten, die sich allerdings weiterhin, erneut oder ganz neu vor den Türen eines Kollektivs bemerkbar machen. Solche nicht integrierten oder eventuell auch explizit ausgeschlossenen Entitäten und Kollektive, die zu einem gebildeten Kollektiv inkommensurabel sind, apostrophiert Latour mit dem Konzept des »Feindes«, das er bei Carl Schmitt entlehnt. Mit solchen Feinden befindet sich ein Kollektiv nicht notwendig in einem existenziellen Kampf, sondern Latours stark reduzierte bzw. schwach dosierte Bezugnahme auf Schmitt (vgl. Latour 2017: 373) greift die Idee auf, dass mit solchen Konstellationen Konflikte beschrieben werden, »die weder durch eine im voraus getroffene generelle Normierung, noch durch den Spruch eines ›unbeteiligten‹ und daher ›unparteiischen‹ Dritten entschieden werden können« (Schmitt 1963: 27; vgl. Latour 2017: 398). Mit anderen Worten, und bezogen auf unser Thema, können solche Konflikte nicht im Namen einer wie auch immer verstandenen Wahrheit stillgestellt, neutralisiert und aufgelöst werden (auch nicht im Namen einer wissenschaftlichen Wahrheit, wie am Beispiel der Leugner des anthropogenen Klimawandels deutlich wird, die das gut gesicherte Wissen der Klimaforschung nicht anerkennen, weshalb man mit ihnen nicht vernünftig reden kann, die aber unter Umständen politisch dennoch ernst zu nehmen sind, weshalb man womöglich mit ihnen verhandeln muss). Divergierende Weltentwürfe müssen deshalb mühselig politisch aus- und umgearbeitet sowie aufeinander abgestimmt werden, um eine gemeinsame Welt bzw. ein künftiges Kollektiv erst hervorzubringen. Anstatt einen existenziellen Kampf heraufzubeschwören, schlägt Latour deshalb eine diplomatische Vorgehensweise für diese mühselige Arbeit des Zusammenfügens des (zunächst) Unvereinbaren vor (z. B. Latour 2004).

4. Eine andere postfaktische Politik?

Sind vor diesem Hintergrund alle möglichen Varianten der politischen Erzeugung von Realität gleich-gültig? Und was heißt das für die Frage nach einer postfaktischen Politik, die zunehmend problematisiert wird? Zunächst ist festzuhalten, dass man bei Latour die vielleicht etwas überraschende, quasi-normative Formulierung findet, dass die politische Komposition eines Kollektivs mehr oder weniger gut bzw. schlecht gelingen könne (beispielsweise Latour 2013: 11), genauso wie der Bau eines Gebäudes mehr oder weniger gut gelingen kann oder wie ein wissenschaftliches Experiment mehr oder weniger erfolgreich verlaufen kann. Doch was sind die jeweiligen Gütekriterien bzw. wie identifiziert man die gut oder schlecht zusammengefügten Akteur-Netzwerke? Mit dieser Frage führt Latour die unterschiedlichen Varianten der Veridiktion in das Spiel seiner Argumentation ein. In der Wissenschaftsforschung wurde als Erfolgskriterium für die Bewertung der Gültigkeit von wissenschaftlichem Wissen auf die Solidität der Referenzketten verwiesen, d. h. die Fakten müssen sprichwörtlich hart sein, um wahr zu sein und um Bestand haben zu können (Latour 1987). Im Zusammenhang mit der Beschreibung von politischen Operationsketten postuliert Latour als Erfolgskriterium dagegen die Erweiterung oder die fortschreitende Inklusionsfähigkeit des Kollektivs, die gut sei, während eine verstärkte Ab- und Ausgrenzung, die ein Schrumpfen des Kollektivs impliziert, schlecht sei (Latour 2014: 469).

Eine bestimmten Sachverhalten angemessene, rationale Politik müsste vor diesem Hintergrund in der Lage sein, solides Wissen und unterschiedlichste weitere, heterogene Entitäten zu einem Kollektiv zusammenzufügen. Dabei hilft die Einsicht der Wissenschaftsforschung, dass auch für das Etablieren von Wissen als Tatsachen in der Gesellschaft politische Arbeit notwendig ist, die geleistet werden muss und die scheitern kann (z.B. Latour 2002c). Wenn dieser Prozess gelingt, dann ist dies gleichbedeutend mit dem Ende einer Kontroverse, für die sowohl wissenschaftliche als auch politische Operationen relevant sein können. Doch wie lassen sich beide unterschiedliche Operationslogiken in Übereinstimmung bringen? Hier scheint mir insbesondere der experimentelle Charakter von Wissenschaft eine wesentliche Rolle zu spielen, der (unter Rückgriff auf John Deweys Öffentlichkeitstheorie) in einen politischen Experimentalismus übersetzt werden soll. Die Kontroversen der Gegenwart um Erderwärmung, Gentechnik, Migration usw. übersteigen systematisch die Grenzen unserer etablierten Foren der politischen Problembearbeitung und der politischen Integration, d. h. die zumeist nationalstaatlich verfassten Öffentlichkeiten. In diesem Sinne existiert tatsächlich eine Krise der Demokratie bzw. der Repräsentation oder der Öffentlichkeit. Die aus der Wissenschafts- und Techniksoziologie angeregte Arbeit an einem neuen politischen Experimentalismus führt dabei in verschiedene Richtungen, z. B. in die Diskussion medientechnischer Entwicklungen und die Entwicklung neuer Methoden der digitalen Soziologie, wie sie etwas Noortje Marres vorantreibt (z.B. Marres 2013, 2017; Lezaun et al. 2017). Doch bleibt auch vor diesem Hintergrund (und angesichts des zeitgenössischen digitalen Populismus) die Frage relevant, inwiefern mit neuen experimentellen Politikformen ein Lernfortschritt impliziert werden kann.

Latours Lösungsvorschläge für dieses Problem führen in zwei Richtungen. In *Das Parlament der Dinge* wird zunächst der Staat als administrative Serviceagentur für die Beurteilung der »relative[n] Fruchtbarkeit der kollektiven Experimente« ins Spiel der Argumentation gebracht (Latour 2010: 254). Doch wirkt dieser Rückgriff auf den Staat mindestens fragwürdig, allein schon angesichts der diagnostizierten Problemlagen, die die Grenzen der etablierten Staaten überschreiten. Für den Fall eines Ausfalls der etablierten Routinen der Bewertung (bzw. des Staats) plädiert Latour daher unter Bezugnahme auf Walter Lippmanns Theorie der Öffentlichkeit dafür, die Bewertung einer politischen Kontroverse einem Publikum aus Nicht-Experten zu überlassen, das anhand der simplen und oberflächlichen Einschätzung entscheiden könne, welche der konkurrierenden Artikulationen mehr oder weniger parteilich und damit mehr oder weniger inklusiv sei (Latour 2008a: 21). Latour stützt sich dabei auf die (womöglich hoffnungslos idealistische) Vorstellung, dass eine ad hoc versammelte Öffentlichkeit die weniger parteiliche und damit stärker inklusive Konfliktpartei unterstützen werde.

Doch was geschieht, wenn ein politisches Kollektiv oder eine staatliche Administration und auch die Öffentlichkeit von Gruppen dominiert werden, die einen wissenschaftlich gut erforschten Sachverhalt wie beispielsweise die menschengemachte Erderwärmung völlig losgelöst von diesem Wissen etwa als reinen Naturprozess oder als rein fiktive Erfindung einer wirtschaftlich konkurrierenden Gesellschaft beschreiben? Oder wenn eine staatliche Administration politische Maßnahmen in die Wege leitet, die unter dem Etikett »Klimapaket« nicht das Katastrophenszenario der heraufziehenden Erderwärmung, sondern eher das konkurrierende Katastrophenszenario einer sich spaltenden Gesellschaft zu bearbeiten vorgibt? »Politik ist nicht Wissenschaft« und »Wir müssen die Menschen mitnehmen«! Man kann vermuten, dass sich auch in einem solchen Fall die beiden Operationsketten des Ein- oder Aussortierens einer kontroversen Entität und der ein- oder ausschließenden politischen Rhetorik überschneiden müssen. Denn die politische Artikulation gelingt dann gut, wenn umstrittene Entitäten in eine Gesellschaft so inkludiert werden, dass die Kontroverse um sie beendet wird. Ein politischer Ausschluss aus dem Kollektiv ist zwar ebenfalls möglich, aber Latours Wette auf die Zukunft lautet, dass solche Entitäten irgendwann wieder vor der Tür stehen und doch bearbeitet werden müssen. Die Erderwärmung lässt sich also im Prinzip als Fiktion oder als reiner Naturprozess oder auch im Namen einer »ausgewogenen Politik« aus der politischen Problembearbeitung ausschließen, doch wird das bestehende politische Kollektiv den »trials of strength« der Klimaerwärmung nur dann standhalten, wenn es einen Weg findet, ihre Wirkungen in irgendeiner Weise einzubinden und damit ein Stück weit unter Kontrolle zu bringen. Auch wenn die Richtung der Neukomposition nicht völlig klar ist, dürfte damit zumindest ein Lernfortschritt impliziert sein.

5. Schluss

Als ich diese Zeilen schrieb, meldeten die Nachrichten den Ausstieg der USA aus dem Pariser Klimaabkommen von 2015, den die Regierung Donald Trumps zum frühestens möglichen Zeitpunkt im November 2020 vollziehen wollte – genau einen Tag nach der nächsten US-amerikanischen Präsidentschaftswahl. Die *tageszeitung* schrieb deshalb von einer »entscheidende[n] Wahl«, die »entweder Donald Trump« oder »der internationale Klimaschutz« gewinnen werde (taz.de 2019). Auch wenn wir das Ergebnis inzwischen kennen, liegt auf der Hand, dass beide Varianten möglich waren und womöglich weiterhin möglich sind. Mit den Erkenntnissen der Wissenschaftsforschung und dem daraus entwickelten politischen Denken im Hintergrund können wir nicht darauf hoffen, dass sich die eine Variante gleichsam automatisch gegen die andere durchsetzt, allein deshalb, weil sie mit einer wissenschaftlich stichhaltigen Lagebeschreibung operiert und darauf aufbauend Lösungen sucht, während die andere Seite unverhohlen lügt. Erscheint ein Rückgriff auf eine klassische Wahrheitspolitik, also eine Politikoption, die sich durch unbestreitbare Fakten anleiten lässt, angesichts des drohenden Desasters nicht doch als sinnvollere Alternative? Oder nehmen wir ein anderes, neben der Klimakrise nicht weniger drängendes Problem, die Migrationskrise. Was nützt es darauf zu vertrauen, dass die Ausgeschlossenen wieder an die Tür unseres Kollektivs klopfen, wenn damit das Sterben hunderter oder tausender Menschen z. B. im Mittelmeer, denen viele weitere folgen werden, an den Rand der politischen Wahrnehmung geschoben zu werden droht? Wird die Wahrheit dieser Schicksale mit dem hier rekonstruierten Politikmodell nicht systematisch ausgeblendet oder zumindest das Auf-die-lange-Bank-Schieben des Problems billigend in Kauf genommen?

Die ganze Pointe des in diesem Kapitel diskutierten Denkens der Beziehungen zwischen Wahrheit und Politik besteht darin, dass es für die aufgeworfenen Fragen keine einfachen Lösungen gibt bzw. geben kann. Insbesondere ist der Rückgriff auf das moderne Wahrheitsdenken keine Lösung, weil es selbst ein grundlegendes Element der vorliegenden Problematik ist. In seinem »kompositionistischen Manifest« bietet Latour für die Darlegung dieses Zusammenhangs ein interessantes Bild an (Latour 2013: 24-25): Die ›Modernen‹ hätten mit ihrer Idee des wissenschaftlich-technischen Fortschritts die Vorstellung von einer besseren, leuchtenderen Zukunft entworfen, in die die Wissenschaft ihnen im Namen ihrer Wahrheit den Weg weisen konnte. Diese Idee und dieser Weg in eine fortschrittliche Zukunft seien unwiederbringlich verloren gegangen, wie die Krisen der Gegenwart zeigen, die u. a. auch Krisen der wissenschaftlichen Wahrheit sind. Die ›Modernen‹, die tatsächlich vor allem zurückgeschaut haben und vor den Schrecken ihrer Vergangenheit geflüchtet seien, verübten auf ihrem Pfad des Fortschritts (doch gleichsam hinter ihrem Rücken oder unterhalb ihres Wahrnehmungshorizonts) zahllose persönliche, soziale, koloniale, ökologische usw. Verbrechen. Die Gefahr, dass genau dieser Pfad wieder aufgenommen wird, lauert hinter dem zeitgenössischen Ruf, dass wir auf *die* Wahrheit in der Politik nicht verzichten können.

Die Perspektiven, die nun vor uns liegen, wenn wir den blinden Fortschrittsglauben hinter uns lassen, sind dennoch nicht erfreulich, selbst aus unserer Position als (relative) Gewinner der bisherigen wissenschaftlich-technischen Entwicklungen. Mindestens die ökologischen Krisen (und die damit zusammenhängenden Krisen der Migration, der Ernährung, der Gesundheit usw.) kommen unerbittlich auf uns alle zu, so dass sich auch große Nationalstaaten oder oligarchische Gruppen nicht vor ihnen hinter Grenzzäunen, in Gated Communities oder in Golfhotels werden verstecken können. Dass verschiedene Perspektiven existieren und verschiedene Welten möglich sind, heißt nicht, dass alle diese Welten gleichermaßen gut zusammengesetzt und gleichermaßen wünschenswert sind. Heute können wir unsere politischen Optionen mindestens anhand der Perspektive vieler fragmentierter, sich letztendlich feindlich gegenüberstehender Gruppen einerseits oder der Perspektive einer Suche nach gemeinsamen Problemlösungen andererseits unterscheiden. In den letzten Jahrzehnten wurde Politik häufig im Namen vermeintlich alternativloser Wahrheit stillgestellt. Angesichts der real existierenden ›Alternative‹ kommt es nun darauf an, für die sich immer gravierender ändernden Welten und angesichts der verschiedenen, auseinanderstrebenden Interpretationen bessere gemeinsame Perspektiven zu entwickeln. Die Mobilisierung des uns zur Verfügung stehenden wissenschaftlichen Wissens ist dabei allemal so relevant wie unsere politischen Freundschaften und wie das Berücksichtigen unseres moralischen Kompasses, unseres Gerechtigkeitsempfindens und unserer Empathie für alle möglichen Wesen, die uns mehr oder weniger nah sind.

Literaturverzeichnis

Callon, Michel/Lascoumes, Pierre/Barthe, Yannick 2011: Acting in an Uncertain World. An Essay on Technical Democracy, Cambridge, MA.

Callon, Michel/Latour, Bruno 1981: Die Demontage des großen Leviathans: Wie Akteure die Makrostruktur der Realität bestimmen und Soziologen ihnen dabei helfen, in: Belliger, Andréa/Krieger, David (Hrsg.): ANThology. Ein einführendes Handbuch zur Akteur-Netzwerk-Theorie, Bielefeld, 75-101.

Dölemeyer, Anne 2019: Multiple Staatskörper? Zum politikwissenschaftlichen Nutzen der Konzeption des *body politic* bei Latour, in: Schölzel, Hagen (Hrsg.): Der große Leviathan und die Akteur-Netzwerk-Welten. Staatlichkeit und politische Kollektivität im Denken Bruno Latours, Baden-Baden, 55-84.

Foucault, Michel 2007: Die Ordnung des Diskurses, Frankfurt/Main.

Gertenbach, Lars 2015: Entgrenzungen der Soziologie. Bruno Latour und der Konstruktivismus, Weilerswist.

Gertenbach, Lars/Opitz, Sven/Tellmann, Ute 2016: Bruno Latours neue politische Soziologie - Über das Desiderat einer Debatte, in: Soziale Welt 67:3, 237-248.

Hacking, Ian 1999: The Social Construction of What?, Cambridge, MA/London.

Haraway, Donna 1988: Situated Knowledge: The Science Question in Feminism and the Privilege of Partial Perspective, in: Feminist Studies 14:3, 575-599.

Harman, Graham 2014: Bruno Latour. Reassembling the Political, London.

Kleinherenbrink, Arjen/Van Tuinen, Sjoerd 2019: Der repolitisierte Staat, in: Schölzel, Hagen (Hrsg.): Der große Leviathan und die Akteur-Netzwerk-Welten. Staatlichkeit und politische Kollektivität im Denken Bruno Latours, Baden-Baden, 29-54.

Latour, Bruno 2017: Kampf um Gaia. Acht Vorträge über das neue Klimaregime, Berlin.

Latour, Bruno 2016: Onus Orbis Terrarum: About a Possible Shift in the Definition of Sovereignty, in: Millennium – Journal of International Studies 44:3, 305-320.

Latour, Bruno 2014: Existenzweisen. Eine Anthropologie der Modernen, Berlin.

Latour, Bruno 2013: Versuch eines ›Kompositionistischen Manifests‹ in: Zeitschrift für Theoretische Soziologie, 2:1, 8-30.

Latour, Bruno 2010a: Eine neue Soziologie für eine neue Gesellschaft. Einführung in die Akteur-Netzwerk-Theorie, Frankfurt/Main.

Latour, Bruno 2010: Das Parlament der Dinge. Für eine politische Ökologie, Frankfurt/Main.

Latour, Bruno 2008a: Le fantôme de l'ésprit public. Des illusions de la démocracie aux réalités de ses apparitions, in: Lippmann, Walter: Le public fantôme, Paris, 3-49.

Latour, Bruno 2008: Wir sind nie modern gewesen. Versuch einer symmetrischen Anthropologie, Frankfurt/Main.

Latour, Bruno 2007a: Elend der Kritik. Vom Krieg um Fakten zu Dingen von Belang, Zürich/Berlin.

Latour, Bruno 2007: How to Think Like a State. Lecture for the Dutch Scientific Council for Government Policy, in: http://www.bruno-latour.fr/sites/default/files/P-133-LA%20HAYE-QUEEN.pdf; 13.7.2017.

Latour, Bruno 2005: Von der Realpolitik zur Dingpolitik oder Wie man Dinge öffentlich macht, Berlin.

Latour, Bruno 2004: Krieg der Welten - Wie wäre es mit Frieden?, Berlin.

Latour, Bruno 2003: What if we Talked Politics a Little?, in: Contemporary Political Theory 2:2, 143-164.

Latour, Bruno 2002c: Von der Fabrikation zur Realität. Pasteur und sein Milchsäureferment, in: ders.: Die Hoffnung der Pandora. Untersuchungen zur Wirklichkeit der Wissenschaft, Frankfurt/Main, 137-174.

Latour, Bruno 2002b: Zirkulierende Referenz. Bodenstichproben aus dem Urwald am Amazonas, in: ders.: Die Hoffnung der Pandora. Untersuchungen zur Wirklichkeit der Wissenschaft, Frankfurt/Main, 36-95.

Latour, Bruno 2002a: ›Glaubst Du an die Wirklichkeit?‹ Aus den Schützengräben des Wissenschaftskriegs, in: ders.: Die Hoffnung der Pandora. Untersuchungen zur Wirklichkeit der Wissenschaft, Frankfurt/Main, 7-35.

Latour, Bruno 1996: On Interobjectivity, in: Mind, Culture, and Activity 3:4, 228-245.

Latour, Bruno 1987: Science in Action. How to follow scientists and engineers through society, Cambridge, MA.

Latour, Bruno/Woolgar, Steve 1986: Laboratory Life. The Construction of Scientific Facts, Princeton/NJ.

Latour, Bruno/Woolgar, Steve 1979: Laboratory Life: The Social Construction of Scientific Facts, Beverly Hills.

Laux, Henning 2011: Das Parlament der Dinge. Zur Rekonstruktion einer Rezeptionsblockade, in: Soziologische Revue 34:3, 285-297.

Lezaun, Javier/Marres, Noortje/Tironi, Manuel 2017: Experiments in Participation, in: Felt, Ulrike/Fouché, Rayvon/Miller, Clarke A./Smith-Doerr, Laurel (Hrsg.): Handbook of Science and Technologie Studies, 4. Auflage, Cambridge, MA/London, 195-222.

Marres, Noortje 2018: Why We Can't Have Our Facts Back, in: Engaging Science, Technologie, and Society 4, 423-443.

Marres, Noortje 2017: Digital Sociology. The Reinvention of Social Research, London.

Marres, Noortje 2013: Why political ontology must be experimentalized: On eco-show homes as devices of participation, in: Social Studies of Science 43:3, 417-443.

Mol, Annemarie 1999: Ontological politics. A word and some questions, in: Law, John/Hassard, John (Hrsg.): Actor-Network-Theory and after, Oxford, 74-89.

Schmitt, Carl 1963: Der Begriff des Politischen, Berlin.

Schölzel, Hagen 2021: Bruno Latour und die Phantome des Politischen, in: Flügel-Martinsen, Oliver/Martinsen, Franziska/Saar, Martin (Hrsg.): Das Politische (in) der Politischen Theorie, Baden-Baden, 161-178.

Schölzel, Hagen 2019: Von der Illusion des Leviathan zum Phantom der Öffentlichkeit. Latours Arbeit an einem neuen Politikmodell, in: ders. (Hrsg.): Der große Leviathan und die Akteur-Netzwerk-Welten. Staatlichkeit und politische Kollektivität im Denken Bruno Latours, Baden-Baden, 175-199.

Schüttpelz, Erhard 2008: Der Punkt des Archimedes. Einige Schwierigkeiten des Denkens in Operationsketten, in: Kneer, Georg/Schroer, Markus/Schüttpelz, Erhard (Hrsg.): Bruno Latours Kollektive. Kontroversen zur Entgrenzung des Sozialen, Frankfurt/Main, 234-258.

Sokal, Alan/Bricmont, Jean 1999: Eleganter Unsinn. Wie die Denker der Postmoderne die Wissenschaften missbrauchen, München.

Suntrup, Jan Christoph/Witte, Daniel 2019: Von der dermatologischen Analyse zur Sozialontologie: Anmerkungen zu Bruno Latours ANTbergung des Rechts, in: Schölzel, Hagen (Hrsg.): Der große Leviathan und die Akteur-Netzwerk-Welten. Staatlichkeit und politische Kollektivität im Denken Bruno Latours, Baden-Baden, 85-114.

taz.de 2019: Trump gegen das Klima, in: http://www.taz.de/USA-treten-aus-Klimaabkommen-aus/!5639055/, 05.11.2019.

Von der Wahrheit der Körper zur Wahrheit der Demokratie. Medizinische Körperpolitiken als das ›Außen‹ der Demokratie

Gundula Ludwig

Aus radikaldemokratischer Perspektive kann Demokratie nicht auf Setzungen beruhen, die Politik begründen wollen, liegt doch modernen Gesellschaften eine unhintergehbare Kontingenz zugrunde.[1] Demokratie kann kein »festgefügtes oder wohlbegründetes Modell« (Flügel-Martinsen 2017: 239) sein, sondern ist das Aufbrechen der bestehenden Ordnung und die Ermöglichung von Pluralität und Dissens. Demokratie ist die Auflösung der »*Grundlagen aller Gewißheit*« (Lefort 1990: 296). Liberale repräsentative Demokratien institutionalisieren nicht Demokratie, sondern vielmehr das »Verschwinden der Politik« (Rancière 2002: 112). Wird Demokratie als »kritisch-subversiver Modus des Befragens« (Flügel-Martinsen 2017: 239) gefasst, stehen Wahrheit und Demokratie notwendig in einem unvereinbaren Verhältnis zueinander. Politik – im demokratischen Sinne – ist nicht Suche nach und Einsetzung von Wahrheit. Eine Politik, die sich in antagonistischen Gesellschaften auf Wahrheit beruft, kann nur undemokratisch sein, da sich hinter jeder ›Wahrheit‹ Regime von Macht und Wissen verbergen, die erst eine bestimmte Form der ›Wahrheit‹ hervorbringen.

Wie (queer-)feministische und postkoloniale Theoretiker_innen vielerorts aufgezeigt haben, ist einer der fundamentalen Setzungen in den Wahrheitsregimen moderner westlicher Gesellschaften der Körper (u. a. Butler 1997; Grosz 1994; Haraway 1989; Mills 1997; Salamon 2010). Von Beginn an legitimierte die hegemoniale wie phantasmatische Vorstellung des Körpers als naturgegebener Einheit in westlichen modernen Demokratien herrschaftsförmige politische Ordnungen und die diesen inhärenten Ausschlüssen. Vor diesem Hintergrund verwundert es, dass radikaldemokratietheoretische Debatten Körpern und Wahrheitsregimes über diese nur am Rande Beachtung schenken. Jacques Rancières Argument folgend, dass es Politik in Demokratien deshalb gibt, »weil keine gesellschaftliche Ord-

---

1 Der vorliegende Text basiert auf dem Forschungsprojekt »Der Körper des Demos«, das von 07/2015-06/2018 von der Österreichischen Akademie der Wissenschaften als APART-Projekt gefördert wurde und am Institut für Politikwissenschaft der Universität Wien angesiedelt war.

nung in der Natur gegründet ist« (Rancière 2002: 28), wäre es eigentlich naheliegend, die Naturalisierung von Körpern als eine der fundamentalen Machttechniken innerhalb liberaler Demokratien auszuweisen, die Demokratie verunmöglichen.

In *Das Unvernehmen* gibt Rancière immerhin einige Hinweise, wie seine demokratietheoretischen Überlegungen mit Körperpolitiken in Verbindung gebracht werden könnten, ohne dies jedoch systematisch auszuarbeiten. Rancière argumentiert, dass Körper sowohl für die undemokratische Ordnung der Polizei als auch für demokratische Politik zentral sind. So weist er die Ordnung der Polizei als eine aus, die Körper in hierarchischer, fixierender, normierender Weise anordnet:

> Die Polizei ist [...] zuerst eine Ordnung der Körper, die die Aufteilungen unter den Weisen des Machens, den Weisen des Seins, und den Weisen des Sagens bestimmt, die dafür zuständig ist, dass diese Körper durch ihren Namen diesem Platz und jener Aufgabe zugewiesen sind; sie ist eine Ordnung des Sichtbaren und des Sagbaren, die dafür zuständig ist, dass diese Tätigkeit sichtbar ist und jene andere es nicht ist, das dieses Wort als Rede verstanden wird, und jenes andere als Lärm. (Rancière 2002: 41)

Dabei darf die Polizei nicht einfach mit Prozeduren der Normalisierung und Disziplinierung in eins gesetzt werden; sie ist nicht nur eine »Disziplinierung‹ der Körper«, sondern auch »eine Regel ihres Erscheinens« (ebd.). Politik – als Schneise in die bestehende Ordnung – muss daher immer auch durch die Körper hindurchgehen: »Die politische Tätigkeit ist jene, die einen Körper von dem Ort entfernt, der ihm zugeordnet war oder die die Bestimmung eines Ortes ändert; sie lässt sehen, was keinen Ort hatte gesehen zu werden, lässt eine Rede hören, die nur als Lärm gehört wurde« (ebd.: 41). Demokratische Politik muss immer auch »Ent-Identifizierung« (ebd.: 48) von Körper-Wahrheiten sein.

An diesem von Rancière vorgeschlagenen doppelten Zusammenwirken zwischen Körperpolitiken und Demokratie knüpft der vorliegende Text an. Für die Theoretisierung der Verbindungslinien von Körperpolitiken und Demokratie schlage ich im Folgenden vor, aus einer an Michel Foucault orientierten Perspektive weiterzudenken. Obgleich auch Foucault sich nicht systematisch mit dem Verhältnis von Körperpolitiken und Demokratie befasste, stellt er instruktive Überlegungen für dieses Unterfangen bereit. In meiner Argumentation schließe ich insbesondere an Foucaults Einsicht an, dass die (wissenschaftliche) Hervorbringung machtvoller Wahrheitsregime über Körper und ein tief in den Alltagspraxen der Individuen verankerter Glaube daran »unerlässliche[...] Element[e] bei der Entwicklung des Kapitalismus« (Foucault 1977: 136) in westlichen Gesellschaften darstellten. Ich werde argumentieren, dass Wahrheitsregime über Körper nicht nur in der Genealogie des Kapitalismus, sondern ebenso in der Genealogie der Demokratie eine wichtige Rolle spielten. Auf der Basis einer historischen Diskursanalyse medizinischer Abhandlungen zeige ich, wie medizinische Wahrheitsregime über Körper für die Herausbildung der Demokratie in Deutschland zentral wurden. Nachdem ich meine theoretische Perspektive auf das Zusammenwirken von Demokratie und medizinischen Wahrheitsregimen dargelegt habe, werde ich entlang von zwei thematischen Akzentuierungen meine Argumentation entfalten: Erstens werde ich ausführen, wie zeitgleich zur Revolution von 1848 die Medizin sich nicht nur als Naturwissenschaft, sondern auch als Wahrheitsregime über Körper und die politische Ordnung herausbildete. Mit dem Scheitern der Revolution 1849 wurde diesem Projekt einer ›naturwissenschaftlichen Demokratie‹ jedoch ein Ende gesetzt. Allerdings, so werde ich in meiner zweiten Schwerpunktsetzung zeigen, wurde das Vorhaben, aus medizinischen Wahrheitsregimen demokratiepolitische Parameter abzuleiten am Ende des 19. Jahrhunderts wieder aufgegriffen, als die Soziale Hygiene zu einer zentralen wissenschaftlichen und zivilgesellschaftlichen Akteurin wurde. Die Ausrufung der Weimarer Republik stellte schließlich den Rahmen bereit, in dem sich das Projekt einer ›naturwissenschaftlichen Demokratie‹ realisieren ließ, in der über medizinische Wahrheitsregime Demokratie in der Bevölkerung verankert und die Menschen über Körperpolitiken zu einem *Willen zur Demokratie* geführt werden konnten.

1. Demokratie und Biopolitik

Während für liberale politische Theoretiker_innen die Herausbildung der Demokratie in westlichen modernen Gesellschaften einen Wandel der Souveränität mit sich brachte, rekonstruiert Foucault, wie sich mit der liberalen Demokratie ein Wandel von Machttechniken vollzog, dem zufolge neben juridische Formen der Machtausübung weitaus subtilere Machttechniken traten. »Die allgemeine Rechtsform, die ein System prinzipiell gleicher Rechte garantierte, ruhte auf jenen unscheinbaren, alltäglichen und physischen Mechanismen auf, auf jenen wesenhaft ungleichen und asymmetrischen Systemen einer Mikromacht – den Disziplinen« (Foucault 1976: 285). In *Überwachen und Strafen* beschreibt Foucault die Disziplinen als Machttechniken, die in den Kapillaren der modernen westlichen Gesellschaft zirkulieren und die Subjekte durch die Anordnung und Normierung von Körpern erst konstituieren. Solange politische Theorie Macht und Demokratie lediglich aus einer juridischen Perspektive und mithin mit Fokus auf souveräne Machtformen in den Blick nimmt, müssen ihr die subtilen Formen von Macht verborgen bleiben.

Wenn es das repräsentative Regime formell ermöglicht, daß der Wille aller, direkt oder indirekt, mit oder ohne Vermittlung, die fundamentale Instanz der Souveränität bildet, so garantieren die Disziplinen im Unterbau die Unterwerfung der Kräfte und der Körper. Die wirklichen und körperlichen Disziplinen bildeten die Basis und das Untergeschoß zu den formellen und rechtlichen Freiheiten. [...] Die ›Aufklärung‹, welche die Freiheiten entdeckt hat, hat auch die Disziplinen erfunden. (Ebd.)

Die »Demokratisierung von Souveränität« moderner westlicher Gesellschaften ist folglich in der Geburt der Disziplinen begründet. Die liberalen Rechtssysteme ermöglichten »eine Demokratisierung der Souveränität, die Einrichtung eines auf kollektiver Souveränität beruhenden öffentlichen Rechts, und all das genau zu dem Zeitpunkt, genau aus dem Grund und in dem Maße, wie sich diese Demokratisierung der Souveränität zutiefst von den Mechanismen des Disziplinarzwangs durchdrungen sah« (Foucault 1999: 53).

Durch die Einführung des Begriffs der Biopolitik präzisiert Foucault seine Analytik nicht-juridischer Formen von Macht. Biopolitik operiert über ein »Ensemble von Mechanismen, durch die das, was in der menschlichen Art seine grundlegenden biologischen Züge ausbildet, in das Innere einer Politik, einer politischen Strategie, einer allgemeinen Machtstrategie eintreten kann« (Foucault 2004: 13). Das Auftreten der Biopolitik theoretisiert Foucault wiederum als Bedingung für die Entwicklung des Kapitalismus, der nicht nur der passiven Einfügung der Individuen bedurfte, sondern ebenso Machtmethoden, die »das Leben im ganzen« steigern konnten (Foucault 1977: 136). Die Durchsetzung des Kapitalismus verlangte einen subtilen Zugriff der Macht auf die Körper und das Leben der Individuen sowie der Bevölkerung und folglich Machttechniken, die darauf abzielten, »Kräfte hervorzubringen, wachsen zu lassen und zu ordnen, anstatt sie zu hemmen, zu beugen oder zu vernichten« (ebd.: 132).

Diese Überlegung, dass Biopolitik und Kapitalismus konstitutiv verwoben sind, greift Foucault in seinen Vorlesungen zur Geschichte der Gouvernementalität am Collège de France 1978 wieder auf, indem er die liberale Gouvernementalität als Bedingungsgefüge der Biopolitik einführt. Mit dem Einsetzen der liberalen Gouvernementalität konnte sich das biopolitische »Projekt der Menschenführung« (Foucault 2004: 509) vollends entfalten: Erst so konnte auf das Leben Einfluss genommen werden, indem die

Menschen dazu geführt wurden, sich in bestimmter Art und Weise selbst zu führen. Für diesen Machtmechanismus prägte Foucault den Begriff des Regierens, den er wiederum als Pendant der liberalen Gouvernementalität konzipiert (ebd.: 134 ff.). Die Spezifik gouvernementaler Machttechniken liegt für Foucault darin, dass Regieren auf die Führung der Individuen abzielt, sodass diese sich mittels Selbsttechnologien zu bestimmten Verhaltensweisen führen.

Durch seine Ausführungen zur gouvernementalen Biopolitik gelingt es Foucault, seine Überlegungen zu Macht in modernen Demokratien, wie er sie in *Überwachen und Strafen* formuliert hatte, weiterzuentwickeln. Foucault gibt so ein Instrumentarium an die Hand, um sichtbar zu machen, dass der Aufstieg der biopolitischen Gouvernementalität eine gewisse Freiheit erforderte, die wiederum Effekt der ›Demokratisierung der Souveränität‹ war. Eine Technik der Macht, die darauf abzielt, Subjekte durch den Einsatz ihrer immer auch körperlichen Selbsttätigkeiten in die Formationen der Macht zu verweben, setzt voraus, dass diese ein Selbstverständnis als Freie und Souveräne entwickeln, was Foucault als Effekt liberaler Gouvernementalität dekonstruiert (Foucault 2005).

Wie aber hat sich das historische Bedingungsgefüge herausgebildet, das die Verbindung von Biopolitik und Demokratie ermöglichte? Um diese Frage zu beantworten, schlage ich vor, medizinische Diskurse zu untersuchen und danach zu fragen, wie in diesen Wahrheitsregime über Körper und Demokratie bereitgestellt wurden. In der Hinwendung zur Medizin als zentraler Akteurin im modernen Macht-Wissens-Nexus bin ich freilich ebenso von Foucaults Arbeiten beeinflusst. Vielerorts hat Foucault die sich im 19. Jahrhundert ausbreitende Problematisierung menschlichen Verhaltens durch medizinische Rationalität rekonstruiert (u. a. Foucault 1973; 2003) und argumentiert, dass die Medikalisierung der Gesellschaft im 19. Jahrhundert Teil biopolitischen Regierens wurde (Foucault 2003). Der biopolitische Zugriff auf das Leben und die Körper reduziert sich hierbei nicht nur darauf, dass in den Arzt-Patient_innen-Interaktionen normierendes und normalisierendes Wissen über körperliche Praktiken und Verhaltensweisen vermittelt und überprüft wurde. Die entscheidende Bedeutung medizinischer Wissensregime entwächst vielmehr daraus, dass die Medizin zu einer *politischen Rationalität* wurde, die über die Klinikmauern hinaus in die gesamte Gesellschaft diffundierte und die politische Ordnung mitgestaltete.

Medizinische Wissensregime als politische Rationalität zu verstehen, impliziert für eine demokratietheoretische wie demokratiehistorische Perspektive, diese als Teil des diskursiven Bedingungsgefüges für die Herausbildung und Ausgestaltung der Demokratie zu untersuchen. In den Gouvernementalitätsvorlesungen argumentiert Foucault, dass der Staat nicht als gegebene Institution verstanden werden dürfe, sondern es vielmehr gelte, nach dem Bedingungsgefüge des Staates zu fragen (Foucault 2004: 177) und diesen »vom Standpunkt der Konstituierung der Felder, Bereiche und Wissensgegenstände« zu untersuchen (ebd.). Dieses ermöglichende Bedingungsgefüge bezeichnet Foucault als »Außen« (ebd.), um das Angewiesensein von Institutionen auf ermöglichende Machttechnologien zu verdeutlichen. In ähnlicher Weise interessiere ich mich im vorliegenden Text dafür, wie medizinische Körperpolitiken als Elemente des Bedingungsgefüges von Demokratie respektive als ›Außen‹ fungierten, das Demokratie erst in einer bestimmten Weise hervorbrachte.

Medizinische Wahrheitsregime als Techniken der Demokratisierung zu untersuchen, bedeutet folglich auch, die Herausbildung der ›Demokratie‹ unter einer machtkritischen Perspektive zu befragen. In diesem Text beziehe ich mich daher in einer doppelten Weise auf ›Demokratie‹: In einem ersten Schritt geht es mir um die Rekonstruktion des Quellenbegriff, indem ich rekonstruiere, was die Mediziner[2] unter Demokratie und Demokratisierung verstanden wissen wollten. Daran anschließend unterziehe ich diese medizinischen Techniken der Demokratisierung einer kritischen Inspektion aus radikaldemokratietheoretischer Perspektive. Diese kritische Auseinandersetzung mit dem Demokratieverständnis der Mediziner wird zeigen, dass die von ihnen forcierte Demokratisierung in vielerlei Hinsicht als undemokratische Machttechniken zu problematisieren ist.

2. Medizinische Wahrheitsregime

Ein Zugang, der medizinische Wissensregime als politische Rationalität konzeptualisiert, fragt nicht primär danach, wie medizinisches Wissen in ›der Politik‹ rezipiert wurde, sondern wie in medizinischen Diskursen Körper*politiken* ausgearbeitet wurden. Medizinische Diskurse begreife ich daher als genuin politisch. Dabei beziehe ich mich auf die Tradition (macht-)kritischer Wissenschaftstheorie, der zufolge die Produktion von wissenschaftlichem Wissen selbst politisch ist. Die Verwobenheit von Wissenschaft und Politik kann nicht nur einer verzerrten »bad science« (Longino 1989: 50) zugeschrieben werden, die lediglich ›besser‹, ›wissenschaft-

---

2 Um die historischen Geschlechterverhältnisse in der Medizin im Untersuchungszeitraum auch sprachlich sichtbar zu machen, wird in diesem Text entsprechend die maskuline Form ‚Mediziner‘ und ‚Sozialhygieniker‘ bewusst verwendet.

licher‹, ›wahrer‹ werden müsste, um weniger machtvoll zu sein, sondern ist ein strukturelles Merkmal von »science as usual« (ebd.). Wissenschaft ist »von ihren methodischen Regeln bis hin zu ihren Objektivitätskonzepten und Wahrheitsansprüchen« (Singer 2005: 17) eingebettet in politische Verhältnisse. Konsequenterweise ist Wissenschaftstheorie als »Politik der Epistemologie« (Mendel 2015: 13) immer auch Gesellschaftstheorie und Wissenschaftskritik dergestalt ebenso Gesellschaftskritik (ebd.: 14). Die Entstehung wissenschaftlicher Fragen, Erkenntnisse und Ergebnisse kann folglich weder allein durch wissenschaftsimmanente Faktoren noch bloß durch ›externe Faktoren‹ wie »ökonomische und gesellschaftliche Interessen«, »technische Erfordernisse und Praktiken« oder »religiöse oder politische Ideologien« erklärt werden (Canguilhem 1979: 27). Vielmehr gilt es, wissenschaftliche Erkenntnis- und Wahrheitsproduktion in ihre Verwobenheit mit Politik freizulegen.

Das, was von Wissenschaften als ›Wahrheit‹ ausgearbeitet wird, erweist sich aus dieser Perspektive als zutiefst verwoben mit politischen Verhältnissen. Ein derartiger gesellschaftstheoretischer wissenschaftstheoretischer Zugang beabsichtigt daher, die Modi der »Verif-fikation« (ebd.: 32) in ihren Verknotungen und Verbindungen von Wissenschaft, Politik und Gesellschaft freizulegen. Wenn ich im Folgenden medizinische Wahrheitsregime untersuche, bin ich folglich von einer machtkritischen Absicht geleitet, die sich dafür interessiert, wie das, was sich in einem bestimmten historisch-politischen Kontext als medizinisches Wahrheitsregime durchsetzen konnte, die Herausbildung einer bestimmten politischen Ordnung ermöglichte. Freilich ist die Geschichte der Medizin immer auch geprägt von Deutungskämpfen und Kontroversen darüber, was nun als medizinische Wahrheit gelten kann. Diese Dispute lasse ich im vorliegenden Text allerdings beiseite und fokussiere jeweils hegemoniale Wahrheitsregime: die Herausbildung der Medizin als Naturwissenschaft und die Herausbildung der Sozialen Hygiene als politische Wissenschaft.

3. Medizinische Wahrheitsregime als Grundlage der Demokratie

1848 setzte in der Medizin ein einschneidender Wandel ein: Die Medizin entwickelte sich von einer Naturphilosophie zu einer Naturwissenschaft. Als solche etablierte sie ein ausschließlich mechanisches Verständnis von Leben und Körper. Eine wichtige Grundlage hierfür lieferte Rudolf Virchow, der als einer der einflussreichsten Mediziner des 19. Jahrhunderts die Medizin nachhaltig prägte. In seinem Schlüsselwerk *Die Cellularpathologie* entwickelte er die Formel »*Omnis cellula a cellula*« (Virchow 1855: 23) und begründete so den Anspruch, Leben naturwissenschaftlich entschlüsseln zu können: Leben sei »seinem Wesen nach Zellentätigkeit« (ebd.: 7). Von der Entdeckung der Zellen ausgehend begründete die naturwissenschaftliche Medizin ein neues Körperverständnis: Der Körper wurde zu einer rein von chemischen und physikalischen Gesetzen angetriebenen Entität. Mit der Suspendierung der Lebenskraft, die noch das grundlegende Paradigma der Naturphilosophie dargestellt hatte, sollten Körper sowie Leben vollständig wissenschaftlich erkennbar werden. Der neuen Medizin galt nur noch als gültiges Wissen, was experimentell nachgewiesen werden konnte.

Während, wie die naturwissenschaftlichen Mediziner kritisierten, die Naturphilosophie mittels Spekulation dem zu erkennenden Gegenstand subjektive (Vor-)Annahmen hinzufügte, lasse die neue Medizin nur *Tatsachen* sichtbar werden. Sie habe daher durch ihre rein experimentelle Wissensproduktion jedes »System«, jedes »Dogma«, jede »Fessel des Denkens« (Virchow 1867: 36) abgelegt und sei daher frei von weltanschaulichen Systemen und jeglichem subjektiven Einfluss. Als derartige Naturwissenschaft erhob die Medizin den Anspruch, die Körper und das Leben in ihrer Wahrheit erfassen zu können. Wenn alle subjektiven Einflüsse und Umweltbedingungen ausgeschalten werden, würde es der Medizin gelingen, »die objektive Wahrheit zu Tage zu fördern« (Virchow 1873/1997: 464).

Neben diesem epistemologischen Wandel vollzog sich um 1848 noch ein weiterer. Eingebettet in die 1848er-Revolution entstand erstmals in der Medizingeschichte eine ›Medicinalreformbewegung‹, in der Ärzte begannen, sich in größerem Ausmaße in Vereinen zu organisieren und politische Forderungen nach einem Ende autoritärer Bevormundung durch den Obrigkeitsstaat und für mehr Selbstbestimmung zu erheben (Bleker 1978). Ebenso forderten sie, dass das neue naturwissenschaftlich-medizinische Denken zur Grundlage von Staat und Gesellschaft werden solle. Besonders bedeutsam in dieser Medzinalreformbewegung war wiederum Rudolf Virchow, da er in vielen Aufsätzen und Reden dafür eintrat, die Vorlage für demokratische Politik aus der neuen naturwissenschaftlichen Medizin abzuleiten. Gerade weil nach Virchow die neue Medizin das Wahrheitsmonopol über die Körper erlangt hatte, schrieb er ihr ebenso ein wissenschaftliches Wahrheitsmonopol über politische Fragen zu: »[W]elche andere Wissenschaft könnte mehr berufen sein, in die Gesetzgebung einzutreten, um jene Gesetze, welche in der Natur des Menschen schon gegeben sind, als die Grundlagen der gesellschaftlichen Ordnung geltend zu werden« (Virchow 1849a: 36)? Die aus der naturwissenschaftlichen Medizin abgeleitete Politik sei notwendig demokratisch, denn gemäß Virchow war die neue Medizin *intrinsisch demokratisch*. Deren Grundsatz, ohne vorgefasste Ideen oder Lehrmeinungen ausschließlich *wahre Tatsachen* und *Gesetze* zu sehen, stellte für Virchow ein unumstößliches, anti-autoritäres demokratisches Prinzip dar, garantiere es doch Freiheit und entziehe sich jeder obrigkeitlichen Willkür. Konsequenterweise definierte Virchow politisches Handeln in einer Demokratie in Analogie zum naturwissenschaftlichen Handeln als auf der Ausschaltung von partikularen und subjektiven Interessen und Leidenschaften beruhendes rationales Handeln (Virchow 1848: 7). Wenn dies gelinge, würde demokratische Politik zugleich eine Politik der Wahrheit sein: Wenn alle Bürger (sic) lediglich rationalen und objektiven Gesetzmäßigkeiten folgten, würde Politik zum Synonym für Wahrheit. Als Wahrheit könne Politik lediglich singulär sein, da es stets nur eine Form der richtigen Politik geben könne. Demokratie bedeutete für Virchow folglich das Erlangen von Einheit und Harmonie.

Besonders eindringlich skizzierte Virchow den Zusammenhang von Medizin und Demokratie in seinen *Mitteilungen über die in Oberschlesien herrschende Typhusepidemie* (1849b). In dieser auf einer 1848 durchgeführten Studie basierenden Veröffentlichung argumentierte er, dass das häufige Auftreten von Typhuserkrankungen in Oberschlesien Resultat der Lebensbedingungen der Bevölkerung sei (ebd.: 307). Die vorherrschende katholische Religion sowie die politische Ignoranz Preußens gegenüber Oberschlesien führe dazu, dass die Lebensweisen von Obrigkeitsdenken und Hierarchiebewusstsein geprägt seien, die Menschen in Armut, Abhängigkeit und Passivität lebten und sich nicht für die Reinlichkeit und Gesundheit ihrer Körper, Familien und Häuser verantwortlich fühlten. Behoben werden könnten die oberschlesischen Typhus-Epidemien daher nur durch »volle und unumschränkte Demokratie« (ebd.: 303). Als ein zentrales Mittel der Demokratisierung der Bevölkerung schlug Virchow naturwissenschaftliche Bildung vor, durch die die Menschen Passivität, Schicksalsgläubigkeit und Widerstandslosigkeit überwinden und Verantwortung für die eigene Gesundheit übernehmen würden (ebd.: 309 ff.).

Als 1849 die Revolution scheiterte, bedeutet dies auch das Ende für die ›Medicinalreformbewegung‹ sowie für Virchows Hoffnungen, dass sich seine Vorstellung einer demokratisierenden Medizin umsetzen ließe. Es wäre allerdings unzutreffend, das Scheitern der Revolution und der 1848er-Medicinalreformbewegung als Ende medizinischer Interventionen in Demokratisierungsprozesse zu interpretieren. Denn Ende des 19. Jahrhunderts kam es mit dem Siegeszug der Sozialen Hygiene zu einer Wiederentdeckung jener Ideen einer demokratisierenden Medizin, für die Virchow so engagiert eingetreten war. Dass sich Virchows Ideal der Medizin als demokratisierender Wissenschaft durch die Soziale Hygiene schließlich in der Weimarer Republik realisieren ließ, verlangte jedoch zwei Transformationen: Zum Ersten konnten sich jene Überlegungen, die Virchow in seiner Studie zum Typhus in Oberschlesien formulierte, erst breitenwirksam durchsetzen, als die Soziale Hygiene zu einer »Leitwissenschaft einer breiten Bewegung« (Fehlemann 2002: 69) wurde. Zum Zweiten musste der Obrigkeitsstaat der parlamentarischen Demokratie weichen. Allerdings, so der Einsatzpunkt der nachfolgenden Überlegungen, war die formale Einsetzung der parlamentarischen Demokratie im November 1918 nicht ausreichend; die neue Demokratie musste erst mit Leben gefüllt werden und musste erst von den Menschen in ihre Alltagspraxen gelebt werden. In diesem Bereitstellen des ›Außen‹ der Demokratie in der Weimarer Republik waren die Sozialhygieniker zentrale Akteure, die sich in ihrem Wahrheitsregime wiederholt auf Virchows Überlegungen zu Demokratie und Medizin bezogen.

4. Sozialhygienische Wahrheitsregime und der Wille zur Demokratie

4.1. Die Soziale Hygiene als Techniken der Demokratisierung

Die Soziale Hygiene führte die Entstehung von Krankheiten neben äußeren Reizen auf erbliche Anlagen und die soziale Umwelt zurück. Das »Studium des Einflusses der gesellschaftlichen Verhältnisse auf die Gestaltung der Volksgesundheit und auf den Gang der Volkskrankheiten« (Gottstein 1924: 254) war daher grundlegend. Die Sozialhygieniker beschränkten ihr Aufgabengebiet nicht nur auf die Heilung der Kranken, sondern sahen diese auch in der gesundheitlichen Fürsorge aller Menschen. Durch die ausgedehnte Zielsetzung, die Gesundheit der gesamten Bevölkerung in Gegenwart und Zukunft zu heben, wurden Erbkrankheiten zu einer Gefahr, die es auszuschalten galt. Prävention bedeutete für die Sozialhygieniker sowohl die Beseitigung sozialer Ursachen von Krankheiten als auch die Verhinderung der Weitergabe von als ›minderwertig‹ geltenden ›Erbanlagen‹ (Grotjahn 1930: 183). Die Eugenik galt daher als »Zweig der Hygiene« (ebd.).

Von Beginn an verstand sich die Soziale Hygiene als politische Wissenschaft. Sie sei, wie einer der Hauptvertreter der Sozialhygieniker, der Berliner Arzt Alfred Grotjahn schrieb, »so eng mit den Fragen der Politiken verknüpft, daß man sie ohne Übertreibung als eine eigentlich politische Wissenschaft ansprechen« könne (Grotjahn 1903: 65). Die Soziale Hygiene verstand sich als eine »Rückkehr zu derjenigen hygienischen Richtung, wie sie um das Jahr 1850 Rudolf Virchow und S. Neumann so energisch vertraten, einer Richtung, die durch die Fortschritte der experimentellen

Hygiene eine gewisse Zeit in den Hintergrund trat, um auf dem Boden neu gewonnener Tatsachen und nach Schaffung der sozialen Versicherung um so stärker wieder zur Geltung zu kommen« (Gottstein 1925: 73f.). Das sozialhygienische Programm wurde als direkte Weiterführung des Projekts einer politischen Medizin gesehen, wie sie im Kontext der 1848er-Revolution von Virchow (und Salomon Neumann) vorgeschlagen worden war. Allerdings müsse, so das Selbstverständnis der Sozialhygieniker, ihre Disziplin, eben weil sie eine Wissenschaft war, auch als politische Kraft objektiv und neutral bleiben. Die Politik, die die Sozialhygieniker betrieben, begriffen sie folglich als eine »von jedem Parteivorurteil befreite, auf wissenschaftlicher Erkenntnis aufgebaute Politik« (Fischer 1925: 5), als »naturwissenschaftliche Politik« (Gottstein 1924: 10).

Obwohl die Anfänge der Sozialen Hygiene in das Kaiserreich reichten, kam es erst in der Weimarer Republik zu einem regelrechten Siegeszug, als erstmalig ein Recht auf Gesundheit in der Verfassung verankert war und – zumindest bis 1929 – der Sozialstaat deutlich ausgebaut wurde. Ausschlaggebend aber für den Erfolg der Sozialen Hygiene war, dass diese zu einer breiten zivilgesellschaftlichen Bewegung wurde, in der sich heterogene Interessen verbanden: die Professionalisierungs- und Gesundheitspolitik der Sozialhygieniker, kommunale sozialdemokratische Sozialpolitik und bürgerliche Reformbewegungen zivilgesellschaftlicher Vereine. Alfons Labisch bezeichnet die neue Gesundheitspolitik der Fürsorgebewegung daher als »Sammlungspolitik« (Labisch 1992: 160), in der neben Sozialhygienikern kommunale Sozialreformer und zivilgesellschaftliche Vereine tätig waren (ebd.).

In ihren Aufklärungs-, Erziehungs- und Beratungskampagnen führten die Sozialhygieniker den Begriff der *Verantwortung* ein. Die Menschen sollten ihre eigene Gesundheit als Teil der ›Volksgesundheit‹ sehen und sich für beides – die eigene und die ›Volksgesundheit‹ – verantwortlich fühlen. Das Verantwortungsbewusstsein für die je eigene Gesundheit sollte mit der »Verpflichtung gegen die Allgemeinheit« verknüpft werden (Blätter für Volksgesundheitspflege 1919: 96). Der Aufruf zur sozialhygienischen Verantwortung enthielt eine gewichtige Konsequenz: In sozialhygienischen Aufklärungskampagnen wurde vermittelt, dass die Mitwirkung am Demos die Unterordnung der eigenen Interessen unter das Allgemeinwohl bedeutet.

Insbesondere Fortpflanzung und Sexualität wurde dabei zum Terrain, auf dem die Verantwortung gegenüber der ›Volksgesundheit‹ unter Beweis gestellt werden sollte (Ludwig 2019: 85 ff.). Fortpflanzung und Sexualität sollten nicht mehr dem Zufall überlassen, sondern von den Bürger_innen als Feld erkannt werden, auf dem es galt, mittels sozialhygienischer Rationalität verantwortungsvoll zu handeln. Nirgendwo sonst zeigt sich daher die Amalgamierung der Sozialen Hygiene mit der Eugenik so deutlich, wie auf dem Feld der Fortpflanzung: Sozialhygienische Verantwortung sollte untrennbar mit einem »eugenischen Verantwortungsgefühl« verwoben (Grotjahn 1926: 80) und Fortpflanzung sollte zum staatsbürgerlichen Dienst am ›Volkskörper‹ werden. Fortpflanzung verantwortlich auszurichten, bedeutete für die Sozialhygieniker, sich bevölkerungspolitische Paradigmen zu eigen zu machen und zur ›Höherentwicklung‹ der Gesundheit der Gesamtbevölkerung beizutragen, indem die Weitergabe ›minderwertigen‹ Erbguts vermieden wurde.

Die Sozialhygieniker versprachen nicht nur ein gesundes Leben, sondern über dieses zu verantwortungsvollen Staatsbürger_innen zu werden. Dieses Versprechen basierte auf der Annahme, dass Gesundheit – auch als ›Volksgesundheit‹ – vollständig rationalisiert werden könne. Für diese Vorstellung, wonach die Gesundheit der Einzelnen und die der gesamten Bevölkerung gänzlich geplant werden könne, zeichnete insbesondere Grotjahn verantwortlich. Ein technokratischer Machbarkeitsglaube, der sich mit einem unbändigen Fortschrittsglauben verknüpfte, war ein gewichtiger Grundbaustein des Wahrheitsregimes der Sozialen Hygiene.

Ich begreife das sozialhygienische Wahrheitsregime in der Weimarer Republik als *Techniken der Demokratisierung*.[3] So wie Virchow 1848 in seiner Studie zum Typhus in Oberschlesien dafür argumentierte, dass die Menschen über ihre alltäglichen Körperpraxen Demokratie lernen sollten und dass die Medizin dafür das erforderliche Wissen bereitstellen solle, so führten auch die Sozialhygieniker die Menschen über auf medizinischen Wahrheitsregimen beruhenden Körperpolitiken die Menschen zu einem *Willen zur Demokratie*. Nicht nur der veränderte staatliche Kontext, sondern auch da die Soziale Hygiene mit der Autorität einer Wahrheitsträgerin auftreten konnte und als solche weitgehend in der Zivilgesellschaft anerkannt war, trug dazu bei, dass den Sozialhygienikern hier jener Erfolg beschieden war, der Virchow noch vorenthalten blieb.

In ihren Aufklärungskampagnen nutzen die Sozialhygieniker ihre wissenschaftlichen Wahrheitsregime über ›richtige‹ Hygienepraxen wie Waschen, Zähneputzen, Spucken, Nase putzen, über ›richtige‹ Krankenpflege, Ernährung und ›richtiges‹ Freizeit- und Schlafverhalten, um über diese alltäglichen Praxen die Individuen anzuleiten, sich als »reife, freie Staatsbürger« (Scheumann 1929: 226) eines demokratischen Staates zu begreifen und begreifen zu wollen. Sozialhygienische Wahrheiten sollten, so

---

3 In ausführlicher Weise habe ich dies in Ludwig 2019 dargelegt.

das Credo der Sozialhygieniker, Teil demokratischer Subjektivierungsprozesse werden. Auf diese Weise machten die Sozialhygieniker alltägliche Körperpraktiken zum Terrain, auf dem das Selbstverständnis eines demokratischen Subjekts und ein Wille, einem demokratischen ›Volksstaat‹ anzugehören, gelernt und verstetigt werden sollte. Körperpraktiken wurden zum Feld, über das die Menschen als reife, freie und verantwortungsvolle Staatsbürger_innen eines demokratischen Staates regiert wurden. Zugleich sollte die Fähigkeit zur staatsbürgerschaftlichen Verantwortlichkeit über Körperpraktiken, allen voran Fortpflanzungspraktiken, unter Beweis gestellt werden. Der Umgang mit dem Körper wurde zum Gradmesser demokratischer Reife. Als Kehrseite des Aufrufs, über sozialhygienisch-eugenische Gesundheitspflege ein_e demokratische_r Staatsbürger_in zu werden, wurde Gesundheitspolitik zu einem Vehikel, das den Bürger_innen die Zugehörigkeit zum ›Volkskörper‹ versprach.

Unterfüttert wurde dieses Versprechen durch die Verknüpfung der Sozialen Hygiene mit rassistisch-nationalistisch konnotierter Fortschrittlichkeit. Insbesondere bei den Großereignissen wie der *Reichsgesundheitswoche* 1926 und der *Großen Ausstellung für Gesundheit, sozialen Fürsorge und Leibesübungen (GeSoLei)* 1926 wurde die Soziale Hygiene als Ausdruck für die Zivilisation und Fortschrittlichkeit der deutschen Nation dargestellt. Um diese Fortschrittlichkeit zu ›belegen‹, wurden auch Anleihen an kolonialen Überlegenheitsnarrativen genommen. So wurden etwa bei der *GeSoLei* Errungenschaften der ›deutschen‹ Medizin mit der »Heilkunde der Eingeborenen« kontrastiert (Fülleborn 1927: 582) und als Beweis für die Überlegenheit der deutschen Nation inszeniert. Ebenso wurde eine ›rationale‹ Lebensführung und Regelung der Fortpflanzung von den Sozialhygienikern als moderne Errungenschaft dargestellt, die sowohl von historisch früheren Epochen als auch von nicht-westlichen Kulturen abgegrenzt wurde (Grotjahn 1914: 6). Dass Menschen Fortpflanzung nicht als etwas Arbiträres, sondern als rational Planbares ansehen, zeichne »Kulturvölker« aus (ebd.), während Fortpflanzung bei ›naiven Völkern‹ willkürlich und planlos ablaufe (ebd.: 8). Die sozialhygienische Erziehung sollte folglich nach innen nationalistische Zugehörigkeit anregen und nach außen die Überlegenheit Deutschlands unter Beweis stellen. Insbesondere im Kontext der zerstörten »Weltmachtsträume« (El-Tayeb 2001: 159) nach dem verlorenen Ersten Weltkrieg und dem Verlust der Kolonien sollte die sozialhygienische Volkserziehung auch dem Ziel dienen, die ›Stärke der deutschen Nation‹ wieder her- und darstellbar zu machen, indem die Menschen zur freiwilligen Mitwirkung gewonnen wurden. So wurde mit Düsseldorf als Standort der *GeSoLei* bewusst ein Ort gewählt, der im Kontext der französischen Besatzung ein zentraler Ort nationalistischer und rassistischer Diskurse war: Dass unter den Besatzungssoldaten Schwarze Soldaten aus den französischen Kolonien waren, machte aus der nationalen Empörung über die Besatzung vieler Deutsche eine zugleich rassistische, die in einer nationalen Protestkampagne gegen die als ›Schwarze Schmach‹ bezeichnete Besatzung kulminierte (El-Tayeb 2001: 158 ff.; Opitz 1986: 45 ff.). Vor diesem Hintergrund sollte die *GeSoLei* dazu beitragen, nationalistische und rassistische Überlegenheitsnarrative mit Hilfe der Sozialen Hygiene zu unterfüttern.

4.2. Sozialhygienische Demokratisierung als ›Verschwinden der Politik‹

Wird die Demokratisierung der Sozialhygieniker aus der Perspektive radikaler Demokratietheorie reflektiert, zeigt sich schnell, dass es sich hier in vielerlei Hinsicht um eine begrenzte, ja letztlich undemokratische Form der Demokratisierung handelte. Ganz offensichtlich bedienten und (re-)produzierten die Sozialhygieniker erstens nationalistische und rassistische Narrative in ihrer ›Erziehung zur Demokratie‹. Nicht also zielte Demokratie auf die Überwindung von Rassismus und Nationalismus ab, sondern rassistische und nationalistische Techniken des *Othering* dienten als Mechanismen, um Zustimmung zu einer begrenzten Demokratie zu organisieren. Zweitens forcierten die Sozialhygieniker eine Vorstellung von Demokratie, die auf einer hierarchischen Unterteilung der Bevölkerung basiert: in jene, die als »gesellschaftliche Volkserzieher« (Dohrn 1922: 21) und »Führer« (Gaupp 1919: 79) galten, denen die Aufgabe zuteilwurde, die anderen, die als unwissend und unreif gelten, zu belehren, zu erziehen und zu führen. Mit Rancière lässt sich an dieser Stelle argumentieren, dass die Sozialhygieniker ihr medizinisches Wahrheitsmonopol über ›richtige‹ Lebensweisen und Körperverhältnisse nutzten, um eine polizeiliche Ordnung zu legitimieren, die in ›Erzieher‹ und ›Führer‹ einerseits sowie Zu Erziehende und Führende andererseits unterteilt ist. Mittels medizinischer Wahrheitsregime legten die Sozialhygieniker eine undemokratische »Aufteilung unter den Weisen des Machens, den Weisen des Seins und den Weisen des Sagens« (Ranciere 2002: 41) fest. Im Licht der These, dass Demokratie »[n]icht bloß die Unterbrechung der ›normalen‹ Verteilung der Positionen zwischen dem, der eine Macht ausübt, und demjenigen, der sie über sich ergehen lässt« (Ranciere 2008: 15) ist, »sondern eine Unterbrechung in der Idee der Dispositionen, die diese Positionen ›eigen‹ macht« (ebd.), erweist sich die sozialhygienische Demokratisierung als dazu geradezu gegenläufig.

Drittens war das von den Sozialhygienikern vorangetriebene Projekt der Demokratisierung undemokratisch, da es auf einer szientokratischen Einhegung der Politik und folglich einer Einengung des politisch Verhandelbaren aufbaute. Durch ihren Anspruch, in einer wissenschaftlichen Wahrheit begründet zu sein, forcierten die Sozialhygieniker eine Versachlichung und Verwissenschaftlichung von sozialen und politischen Fragen. Als Politik galt den Sozialhygienikern »naturwissenschaftliche Politik« (Gottstein 1924: 10) und daher nicht das Aushandeln vielfältiger Interessen und Bedürfnisse, sondern dass »fachliche Erwägungen« (ebd.: 491f.) zu einer Lösung führen. Wie schon bei Virchow wurde Politik auf die Parameter richtig und wahr reduziert. Der sozialhygienische Rekurs auf medizinische Wahrheiten diente folglich dazu, nicht Demokratie, sondern das »Verschwinden der Politik« (Rancière 2002: 112) zu legitimieren.

Das vierte undemokratische Element in der von den Sozialhygienikern propagierten Demokratisierung resultierte aus der Verschmelzung von Sozialer Hygiene und Eugenik. Diese hatte zur Folge, dass die Konstruktion und der Ausschluss von »körperlich oder geistig Minderwertigen« (Grotjahn 1923: 446) Voraussetzung für die sozialhygienische ›Demokratisierung‹ wurde. Denn die Konstruktion des Volkskörpers, für dessen Gesundheit die Bürger_innen Sorge tragen sollten, basierte auf der Vorstellung einer restlos planbaren gesunden Bevölkerung. Krankheiten oder ›Behinderungen‹ galten als Störfaktoren eines als natürlich angenommenen Gleichgewichts, die eliminiert werden mussten. Damit waren Ausschlüsse von ›körperlich oder geistig Minderwertigen‹ (ebd.) fester Bestand des politischen Projekts der Sozialhygieniker. Darüber hinaus wurde die Eugenik zu einem gewichtigen Element in der sozialhygienischen Erziehung zur Demokratie: Nicht nur wollten sozialhygienische Kampagnen das je individuelle Leben an sozialhygienischen Gesundheitsmaßregeln ausrichten, sondern ebenso ein »eugenische[s] Verantwortlichkeitsgefühl« (Grotjahn 1926: 80) ausbilden. Diese Politiken des Ausschlusses und der Ungleichheit wurden im Projekt der Sozialhygieniker zu Techniken, um Zustimmung zu ihrem Verständnis von Demokratie zu organisieren.

5. Demokratie, Wahrheit und Körper

Wenn medizinische Diskurse als politische Rationalität konzipiert werden, kann gezeigt werden, wie die Medizin daran beteiligt war, dass sich die Demokratie in Deutschland als eine Machtformation herausbildete, die einen umfassenden Zugriff auf alltägliche Politiken des Körpers und des Lebens ermöglichte. Die Vernaturwissenschaftlichung der Medizin, die Mitte des

19. Jahrhunderts einsetzte, legte hier den Grundstein für das Wahrheitsmonopol über Körper, aus dem wiederum Wahrheiten über demokratische Teilhabe und Politik abgeleitet wurden. Demokratische Versprechen wie Freiheit, Selbstbestimmung und Partizipation operierten dabei als Regierungstechniken, die einen subtilen und dennoch umfassenden Zugriff von Macht auf die Individuen, Körper und Leben ermöglichten. Zugleich erwiesen sich die medizinischen Körper- und Biopolitiken als Teil eines diskursiven Bedingungsgefüges für die Genealogie der Demokratie: Die Durchsetzung von Demokratie als Machtformation gründete auch auf einer Verbreitung von Köperpolitiken, die maßgeblich auf medizinischen Wahrheitsregimen basierte. Ein wichtiges Element der Genealogie der Demokratie waren folglich auch verkörperte und verkörpernde Ordnungstechniken, die sowohl Körper als auch den Radius der Politik fixierten und begrenzten. Die Verankerung von Wahrheitspolitiken in den Körpern sowie die Ableitung von Wahrheitspolitiken aus den Körpern erweist sich als Machttechnik, um eine Form der Demokratie hervorzubringen, die in ihrem demokratischen Potential von Beginn an begrenzt war. Mittels Wahrheitsregimes über körperliche Ordnungen gelang es jedoch zugleich, diese undemokratische Form der Demokratie auch auf durchweg subtile Weise zu legitimieren.

Über das Verhältnis von Foucaults Analytik der Macht und radikaler Demokratietheorie sind mittlerweile viele kontroverse Einschätzungen verfasst worden (u. a. Balke 2010; Esposito 2010; Flügel-Martinsen 2017): Sehen die einen in Foucault durchaus einen Vordenker radikaler Demokratietheorie, da es auch ihm darum ging, die vielfältigen Techniken der Verfestigung politischer Ordnung aufzuzeigen, wird dies von anderen vehement zurückgewiesen, ließe sich doch Foucaults Skepsis gegenüber einer emanzipatorischen Konzeption des Politischen nicht mit dem Anspruch radikaler Demokratietheoretiker_innen vereinen, mit ihren Kritiken auch dazu einen Beitrag leisten zu wollen. Ohne an dieser Stelle eine abschließende Antwort auf die Kontroverse geben zu wollen, lässt sich als analytisches Fazit des vorliegenden Textes argumentieren, dass es sich für eine kritische Auseinandersetzung mit der Genealogie der liberalen repräsentativen Demokratie allemal lohnt, Foucaults machttheoretisches Instrumentarium mit radikaldemokratietheoretischen Ansätzen zu verbinden. Schnittfläche dafür ist eine grundlegende antifundamentalistische Haltung, die sowohl Foucaults machttheoretische als auch radikaldemokratietheoretische Kritiken ausmacht. Eine foucaultsche Perspektive zeigt die Notwendigkeit auf, sich auch in der radikalen Demokratietheorie mit Körperpolitiken zu befassen und erweist sich in instruktiver Weise als »komplementär zu den Debatten um das Politische« (Folkers 2019: 88), um die subtilen und immer auch durch die Körper hindurchgehenden Techniken der Macht sichtbar zu machen, die Politik im eigentlich demokratischen Sinne begrenzen, erschweren und verhindern. Gerade weil es radikaler Demokratietheorie darum geht, mit »allen Formen der Essentialismen zu brechen« (Laclau/Mouffe 1991: 27) und gerade weil es das Politische in Demokratien gibt, da »keine gesellschaftliche Ordnung in der Natur gegründet ist« (Rancière 2002: 28), gilt es, auch aus radikaldemokratietheoretischer Perspektive Wahrheitsregime über Körper als anti-demokratische Machttechniken aus- und zurückzuweisen.

Literaturverzeichnis

Balke, Friedrich 2010: Zwischen Polizei und Politik. Eine Genealogie des ästhetischen Regimes, in: Bedorf, Thomas/Röttgers, Kurt (Hrsg.): Das Politische und die Politik, Berlin, 207-234.

Blätter für Volksgesundheitspflege. Gemeinverständliche Zeitung 1919: Die Grundlagen der Freiheit 19: 11/12, 94–97.

Bleker, Johanna 1978: Von der medizinischen Volksbelehrung zur Popularisierung der medizinischen Wissenschaft. Ideen einer »democratischen Medicin« um 1848, in: Medizinhistorisches Journal 13, 112-119.

Butler, Judith 1997: Körper von Gewicht. Die diskursiven Grenzen des Geschlechts, Frankfurt/Main.

Canguilhem, Georges 1979: Wissenschaftsgeschichte und Epistemologie. Gesammelte Aufsätze. Hg. Von Wolf Lepenies. Frankfurt/Main.

Dohrn, Carl 1922: Aus der Praxis der hygienischen Volksbelehrung, in: Blätter für Volksgesundheitspflege. Gemeinverständliche Zeitung 22: 2, 21–24.

El-Tayeb, Fatima 2001: Schwarze Deutsche. Der Diskurs um »Rasse« und nationale Identität 1890-1933, Frankfurt/Main.

Esposito, Roberto 2010: Vom Unpolitischen zur Biopolitik, in: Bedorf, Thomas/Röttgers, Kurt(Hrsg.): Das Politische und die Politik, Berlin, 89-101.

Fehlemann, Silke 2002: Die Entwicklung der öffentlichen Gesundheitsfürsorge in der Weimarer Republik: Das Beispiel der Kinder und Jugendlichen, in: Woelk, Wolfgang/Vögele, Jörg (Hrsg.): Geschichte der Gesundheitspolitik in Deutschland. Von der Weimarer Republik bis in die Frühgeschichte der »doppelten Staatsgründung«, Berlin, 67-82.

Fischer, Alfons 1925: Grundriss der Sozialen Hygiene. Zweite, vollständig neugestaltete und vermehrte Auflage, Karlsruhe.

Flügel-Martinsen, Oliver 2017: Befragungen des Politischen. Subjektkonstitution – Gesellschaftsordnung – Radikale Demokratie, Wiesbaden.

Folkers, Andreas 2019: Veridiktion und Denunziation. Foucaults Genealogie der Kritik und die Politik der Wahrheit, in: Marchart, Oliver/Martinsen, Renate (Hrsg.): Foucault und das Politische. Transdisziplinäre Impulse für die politische Theorie der Gegenwart, Wiesbaden: Springer VS, 87–107.

Foucault, Michel 1976: Überwachen und Strafen. Die Geburt des Gefängnisses, Frankfurt/Main.

Foucault, Michel 1977: Der Wille zum Wissen. Sexualität und Wahrheit I, Frankfurt/Main.

Foucault, Michel 1973: Die Geburt der Klinik. Eine Archäologie des ärztlichen Blicks, Frankfurt/Main.

Foucault, Michel 1999: In Verteidigung der Gesellschaft. Vorlesungen am Collège de France (1975-1976), Frankfurt/Main.

Foucault, Michel 2003: Die Geburt der Sozialmedizin (Vortrag), in: Ders.: Dits et Écrits, Bd. 3. Hg. von Daniel Defert/François Ewald/Jacques Lagrange, Frankfurt/Main, 272–298.

Foucault, Michel 2004: Geschichte der Gouvernementalität I. Sicherheit, Territorium, Bevölkerung. Vorlesungen am Collège de France (1977-1978), Frankfurt/Main.

Foucault, Michel 2005: Subjekt und Macht, in: Ders.: Dits et Écrits, Bd. 4. Hg. von Defert, Daniel/Ewald, François/Lagrange, Jaques, Frankfurt/Main, 269-294.

Fülleborn, Friedrich 1927: Kolonialhygiene und Krankheiten der warmen Länder, in: Schlossmann, Arthur (Hrsg.): GE-SO-LEI. Grosse Ausstellung Düsseldorf 1926 für Gesundheitspflege, Soziale Fürsorge und Leibesübungen, Bd. 2, Düsseldorf, 577-600.

Gaupp, Robert 1919: Der Arzt als Erzieher des Volkes, in: Blätter für Volksgesundheitspflege. Gemeinverständliche Zeitung 19: 5/6, 77-80.

Gottstein, Adolf 1924: Das Heilwesen der Gegenwart. Gesundheitslehre und Gesundheitspolitik, Berlin.

Gottstein, Adolf 1925: Selbstdarstellung, in: Grote, Louis R. (Hrsg.): Die Medizin der Gegenwart in Selbstdarstellungen, Leipzig, 53–91.

Grosz, Elizabeth 1994: Volatile Bodies. Toward a Corporeal Feminism, Bloomington.

Grotjahn, Alfred 1914: Geburten-Rückgang und Geburten-Regelung im Lichte der individuellen und der sozialen Hygiene, Berlin.

Grotjahn, Alfred 1923: Soziale Pathologie. Versuch einer Lehre von den Sozialen Beziehungen der Krankheiten als Grundlage der Sozialen Hygiene, Berlin.

Grotjahn, Alfred 1926: Die Hygiene der menschlichen Fortpflanzung. Versuch einer praktischen Eugenik, Berlin/Wien.

Grotjahn, Alfred 1930: Fünfundzwanzig Jahre Soziale Hygiene, in: Archiv für Soziale Hygiene und Demographie. Zugleich Fortsetzung des Bibliographischen Jahresberichts über Soziale Hygiene, Demographie und Medizinalstatistik sowie alle Zweige des sozialen Versicherungswesens, Neue Folge, Bd. 5, 181-183.

Haraway, Donna 1989: Primate Visions: Gender, Race, and Nature in the World of Modern Science, New York.

Labisch, Alfons 1992: Homo Hygienicus. Gesundheit und Medizin in der Neuzeit, Frankfurt/Main.

Laclau, Ernesto/Mouffe, Chantal 1991: Hegemonie und Radikale Demokratie. Zur Dekonstruktion des Marxismus, Wien.

Lefort, Claude 1990: Die Frage der Demokratie, in: Ulrich Rödel (Hrsg.): Autonome Gesellschaft und libertäre Demokratie, Frankfurt/Main, 281–297.

Longino, Helen E. 1989: Can There Be a Feminist Science?, in: Tuana, Nancy (Hrsg.): Feminism and Science, Bloomington/Indianapolis, 45–57.

Ludwig, Gundula. 2019: Körperpolitiken und Demokratie. Sozialhygienische Wissensregime als Techniken der Demokratisierung in der Weimarer Republik, in: Body Politics 7: 11, 75–95.

Mendel, Iris 2015: WiderStandPunkte. Umkämpftes Wissen, feministische Wissenschaftskritik und kritische Sozialwissenschaften, Münster.

Mills, Charles W. 1997: The Racial Contract, Ithaca.

Opitz, May 1986: Rassismus, Sexismus und vorkoloniales Afrikabild in Deutschland, in: Oguntoye, Katharina/Opitz, May/Schultz, Dagmar (Hrsg.): Farbe bekennen. Afro-deutsche Frauen auf den Spuren ihrer Geschichte, Frankfurt/Main, 17–84.

Rancière, Jacques 2002: Das Unvernehmen. Politik und Philosophie, Frankfurt/Main.

Rancière, Jacques 2008: Zehn Thesen zur Politik, Berlin.

Salamon, Gayle 2010: Assuming a Body: Transgender and Rhetorics of Materiality, New York.

Scheumann, Friedrich Karl 1929: Eheberatung als Eugenische Fürsorge, in: Archiv für Soziale Hygiene und Demographie 4: 4, 226–231.

Singer, Mona 2005: Geteilte Wahrheit. Feministische Epistemologie, Wissenssoziologie und Cultural Studies, Wien.

Virchow, Rudolf 1848: Die Epidemien von 1848, in: Archiv für pathologische Anatomie und Physiologie, 3: 1–2, 2–12.

Virchow, Rudolf 1849a: Die naturwissenschaftliche Methode und ihre Standpunkte in der Therapie, in: Archiv für pathologische Anatomie und Physiologie, Bd. 2, H. 1–2, 3–37.

Virchow, Rudolf 1849b: Mitteilungen über die in Oberschlesien herrschenden Typhus-Epidemie, in: Archiv für pathologische Anatomie und Physiologie, Bd. 2, H. 1-2 (VA2/1–2), 134–322.

Virchow, Rudolf 1855: Cellular-Pathologie, in: Archiv für pathologische Anatomie und Physiologie 8: 1, 3–39.

Virchow, Rudolf 1867: Ueber die neueren Fortschritte in der Pathologie, mit besonderer Beziehung auf öffentliche Gesundheitspflege und Aetiologie. Vortrag in der 2. allgemeinen Sitzung der 41. Versammlung deutscher Naturforscher und Ärzte in Frankfurt a. M. am 20.09.1867, in: Tageblatt der Versammlung deutscher Naturforscher und Aerzte in Frankfurt, Frankfurt, 33–40.

Virchow, Rudolf 1873/1997: Rede im Preußischen Abgeordnetenhaus, Berlin. 10. März 1873, in: Andree, Christian (Hrsg): Rudolf Virchow. Sämtliche Werke, Bd. 33, Abteilung II Politik, Bern u. a., 463–469.

Die Wahrheit ist nicht genug.
Jürgen Habermas' politische Theorie kultureller Differenz und die deutsche Beschneidungsdebatte

Floris Biskamp

Im Sommer 2012 war die öffentliche Debatte in Deutschland von kulturkämpferischen Tönen bestimmt, die in dieser Form wohl niemand antizipiert hatte. Nach einem Urteil des Landgerichts Köln, in dem die Beschneidung eines muslimischen Jungen als Körperverletzung bewertet wurde, stand die Legalität der Praxis etwa ein halbes Jahr lang in Zweifel – was einer repräsentativen Umfrage von *TNS Emnid* zufolge eine Mehrheit von 56 Prozent der Bevölkerung begrüßte (Ionescu 2018: 396). In fast allen Feuilletons erschienen Beiträge, in denen jüdischen und muslimischen Eltern vorgeworfen wurde, ihren minderjährigen Söhnen durch die Beschneidung systematisch Gewalt anzutun oder sie gar sexuell zu missbrauchen. Schärfer noch als in Printmedien und Talkshows war der online angeschlagene Ton (Heil/Kramer 2012: 10-11; Ionescu 2018: 15-16). Entsprechend angegriffen klangen die Reaktionen von Vertreter_innen der betroffenen Religionsgemeinschaften. Die Rede war von der Verunmöglichung jüdischen und muslimischen Lebens in Deutschland oder gar vom schwersten Angriff auf das Judentum seit der Shoah. Die ehemalige Präsidentin des Zentralrats der Juden in Deutschland, Charlotte Knobloch, fragte wohl nicht nur rhetorisch: »Wollt ihr uns Juden noch?« (zit. n. Ionescu 2018: 11).

Im vorliegenden Beitrag diskutiere ich am Beispiel dieser Debatten einige Probleme von Jürgen Habermas' politischer Theorie kultureller Differenz im demokratischen Verfassungsstaat. Dabei vertrete ich fünf Thesen, von denen sich die ersten beiden und die letzte direkt auf das Verhältnis von Demokratie und Wahrheit beziehen, die anderen darüber hinaus zielen:

1. Für demokratische Aushandlungen kultureller Differenz ist es unabdingbar, dass in der Öffentlichkeit eine Orientierung an Wahrheit vorherrscht.
2. Diese Orientierung an Wahrheit ist zwar ein notwendiges, aber kein hinreichendes Kriterium für Legitimität.

3. Wenn reale Debatten nicht »hinreichend diskursiv geführt« (Habermas 1999: 323) werden – sei es in Bezug auf normative Inhalte, in Bezug auf epistemische Inhalte oder in Bezug auf die Struktur der Debatten, insbesondere in Hinblick Möglichkeit der Beteiligung –, produzieren sie nicht nur illegitime Ergebnisse, sondern auch einen falschen Anschein deliberativ-demokratischer Legitimität, sodass sie ideologisch wirksam werden. Dann müssen diese Debatten selbst als normatives Problem betrachtet werden.

4. Politische Theorie muss sich – insbesondere, wenn sie als prozeduralistische Theorie realen gesellschaftlichen Aushandlungen normatives Gewicht aufbürdet – für eine gesellschaftstheoretische und ideologiekritische Reflexion öffnen, um nicht selbst ideologische Effekte zu zeitigen.

5. Ein zu starker Fokus auf die Frage von Wahrheit birgt die Gefahr, von einem mindestens ebenso wichtigen Kriterium für die demokratische Qualität öffentlicher Debatten abzulenken, nämlich der Chancengleichheit in Bezug auf die effektive Beteiligung an den Debatten. Hier ist insbesondere zu fragen, wer über wen welche Wahrheiten produzieren kann.

Diese Thesen begründe ich in vier Abschnitten. Im ersten skizziere ich Habermas' politische Theorie kultureller Differenz im demokratischen Verfassungsstaat, der zufolge Konflikte unvermeidlich sind, aber durch öffentliche Debatten demokratisch bearbeitet werden können. Im zweiten Abschnitt rekapituliere ich die deutsche Beschneidungsdebatte von 2012 und erläutere, warum es sich dabei auf den ersten Blick um einen idealen Fall für öffentliche Aushandlungen in Habermas' Sinne zu handeln scheint. Dagegen lege ich im dritten Abschnitt dar, dass zahlreiche Beobachter_innen zu einem gegenteiligen Schluss kamen und die Debatte eher als Problem denn als Beitrag zur Lösung betrachteten – und dass auch Habermas selbst dieser Position zugeneigt schien. Im vierten Abschnitt schließlich skizziere ich unter Hinzuziehung von Gayatri Spivaks postkolonialer Theorie und Habermas' Konzept der systematisch verzerrten Kommunikation, wie eine modifizierte Version der politischen Theorie kultureller Differenz aussehen müsste, die in der Lage ist, sowohl das demokratische Potenzial öffentlicher Debatten als auch die Möglichkeit diskriminierender Dynamiken zu erfassen.

1. Debatten als Problembearbeitung: Jürgen Habermas' politische Theorie kultureller Differenz im demokratischen Verfassungsstaat

Dem Phänomen kultureller Differenz als Quelle politischer Konflikte und politisch-theoretischer Probleme widmet sich Jürgen Habermas insbesondere in den 1990er- Jahren. Die meisten relevanten Aufsätze sind im Sammelband *Die Einbeziehung des Anderen* (Habermas 1999) versammelt; später überträgt er seine Thesen mit leichten Modifikationen auf Fragen religiöser Differenz (z. B. Habermas 2012a).

Nach Habermas sind normative Fragen der Vernunft zugänglich – über die praktische Frage, was richtig ist, kann in einer ähnlichen Weise mit Gründen entschieden werden wie über die theoretische Frage, was wahr ist. Diese Vernunftprüfung soll in beiden Fällen nicht innersubjektiv »in foro interno« (Habermas 1999: 48), sondern intersubjektiv in gesellschaftlichen Diskursen vollzogen werden: In theoretischen Diskursen werden propositionale Wahrheitsansprüche ausgetauscht, um mit Argumenten darüber zu urteilen, welche Aussagen über die Welt zutreffen. In praktischen Diskursen werden normative Richtigkeitsansprüche ausgetauscht, um mit Argumenten darüber zu urteilen, welche Normen gelten sollen, welche Handlungsweisen richtig sind, wie die Gesellschaft eingerichtet sein soll etc. (Habermas: 1999: 11, 52-55).

Habermas' Diskussion kultureller Differenz im demokratischen Verfassungsstaat geht von der Annahme aus, dass es unter modernen, nachmetaphysischen Bedingungen keine Normativität geben kann, die zugleich dicht und allgemein akzeptabel ist – also auf alle relevanten Fragen der Lebensführung eine Antwort bietet und für alle Mitglieder der Gesellschaft zustimmungsfähig oder verbindlich ist. Vielmehr träten *Moral* und *Ethik* in der Moderne auseinander, sodass es zwei verschiedene Arten von Normativität bzw. praktischen Diskursen gibt. *Moral* bezieht sich auf die Frage, was *für alle gerecht* ist, *Ethik* auf die Frage, was *für eine partikulare Gruppe gut* ist. Moderne Gesellschaften seien entsprechend durch ethische bzw. kulturelle Pluralität geprägt, sodass in jeder Gesellschaft verschiedene, einander widersprechende Konzeptionen des Guten koexistieren. Damit diese Koexistenz friedlich und demokratisch sein kann, müssen die verschiedenen Gruppen und Individuen darauf verzichten, ihre je eigenen Vorstellungen des Guten als allgemein verbindlich zu betrachten oder durchsetzen zu wollen. In Fragen der Gerechtigkeit zwischen den Subjekten können allgemein verbindliche Lösungen dagegen erreicht werden – und das müssen sie auch. Im Konfliktfall müssen sich die partikularen Ethiken der universalen Moral unterordnen, um ein Zusammenleben zu ermöglichen (Habermas 1999: 16-20, 40-44, 56-58). Das Recht als mit Zwangsgewalt bewährte Normativität beansprucht Allgemeinverbindlichkeit und muss daher »mit der Moral in Einklang« (Habermas 1999: 297) stehen.

Bei der Herausbildung und Entwicklung einer solchen normativen Ordnung spielen Konflikte, die durch gesellschaftliche Aushandlungen bearbeitet werden, eine entscheidende Rolle. Unter anderem können sich Konflikte an der Frage entzünden, ob Praktiken, die bestimmte kulturelle Gruppen für ethisch gut halten und vollziehen, die aber bei anderen auf Ablehnung stoßen, toleriert werden und legal sein oder verboten werden sollten. Als prozeduralistischer Theoretiker will Habermas Entscheidungen in solchen Konflikten weder selbst treffen noch einen substanziellen Kriterienkatalog vorgeben, nach dem im Einzelfall zu entscheiden wäre. Stattdessen müssten die Entscheidungen von den Bürger_innen selbst in realen Aushandlungen getroffen werden. Jedoch sollen diese Entscheidungsprozesse nicht irgendwie vonstattengehen, sondern gewissen prozeduralen Kriterien genügen – die Aufgabe der politischen Theorie ist die Reflexion über diese prozeduralen Kriterien. Ein Verbot einer kulturell legitimierten Praxis kann nach Habermas nur dann legitim sein, wenn die gegen sie erhobenen Einwände moralischer und nicht bloß ethischer Natur sind, wenn sie also auf universalisierbaren Normen basieren und Fragen der Gerechtigkeit betreffen. Das trifft beispielsweise auf eine Praxis zu, die Verfassungsprinzipien oder Grundrechte verletzt (Habermas 1999: 142, 168, 331-333).

Jedoch ist die Entscheidung darüber, ob die gegen eine Praxis erhobenen Einwände nur ethisch und partikular oder doch moralisch und universalisierbar sind, selbst alles andere als trivial. Auch sie muss in realen gesellschaftlichen Aushandlungen getroffen werden. Als moralisch können Einwände bzw. die ihnen zugrunde liegenden Normen gelten, wenn sie sich in Diskussionen als valide erweisen, die dem Diskursprinzip D und der Universalisierungsgrundsatz U genügen. D zufolge dürfen »nur die Normen Geltung beanspruchen [...], die die Zustimmung aller Betroffenen als Teilnehmer eines praktischen Diskurses finden können« (Habermas 1999: 49). U bedeutet, dass alle Diskursteilnehmer_innen so argumentieren müssen, »daß eine Norm genau dann gültig ist, wenn die voraussichtlichen Folgen und Nebenwirkungen, die sich aus ihrer allgemeinen Befolgung für die Interessenlagen und Wertorientierungen eines jeden voraussichtlich ergeben, von allen Betroffenen gemeinsam zwanglos akzeptiert werden könnten« (Habermas 1999: 60). Bei D geht es also eher um die Frage, wer welche Möglichkeiten hat, sich am Diskurs zu beteiligen, bei U eher um den Diskursinhalt in Hinblick auf die Form normativer Richtigkeitsansprüche.

Politische Entscheidungen über potenzielle Verbote können jedoch nicht auf einen realen Konsens aller potenziell Betroffenen warten – sonst könnte kein Einwand je als universalisierbar gelten und das Toleranzgebot würde faktisch universell. Als politischen Vorgriff auf den Konsens nennt Habermas die »(erforderlichenfalls qualifizierte) Mehrheitsregel« (Habermas 1999: 327). Dies hat in Fällen, in denen kulturelle Mehrheiten Einwände gegen eine von Minderheiten vollzogene kulturelle Praxis erheben, eine pikante Implikation: Zwar können die Mehrheiten eine Entscheidung für ein Verbot nicht allein aufgrund von partikular-ethischen Einwänden begründen, sondern müssen universalisierbare, moralische Einwände geltend machen. Jedoch können sie in einer (gegebenenfalls qualifizierten) Mehrheitsentscheidung de facto selbst darüber bestimmen, ob ihre Einwände nur ethisch oder doch moralisch und ergo universalisierbar sind. Das heißt allerdings nicht, dass die prozeduralistische politische Theorie keine Unterscheidung mehr zwischen Mehrheitstyrannei und Demokratie treffen kann. Das Unterscheidungskriterium besteht eben darin, dass der Mehrheitsentscheidung »hinreichend diskursiv geführte [...] Auseinandersetzungen« (Habermas 1999: 323) vorangegangen sein müssen, damit sie demokratische Legitimität beanspruchen kann.

Auf die Frage, welche Rolle Wahrheit und Wahrhaftigkeit in diesen Aushandlungen spielen und was das für das Verhältnis von Demokratie und Wahrheit bedeutet, geht Habermas in *Die Einbeziehung des Anderen* nicht ein. Aushandlungen über die Legalität einer kulturellen Praxis werden in seiner Darstellung zuvorderst um Richtigkeitsansprüche geführt, nicht um Wahrheitsansprüche: Es geht vor allem darum, ob es moralisch-universalisierbare Einwände gegen eine konkrete ethische Praxis gibt. Jedoch bedeutet das nicht, dass Wahrheitsfragen irrelevant wären. Vielmehr scheint Habermas ihre Relevanz für zu selbstverständlich und trivial zu halten, als dass er sie explizit diskutieren müsste. So *kann* über die Frage, ob moralische Einwände gegen eine konkrete Praxis bestehen, überhaupt nur dann entschieden werden, wenn ein halbwegs realistisches Bild von dieser Praxis und ihren Folgen etabliert ist. Sonst wäre es gar nicht möglich, über ihre Übereinstimmung mit oder ihren Verstoß gegen die in praktischen Diskursen ausgehandelten Normen zu urteilen. Damit hat die Entscheidung eine epistemische Dimension und hängt neben der Aushandlung normativer Richtigkeitsansprüche auch von der Aushandlung propositionaler Wahrheitsansprüche ab. Wenn die normativen Aushandlungen »hinreichend diskursiv geführt« werden, könnte weitgehende Übereinstimmung darüber herrschen, welche Normen universell gelten und wie sie anzuwenden sind. Wenn aber zugleich ein völlig falsches Bild der zur Diskussion stehenden Praxis und ihrer Konsequenzen vorherrscht, könnte es sein, dass ein Verstoß gegen universalisierbare Normen fälschlich konstatiert und ein Verbot fälschlich für legitim gehalten wird. Sollen Aushandlungen kultureller Differenz zu legitimen Ergebnissen führen, müssen sie nicht nur in der praktisch-normativen, sondern auch in der theoretisch-propositionalen Dimension »hinreichend diskursiv geführt« werden. Wenn zu viele Subjekte – sei es aus Achtlosigkeit, aus Täuschungsabsicht oder aus Verblendung – systematisch unwahr sprechen, ist mit systematisch verzerrten Ergebnissen in der epistemischen Dimension zur rechnen. Die Aushandlungen sind dann nicht mehr hinreichend diskursiv und können keine legitimen Ergebnisse produzieren.

Deshalb gilt, wie in der ersten These postuliert, dass demokratische Aushandlungen kultureller Differenzen darauf angewiesen sind, dass in den Debatten eine Orientierung an Wahrheit vorherrscht. Dies ist nur zu gewährleisten, wenn die Diskurse durch Metadiskurse begleitet werden, in denen ein unzureichender Umgang mit Wahrheitsansprüchen problematisiert wird. Aus Habermas' Konzeption selbst folgt jedoch auch die zweite These: Die Orientierung an Wahrheit ist zwar ein notwendiges, aber kein hinreichendes Kriterium für demokratische Aushandlungen. Zusätzlich muss in den Aushandlungen inhaltlich eine Orientierung am Universalisierungsgrundsatz U vorherrschen (es darf also nicht partikular-ethnozentrisch argumentiert werden) und in Bezug auf die Beteiligungsmöglichkeiten eine hinreichende Annäherung am Diskursprinzip D bestehen (es müssen also alle Betroffenen die Möglichkeit zu Beteiligung und effektivem Widerspruch haben).

2. Die deutsche Beschneidungsdebatte von 2012 als idealtypischer Konfliktfall im Sinne Habermas'

Die deutsche Beschneidungsdebatte von 2012 ist auf den ersten Blick ein idealtypisches Beispiel für eine solche Aushandlung.

Nach der Beschneidung eines vierjährigen muslimischen Jungen im November 2010 kam es zu Nachblutungen, weshalb die Mutter mit ihm das Kölner Universitätsklinikum aufsuchte. Weil der Sachverhalt aufgrund von Sprachproblemen nicht unmittelbar zu klären war, zog das Krankenhauspersonal die Polizei hinzu. Als die Staatsanwaltschaft Köln von dem Fall erfuhr, erhob sie Anklage wegen Körperverletzung gegen den Arzt, der die Beschneidung vorgenommen hatte. Das Amtsgericht Köln sprach diesen in erster Instanz frei, weil der Eingriff auf Wunsch der Eltern medizinisch fachgerecht erfolgt war. Daraufhin zweifelte die Staatsanwaltschaft an, dass die Eltern überhaupt das Recht für eine solche Entscheidung über den Körper ihres Sohnes haben, und ging in Berufung. Das Landgericht Köln folgte der Argumentation der Anklage und sah den Straftatbestand der Körperverletzung erfüllt. Es sprach den Arzt am 7. Mai 2012 nur mit der Begründung frei, dass er sich in einem Verbotsirrtum befunden habe, also aufrichtig, aber irrtümlich von der Legalität seines Handelns ausgegangen sei. Dieser Freispruch führte dazu, dass die Verteidigung keine Berufung einlegen konnte und das Urteil nur von Seiten der Staatsanwaltschaft hätte angefochten werden können, die aber darauf verzichtete. Damit hatten die betroffenen Religionsgemeinschaften keine Möglichkeit, eine Anfechtung des Urteils auf dem Rechtsweg zu unterstützen, und bis auf Weiteres mussten Beschneidungen in Deutschland als Körperverletzung gelten. Zudem unterließ es das Landgericht, die zuständigen politischen Stellen unmittelbar über seine Entscheidung zu unterrichten, wie es bei einer politisch folgenreichen Entscheidung geboten ist. Diese erfuhren von dem Urteil ebenso wie die allgemeine Öffentlichkeit erst am 26. Juni 2012, als in der *Financial Times* ein Artikel erschien, in dem das Urteil positiv bewertet wurde. Daran schloss sich eine Debatte an, in der darüber diskutiert wurde, ob die Beschneidung von Jungen in Deutschland legal sein sollte oder nicht (Ionescu 2018: 136-143; Rixen 2014: 34-36; Brantl 2014: 46-47; Widmann 2012: 219-223; Çetin/Wolter 2012: 15-20; Voß 2012b: 52-58).

Gemäß der oben beschriebenen Habermas'schen Konzeption stellt sich der Streit so dar, dass in Judentum und Islam Ethiken vorherrschen, denen zufolge die Beschneidung von männlichen Minderjährigen *gut* sei. Gegen diese ethisch legitimierte Praxis erhoben die Verbotsbefürworter_innen einen Einwand, für den sie moralische Universalisierbarkeit geltend machten: Das Grundrecht der Jungen auf körperliche Unversehrtheit impliziere, dass eine Beschneidung von nicht zustimmungsfähigen Kindern *nicht gerecht* sei. Dem hielten Verbotsgegner_innen ihrerseits nicht nur ihre partikulare ethische Vorstellung vom Guten entgegen, sondern auch moralische Normen von Grundrechtsrang, die durch ein Verbot verletzt würden, nämlich Erziehungsrecht und Religionsfreiheit. Somit galt es, konfligierende moralische Normen gegeneinander abzuwägen, um zu entscheiden, ob nach dieser Abwägung »netto« immer noch ein valider moralischen Einwand gegen die Praxis der Beschneidung besteht.

Wie in der ersten und zweiten These postuliert und oben ausgeführt, haben solche Aushandlungen sowohl eine normative als auch eine epistemische Dimension, was in der Beschneidungsdebatte auch deutlich wurde. Insgesamt kann man die möglichen normativen Positionen in vier Gruppen einteilen – und jede dieser normativen Positionen ist auf bestimmtes empirisches Wissen angewiesen.

(1) Einige Verbotsbefürworter_innen vertreten die normative Position, dass körperliche Eingriffe bei Kindern nur vorgenommen werden dürfen, wenn sie medizinisch indiziert sind, sich also ein medizinischer Nutzen für das Kind erwarten lässt. Eine Entscheidung für darüber hinausgehende Eingriffe sei durch das Elternrecht nicht gedeckt – religiöse Gründe könnten keine Rolle spielen und würden durch das Recht auf Unversehrtheit grundsätzlich übertrumpft (Putzke 2008: 700-703; Herzberg 2014). Diese normative Position verweist auf eine Wahrheitsfrage: Es ist zu klären, ob die Beschneidung von Jungen *generell* als medizinisch indiziert gelten sollte, weil sie *in der Regel* erhebliche medizinische Vorteile bringt, oder ob eine Indikation nur in Ausnahmen wie einer pathologischen Vorhautverengung vorliegt. Diese Frage ist nicht nur epistemischer, sondern sogar medizinisch-naturwissenschaftlicher Natur, verweist also auf eine Fachdiskussion jenseits der politischen Debatte – und diese Diskussion wird seit Jahrzehnten geführt (Marx/Moll 2014: 11-15). In der deutschen Debatte wiesen einige (insbesondere Verbotsbefürworter_innen) die Idee einer allgemeinen medizinischen Indikation zu präventiven Zwecken zurück, andere (insbesondere Verbotgegner_innen) hielten sie für gegeben oder die Frage zumindest für unentschieden (Brantl 2014: 48-49; Pekárek 2013; Voß 2012b).

(2) Eine radikale normative Gegenposition bestünde darin, Religionsfreiheit absolut zu setzen, sodass kein religiöser Ritus verboten werden dürfte. Diese Position wäre in Habermas' Konzeption nicht aufrechtzuerhalten. In der Beschneidungsdebatte existierte die Idee, die Religionsfreiheit sei ein allgemeiner »Freibrief« (Franz et al. zit. n. Ionescu 2018: 191, s. auch Herzberg 2014: 56-57) eher als Strohmann, als dass sie real bezogen worden wäre (Bielefeldt 2012: 77-79; Brantl 2014: 55). Sie ist aber geeignet, eine weitere epistemische Frage sichtbar zu machen: Damit Individuen in dieser Konzeption das Recht hätten, eine Handlung straffrei zu vollziehen, müssten sie immerhin glaubhaft machen können, dass es sich nicht um eine individuelle Präferenz, sondern um einen für ihre Religion zentralen Ritus handelt, dessen Verbot ihre Religionsfreiheit einschränken würde. Hier ist zwar kein medizinisch-naturwissenschaftliches Wissen, aber Wissen über die entsprechende religiöse Tradition und ihre Riten relevant.

(3) Um ein Beschneidungsverbot abzulehnen, muss man keine grenzenlose Religionsfreiheit befürworten; es reicht, das Elternrecht etwas weiter auszulegen als in Position (1). Dann umfasst es auch die Entscheidung, am eigenen Kind medizinisch nicht indizierte körperliche Eingriffe vornehmen zu lassen, solange diese mit großer Wahr-

scheinlichkeit keine erheblichen Beeinträchtigungen körperlicher oder psychischer Natur nach sich ziehen (Rixen 2014: 36-37). Weil diese Grenzziehung nicht prinzipiell, sondern graduell ist, wird die Aushandlung in der normativen Dimension komplexer: Es muss entschieden werden, wie hoch die Wahrscheinlichkeit von Nachteilen und wie groß die potenzielle Beeinträchtigung sein muss, damit das Recht des Kindes auf körperliche Unversehrtheit das Elternrecht doch übertrumpft. Auch die epistemischen Fragen werden komplizierter: Es ist zu klären, auf welcher Seite der im normativen Diskurs definierten Erheblichkeitsgrenze die Beschneidung liegt, und mehr noch, *unter welchen Bedingungen* sie auf welcher Seite liegt – denn dies kann je nach konkretem Vollzug der Praxis (mit oder ohne Betäubung etc.) unterschiedlich zu bewerten sein.

(4) Schließlich ist eine Position möglich, die als Variation von (3) erlaubt, dass Religionsfreiheit den Verlauf der Grenze zwischen elterlichem Erziehungsrecht und kindlichem Recht auf körperliche Unversehrtheit leicht verschiebt. Wenn Eltern für einen Eingriff religiöse Gründe geltend machen, könnten so Eingriffe zulässig werden, die es nicht wären, wenn die Eltern sich lediglich auf eine ästhetische Präferenz berufen (Brantl 2014: 54). Heiner Bielefeldt (2012: 74-77) argumentiert diesbezüglich, dass Religionsfreiheit zwar kein *Sonderrecht* für religiöse Bürger_innen begründen könne, sich aber, wenn sie etwas bedeuten sollte, doch auf konkrete religiöse Riten beziehen müsse (s. auch Brantl 2014: 56). Damit wird nicht nur die normative Abwägung noch schwieriger, zugleich werden in der epistemischen Dimension nun alle oben genannten Bereiche angesprochen: Es geht sowohl um Wissen über die wahrscheinlichen physiologischen und psychologischen Folgen verschiedener Formen der Beschneidung als auch um Wissen über ihre religiöse bzw. kulturelle Bedeutung in den fraglichen Traditionen (Bielefeldt 2012: 80-81).

Entscheidend für meine erste These ist, dass egal welche der vier normativen Positionen sich normativ durchsetzt, die Legalität oder Illegalität der Beschneidung immer auch von epistemischen Fragen abhängt. Umgekehrt können die Antworten auf die epistemischen Fragen, wie in der zweiten These postuliert, nur dann eine Grundlage für eine legitime Entscheidung bieten, wenn die den empirischen Wissenschaften unzugänglichen normativen Fragen ebenfalls beantwortet werden – und zwar in einem demokratisch legitimen Prozess. Beide Dimensionen fanden sich auch in der realen Beschneidungskontroverse.

Dabei zeigte sich jedoch, dass ausgerechnet das Wissen aus den fachwissenschaftlichen Diskursen in Medizin und Psychologie weitaus weniger eindeutig ausfällt, als man es naiverweise hätte hoffen können (Brumlik 2012: 228; Brantl 2014: 48-49). Entsprechend wurden die medizinischen und psychologischen »Fakten« von Akteur_innen beider Seiten mit einiger Entschlossenheit für sich in Anspruch genommen. Dies stellt die Relevanz dieser Wahrheitsdiskurse für die normative Entscheidung nicht in Abrede, macht aber deutlich, dass auch Wahrheitsfragen kaum weniger widerspenstig und politisch sind als Richtigkeitsfragen. So erscheint die Beschneidungsdebatte in ihrer Grundanlage als Idealfall einer diskursiven Aushandlung kultureller Differenz in Habermas' Sinn. Tatsächlich betonten Autor_innen wie Micha Brumlik (2012: 232) und Heiner Bielefeldt (2012: 71-72) bei aller Kritik an den realen Debatten auch, dass öffentliche Aushandlungen ein notwendiger Bestandteil der Konfliktbearbeitung seien.

3. Gegenperspektive: Die Beschneidungsdebatte als normatives Problem, nicht als Beitrag zur Lösung

Jedoch gibt es auch die gegenteilige Einschätzung, der zufolge nicht etwa ein normatives Problem bestand, das im Rahmen der Debatte diskursiv bearbeitet worden wäre, sondern vielmehr *die Debatte selbst ein normatives Problem war*. Eine solche Position beziehen etwa Zülfukar Çetin, Heinz-Jürgen Voß und Salih Alexander Wolter (2012), indem sie ihr Buch nicht *Interventionen in*, sondern *Interventionen gegen die deutsche Beschneidungsdebatte* nennen und eben diese Debatte als antisemitischen und rassistischen Diskurs ausweisen (Voß 2012a: 9; Çetin/Wolter 2012: 20-21, 38-39).

Auch das ungewöhnlich schnelle Handeln des Bundestages lässt eher auf einen starken Wunsch nach einer zügigen Beendigung der Debatte schließen als darauf, dass diese selbst als Beitrag zu einer legitimen Lösung angesehen worden wäre. Schon am 19. Juli 2012, also kaum mehr als drei Wochen nach Bekanntwerden des Urteils, forderte der Bundestag die Regierung mit großer Mehrheit auf, bis Herbst ein Gesetz zu erarbeiten, das die fortgesetzte Legalität der medizinisch fachgerechten Beschneidung sichert. Tatsächlich legte das Justizministerium bereits im September einen Gesetzesentwurf vor, der im Dezember von Bundestag und Bundesrat angenommen und rechtskräftig wurde. Nach diesem Entwurf dürften Eltern entscheiden, ihre nicht religionsmündigen Jungen beschneiden zu lassen, wenn der Eingriff von Fachpersonal nach den Regeln der ärztlichen Kunst durchgeführt wird (Deutscher Bundestag 2012; Hoppe 2014: 22-23; Voß 2012a: 5-6; 2012b: 54-55).

Diese Entscheidung entspricht der normativen Position (3): Das Elternrecht wird so weit gefasst, dass es die Entscheidung über gewisse medizinisch nicht spezifisch indizierte Eingriffe einschließt, bei denen keine schwerwiegenden negativen Folgen zu erwarten sind. In der epistemischen Dimension wird die Beschneidung als hinreichend risikoarmer Eingriff bewertet, solange sie von Fachpersonal nach den Regeln der ärztlichen Kunst vollzogen wird. Dabei macht das Gesetz das elterliche Recht, diese Entscheidung zu treffen, *nicht* von einer religiösen Begründung durch die Eltern abhängig (Hoppe 2014: 22-23; Rixen 2014: 34-37, 39-41). Nichtsdestotrotz besteht weitgehende Einigkeit darüber, dass bei der parlamentarischen Entscheidungsfindung religionspolitische (und außenpolitische) Motive eine Rolle spielten (Rixen 2014: 34; Brantl 2014: 55), und der Entschließungsantrag des Bundestages (2012) macht das auch deutlich.

Man könnte diesen Prozess als geglückte Deliberation in Habermas' Sinne deuten: Es gab einen normativen Konflikt um Fragen kultureller Differenz, der eine öffentliche Debatte auslöste, in die sich die verschiedenen betroffenen Gruppen einmischten. Die formalen demokratischen Institutionen nahmen sich des Themas an und vollzogen ihre eigenen Deliberationen im Parlament und in einer Sondersitzung des Deutschen Ethikrates. Dabei operierten diese Institutionen zwar im »Modus der Belagerung« (Habermas 1994: 626) durch die öffentliche Debatte, jedoch bildeten die Grenzen der formalen Institutionen zugleich einen Filter, der nur die Argumente durchließ, die in den Institutionen Legitimität beanspruchen können. Nach den so gefilterten Deliberationen kamen die Institutionen zu einer deutlichen Mehrheitsentscheidung über die normativen und epistemischen Fragen, auf der die Gesetzgebung schließlich basierte. Die Tatsache, dass diese Parlamentsentscheidung der Mehrheitsmeinung in der außerparlamentarischen Öffentlichkeit widersprach – laut einer repräsentativen Umfrage von Infratest dimap lehnten 70 Prozent der Bevölkerung das Gesetz ab (Ionescu 2018: 396) – könnte gerade durch die Filter erklärt werden.

Eine solche normative Rekonstruktion stünde jedoch in direktem Widerspruch zu zahlreichen aus der Teilnehmer_innenperspektive geäußerten Eindrücken. Akteur_innen aus den unterschiedlichsten Richtungen vertreten die Einschätzung, dass das Parlament weniger agierte, um das Ergebnis der öffentlichen Deliberation wie auch immer gefiltert umzusetzen, sondern viel eher, um rechtspolitische Fakten zu schaffen, die der Debatte ein möglichst zeitiges Ende bereiten, in der Bevölkerung mehrheitsfähige Verbotsforderungen nicht weiter zu Wort kommen zu lassen, den religiösen Frieden bewahren, ein international peinliches Bild vermeiden und eine Rückkehr zum Alltag ermöglichen. Solche Einschätzungen wurden von Verbotsbefürworter_innen vorgenommen, die die Parlamentsentscheidung entschieden ablehnten (Ionescu 2018: 210-217; 248-250; 273-277; 291-314), von Verbotsgegner_innen, die die Entscheidung ebenso begrüßten wie das Ende der Debatte (Voß 2012b: 54-55), und von Politiker_innen, die die öffentliche Debatte explizit problematisierten (Widmann 2012: 223). Auch der Entschließungsantrag des Bundestages selbst deutet in diese Richtung (Deutscher Bundestag 2012).

Jürgen Habermas' Äußerungen aus der Zeit lassen den Schluss zu, dass er selbst denjenigen zugerechnet werden kann, die die Debatte als Ganze für problematisch hielten. Ohne Bezug auf die konkrete Kontroverse spricht er in einem im Juni 2012 – also zum ungefähren Zeitpunkt des Debattenbeginns – verfassten Vorwort zu *Nachmetaphysisches Denken II* von ihm »befremdlich [...]« erscheinenden »ausgeflippten Reaktionen auf [...] die Schwierigkeiten, die unsere postkolonialen Einwanderungsgesellschaften damit haben, fremde Religionsgemeinschaften zu integrieren« (Habermas 2012a: 18). Im Folgenden mischt er sich nicht ausführlich in die Niederungen der Beschneidungsdebatte ein, veröffentlicht aber kurz nach ihrem Höhepunkt im Sommer 2012 in der *Neuen Zürcher Zeitung* einen längeren Essay über Religion und Politik, in dem er am Rande auch auf die Beschneidungsdebatte eingeht und diese als Kulturkampf einschätzt. Das Kölner Urteil gilt ihm als Ausdruck »der borniertenVorstellung einer Leitkultur [...], die sich eine ausschliessende Definitionsgewalt über die politische Kultur des Landes anmasst«. Dabei werde verkannt, dass auch Jüd_innen und Muslim_innen Bürger_innen seien, die das Recht hätten, »ihre kulturelle und weltanschauliche Identität [zu] wahren und öffentlich zum Ausdruck [zu] bringen« (Habermas 2012b). Diese scharfe Positionierung legt den Schluss nahe, dass die ganze Beschneidungskontroverse zu den ihm »befremdlich« erscheinenden, »ausgeflippten« Debatten zählt.

Es geht hier nicht darum, Habermas der Widersprüchlichkeit zu überführen. Es besteht auch gar kein Widerspruch dazwischen, dass der politische Philosoph Jürgen Habermas öffentliche Aushandlungen für die Bearbeitung von Konflikten um kulturelle Differenz für unabdingbar hält und der öffentliche Intellektuelle Jürgen Habermas konkrete Aushandlungen für ausgeflippt und befremdlich hält. Jedoch verweist die letztere Positionierung auf ein theoretisch relevantes Problem, dem Habermas in seinem politisch-theoretischen Werk zu wenig Aufmerksamkeit widmet: Falls der öffentliche Intellektuelle Jürgen Habermas, der Deutsche Bundestag und andere Autor_innen gute Gründe dafür hatten, eine konkrete öffentliche Debatte als Ganze für ein normatives Problem zu halten, hat die Theorie deliberativer Demokratie gute Gründe dafür, der Problematik befremdlicher und ausgeflippter Debatten auch theoretisch mehr Aufmerksamkeit zu widmen. Dazu gilt es zunächst zu zeigen, worin gute rationale Gründe für die Problematisierung einer Debatte als Ganzer bestehen könnten, um dann zu reflektieren, welche theoretischen Konsequenzen daraus zu ziehen sind.

4. Diskurs, Macht und Verzerrung: Notwendige Modifikationen der politischen Theorie kultureller Differenz

In der Sprache von Habermas' politischer Theorie formuliert, ist aufzuzeigen, dass Aushandlungen nicht »hinreichend diskursiv geführt« wurden. Wie in Abschnitt 2 angedeutet kann dies auf drei Arten geschehen.

Erstens kann man – wie Habermas (2012b) selbst es tut – einen Kategorienfehler in der normativen Dimension problematisieren: Demnach haben Teile der gesellschaftlichen Mehrheit die eigenen partikular-ethischen Einwände fälschlich als universell-moralisch gesetzt, sich also nicht am Universalisierungsgrundsatz U orientiert. Auch andere Verbotsgegner_innen argumentieren, dass in den Verbotsforderungen mehrheitsgesellschaftlicher (säkularer bzw. christlicher) Partikularismus fälschlich als universell auftrete (Bielefeldt 2012; Brumlik 2012; Brantl 2014). Die Debatte als Ganze kann jedoch nicht schon als Problem kategorisiert werden, wenn einzelne Akteur_innen Positionen vertreten, die in Hinblick auf U problematisch sind – denn gerade dies wäre ja diskursiv zu behandeln. Zu einem normativen Problem wird die Debatte als Ganze erst, wenn sich zeigen lässt, dass solche kulturkämpferischen Positionen vorherrschen und gegen eine effektive Problematisierung abgeschirmt sind, sodass die (gegebenenfalls qualifizierte) Mehrheit am Ende einen ethisch-kulturkämpferischer Einwand für universalisierbar und ein Verbot auf dieser Grundlage für legitim hält.

Zweitens können Probleme in der epistemischen Dimension moniert werden. Auch dieses Argument wurde in der Beschneidungskontroverse wiederholt formuliert: So verwiesen verschiedene Verbotsgegner_innen darauf, dass in der Debatte Fehldarstellungen der Beschneidung verbreitet seien oder gar dominierten. Einem prozeduralen Verständnis von Wahrheit entsprechend müsste dabei beispielsweise nachgewiesen werden, dass die öffentliche Rezeption der wissenschaftlichen Daten in systematischer Weise einseitig erfolgt oder dass der wissenschaftliche Fachdiskurs selbst ideologisch verzerrt ist und nicht den Maßstäben einer hinreichend rationalen Aushandlung genügt (so z. B. Çetin/Wolter 2012: 30-35; Voß 2012b;

Widmann 2012: 224-225; Ionescu 2018: 135). Darüber hinaus kommen verschiedene Autor_innen zu dem Schluss, dass die Debatte geprägt war von rassistischen und antisemitischen Stereotypen und Motivationen (am ausführlichsten Ionescu 2018; s. auch Öktem 2013; Heil/Kramer 2012: 11; Krochmalnik 2012; Wetzel 2012; Voß 2012a: 9; Çetin/Wolter 2012: 20-21, 38-39) sowie allgemeiner von antireligiösen Ressentiments« (Rixen 2014: 34). Zwar sind Rassismus, Antisemitismus und Ressentiments nicht auf epistemische Probleme zu reduzieren. Wenn die vorherrschenden Darstellungen einer zur Diskussion stehenden religiösen Praxis aber durch Stereotypen und Ressentiments geprägt sind, beeinflusst das die epistemische Qualität der Debatten negativ.[1] Wiederum reicht es zur Problematisierung der Debatte als Ganzer nicht aus, das Vorhandensein solcher epistemischer Probleme aufzuzeigen – schon gar, weil die Gegenseite ihrerseits eine Neigung zur systematischen Verharmlosung der mit Beschneidung verbundenen Gefahren bei den Verbotsgegner_innen monierte. Es müsste dargelegt werden, dass die Debatte insgesamt durch eine einseitige Verzerrung dominiert ist. Das wäre der Fall, wenn die Fehldarstellungen so verbreitet, akzeptiert und gegen die Kraft besserer Argumente abgeschirmt sind, dass die Beschneidung substanziell riskanter und nachteiliger erscheint, als sie es in Wirklichkeit ist, und auf dieser Grundlage ein Verbot mehrheitlich befürwortet wird (oder umgekehrt, systematisch verharmlosende Fehldarstellungen dominieren).

Drittens kann neben dem normativen oder epistemischen Inhalt des Diskurses auch seine Struktur und Performanz problematisiert werden. Dann geht es um die Kommmunikationsbedingungen und ihre Reproduktion. »Struktur« bezieht sich insbesondere auf die Machtverhältnisse, die bedingen, wer welche Chancen hat, hörbar das Wort zu ergreifen, Geltungsansprüche zu erheben oder in wirkungsvoller Weise infrage zu stellen. »Performanz« dagegen zielt auf das Handeln innerhalb der Struktur mit Fokus darauf, wie diese durch das Handeln reproduziert, verändert oder unterminiert wird. Bezieht man diese Ebene ein, fällt vor allem auf,

---

1 Trotz all dieser Probleme ist im Kontext gegenwärtigen Debatten um »Postfaktizität« festzuhalten, dass in der Beschneidungskontroverse die Orientierung an Wahrheit selbst nicht umstritten war. Von allen Seiten wurden fachwissenschaftliche Studien, Stellungnahmen, Expertisen und Statistiken zitiert. Das heißt nicht, dass überall wahr oder vorurteilsfrei gesprochen worden wäre. Zumindest aber wurde der Wert von Wahrheit in der Öffentlichkeit nicht grundlegend in Frage gestellt. Die im Kontext von *March for Science* und ähnlichen Diskursen geforderte Orientierung an der fachwissenschaftlichen Debatte war dem Anspruch nach weitgehend unumstritten.

dass die Forderung nach einem Verbot nicht von »Selbsthilfegruppen« oder »Opferverbänden« jüdischer und muslimischer Jungen und Männer getragen wurde. Vielmehr sprachen sich die öffentlich hörbaren jüdischen und muslimischen Stimmen fast ausschließlich gegen ein Verbot aus. Initiiert und getragen wurden die Verbotsforderungen in erster Linie von (überwiegend männlichen) Angehörigen sozialer Gruppen, in denen Beschneidung als Ritual *nicht* vollzogen wird (Voß 2012a: 9; Voß 2012b: 52-53, 58; Çetin/Wolter 2012: 29-30; Ionescu 2018: 163-166). Aufgrund dieser Konstellation kann die Initiative für ein Verbot insgesamt als paternalistisch bezeichnet werden. Die Forderung nach dem Schutz einer Gruppe wird gegen deren Willen, aber in ihrem Namen von Dritten erhoben. Diese Bevormundung der von der zur Diskussion stehenden Praxis und ihrem Verbot am meisten betroffenen Gruppen ist als Verzerrung im Sinne einer Nichterfüllung des Diskursprinzips D zu deuten. Wie für die normative und die epistemische Dimension gilt auch für die Struktur und Performanz des Diskurses, dass die Debatte als Ganze nur dann zum normativen Problem wird, wenn sich zeigen lässt, dass die Verzerrungen sie grundlegend prägen.

Eine Debatte als Ganze wird also zu einem normativen Problem, wenn sich mit einer der drei genannten Argumentationen – also in Bezug auf normative Inhalte, auf epistemische Inhalte oder auf Struktur und Performanz – grundlegende einseitige Verzerrungen aufzeigen lassen, die den Diskurs als ganzen prägen. Unter solchen Umständen, so meine dritte These, erzeugt die Debatte nicht nur illegitime Ergebnisse, sondern auch einen falschen Schein diskursiver Rationalität und deliberativ-demokratischer Legitimität. Eine solche Aushandlung ist als ideologisch einzustufen. Lässt sich dies zeigen, erscheint es aus demokratietheoretischer Perspektive besser, die Debatte wäre gar nicht geführt worden als in dieser systematisch verzerrten Weise. Mehr noch: Unter solchen Bedingungen ist es demokratietheoretisch wünschenswert, wenn die politischen Institutionen sich über die verzerrten gesellschaftlichen Aushandlungen hinwegsetzen und diese durch die Schaffung rechtspolitischer Fakten abwürgen, was in Habermas' Konzeption zumindest für Spannungen sorgt.

Diagnostizieren lässt sich eine solche grundlegende Verzerrung, die eine Debatte zum normativen Problem werden lässt, immer nur ex post. Nimmt man sie jedoch als Problem ernst, kann man die Bedingungen herausarbeiten, die eine solche Verzerrung wahrscheinlich werden lassen. Dafür ist es wichtig, über die Kategorien von Habermas' politischer Theorie hinauszugehen, mit denen die Verzerrung immer nur als ein *Mangel* zu verstehen ist. Will man ihre Dynamiken und Bedingungen verstehen, muss man positive Begriffe für die Probleme haben. Dafür gilt es zu diskutieren, wie die ideologischen Diskursdynamiken zu konzeptualisieren sind und welche Kommunikationsbedingungen sie wahrscheinlich werden lassen.

Diese Fragen sind eher gesellschaftstheoretischer als politisch-theoretischer Natur. Eine politische Theorie, die gesellschaftlichen Aushandlungen normative Last aufbürdet, sollte sich für diese Reflexion aber öffnen, um nicht in die Gefahr zu geraten, selbst ideologisch zu werden: Sie ließe sonst womöglich öffentliche Aushandlungen als den besten und einzigen Weg zu demokratischer Koexistenz unter Bedingungen kultureller Pluralität erscheinen, ohne auf die Bedingungen aufmerksam zu machen, unter denen öffentliche Aushandlungen im Gegenteil systematisch Kulturkampf, Ethnozentrismus und die Marginalisierung von Minderheiten produzieren. Reflektiert politische Theorie die Gefahr ideologischer Debatten nicht, droht sie, Debatten mit Legitimität auszustatten, die wiederum ethnozentrischen Normen falsche Legitimität verleihen. Im Ergebnis wird politische Theorie so selbst ideologisch wirksam. Daher ist es entscheidend, dass sie sich für gesellschaftstheoretische und ideologiekritische Reflexion öffnet – dies ist meine vierte These.

Ein klassischer Text, der paternalistische Rettungsdiskurse nicht als bloßen normativen Mangel, sondern als theoretisierbaren Gegenstand erfasst und für eine solche ideologiekritische Reflexion daher von besonderem Interesse ist, ist Gayatri Spivaks *Can the Subaltern Speak?* (1988). Freilich sind einige Veränderungen vorzunehmen, um Spivaks Reflexionen von den Diskussionen über Witwenverbrennung im kolonialen Indien auf Diskurse um Beschneidung in der bundesrepublikanischen Gegenwart zu übertragen. Tut man dies, bietet ihr Text eine Perspektive auf die deutsche Beschneidungsdebatte, die sich vom deliberativ-demokratietheoretischen Diskurs-Optimismus erheblich unterscheidet. Aus einer an Spivaks Text orientierten Perspektive inszeniert sich in dieser Debatte eine kulturelle Mehrheit als besonders fortschrittlich und rational, indem sie sich zur Retterin der Kinder von Minderheiten vor deren missbräuchlichen Eltern und ihren barbarischen Bräuchen aufschwingt. Ein hegemoniales Verhältnis dieser Mehrheit gegenüber den Minderheiten ist dabei zum einen die Bedingung für den paternalistischen Diskurs, der sie zum anderen reproduziert und gestärkt. Kerem Öktems (2013) Studie über die Auswirkungen der Debatte auf jüdische und muslimische Minderheiten in Deutschland zeigt, dass unter diesen eine entsprechende Wahrnehmung von Entfremdung und Marginalisierung verbreitet ist. In Bezug auf das deutsche Judentum spricht Alfred Bodenheimer (2012: 16) von einem »Wiederfremdwerden« oder »Restrangement«.

Spivaks Blick auf paternalistische Rettungsdiskurse macht zudem deutlich, dass die Berufung auf Wahrheit doppelbödig ist. Zwar ist eine Orientierung an Wahrheit für eine demokratische Aushandlung unabdingbar und Spivak problematisiert in ihrem Text wiederholt Fehldarstellungen (Biskamp 2016: 192-199). Das von Spivak fokussierte Grundproblem paternalistischer Rettungsdiskurse besteht jedoch nicht darin, dass unwahr gesprochen wird, sondern in der ungleichen Machtverteilung in Bezug darauf, wer über wen mit gesellschaftlichen Folgen welche Arten von Wahrheit produzieren kann. Ein paternalistischer Diskurs, in dem gesellschaftliche Mehrheiten über Probleme in gesellschaftlichen Minderheiten räsonieren, ohne dass die Minderheiten in den Minderheiten, um deren vermeintliche Rettung es geht, selbst in hinreichendem Maß Subjekte des Diskurses sind, ist ein Problem. Dies gälte sogar dann noch, wenn alle im Diskurs geäußerten Darstellungen den Kriterien propositionaler Wahrheit genügten. Es ist gerade die obsessive Suche nach negativen Wahrheiten über Minderheiten, die weitgehend ohne die Stimmen der vermeintlich oder real »Betroffenen« auskommt, die den undemokratischen Charakter einer paternalistischen Debatte ausmacht. Das Problem ist wohlgemerkt nicht, dass über Probleme in Minderheiten gesprochen wird oder bestimmte Praktiken problematisiert werde. Das Problem besteht vielmehr in der *Fixierung* auf vermeintlich »barbarische« und »rückständige« Praktiken in Minderheiten. Wäre man um das viel zitierte »Kindeswohl« jüdischer und islamischer Jungen bemüht, gäbe es zahlreiche Themen, die zu besprechen wären – die relevanten Themen umfassen sowohl Probleme, die *auch* diese Kinder betreffen (z. B. Kinderarmut), als auch Probleme, die besonders *diese* Kinder betreffen (z B. Rassismus und Antisemitismus). In all diesen Fragen könnte man Wahrheiten über Kindeswohlgefährdung suchen – und denjenigen, die sich tatsächlich so konsistent für Kinderschutz einsetzen, kann man in Bezug auf die Beschneidung keine Verzerrung vorwerfen. Wenn die Wahrheitssuche im Namen des Kindeswohls aber besonders intensiv ausfällt, sobald sich die Probleme als »archaische« Praktiken ohnehin schon marginalisierter Minderheiten darstellen lassen, verweist dies auf eine Verzerrung der Debatten (Voß 2012a: 8; 2012b: 58; Widmann 2012: 223).

Allgemeiner formuliert, wird die öffentliche Suche nach Wahrheit zum Problem, wenn sie systematisch und einseitig nur auf das Auffinden *bestimmter Wahrheiten* ausgerichtet ist – etwa indem gesellschaftliche Debatten unverhältnismäßig auf Probleme in Minderheiten fokussiert sind. Diese Art der Wahrheitssuche hört auch dann nicht auf, problematisch zu sein, wenn alle dabei erhobenen Wahrheitsansprüche argumentativ eingelöst werden können. Dies führt zur fünften und letzten These: Unter solchen Bedingungen kann eine allzu große Emphase auf den Wert der Wahrheit selbst ideologisch wirksam werden. Unter Bedingungen der Hegemonie einer Mehrheit über Minderheiten kann die Forderung, die Wahrheit doch sagen dürfen zu müssen und »Erst die Fakten, dann die Moral« (Palmer 2019) gelten zu lassen, gerade dazu führen, dass das grundlegende Problem übersehen wird: Wer kann über wen welche Wahrheiten produzieren? Oder: Wer kann auf der Suche nach der Wahrheit wessen Unterhosen inspizieren?

Ideologiekritische Reflexion, wie sie hier mit Spivak skizziert ist, kann normative politische Theorie nicht ersetzen, sondern nur ergänzen. Im besten Falle lässt sich diese Ergänzung systematisch in die normative Theorie einbeziehen. Habermas' Werk selbst bietet hierfür einen Ansatz. Während er in seinen politisch-theoretischen Schriften vor allem auf das rationalisierende Potenzial diskursiver Aushandlungen fokussiert, arbeitete er in seinen älteren gesellschaftstheoretischen Schriften auch heraus, wie diese Aushandlungen hinter dem Rücken der Akteur_innen scheitern können, weil bestimmte Geltungsansprüche gegen ihre effektive Infragestellung abgeschirmt sind, sodass der Diskurs einen falschen Anschein von Rationalität und Legitimität produziert. Das entsprechende Konzept der *systematischen verzerrten Kommunikation* ist in seiner kommunikationstheoretischen Gesellschaftstheorie zwar auch nicht systematisch entfaltet, aber es lässt sich – zum Beispiel durch Hinzuziehung postkolonialer Kritik – expandieren (Biskamp 2016: 327-392; Strecker 2012: 179-240). Eine dergestalt gesellschaftstheoretisch und ideologiekritisch reflektierte politische Theorie kann sich dann bei allem Prozeduralismus mit guten Gründen in die gesellschaftlichen Debatten einbringen und systematische Verzerrungen kritisieren.

Literaturverzeichnis

Bielefeldt, Heiner 2012: Menschenrecht, kein Sonderrecht. Einige Klarstellungen zur aktuellen Beschneidungsdebatte, in: Heil, Johannes/Kramer, Stephan J. (Hrsg.): Beschneidung: Das Zeichen des Bundes in der Kritik. Zur Debatte um das Kölner Urteil, Berlin, 71-82.

Biskamp, Floris 2016: Orientalismus und demokratische Öffentlichkeit. Antimuslimischer Rassismus aus Sicht postkolonialer und neuerer kritischer Theorie, Bielefeld.

Bodenheimer, Alfred 2012: Haut ab! Die Juden in der Beschneidungsdebatte, Göttingen.

Brantl, Johannes 2014: Gefährliche Körperverletzung im Namen der Religion? Kernfragen in der Beschneidungsdebatte aus ethischer Sicht, in: Zeitschrift für medizinische Ethik 60:1, 45-62.

Brumlik, Micha 2012: Ein Urteil aus Köln. Der Gesetzgeber vor dem Ernstfall, in: Heil, Johannes/Kramer, Stephan J. (Hrsg.): Beschneidung: Das Zeichen des Bundes in der Kritik. Zur Debatte um das Kölner Urteil, Berlin, 228-232.

Çetin, Zülfukar/Wolter, Salih Alexander 2012: Fortsetzung einer »Zivilisierungsmission«. Zur deutschen Beschneidungsdebatte, in: Çetin, Zülfukar/Voß, Heinz-Jürgen/Wolter,Salih Alexander: Interventionen gegen die deutsche »Beschneidungsdebatte«, Münster, 15-50.

Çetin, Zülfukar/Voß, Heinz-Jürgen/Wolter, Salih Alexander 2012: Interventionen gegen die deutsche »Beschneidungsdebatte«, Münster.

Deutscher Bundestag 2012: Antrag der Fraktionen der CDU/CSU, SPD und FDP. Rechtliche Regelung der Beschneidung minderjähriger Jungen. Bundestag Drucksache 17/10331.

Habermas, Jürgen 1994: Faktizität und Geltung. Beiträge zur Diskurstheorie des Rechts und des demokratischen Rechtsstaats, Frankfurt a.M.

Habermas, Jürgen 1999: Die Einbeziehung des Anderen. Studien zur politischen Theorie, Frankfurt a.M.

Habermas, Jürgen 2012a: Nachmetaphysisches Denken II. Aufsätze und Repliken, Berlin.

Habermas, Jürgen 2012b: Wieviel Religion verträgt der liberale Staat? https://www.nzz.ch/wie-viel-religion-vertraegt-der-liberale-staat-1.17432314, 13.10.2019.

Heil, Johannes/Kramer, Stephan J. 2012: Einleitung, in: Heil, Johannes/Kramer, Stephan J. (Hrsg.): Beschneidung: Das Zeichen des Bundes in der Kritik. Zur Debatte um das Kölner Urteil, Berlin, 9-13.

Herzberg, Rolf D. 2014: Der Abwägungsgedanke und der »evidenzbasierte Blick« in der Beschneidungsdebatte, in: Zeitschrift für Internationale Strafrechtsdogmatik 2/2014, 56-65.

Hoppe, Laura 2014: Beschneidung minderjähriger Jungen aus religiösen und weltanschaulichen Gründen. Medizinische Aspekte der Beschneidung und ihre kontroverse Diskussion, in: Zeitschrift für medizinische Ethik 60:1, 21-32.

Ionescu, Dana 2018: Judenbilder in der deutschen Beschneidungskontroverse, Baden-Baden.

Krochmalnik, Daniel 2012: Mila und Schoa. Erinnerung zur neuesten Beschneidungsdebatte, in: Heil, Johannes/Kramer, Stephan J. (Hrsg.): Beschneidung: Das Zeichen des Bundes in der Kritik. Zur Debatte um das Kölner Urteil, Berlin, 41-50.

Marx, Franz Josef/Moll, Friedrich H. 2014: Die Zirkumzision von der Antike bis heute. Eine medizinhistorische Übersicht, in: Zeitschrift für medizinische Ethik 60:1, 3-20.

Öktem, Kerem 2013: Signale aus der Mehrheitsgesellschaft. Auswirkungen der Beschneidungsdebatte und staatlicher Überwachung islamischer Organisationen auf Identitätsbildung und Integration in Deutschland, Oxford.

Palmer, Boris 2019: Erst die Fakten, dann die Moral, München.

Pekárek, Heinz 2013: Ein evidenzbasierter Blick auf die Beschneidungsdebatte, in: Zeitschrift für Internationale Strafrechtsdogmatik 12/2013, 514-528.

Putzke, Holm 2008: Die strafrechtliche Relevanz der Beschneidung von Knaben. Zugleich ein Beitrag über die Grenzen der Einwilligung in Fällen der Personensorge, in: Putzke, Holm et al. (Hrsg.): Strafrecht zwischen System und Telos. Festschrift für Rolf Dietrich Herzberg zum siebzigsten Geburtstag am 14. Februar 2008, Tübingen, 669-709.

Rixen, Stephan 2014: Das Beschneidungsgesetz in der Kritik. verfassungsrechtliche Legitimation, Anwendungsprobleme, Reformbedarf, in: Zeitschrift für medizinische Ethik 60:1, 33-43.

Spivak, Gayatri Chakravorty 1988: Can the Subaltern Speak?, in: Nelson, Cary/ Grossberg, Lawrence (Hrsg.): Marxism and the Interpretation of Culture, Urbana, Ill., 271-313.

Strecker, David 2012: Logik der Macht. Zum Ort der Kritik zwischen Theorie und Praxis, Weilerswist.

Voß, Heinz-Jürgen 2012a: Vorwort, in: Çetin, Zülfukar/Voß, Heinz-Jürgen/Wolter,Salih Alexander: Interventionen gegen die deutsche »Beschneidungsdebatte«, Münster, 5-14.

Voß, Heinz-Jürgen 2012b: Zirkumzision. Die deutsche Debatte und die medizinische Basis, in: Çetin, Zülfukar/Voß, Heinz-Jürgen/Wolter,Salih Alexander: Interventionen gegen die deutsche »Beschneidungsdebatte«, Münster, 51-86.

Wetzel, Juliane 2012: Judenfeindliche Stereotypisierungen. Das Beschneidungsurteil im öffentlichen Diskurs, in: Heil, Johannes/Kramer, Stephan J. (Hrsg.): Beschneidung: Das Zeichen des Bundes in der Kritik. Zur Debatte um das Kölner Urteil, Berlin, 264-275.

Widmann, Peter 2012: Ein Gerichtsurteil und seine mediale Inszenierung, in: Heil, Johannes/Kramer, Stephan J. (Hrsg.): Beschneidung: Das Zeichen des Bundes in der Kritik. Zur Debatte um das Kölner Urteil, Berlin, 219-227.

Die epistemische Qualität demokratischer Entscheidungsverfahren. Interaktionseffekte zwischen eigennützigen, individuellen Überzeugungen und der epistemischen Qualität kollektiver Entscheidungen.

Dominik Klein/Johannes Marx[1]

1. Einleitung

In normativer Hinsicht werden demokratische Entscheidungsverfahren üblicherweise als besonders wertvolle Form der kollektiven Entscheidungsfindung angesehen. Dabei finden sich in der Literatur unterschiedliche Argumentationen, warum demokratische Entscheidungsverfahren autokratischen Alternativen normativ überlegen sind. Einige Autoren befürworten demokratische Entscheidungsverfahren als Ausdruck des finalen Werts von Demokratie, da diese die Ausbildung kollektiver Präferenzen ermöglichen, und dies in alternativen politischen Entscheidungsverfahren nicht auftritt (vgl. Anderson 2009). Andere betonen den instrumentellen Wert demokratischer Verfahren, insbesondere im Hinblick auf den Schutz individueller Rechte und die Realisierung individueller Bedürfnisse.[2] Wir konzentrieren uns hier auf einen möglichen weiteren instrumentellen Wert der demokratischen Entscheidungsverfahren. Wir untersuchen ihre epistemische Leistungsfähigkeit in solchen Entscheidungssituationen, in denen es eine richtige, kollektive Entscheidung gibt. Unsere Analyse beschränkt

1 Die Arbeit beider Autoren wurde von der Deutschen Forschungsgemeinschaft (DFG) und Agence Nationale de la Recherche (ANR) als Teil des Projects »Collective Attitude Formation« [RO 4548/8-1] und durch den Netzwerkgrant »Simulations of Social Scientific Inquiry« [426833574] unterstützt. Darüber hinaus wurde Dominik Klein von der DFG und Grantová Agentura České Republiky (GAČR) durch das Projekt »From Shared Evidence to Group Attitudes« [RO 4548/6-1] und von der National Science Foundation of China durch das Projekt »Logics of Information Flow in Social Networks« [17ZDA026] gefördert. Johannes Marx erhielt darüber hinaus Unterstützung von der DFG im Rahmen des Projekts »Nicht-hierarchische Gruppen mit Akteursqualität« [443226175].
2 Für einen Überblick zu dieser Frage siehe Marx und Waas (2017). Dort werden die Quellen des normativen Werts demokratischer Verfahren herausgearbeitet und im Hinblick auf ihren finalen oder instrumentellen Wert untersucht.

sich damit auf Entscheidungssituationen, die die folgenden Eigenschaften aufweisen:

1) Wir werden eine Entscheidungssituation *kollektiv* nennen, wenn die zu treffende Entscheidung für eine Gruppe individueller Akteure verbindlich ist. Es ist jedoch kein notwendiges Kriterium, dass alle Gruppenmitglieder am Entscheidungsprozess beteiligt sind.

2) Es handelt sich um Entscheidungssituationen, bei denen die zur Wahl stehenden Alternativen zumindest prinzipiell im Hinblick auf die Frage geordnet werden können, inwieweit sie einem verfahrensunabhängigen Standard der Korrektheit genügen. Wir behaupten dabei weder, dass dies für alle Entscheidungssituationen möglich ist, noch beanspruchen wir, dass die Entscheidungen wahrheitsfähig sein müssen. Es ist lediglich erforderlich, dass dieser Standard durch die Gesellschaftsmitglieder prinzipiell erkennbar ist und für die Bewertung der Alternativen herangezogen werden kann.[3]

3) Wir bezeichnen kollektive Entscheidungsverfahren als *demokratisch*, wenn in der Phase der Entscheidungsfindung zwischen den beteiligten Akteuren Gleichheit herrscht und damit die Entscheidungsverfahren insofern inklusiv sind, dass die Präferenzen und *Beliefs* aller Akteure Berücksichtigung finden. Umgekehrt nennen wir Entscheidungsverfahren autokratisch, wenn nur die Präferenzen und *Beliefs* einer Teilgruppe der Akteure relevant werden können.

Die Überlegenheit demokratischer Entscheidungsverfahren gegenüber nicht-demokratischen Alternativen wird in der Literatur mithilfe von zwei Mechanismen kollektiver Entscheidungsverfahren begründet. Diese unterschiedlichen Perspektiven auf kollektive Entscheidungsverfahren können mit Elster (2005) als *Market View*, in der es um Mehrheitsabstimmungen

---

3 Implizit nehmen wir daher an, dass in politischen Gemeinschaften auch Fragen behandelt werden, die über Machtfragen oder Fragen des persönlichen Geschmacks hinausgehen. Wir stehen einer kognitivistischen Position nahe, die annimmt, dass Bewertungsstandards für solche Entscheidungsfragen den Entscheidern zugänglich sind. Die Reichweite unserer Argumentation ist nicht auf den Bereich positiver Fragen beschränkt, sondern beansprucht auch für normative Fragen Gültigkeit. Allerdings verpflichtet dies auf die metaethische Position, dass auch moralische Fragen an erkennbaren, externen Standards gemessen werden können. Schließlich gilt unsere Argumentation auch, wenn kollektive Entscheidungen einen gemischten Charakter haben und dabei sowohl Fragen des individuellen Geschmacks wie auch externe Standards eine Rolle spielen. Auch in solchen, gemischten Entscheidungssituationen würde die epistemische Dimension der Qualität von Entscheidungen sichtbar werden.

bei gegebenen individuellen Präferenzen geht, bzw. als *Forum View*, die den Fokus auf Deliberationsprozesse legt, bezeichnet werden. In ihrer epistemischen Dimension stellen sich diese Perspektiven wie folgt dar:

1) *Market View*: Die für demokratische Entscheidungsverfahren charakteristischen Mehrheitsabstimmungen versprechen, dass das Ergebnis des kollektiven Entscheidungsprozesses epistemisch zuverlässiger ist als bei nicht-demokratischen Formen der Entscheidungsfindung (siehe etwa Behnke et al. 2011: 23 f.). Es gibt mehrere Argumentationslinien, warum Mehrheitsregeln bei Abstimmungen in epistemischer Hinsicht besser funktionieren sollen als Alternativen. Eine zentrale Idee ist, dass individuelle Fehlinformationen und Verzerrungen durch das *Gesetz der großen Zahl* bei Mehrheitsentscheidungen in gewisser Weise aufgehoben werden.

2) *Forum View*: Mit *Deliberation* wird ein weiterer Mechanismus kollektiver Entscheidungsfindung bezeichnet. Dabei wird der Begriff der ‚Deliberation‘ sowohl zur Kennzeichnung von internen Prozessen eines Akteurs verwendet wie er auch den Austausch von Gründen in sozialen Interaktionen zwischen Akteuren bezeichnet. Die ‚interne Deliberation‘ referiert auf das kognitive Abwägen von Gründen und Gewichtungen innerhalb einer Person. Die externe Dimension hingegen fokussiert auf den öffentlichen Teil deliberativer Prozesse. Deliberation meint hier die Diskussion von Gründen für oder gegen Entscheidungsalternativen durch die Mitglieder einer politischen Gemeinschaft. Beide Seiten gehören zusammen. Aus Perspektive der *Forum View* ist die epistemische Überlegenheit der Demokratien mit dem Deliberationsprozess verbunden, der durch den Austausch und das Abwägen von Gründen einen Anreiz zur Veränderung von voreiligen und ungerechtfertigten individuellen Überzeugungen bietet (siehe Aristoteles 2012: Politik III 10-18, auch Mill 1966).

Oftmals werden die beiden Mechanismen als konkurrierende Alternativen kollektiver Entscheidungsfindung betrachtet. Aber einige Autoren argumentieren, dass diese beiden Mechanismen unterschiedliche Aspekte kollektiver Entscheidungsverfahren thematisieren und sich demnach gegenseitig ergänzen (vgl. List et al. 2012) oder sogar notwendigerweise zusammengehören (vgl. Landemore 2013). Es besteht sogar die Hoffnung, dass eine Kombination beider Mechanismen die epistemische Qualität kollektiver Entscheidungsverfahren erhöht und jeweilige Schwächen aufhebt.

Die epistemische Leistungsfähigkeit beider Mechanismen kollektiver Entscheidungsfindung ist nicht unumstritten. Einige Befürworter reiner Mehrheitsabstimmungen argumentieren für eine Art ‚stiller Demokratie‘

(vgl. Landemore 2013: 146 ff.), in der Deliberationsprozesse keine Rolle spielen sollen. Sie erhoffen sich davon eine Begrenzung des Einflusses fehleranfälliger, durch Diskussionen mit anderen Akteuren möglicherweise korrumpierter, individueller Überzeugungen auf den Aggregationsprozess. Andere Autoren verweisen auf analytische Befunde, dass der Aggregationsprozess individueller Präferenzen und *Beliefs* zu Zyklen und Inkohärenzen führen kann, und Mehrheitsabstimmungen auf kollektiver Ebene keine konsistente Ordnung von Einstellungen garantieren können, weder eine transitive Ordnung von Präferenzen noch ein kohärentes Set an *Beliefs* (vgl. List und Goodin 2001). Schließlich präferieren manche Autoren elitäre Modi kollektiver Entscheidungsfindung (Epistokratie) in der Hoffnung, dass sich Entscheidungen politischer Eliten als informierter und qualitativ hochwertiger erweisen.

Im Folgenden werden wir mithilfe einer agentenbasierten Computersimulation die epistemische Leistungsfähigkeit demokratischer und nichtdemokratischer Regime vergleichen. Empirische Arbeiten zur epistemischen Performanz kollektiver Entscheidungsprozesse stehen oft vor dem Problem, dass üblicherweise nur Daten über politische Entscheidungen bzw. Handlungen zugänglich sind, und Daten über die Qualität der *Beliefs* (insbesondere wenn es um politische Eliten in nicht-demokratischen Systemen geht) nicht verfügbar sind. Dieses Problem stellt sich bei einer Simulation nicht. Hier können Präferenzen und *Beliefs* explizit modelliert werden, so dass ihre Werte zu jedem Zeitpunkt genau definiert und messbar sind (vgl. Klein, Marx und Fischbach 2018).

Für die Diskussion dieser Fragen gehen wir folgendermaßen vor: Wir beginnen mit einer Darstellung der theoretischen Diskussion um mögliche epistemische Vor- und Nachteile von Mehrheitsabstimmungen und deliberativen Prozessen. Vor diesem Hintergrund werden wir ein formales Modell vorstellen, das wir mit mithilfe von NetLogo (Wilensky 1999) als agentenbasierte Computersimulation implementieren. Dies ermöglicht uns die Modellierung und Analyse des Einflusses von Mehrheitsabstimmungen und deliberativen Prozessen auf die epistemische Qualität politischer Entscheidungen.

2. Theoretische Argumente für und wider die epistemische Überlegenheit demokratisch organisierter kollektiver Entscheidungsverfahren

Die Beschäftigung mit der epistemischen Qualität unterschiedlicher kollektiver Entscheidungsverfahren ist ein altes Thema der politischen Philosophie. Bereits in der Antike diskutierten Protagoras, Platon und Aristoteles etwa die Relevanz von Weisheit für die Frage der Eignung für politische Führungspositionen und lieferten bereits erste vergleichende Analysen der unterschiedlichen epistemischen Performanz politischer Institutionen. Dabei ist die Notwendigkeit kollektiver Entscheidungsfindung nicht auf politische Gemeinschaften beschränkt, sondern stellt einen wesentlichen Bestandteil jeglicher Form sozialer Organisation dar. Kollektive Gremien jeglicher Couleur von Ausschüssen über Gerichte, Jurys, Expertengremien, Unternehmen bis hin zu politischen Gemeinschaften müssen verbindliche kollektive Entscheidungen treffen. Sie greifen dabei entweder auf Aggregationsmechanismen zurück, die die individuellen Einstellungen aller Mitglieder als Ausgangspunkt der kollektiven Einstellungen der Organisation sehen oder ziehen andere Mechanismen heran wie etwa diktatorische oder autokratische Entscheidungsmodi, die sich lediglich auf die Einstellungen einer Teilmenge aller Mitglieder stützen. Im Folgenden werden theoretische Argumente vorgestellt, die epistemische Vorzüge oder Nachteile unterschiedlicher Formen kollektiver Entscheidungsmodi zum Gegenstand haben.

Einen zentralen theoretischen Bezugspunkt der *Market View* stellt die *Social Choice Theorie* bzw. *Judgment Aggregation Theorie* dar. Die grundlegende Idee ist, dass Einstellungen der Mitglieder einer sozialen Gruppe und eine spezielle Abstimmungsregel als Input verwendet werden, um als Output eine kollektive Präferenzordnung zu formulieren. Demnach wäre bei einer Entscheidung zwischen zwei Alternativen (x,y) in einer Gruppe von acht Mitgliedern mit den individuellen Präferenzen (x,x,y,y,y,y,y,y) bei einer einfachen Mehrheitsregel als Abstimmungsregel der kollektive Output die Wahl der Alternative (y). Es gibt eine große Vielfalt von Abstimmungsregeln, die von undemokratischen Regeln, bei denen das Präferenzprofil eines einzelnen Akteurs entscheidend ist, bis hin zu Einstimmigkeitsregeln reichen, bei denen allen Mitgliedern Stimm- und Vetorechte zugestanden sind. Die *Judgment Aggregation Theorie* beschäftigt sich mit der Leistungsfähigkeit dieser Abstimmungsregeln und ihren spezifischen Eigenschaften. In dieser Literatur finden sich zwei Argumentationslinien, warum demokratische Abstimmungsverfahren in epistemischer Hinsicht leistungsfähig sein sollen:

1) *Condorcet-Jury-Theorem*: Das Condorcet-Jury-Theorem gilt für Entscheidungssituationen mit zwei Alternativen, von denen eine ‚besser‘ ist als die andere. ‚Besser‘ meint in diesem Kontext, dass es einen externen Standard der Bewertung gibt, der für die Erstellung einer Rangordnung der zur Wahl stehenden Handlungsalternativen herangezogen werden kann. Demnach steigt in einer Gruppe die Wahrscheinlichkeit,

dass die Mehrheit die bessere Alternative auswählt, in Abhängigkeit von der Gruppengröße. Tatsächlich nähert sich in großen Gruppen die Wahrscheinlichkeit unter bestimmten Bedingungen Gewissheit an. Dies gilt, wenn die an der Abstimmung beteiligten Akteure die richtige Alternative mit größerer Wahrscheinlichkeit wählen als der Zufall es ermöglichen würde. Darüber hinaus sollen die Entscheidungen der Akteure nicht miteinander korreliert sein. Letzteres würde etwa ausschließen, dass die Akteure ihre Einstellungen in deliberativen Prozessen über den Austausch von Gründen modifizieren dürften. Erweiterungen des Theorems zeigen jedoch, dass die epistemische Leistungskraft der Mehrheitsregel auch unter leichtem Aufweichen der Bedingung der Unabhängigkeit der individuellen Entscheidungen erhalten bleibt (siehe Berg 1993, Ladha/Krishna 1992). Finden Abstimmungsverfahren nun in demokratischen Kontexten statt, ist garantiert, dass die Einstellungen einer großen Zahl von Akteuren in den Abstimmungsprozess Eingang finden. Damit sollten demokratisch organisierte kollektive Abstimmungsverfahren nicht-demokratischen überlegen sein.

2) *Wunder der Aggregation*: Eine ähnliche Argumentation für die epistemische Kraft demokratisch organisierter, kollektiver Entscheidungsmechanismen ist unter dem Namen ‚das Wunder der Aggregation' (Galton 1907) bekannt.[4] Auf einer Landwirtschaftsmesse in Plymouth (1906) sollten die Besucher das Schlachtgewicht eines Ochsen raten. Es zeigte sich, dass der Mittelwert der abgegebenen individuellen Schätzwerte das tatsächliche Gewicht des Ochsens nahezu perfekt traf. Galton schloss daraus, dass demokratische Urteile [‚vox populi'] vertrauenswürdiger seien, als er es erwartet hätte. Auch in jüngerer Zeit finden sich unter Rückgriff auf Galton Autoren (siehe Hong und Page 2008, Landemore 2013, Gigerenzer und Todd 1999), die argumentieren, dass sich individuelle Fehler bei der Einschätzung der Ausprägung einer extern gegebenen Variable im Aggregat aufheben.

Die Social Choice-Literatur weist jedoch unter dem Stichwort ‚Condorcet-Paradox' auch auf ein zentrales Problem bei der Formierung kollektiver Präferenzordnungen hin, das sich auf unterliegende epistemische Einschätzungen überträgt. Analytisch wurde die Unmöglichkeit gezeigt, beliebige, individuelle Präferenz- bzw. Einstellungsprofile so zu einer transitiven,

---

4 Die Argumentationen sind sehr ähnlich. Während Condorcets-Jury-Theorem allerdings auf dem Instrumentarium der Stochastik basiert, greift die Argumentation von Galton eher auf statistische Argumente zurück.

kollektiven Ordnung zu aggregieren, dass dabei grundlegende demokratische Werte unverletzt bleiben (Gehrlein 1983).

Als alternativer kollektiver Entscheidungsmechanismus wird auf die Möglichkeit der Deliberation verwiesen. Wenn es möglich wäre, über Deliberationsprozesse Einigkeit oder zumindest weitgehende Übereinstimmung unter den Mitgliedern eines Kollektivs zu erzeugen, wäre die Möglichkeit intransitiver kollektiver Präferenzordnungen ausgeschlossen. Damit ist noch nicht gesagt, dass die so gefundenen kollektiven Präferenzordnungen auch in epistemischer Hinsicht ausgezeichnet sind. Doch auch für diese Annahme finden sich in der Literatur gute Gründe (Landemore 2013: 89-117).

Unter Deliberation verstehen wir soziale Prozesse, die sich durch das private oder öffentliche Abwägen von Gründen kennzeichnen. Deliberation kann als Verfahren verstanden werden, mit dem kollektiv verbindliche Gruppenentscheidungen begründet werden können. Wir greifen hier auf einen eingeschränkten Begriff der Deliberation zurück, da wir hier nicht an der Legitimität der Ergebnisse deliberativer Prozesse interessiert sind, sondern lediglich an ihrer epistemischen Qualität. Einige der genannten Legitimitätsbedingungen sind jedoch auch in epistemischer Hinsicht relevant. So findet sich beispielsweise das Kriterium, dass deliberative Prozesse der Bedingung der Freiheit genügen müssen, damit sie als begründete Zustimmung unter Gleichen aufgefasst werden können. Dazu gehört auch, dass der Zustimmungsprozess möglichst inklusiv stattfinden soll. In diesem Sinn hat beispielsweise Habermas verlangt, »dass nur die Normen Geltung beanspruchen dürfen, die die Zustimmung aller Betroffenen als Teilnehmer eines praktischen Diskurses finden (oder finden könnten)« (Habermas 1983: 103, siehe auch Habermas 1994: 138). Deliberation sollte sich demzufolge durch einen gleichberechtigten Zugang zur Teilnahme an diesem Prozess auszeichnen. Darüber hinaus qualifizieren sich nicht alle Kommunikationsakte als Beitrag zum Deliberationsprozess. Deliberation findet nur statt, wenn die Teilnehmer Argumente vorbringen, d. h. Vorschläge, die darauf abzielen, die anderen Gruppenmitglieder zu überzeugen.[5]

---

5 Es wird hier nicht gefordert, dass die beteiligten Akteure einen gleichen Einfluss auf das Ergebnis der Deliberationsprozesse haben. So finden sich Hinweise, dass die Reihenfolge der Kommunikationsakte einen Effekt auf die Einflussstärke des jeweiligen Kommunikationsaktes hat und frühe Kommunikationsbeiträge stärker wirken (vgl. Hartmann und Rafiee Rad 2019). Manche Autoren argumentieren darüber hinaus, dass Deliberation sogar als ein Prozess verstanden werden sollte, in dem Akteure mit besseren Informationen oder Argumenten einen stärkeren Ein-

Implizit wird damit auch gefordert, dass Beratungsprozesse einer Stopp-Regel bedürfen. Deliberationsprozesse sollten als Prozesse aufgefasst werden, die auf ein kollektiv bindendes Ergebnis abzielen. Klassischerweise lautet die Stoppregel für deliberative Prozesse Einstimmigkeit. Einige Vertreter deliberativer Positionen votieren für schwächere Alternativen als Stoppregeln, wie z. B. »offensichtlicher Konsens« (Urfalino 2012) oder »Entscheidung durch Nicht-Opposition« (Landemore und Page 2015).

Darüber hinaus nennt die Literatur weitere begünstigende Bedingungen für die epistemische Qualität deliberativer Entscheidungsprozesse: Deliberative Prozesse sollen frei sein von strategischen Überlegungen. Im Vordergrund soll die gewaltfreie Überzeugung der anderen Kommunikationsteilnehmer stehen. Landemore argumentiert darüber hinaus, dass Deliberation ihre epistemische Stärke besonders dann in kollektiven Entscheidungssituationen ausspielen kann, wenn sich die Gruppe der beteiligten Akteure durch kognitive Vielfalt auszeichnet. Diese Bedingung wird besonders von inklusiven Gruppen erfüllt. Inklusivität garantiert, dass der Pool an Informationen möglichst groß ist, der im Deliberationsprozess Berücksichtigung findet. Es finden sich darüber hinaus Hinweise, dass es aus epistemischer Sicht vorteilhaft ist, wenn eine möglichst große, inklusive Gruppe von durchschnittlichen, aber kognitiv vielfältigen Akteuren am Deliberationsprozess beteiligt ist. Landemore argumentiert, dass solche Gruppen in epistemischer Hinsicht besser abschneiden als homogene kleine Gruppen politischer Eliten oder von Experten, selbst wenn diese aus überdurchschnittlich klugen, aber in kognitiver Hinsicht homogenen Akteuren besteht (Landemore 2013: 90).

Diese Argumente sind jedoch primär analytisch gewonnen und allenfalls durch vereinzelte empirische Beobachtungen gestützt. Darüber hinaus finden sich in der Literatur Hinweise, dass Deliberationsprozesse selbst unter stark idealisierten Bedingungen und vollständiger Rationalität der beteiligten Akteure anfällig sind für Verzerrungen wie etwa Informationskaskaden, die zu kollektiv falschen *Beliefs* führen (vgl. Banerjee 1992, Baltag et al. 2013, Klein, Marx und Scheller 2019). Die Konsensbedingung scheint damit nicht hinreichend zu sein, um die epistemische Qualität deliberativ getroffener Entscheidungen zu garantieren. Zudem besteht eine Spannung zwischen der aus der deliberativen Perspektive gewünschten Heterogenität der Gruppe und der Hoffnung, aus Sicht der Social

---

fluss ausüben können (vielleicht sogar sollten). In unserer Simulation werden wir solche Situationen ausblenden und von einer idealisierten Situation der Gleichheit zwischen den Akteuren ausgehen.

Choice Perspektive, dass Deliberation durch die Harmonisierung individueller Einstellungen zur Vermeidung inkohärenter kollektiver Ergebnisse beiträgt. Damit könnte der positive Effekt der Deliberation mit dem Preis der Verletzung der Voraussetzungen des Condorcet-Jury-Theorems einhergehen. In diesem Fall wäre es z. B. möglich, transitive kollektive Präferenzordnungen über Mehrheitsabstimmungen zu formen, aber es ist unklar, inwieweit diese weiterhin die positiven epistemischen Eigenschaften aufweisen.

3. Ein dynamisches Modell kollektiven Entscheidens

Zur Diskussion dieser Punkte greifen wir auf eine agentenbasierte Computersimulation zurück. Derartige Computersimulationen stellen eine Erweiterung des ›klassischen‹ formalen Instrumentariums der Positiven Politischen Theorie dar. Während spieltheoretische Instrumente mit zunehmender Zahl der Akteure, ihrer Heterogenität und individuellen Lernprozessen schnell an Grenzen der formalen Darstellbarkeit gelangen, erlauben Computersimulationen die Modellierung und Analyse solch komplexer Interaktionssituationen. Insbesondere erlauben Computersimulationen die dynamische Betrachtung sozialer Interaktionssituationen. Ein besonderer Fokus kann dabei etwa auf die Modellierung von Kommunikationsprozessen, individuellem Lernen und von sozialen Strukturmerkmalen (Netzwerkstrukturen) gelegt werden (vgl. Klein, Marx und Fischbach 2018). Wir werden im Folgenden dieses Instrumentarium für die Analyse eines normativen Problems verwenden, wenn wir mithilfe einer Computersimulation die epistemische Leistungsfähigkeit demokratischer und autokratischer Entscheidungsmodi untersuchen.

Zunächst stellen wir nur eine informelle Beschreibung des Modells vor. Die technischen Details können der Modellbeschreibung in Tabelle 1 entnommen werden. Das der Simulation zugrundeliegende Modell einer kollektiven Entscheidungssituation besteht aus einer Gruppe von Akteuren, die mit dem Problem konfrontiert ist, das optimale Bereitstellungsniveau eines kollektiven Gutes herauszufinden. Sie können dabei mit den anderen Akteuren kommunizieren, um das Optimum für eine kollektiv verbindliche Entscheidung zu finden. Die Akteure agieren jedoch nicht im luftleeren Raum, sondern sind eingebettet in eine soziale Netzwerkstruktur (vgl. DeGroot 1974), die die gleichen Merkmale aufweist, wie sie typischerweise in empirischen Untersuchungen sozialer Netzwerke zu finden sind, wie etwa *Skalenfreiheit* (Barabási und Albert 1999, auch Broido und Clauset 2019) und lokale *Homophilie* (McPherson et al. 2001). Hier findet sich der zentrale Mechanismus der Simulation, der die Kommunikation der Akteure modelliert. Die Akteure kommunizieren, indem sie die Einschätzungen ihrer Kommunikationspartner erfragen und vor diesem Hintergrund eine neue Überzeugung darüber bilden, wie das optimale, kollektive Bereitstellungsniveau aussieht. Dies geschieht, indem die Akteure in jeder Runde ihre Schätzung des optimalen Bereitstellungsniveaus mit allen Kommunikationspartnern innerhalb ihres sozialen Netzwerks, zu denen sie einen direkten Link haben, vergleichen und diese gegebenenfalls modifizieren. Dabei konstruieren wir die Ausgangssituation so, dass die Akteure in unterschiedlichem Ausmaß von dem Kollektivgut profitieren und somit eine Spannung zwischen individuellen und kollektiven Zielen besteht. Gleichzeitig handelt es sich um eine Situation, in der es einen externen Maßstab zur Bewertung der ausgewählten Handlungsalternative gibt. Da die Verteilung der individuellen Präferenzen der Agenten bekannt ist, lässt sich das optimale Niveau des Kollektivguts analytisch bestimmen. In unserer Simulation ist das optimale Bereitstellungsniveau für die Gruppe der Agenten durch den Durchschnittswert der individuellen Präferenzen repräsentiert. Dies lässt sich rechtfertigen, wenn eine Reihe von Voraussetzungen gelten: So muss es sich beispielsweise um kardinale Präferenzen handeln, die einen interpersonellen Nutzenvergleich ermöglichen (Singh 2014). Solche Präferenzen lassen sich räumlich darstellen und ermöglichen damit die Interpretation von Distanzen. Je näher der individuelle Idealpunkt am kollektiv gewählten Bereitstellungsniveau liegt, desto höher ist der individuelle Nutzen eines Akteurs, den er durch die Bereitstellung des Kollektivguts erfährt. Wir nehmen zudem an, dass der erzielte individuelle Nutzen mit Entfernung vom Optimalpunkt abfällt. Auch muss diese Verlustfunktion zwischen verschiedenen Akteuren vergleichbar sein. Aus egalitärer Sicht bietet sich an, diese Funktion so zu wählen, dass vermieden wird, einzelne Akteure zulasten anderer besonders schlecht zu stellen. Stattdessen sollen die Effizienzverluste der einzelnen Akteure, also deren Abstand vom Optimalwert, möglichst gleichmäßig verteilt sein. Klassischerweise wird dies durch eine *Quadratic Loss Function* erreicht, bei der der Nutzen eines Akteurs mit dem Quadrat der Entfernung vom Optimalpunkt absinkt. Die Quadrierung erschwert eine überproportionale Schlechterstellung einzelner Akteure zugunsten kleinerer Nutzengewinne einer Mehrheit. Trägt man die individuellen Idealpunkte der Akteure nun in einem Diagramm auf, so repräsentiert der Mittelwert der individuellen Präferenzen den Punkt, der den aufaddierten Abstand zwischen den jeweiligen individuellen Präferenzen und der zu findenden kollektiven

Präferenz minimiert und damit den Gesamtnutzen maximiert.[6] Darüber hinaus hat der Mittelwert den Vorteil, dass die Summe der addierten Abweichungen oberhalb des kollektiv gewählten Idealpunkts gleich der Summe ist, die unterhalb des Wertes liegt. Dies spricht dafür, dass die Verteilung der Kosten auch einer Gleichheitsintuition entspricht und weder die Gruppe, die ein höheres Bereitstellungsniveau fordert, noch diejenige, die sich ein niedrigeres Bereitstellungsniveau wünscht, einseitig bevorzugt werden würde.

Unsere Computersimulation erlaubt, unterschiedliche Mechanismen der kollektiven Entscheidungsfindung miteinander zu vergleichen. Konkret werden wir erstens unterschiedliche politische Regimetypen einführen, um damit einen Vergleich der epistemischen Qualität demokratischer und autokratischer Formen kollektiven Entscheidens zu ermöglichen. Diese unterscheiden sich im Hinblick auf die Anzahl und Auswahl der Akteure, die bei der Entscheidung relevant sind. In demokratischen Verfahren mit einfacher Mehrheitsregel ist es dann die Position des Medianwählers, die in Mehrheitsabstimmungen dem gewählten Bereitstellungsniveau entspricht (vgl. Downs 1957). In Autokratien entscheidet eine kleine politische Elite, die einer Teilmenge aller Akteure entspricht. In der vorliegenden Simulation variieren wir die Größe dieser Elite (von $N_{Elite}=4$ bis $N_{Elite}=9$). Sie setzt sich aus Akteuren zusammen, die sehr viele Netzwerkverbindungen haben und daher auf eine große Bandbreite an *Beliefs* bei ihren Kommunikationspartnern zurückgreifen können. Damit sollten diese einen Informationsvorteil gegenüber den anderen Akteuren haben. Auch diese kleine, privilegierte Gruppe der Entscheider muss nach einer Deliberationsphase mithilfe eines Abstimmungsverfahrens zu einer Entscheidung gelangen. Zwei Abstimmungsregeln sind hier denkbar: Erstens könnte die *winning coalition* im demokratischen Entscheidungsmodus die epistemische Zustimmung aller Mitglieder verlangen, womit jeder Akteur innerhalb der politischen Elite eine Veto-Position hätte. Zweitens

---

6 Wie folgendes Szenario zeigt, handelt es sich dabei jedoch nur um ein schwaches, normatives Kriterium, das für viele Fragestellungen ungeeignet ist. Wenn beispielsweise die Rechte von Minderheiten uneingeschränkt geschützt werden sollen, müssen wir eine Repräsentation von Präferenzen wählen, die über kardinale Präferenzen hinausgeht. So wählt Rawls etwa eine lexikografische Ordnung der Präferenzen, um den Vorrang politischer Freiheitsrechte vor den distributiven Gleichheitsansprüchen darzustellen (Rawls 1975). Dennoch handelt sich bei der hier gewählten Präsentationsform um ein geeignetes Instrument, um die epistemische Performanz der Mehrheitsregel in solchen Fällen zu untersuchen, in denen eine Über- bzw. Unterversorgung mit öffentlichen Gütern in gleichem Maße gesellschaftliche Kosten verursachen würde.

könnten auch politische Eliten auf Mehrheitsabstimmungen innerhalb ihrer Gruppe zurückgreifen. Da zu erwarten ist, dass das Erfordernis der Einstimmigkeit das autokratische Verfahren einseitig benachteiligen würde, greifen wir für den Vergleich auf die Annahme zurück, dass auch in autokratischen Verfahren Mehrheitsabstimmungen greifen und damit die Medianposition der autokratischen Elite gewählt wird.

Zur Überprüfung der Robustheit unserer Ergebnisse kontrollieren wir erstens für alternative Entscheidungsmodi. Zweitens untersuchen wir, ob unterschiedliche Formen sozialer Strukturierung (Netzwerktyp) einen Einfluss auf die Ergebnisse haben. Wir variieren die Dichte des gewählten Netzwerktyps, in den die Akteure eingebettet sind. Dieser bestimmt, welche Akteure als Gesprächspartner ausgewählt werden können. Üblicherweise wird davon ausgegangen, dass soziale Netzwerke Strukturmerkmale aufweisen, die am ehesten in analytisch konstruierten Netzwerken zu finden sind, die man mithilfe von *preferential attachment* bildet.[7] Wir variieren die Dichte des Netzwerktyps zur Überprüfung der Robustheit unserer Ergebnisse. Wir überprüfen auch den Einfluss einer zusätzlichen lokalen Homophiliekomponente in der Netzwerkstruktur. Wir sind drittens daran interessiert, die Art der Kommunikation zu untersuchen: Macht es einen Unterschied, ob die Akteure ihre eigenen Bedürfnisse bei der Kommunikation mit den anderen Akteuren über das optimale Bereitstellungsniveau priorisieren? Hier werden wir die Kommunikationsakte in ihrer Qualität variieren, um die Effekte eigennutzinfizierter Kommunikationsakte mit solchen zu vergleichen, die von den individuellen Bedürfnissen komplett abstrahieren. Schließlich interessieren wir uns für die Frage, wie lange über die zu entscheidende Frage deliberiert werden sollte, bevor es zu einer Abstimmung kommt. Unklar ist dabei, ob es einen Optimalpunkt gibt, der irgendwann erreicht wird, und ob sich der kollektive Schätzwert mit Dauer und Anzahl der Kommunikationsakte diesem annähert.

---

7 Solche Netzwerke sind skalenfrei, d. h. die Anzahl von Verbindungen pro Knoten folgt einem Potenzgesetz.

Tabelle 1: Modellbeschreibung

Ziel der Simulation	*Qualitativer Vergleich der epistemischen Leistungsfähigkeit demokratischer und autokratischer kollektiver Entscheidungsverfahren.*
Fragestellung	Politisches System soll entscheiden, wie viel eines bestimmten Kollektivguts bereitgestellt wird. Verschiedene Akteure können dabei in unterschiedlichem Maße von diesem Kollektivgut profitieren. Basierend auf diesen unterschiedlichen Bedarfen gibt es ein ökonomisch optimales Kollektivgutniveau. Die Simulation untersucht, wie gut demokratische und autokratische Systeme sind, die Höhe dieses ökonomisch optimalen Niveaus korrekt einzuschätzen.
Akteure und ihre Eigenschaften	Die Simulation basiert auf 100 Akteuren, die jeweils durch zwei Werte gekennzeichnet sind: Ihren eigenen Bedarf am Kollektivgut und ihre Einschätzung des kollektiven, optimalen Kollektivgutniveaus. Darüber hinaus sind Akteure Teil eines Kommunikationsnetzwerks, über das sie Informationen austauschen. Die Bedarfsniveaus der einzelnen Akteure sind gleichverteilt über das Intervall [0;10] und zeitlich konstant. Die Einschätzung des optimalen kollektiven Niveaus hingegen ändert sich im Zeitverlauf. Akteure kommunizieren ihre aktuelle Einschätzung an ihre Kommunikationspartner im Netzwerk. Gleichzeitig nutzen sie Informationen, die sie über das Netzwerk empfangen, um ihre Einschätzung des optimalen Niveaus anzupassen. In jedem Simulationsdurchlauf beginnen die Akteure mit ihrem eigenen Bedarf als Schätzer für das gesellschaftlich optimale Kollektivgutniveau. In der Modellierung autokratischer Systeme sind einige der Akteure als Oligarchen ausgezeichnet. Diese haben besonders viele Kommunikationspartner, empfangen also überdurchschnittlich viele Informationen.
Netzwerke	Akteure sind in ein soziales Netzwerk eingebunden, das die Kommunikationsrelationen der Akteure abbildet. Dieses soziale Netzwerk ist *ungerichtet* und *verbunden*. Es bleibt innerhalb eines Simulationsdurchlaufs konstant, ändert sich aber zwischen den Durchläufen. In der vorliegenden Simulation werden zwei Netzwerktypen verwendet: Ein klassisches *Preferential Attachment Netzwerk* sowie eine Variante mit zusätzlicher Homophilie-Komponente. Hier entstehen vermehrt stark verbundene epistemische Cluster. In den Simulationsdurchläufen wird die Netzwerkdichte variiert. Die durchschnittliche Anzahl der Partner eines Akteurs variiert zwischen 3 und 6.
Ziel der Akteure	Die Agenten sind als epistemisch interessierte Akteure modelliert, die die Höhe des optimalen Kollektivgutniveaus korrekt einschätzen möchten. Auch ihr späteres Abstimmungsverhalten ist durch ihre subjektiven Einschätzungen determiniert. In ihrem Lernverhalten können Akteure allerdings einen leichten Bias haben. Dieser führt dazu, dass sich Akteure in ihrer Einschätzung des gesellschaftlich optimalen Kollektivgutniveaus auch von ihrem persönlichen Bedarf an diesem Kollektivgut beeinflussen lassen.

Ziel der Simulation	Qualitativer Vergleich der epistemischen Leistungsfähigkeit demokratischer und autokratischer kollektiver Entscheidungsverfahren.
Lernregel der Akteure	In jeder Runde kommunizieren Akteure ihre Einschätzung des optimalen Kollektivgutniveaus an alle Kommunikationspartner innerhalb ihres Netzwerks. Akteure betrachten ihre Partner als epistemisch kompetent und verwenden deren Einschätzungen, um ihre eigene Einschätzung zu modifizieren. Darüber hinaus ist der Akteur versucht, die Einschätzung des optimalen Kollektivgutbedarfs in Richtung seines eigenen, persönlichen Bedarfs anzupassen. Die aktualisierte Einschätzung $E_{aktualisiert}$ wird dabei als gewichtetes Mittel berechnet: $E_{aktualisiert} = \alpha_1 \times E_{alt} + \alpha_2 \times K + \alpha_3 \times B,$ wobei $\alpha_1, \alpha_2, \alpha_3$ Gewichtsfaktoren sind, d.h. $\alpha_1 + \alpha_2 + \alpha_3 = 1$ E_{alt} bezeichnet dabei die bisherige Einschätzung des optimalen Kollektivgutniveaus, während K den Durchschnitt aller Einschätzungen der Kommunikationspartner des Akteurs bezeichnet. B bezeichnet den eigenen Kollektivgutbedarf des Akteurs. Innerhalb eines Simulationsdurchlaufs nutzen alle Akteure konstant die gleichen Gewichtsfaktoren $[\alpha_1, \alpha_2, \alpha_3]$. Zwischen den Simulationsdurchläufen werden die Parameter jedoch variiert. Dabei nimmt α_3 als die Gewichtung des eigenen Kollektivgutbedarfs Werte zwischen 0 und 0,7 an. Das jeweils verbleibende Gewicht, also $1-\alpha_3$, wird auf die verbleibenden Faktoren α_1 und α_2 aufgeteilt. Dabei entfällt auf α_1 zwischen 10% und 40% des verbleibenden Gewichts. Der Rest fällt jeweils auf α_2.
Aggregationsprozesse	Der kollektive *Belief* wird durch zwei Aspekte beeinflusst: die Länge des Deliberationsprozesses und das Abstimmungsverfahren. Innerhalb des Deliberationsprozesses teilen alle Akteure ihre Einschätzung des gesellschaftlich besten Kollektivgutniveaus mit jedem Kommunikationspartner innerhalb ihres sozialen Netzwerks. Umgekehrt erfahren alle Akteure somit auch die Einschätzung jedes Mitglieds ihres sozialen Umfelds und aktualisieren ihren *Belief* entsprechend. Dieser kollektiv-simultane Meinungsaustausch wiederholt sich über eine festgesetzte Anzahl von Runden. Die Rundenzahl, also die Länge des Deliberationszeitraums, variiert zwischen verschiedenen Durchläufen und beträgt zwischen 5 und 55 Runden. Nach der Deliberationsphase werden die individuellen Einschätzungen des optimalen Kollektivgutniveaus zu einer kollektiven Einschätzung aggregiert. In demokratischen Systemen geschieht dies per Abstimmung aller Akteure. Die aggregierte Einschätzung des optimalen Kollektivgutniveaus wird mit dem Median gleichgesetzt, also demjenigen Wert, den eine Mehrheit der Akteure für nicht zu hoch hält, den aber auch eine (andere) Mehrheit für nicht zu niedrig hält. In autokratischen Systemen findet eine analoge Abstimmung statt, allerdings nur innerhalb der Klasse der Autokraten. Die aggregierte Einschätzung ist somit die Medianeinschätzung innerhalb dieser Klasse.
Emergenz	Durch die Interaktion der Akteure kommt es potenziell zu zwei konkurrierenden, epistemischen Effekten. Zum einen kann die wiederholte Kommunikation mit Netzwerkpartnern zu einer Art *Wisdom of the Crowd* führen, also dazu, dass verschiedene Informationen sich durch das komplette Netzwerk fortpflanzen und damit der kollektive *Belief* eine adäquate Einschätzung des gesamtgesellschaftlichen Bedarfs darstellt. Zum anderen kann die wiederholte, strukturierte Interaktion innerhalb eines Kommunikationsnetzwerks aber auch zu *Informationskaskaden* oder *Echokammern* führen, die sich negativ auf die Qualität individueller *Beliefs* auswirkt.

Ziel der Simulation	Qualitativer Vergleich der epistemischen Leistungsfähigkeit demokratischer und autokratischer kollektiver Entscheidungsverfahren.
Messgröße	Um die epistemische Qualität des Entscheidungsvorgangs zu bewerten, misst die Simulation die durchschnittliche Abweichung zwischen der jeweiligen aggregierten Schätzung des optimalen Kollektivgutniveaus und dem tatsächlichen Optimalwert. Dieser wird, wie oben erläutert, durch den Mittelwert der individuellen Idealpunkte bestimmt.
Anzahl der Simulationsdurchläufe	Über alle Kombinationen dieser Parameter hinweg wurden insgesamt 76.800 Simulationsläufe durchgeführt. Alle gezeigten Daten beruhen auf diesen Durchläufen.

4. Auswertung der Simulation

Im Folgenden stellen wir ausgewählte Ergebnisse der Simulation vor und thematisieren dabei insbesondere (i.) die epistemische Performanz demokratischer und autokratischer Systeme, (ii.) den Einfluss von individuellen, egoistischen *Beliefs* und (iii.) die Effekte der Dauer der Deliberationsphase auf die Qualität des kollektiven *Beliefs*.

4.1 Die epistemische Performanz im Vergleich

Zunächst konzentrieren wir uns auf die zentrale Frage, ob Demokratien gegenüber Autokratien einen epistemischen Vorteil haben. Dafür abstrahieren wir von dem empirisch relevanten Aspekt, dass sich Demokratien und Autokratien im Hinblick auf ihre Bereitschaft unterscheiden könnten, die Bedürfnisse ihrer Bevölkerung zu bedienen.[8] Stattdessen fragen wir, ob sich Unterschiede hinsichtlich der Möglichkeit zeigen, das optimale Bereitstellungsniveau an öffentlichen Gütern zu erkennen und anzubieten, und unterstellen dafür, dass dies in beiden Fällen auch von politischen Entscheidungsträgern intendiert wird.

---

8 Hierfür finden sich zahlreiche theoretische und empirische Hinweise. Für theoretische Argumente siehe Olson (2000); Bueno de Mesquita (2005). Empirische Hinweise finden sich etwa bei Faust (2006).

Abbildung 1: Die Performanz demokratischer und autokratischer Entscheidungsmodi

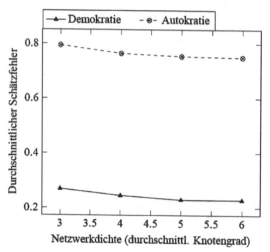

Schon unter diesen für Autokratien günstigen Bedingungen zeigen sich
Unterschiede zwischen Demokratien und Autokratien. Demokratische
Formen kollektiver Entscheidungsprozesse sind in epistemischer Hinsicht
erfolgreicher und weichen bei der Schätzung des optimalen Bereitstellungsniveaus öffentlicher Güter durchschnittlich in geringerem Ausmaß
vom sozialen Optimalpunkt ab als autokratische Alternativen. Die epistemische Vielfalt demokratischer Elektorate, in denen sich Akteure stark in
ihrem persönlichen Bedarf, aber auch in ihrem Kommunikationsverhalten
und ihrer Position innerhalb des Netzwerks unterscheiden, stellt sich aus
epistemischer Sicht also gegenüber autokratischen Entscheidungsgremien
als überlegen heraus, obgleich letztere über ein sehr hohes Maß an direkten Kontakten und Informationskanälen verfügen.

Dieses Ergebnis ist robust gegen Veränderungen in der zugrunde liegenden Netzwerkstruktur, wie etwa ihrer Dichte oder dem Netzwerktyp. Der
durchschnittliche Fehler, also die jeweilige Distanz des in einer Simulation
kollektiv geschätzten Idealpunkts zum tatsächlichen, liegt in allen Netz-
werkvariationen bei demokratischen Entscheidungsverfahren niedriger als
in den Simulationen autokratischer Entscheidungsprozesse.

4.2 Der Einfluss egoistischer Interessen auf die Qualität kollektiver Beliefs

Es zeigt sich darüber hinaus ein unerwarteter Effekt des Eigeninteresses der Akteure. Eigeninteresse kommt an zwei Stellen in der Simulation zur Geltung. Erstens entspricht der ursprüngliche *Startbelief* der Akteure, welches Kollektivgutniveau bereitgestellt werden soll, ihrem persönlichen Interesse an diesem Gut. Daneben spielt Eigeninteresse auch im Lernprozess der Akteure eine Rolle. Die Akteure tauschen ihre persönlichen *Beliefs* aus und lernen dadurch über die *Beliefs* ihrer Kommunikationspartner. Auch wenn die Kommunikationspartner als epistemisch kompetent eingeschätzt werden, bedeutet dies natürlich nicht, dass der *Belief* irgendeines Netzwerkmitglieds vollständig übernommen wird. Vielmehr wird ein Mittelwert gebildet, der sowohl den bisherigen *Belief* des Akteurs selbst als auch diejenigen seiner Kommunikationspartner abbildet (vgl. Tabelle 1). Zusätzlich kann der Akteur seine aktualisierte Einschätzung des optimalen Bereitstellungsniveaus auch in Richtung seines persönlichen Kollektivgutbedarfs beeinflussen, indem er letzteren ebenfalls in die Mittelwertbildung einfließen lässt. Wir variieren das Gewicht dieses Eigeninteresses bei der Bildung des Mittelwerts in unterschiedlichen Simulationsläufen.

Abbildung 2: Der Einfluss egoistischer Interessen auf die Performanz kollektiver Entscheidungsmodi

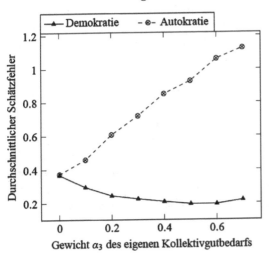

Die Simulation zeigt, dass Demokratien und Autokratien in unterschiedlicher Weise für die Wirkung von Eigeninteresse empfindlich sind. Während der Schätzfehler in autokratischen Entscheidungsverfahren mit wachsendem Einfluss des Eigeninteresses zunimmt, zeigen sich demokratische Entscheidungsverfahren ausgesprochen robust gegenüber dem Einfluss von Eigeninteresse. Überraschenderweise zeigt sich sogar ein leicht *positiver* Einfluss von Eigeninteresse auf die Qualität des kollektiven Schätzers, der in demokratischen Entscheidungsverfahren ausgegeben wird. Die positive Richtung dieses Einflusses hält sogar bei mittlerer bis starker Gewichtung des Eigeninteresses von bis zu 50% der aktualisierten Einschätzung an. Selbst bei einer starken Gewichtung des Eigeninteresses von 70% liegt der kollektive Schätzfehler noch niedriger als bei sehr kleinen Gewichten von 10% oder 20%.

4.3 Der Einfluss der Kommunikationsdauer auf die Qualität kollektiver Beliefs

Der letzte Aspekt bezieht sich auf Eigenschaften des Kommunikations- und Deliberationsprozesses. Wir untersuchen hier, wie sich die Dauer dieses Prozesses auf die epistemische Qualität der gewonnenen Überzeugungen auswirkt. Aus theoretischer Sicht konkurrieren hier verschiedene Mechanismen. Zum einen trägt wiederholte Kommunikation dazu bei, dass sich Informationen durch das Netzwerk ausbreiten und Akteure indirekt auch den Bedarf derjenigen berücksichtigen, mit denen sie nicht direkt kommunizieren. Aus dieser Perspektive ließe sich also erwarten, dass die Länge der Kommunikationsphase positiv mit der epistemischen Qualität der Einzel- und damit auch der Kollektiveinschätzung des optimalen Bereitstellungsniveaus korreliert.

Zum anderen birgt wiederholte Kommunikation innerhalb eines fixen gesellschaftlichen Netzwerks aber auch das Risiko informationeller Feedbackschleifen, also etwa des Entstehens von *Bandwagon*-Effekten oder Informationskaskaden. Durch derartige Feedbackeffekte kann Kommunikation selbst unter rationalen Akteuren dazu führen, dass sich Echokammern entwickeln, in denen sich die beteiligten individuellen *Beliefs* von der Wahrheit entfernen. Diese zweite Perspektive weist somit auf die Möglichkeit hin, dass eine längere Informationsphase sich negativ auf die epistemische Qualität der Einzel- und Gruppeneinschätzungen auswirken kann.

Abbildung 3: Der Einfluss der Deliberationslänge auf die Performanz kollektiver Entscheidungsmodi

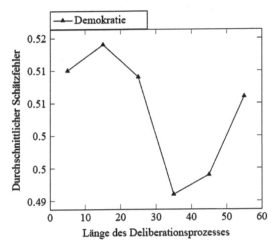

In der Tat zeigt sich, dass die Dauer der Deliberationsphase keinen monotonen Einfluss auf die epistemische Qualität der kollektiven Einschätzung hat. Bei kurzen Deliberationsprozessen steigt die Qualität des kollektiven Schätzers mit ansteigender Deliberationsdauer. Dies spricht für den ersten vorgestellten Mechanismus. Bei einem weiteren Anstieg der Kommunikationslänge kehrt sich dieser Effekt allerdings um. Oberhalb eines gewissen Schwellenwerts wirkt sich die Deliberationsdauer negativ auf die Qualität des kollektiven Schätzers aus. Diese Ergebnisse legen nahe, dass beide beschriebenen Mechanismen, Informationsdurchmischung und Feedbackeffekte, eine Rolle spielen. Sie wirken jedoch auf unterschiedlichen Zeitskalen. Auch wenn unsere Ergebnisse einen Zusammenhang zwischen Kommunikationslänge und Qualität der kollektiven Entscheidung nahelegen, lassen sie keine Schlüsse auf die quantitative Effektgröße zu. So können die Mechanismen etwa ihre relative Einflussstärke ändern, wenn sich einzelne Parameter der unterliegenden individuellen Bedarfsverteilung verschieben. Nichtsdestotrotz sind die qualitativen Muster robust und zeigen sich auch bei Variation der Anfangsparameter.

5. Schlussbemerkung

Bei der Auswertung der Simulation haben wir uns auf drei Aspekte konzentriert. Wir haben erstens herausgearbeitet, dass demokratische Entscheidungsprozesse in epistemischer Perspektive besser abschneiden als autokratische Alternativen. Zweitens konnten wir zeigen, dass demokratische und autokratische Entscheidungsverfahren unterschiedlich auf einen wachsenden Einfluss egoistischer Präferenzen reagieren. Wie vielleicht erwartet werden kann, entfernt sich in autokratischen Systemen das ausgewählte Bereitstellungsniveau öffentlicher Güter mit zunehmendem Einfluss egoistischer Interessen von dem gesellschaftlichen Idealpunkt. Dies ist in demokratischen Systemen nicht der Fall. Ganz im Gegenteil lassen sich dort sogar epistemisch positive Effekte des Einflusses egoistischer Interessen nachweisen. Drittens findet sich in den Ergebnissen der Simulation der Hinweis, dass der Einfluss der Kommunikationsdauer auf die Qualität des sozial ausgewählten Bereitstellungsniveaus nicht ausschließlich positiv verläuft, sondern nach Erreichen eines Optimums negativ wird.

Die Simulation bestätigt damit die These der epistemischen Überlegenheit demokratischer Systeme. Interessanterweise zeigt sich diese selbst dann, wenn man Condorcets Bedingung der Unabhängigkeit der Beliefs der Akteure aufweicht. Darüber hinaus finden sich Hinweise, dass eine Kombination der Mechanismen kollektiver Entscheidungsfindung, die in der *Market* bzw. *Forum View* diskutiert werden, epistemisch wertvoll ist. Eine zeitlich begrenzte deliberative Phase vor Abstimmungen verbessert die epistemische Qualität kollektiver Entscheidungen.

Bei der Interpretation der Simulation sollte jedoch berücksichtigt werden, dass komplexe Gedankenexperimente, und um solche handelt es sich bei Simulationen, natürlich Limitationen haben. In unserem Fall zeigen sich diese insbesondere hinsichtlich der Modellierung des Deliberationsprozesses. Üblicherweise würde man erwarten, dass Akteure hier Gründe austauschen und im besten Fall die Kraft des besseren Arguments zum Tragen kommt. Hier können wir für die Modellierung dieses Prozesses lediglich auf ein Black-Box-Modell zurückgreifen. Dieses ist gleichwohl nicht völlig unplausibel und findet sich in ähnlicher Form in der theoretischen Literatur zur Modellierung von Deliberationsprozessen (siehe etwa Lehrer und Wagner 1981).

Insgesamt zeigt sich, dass Computersimulationen ein mächtiges Werkzeug darstellen, das die methodischen Instrumente der Politischen Theorie ergänzt. Insbesondere bei Fragen, in denen die Modellierung von individuellen Lernprozessen oder die Effekte iterierter Interaktion in den Blick genommen werden, zeigt sich die Stärke agentenbasierter Simulationen.

Diese spielen nicht nur bei Fragen der Positiven Politischen Theorie eine Rolle (siehe Klein und Marx 2018 für Fragen der Emergenz kollektiven Handelns), sondern auch wenn es etwa um ökonomische Ungleichheit geht (siehe Klein, Marx und Scheller 2018) oder der epistemische Wert demokratischer Entscheidungsverfahren diskutiert wird.

Literaturverzeichnis

Anderson, Elizabeth 2009: Democracy: instrumental vs. non-instrumental value, in: Christiano, Thomas/Christman, John Philip (Hrsg.): Contemporary Debates in Political Philosophy, Oxford, 213–227.

Aristoteles 2012: Politik. Übersetzt und hrsg. von Eckart Schütrumpf, Hamburg.

Baltag, Alexandru/Christoff, Zoé/Hansen, Jens Ulrik/Smets, Sonja 2013: Logical models of informational cascades, in: Van Benthem, Johan/Liu, Fenrong (Hrsg.): Logic Across the University: Foundations and Applications, London, 405–432.

Banerjee, Abhijit V. 1992: A simple model of herd behaviour, in: The Quarterly Journal of Economics 107: 3, 797–817.

Barabási, Albert-László/Albert, Réka 1999: Emergence of scaling in random networks, in: Science 286: 5439, 509–512.

Berg, Sven 1993: Condorcet's Jury Theorem, Dependency Among Voters, in: Social Choice and Welfare 10, 87–96.

Broido, Anna D./Clauset, Aaron 2019: Scale-free networks are rare, in: Nature communications 10: 1, 1017.

Behnke, Joachim/Stange, Carolin/Zintl, Reinhard (Hrsg.) 2011: Condorcet. Ausgewählte Schriften zu Wahlen und Abstimmungen, Tübingen.

Bueno De Mesquita, Bruce/Smith, Alastair/Siverson, Randolph M./Morrow, James D. 2005: The logic of political survival, Cambridge, MA.

DeGroot, Morris H. 1974: Reaching a Consensus, in: Journal of the American Statistical Association 69: 345, 118–21.

Downs, Anthony 1957: An economic theory of political action in a democracy, in: Journal of Political Economy 65: 2, 135–150.

Elster, Jon 2005: The market and the forum: three varieties of political theory, in: Matravers, Derek/Pike, Jonathan (Hrsg.): Debates in contemporary political philosophy: An anthology, London, 335–351.

Estlund, David/Landemore, Hélène 2018: The epistemic value of democratic deliberation, in: Bächtiger, André/Dryzek, John S./Mansbridge, Jane/Warren, Mark E. (Hrsg.): The Oxford handbook of deliberative democracy, Oxford, 113-131.

Estlund, David 2000: Political quality, in: Social Philosophy and Policy 17: 1, 127-160.

Faust, Jörg 2006: Die Dividende der Demokratie: Politische Herrschaft und gesamtwirtschaftliche Produktivität, in: Politische Vierteljahresschrift 47: 1, 62–83.

Galton, Francis 1907: Vox populi, in: Nature: 75, 450–451.

Gehrlein, William V. 1983: Condorcet's paradox, in Theory and Decision 15: 2 (1983): 161–197.

Gigerenzer, Gerd/Todd, Peter M. 1999: Simple heuristics that make us smart, Oxford.

Habermas, Jürgen 1983: Moralbewußtsein und kommunikatives Handeln, Frankfurt am Main.

Habermas, Jürgen 1994: Faktizität und Geltung: Beiträge zur Diskurstheorie des Rechts und Staatstheorie. Frankfurt am Main.

Hartmann, Stephan/Rafiee Rad, Soroush 2019: Anchoring in deliberations, in: Erkenntnis, 1–29 (im Druck).

Hong, Lu/Page, Scott E. 2008: Some microfoundations of collective wisdom, in: Landemore, Hélène/Elster, Jon (Hrsg.): Collective wisdom: Principles and mechanisms, Cambridge, MA, 56–71.

Klein, Dominik/Marx, Johannes/Fischbach, Kai 2018: Agent-Based Modeling in Social Science, History, and Philosophy. An Introduction, in: Historical Social Research/Historische Sozialforschung 43: 1, 7–27.

Klein, Dominik/Marx, Johannes 2018: Wenn Du gehst, geh ich auch! Die Rolle von Informationskaskaden bei der Entstehung von Massenbewegungen, in: *PVS Politische Vierteljahresschrift* 58: 4, 560–592.

Klein, Dominik/Marx, Johannes/Scheller, Simon 2018: Rationality in context. On inequality and the epistemic problems of maximizing expected utility, Synthese 197: 1, 209–232.

Klein, Dominik/Marx, Johannes/Scheller, Simon 2019. Rational Choice and Asymmetric Learning in Iterated Social Interactions–Some Lessons from Agent-Based Modeling, in: Marker, Karl/Schmitt, Annette/Sirsch, Jürgen (Hrsg.): Demokratie und Entscheidung. Wiesbaden, 277–294.

Ladha, Krishna K. 1992: The Condorcet Jury Theorem, Free Speech, and Correlated Votes, in: American Journal of Political Science 36: 3, 617–634.

Landemore, Hélène 2013: Democratic reason: Politics, collective intelligence, and the rule of the many, Princeton, NJ.

Landemore, Hélène/Page, Scott E. 2015: Deliberation and disagreement: Problem solving, prediction, and positive dissensus, in: Politics, Philosophy & Economics 14: 3, 229–254.

Lehrer, Keith/Wagner, Carl 1981: Rational consensus in science and society: A philosophical and mathematical study, Dordrecht.

List, Christian/Goodin, Robert E. 2001: Epistemic democracy: Generalizing the Condorcet jury theorem, in: Journal of political philosophy 9: 3, 277–306.

List, Christian/Luskin, R. C./Fishkin, J. S./McLean, I. 2012: Deliberation, single-peakedness, and the possibility of meaningful democracy: Evidence from deliberative polls, in: The journal of politics 75: 1, 80–95.

Marx, Johannes/Waas, Johann 2017: Gut und günstig? Über den Wert von Demokratie und Kapitalismus, in: Hirschbrunn, Katharina/Kubon-Gilke, Gisela/Sturn, Richard (Hrsg.): Normative und institutionelle Grundfragen der Ökonomik, Jahrbuch 2017, Marburg, 187–209.

McPherson, Miller/Smith-Lovin, Lynn/Cook, James M. 2001: Birds of a feather: Homophily in social networks, in: Annual review of sociology 27: 1, 415–444.

Mill, John Stuart 1966: On Liberty in: A selection of his works (pp. 1–147). Palgrave, London.

O'Connor, Cailin/Bruner, Justin 2019: Dynamics and diversity in epistemic communities, in: Erkenntnis 84: 1, 101–119.

Olson, Mancur. 2000: Power and prosperity: Outgrowing communist and capitalist dictatorships, New York.

Rawls, John 1975: Eine Theorie der Gerechtigkeit, Frankfurt am Main.

Singh, Shane 2014: Linear and Quadratic Utility Loss Functions in Voting Behavior Research, in: *Journal of Theoretical Politics* 26: 1, 35–58.

Urfalino, Philippe 2012: Sanior pars and major pars in contemporary aeropagus: medicine evaluation committees in France and United States, in: Landemore, Hélène/ Elster, Jon (Hrsg.): Collective wisdom: Principles and mechanisms, Cambridge, MA, 173–202.

Wilensky, Uri 1999: NetLogo. Center for Connected Learning and Computer-Based Modeling, Northwestern University, Evanston, Ill., http://ccl.northwestern.edu/netlogo/, 09.09.2020.

Zollman, Kevin J.S. 2010: The epistemic benefit of transient diversity, in: Erkenntnis 72: 1, 17–35.

Zu den Autor_innen

Floris Biskamp ist Postdoc im Promotionskolleg Rechtspopulistische Sozialpolitik und exkludierende Solidarität an der Eberhard Karls Universität Tübingen. Zu seinen Forschungsschwerpunkten zählen politische Theorie, politische Ökonomie, Populismusforschung und Rassismusforschung.

Oliver Flügel-Martinsen, Prof. Dr., lehrt Politische Theorie und Ideengeschichte an der Universität Bielefeld. Seine Forschungsschwerpunkte sind u.a.: Radikale Demokratietheorie, Theorien des Politischen, postmarxistische Gesellschaftstheorie und Ideengeschichte der Kritik.

Eva Marlene Hausteiner ist Vertretungsprofessorin für Politische Theorie und Ideengeschichte an der Universität Greifswald. Im Mittelpunkt ihrer Forschung stehen Internationale Politische Theorie, Föderalismus, Imperialismus sowie politische Erzählungen und Ikonographien.

Oliver Hidalgo ist apl. Professor für Politikwissenschaft an der Universität Regensburg und Akademischer Oberrat a. Z. am Institut für Politikwissenschaft der WWU Münster. Seine Forschungsschwerpunkte sind die Politische Theorie und Ideengeschichte der Moderne und Gegenwart, Demokratietheorie sowie das Verhältnis von Politik und Religion.

Anna Hollendung promovierte mit Referenz zu Hannah Arendt, Jacques Rancière und Alain Badiou zum Thema »Politische Prekarität«. Weitere Forschungsschwerpunkte sind die politische Diskursforschung, Fragen von Gender und Nachhaltigkeit sowie Machttheorien.

Dominik Klein ist Assistenzprofessor in theoretischer Philosophie und künstlicher Intelligenz an der Universität Utrecht. Innerhalb der positiven und normativen Theorie interessiert er sich unter anderem für die Auswirkungen, die wiederholte Interaktionen zwischen Individuen auf gesamtgesellschaftlicher Ebene haben, z.B. auf die Emergenz von Normen, die Entstehung und Stabilität von Verteilungsmustern oder die Stabilität politischer Regimes.

Gundula Ludwig ist Professorin für Sozialwissenschaftliche Theorien der Geschlechterverhältnisse und Leiterin des Center Interdisziplinäre Geschlechterforschung Innsbruck (CGI) an der Universität Innsbruck. Ihre Forschungsschwerpunkte sind queer-feministische Staats-, Macht- und Demokratietheorien.

Franziska Martinsen ist derzeit Vertretungsprofessorin für Politische Theorie an der Universität Duisburg-Essen. Ihre Forschungsschwerpunkte liegen in den Bereichen Demokratietheorien, Menschenrechtstheorien, feministische und postkoloniale Theorien.

Johannes Marx ist Professor für Politische Theorie an der Universität Bamberg. Seine Forschungsschwerpunkte liegen in der analytischen Theorie der Politik, der modernen politischen Theorie sowie dem Einsatz vom Computersimulationen in der Politischen Theorie.

Martin Nonhoff ist Professor für Politische Theorie an der Universität Bremen. Seine Forschungsschwerpunkte liegen in der Hegemonie- und Machttheorie, der radikalen Demokratietheorie sowie der politischen Diskursforschung.

Frank Nullmeier ist Professor für Politikwissenschaft an der Universität Bremen. Er ist Leiter der Abteilung »Theoretische und normative Grundlagen« des SOCIUM Forschungszentrum Ungleichheit und Sozialpolitik. Seine Forschungsschwerpunkte liegen im Bereich der Sozialpolitikforschung und der Sozialstaatstheorie.

Lucas von Ramin ist wissenschaftlicher Koordinator des Potentialbereich Gesellschaftlicher Wandel an der TU-Dresden. Seine Forschungsschwerpunkte liegen in der radikalen Demokratietheorie, der Kritischen Theorie sowie der Philosophie der Ästhetik.

Samuel Salzborn ist apl. Professor für Politikwissenschaft an der Justus-Liebig-Universität Gießen. Seine Forschungsschwerpunkte liegen im Bereich Politische Theorie und Gesellschaftstheorie, Rechtsextremismus- und Antisemitismusforschung.

Hagen Schölzel leitet das Forschungsprojekt »A Democratic State of Exception« an der Professur für Politische Theorie der Universität Erfurt. Seine Forschungen beschäftigen sich Wissenschaft und Politik, Öffentlichkeit und Protest sowie Diskurs- und Akteur-Netzwerk-Theorie.

Frieder Vogelmann ist Vertretungsprofessor für Epistemology and Theory of Science an der Albert-Ludwigs-Universität Freiburg. Seine Forschungs-schwerpunkte liegen in der politischen Erkenntnistheorie, der französi-schen Philosophie und der kritischen Theorie.